サン＝シモンとは何者か

科学、産業、そしてヨーロッパ

中嶋洋平［著］

SAINT-SIMON
science, industrie et Europe

吉田書店

はじめに

本書は、一九世紀初頭のフランスの政治・社会思想家、クロード＝アンリ・ド・サン＝シモン伯爵（一七六〇～一八二五年）に注目し、そのさまざまな思想を「ヨーロッパ」という視点から探究することをテーマとしている。現代的な表現を用いるなら、サン＝シモンにはヨーロッパ諸国家・諸国民の統合、あるいは一つのヨーロッパの建設を目指す思想家という側面がある。いや、むしろ、「ヨーロッパ」という視点・側面こそが、サン＝シモン思想を考察するにあたっては極めて重要である、と筆者は長らく考えてきた。サン＝シモンはさまざまな思想・ヴィジョンを紡ぎ出しながら、常に「ヨーロッパ」という問題意識を念頭に置いていたと思われるからである。一九世紀初頭という近代初頭において、サン＝シモンがどのようなヨーロッパのあり方を構想していたのかについて、つまりサン＝シモンの「ヨーロッパ統合ヴィジョン」を検討していきたい。

同時に、サン＝シモン思想全体とともにサン＝シモンが歩んだ人生について、可能な限り平易な形で記述していきたい。もちろん、サン＝シモン思想を記述するということは、必ず筆者自身による取捨選択と整理、そして解釈をともなう。何らかの思想を解釈するということ自体が、解釈する側の視点が入り込んだ独自の研究になるのは言うまでもない。

「ヨーロッパ」という基本的なテーマを探究しつつも、サン＝シモン思想全体を記述するのは、今日の日本で、サン＝シモン思想が極めて馴染みの薄い状態にあるからである。邦訳書として、社会思想史家であった森博による『サン－シモン著作集』（恒星社厚生閣、一九八七～一九八八年）があるものの、多くの図書館で蔵書になっていない。普及版邦訳書として、岩波文庫青帯から同じ森の訳による『産業者の教理問答 他一篇』（二〇〇一年）や、あるいは中央公論社から坂本慶一訳「産業者の教理問答」、『世界の名著 続8（オウエン・サン・シモン・フーリエ）』（一九七五年）などが刊行されているものの、こうした一部の邦訳書だけではサン＝シモン思想の全体像は見えてこない。

サン＝シモンとほぼ重なり合う時代を生きた有名どころの思想家・哲学者たち、たとえばジャン＝ジャック・ルソー（一七一二～一七七八年）、イマニュエル・カント（一七二四～一八〇四年）、フリードリヒ・ヘーゲル（一七七〇～一八三一年）であれば、研究者も研究書・研究論文の類もあまた存在している。こうした哲学者・思想家を取り扱いたいという書き手は、細部に及ぶ説明を省いて、自らの研究テーマをストレートに議論していくことができる。サン＝シモンについては、そういうわけにはいかない。

一般的に、サン＝シモンという名前を聞くと、ほとんどの人が「空想的社会主義」と答えるものである。サン＝シモンといえば空想的社会主義（者）、あるいは空想的社会主義（者）といえばサン＝シモンといった教科書的な理解が定着している。教科書的と書いたように、世界史・現代社会・倫理のような、いわゆる社会科の教科書の中で、サン＝シモンが前述のような形で紹介され続けている。にもかかわらず、サン＝シモン思想がどういった点で空想的社会主義と形容されているのかを含めて、その具体的な中身が知られているとは言いがたい。

一九九一年にソビエト社会主義共和国連邦が解体されてから三〇年近くが経過して、社会主義・共産主義を掲げる国家・国民の数はわずかになった。長らくサン＝シモンは社会主義・共産主義の創始者・先駆者の一人として、さらには共産主義社会の実現へ向かうためにこそ批判的に乗り越えられるべき思想家として扱われてきた。本文中で後ほど検討するように、サン＝シモン自身は自らの思想を社会主義と表現したことはなく、社会主義を打ち立てようとか、社会主義の先駆者たらんなどといった意志を持っていたわけでもなかった。社会主義という言葉が生まれるのは、サン＝シモンの死去後である。

また、サン＝シモン研究でなかば常識として理解されているように、空想的社会主義と表現されうる思想は、サン＝シモン思想の全体ではなく一部分だけを切り取ったものでしかない。米ソ冷戦がすでに終わって久しい今日、イデオロギーから離れて一人の思想家について実直に探究することには、大きな学術的意義があるだろう。

さて、二一世紀初頭、世界のほとんどすべての「国民」が「民主主義」と「資本主義」の下で日々の生活を営んでいるが、周知の通りそこには多くの問題が生じている。「民主主義」と「資本主義」が発展するとともに、主権を持つ「国民」という単位が誕生しようとするのは一九世紀初頭、つまりサン＝シモンが生きた時代であった。一九世紀初頭の「社会」は、政治的にも経済的にも、あるいは文明的にも、二一世紀の今日に向かっていく歴史的大変革の真っ只中にあった。そうした歴史的大変革は中世から近代初頭に至る文明の流れの結果であるものの、決してスムーズなものではなく、人びとに大混乱をもたらし、さらには人びとを出口の見えない袋小路に叩き込むことになった。こうして、サン＝シモンのような思想家と呼ばれる人たちだけではなく、旧来の支配階層であった王侯貴族や、実際の経済活動に従事する企業家や銀行家の中の一部の人びともまた、歴史的大変革の向こうに見出しうる〝新しい社会〟のあり方を構想しようとした。

サン＝シモンは、ヨーロッパおよび世界人類の歴史の流れについての知見から、国民社会の中で諸個人に起きうる諸問題について予見しながら、〝新しい社会〟に関するヴィジョンをことあるごとに世に対し開陳し続けるというやり方で、自らの思想活動を展開した。その後、サン＝シモンのヴィジョンは人びとに受容され、さらに弟子たちなどによって継承されていった。そして、社会のさらなる変化を前に解釈し直される中で、「サン＝シモン主義」と呼称される思想系譜が生まれた。

たとえば、一九世紀を通してつぎのような問題が徐々に解決されるべきものとして認識されるようになった。一人一票という「政治的平等」や思想信条・言論の自由などの「政治的自由」を確立するとともに（「民主主義」）、所有する富を他者から奪われることなく、自身で自由に使い、新たな富を生み出せるという「経済的自由」を確保して（「資本主義」）、富裕層と貧困層の間の「経済的平等」を実現するにはどうすればよいだろうか。日々の生活の中で「経済的平等」が少しでも実現されないなら、貧富の格差によって国民社会は分断され、「政治的自由」や「政治的平等」を基礎とするあらゆる民主主義的なことがらは形骸化する。それでも「経済的自由」を基礎とする資本主義社会で、貧富の格差が生まれるのは如何ともしがたい。では、国民社会の中に決して断層を生じさせず、諸個人を結び続けるために、どのような「紐帯」が必要だろうか。そのような「紐帯」の下で、人びとはどのように行動するべき、あるいは行動しうるだろうか。

こうした一つの国民社会における諸個人間の関係を諸国民の社会、つまり国際社会に広げて考えてみる必要がある。「民主主義」と「資本主義」、そして主権を持つ「国民」を基礎とした秩序が近代ヨーロッパに出現した後、世界各地へ拡散することで、諸国民は近似した価値観を持つようになった。そして、政治的にも経済的にも、あるいは文明的にも互いに密接な関係を築くようになった。一つの国民社会だけを観察するのではなく、諸国民間の関係を、いいかえれば国際社会を考慮することなくして〝新しい社会〟のあり方は見出せないのである。諸個人間に断層が生じるのを避けるがごとく、ヨーロッパ諸国家・諸国民間(「ヨーロッパ社会」)で、また世界の諸国家・諸国民間(「国際社会」)で平和や安定を構築するためにはどうすればよいだろうか。

諸国家・諸国民は法的・政治的に平等であり、自由にその主権を行使して政治的に振る舞うことも経済活動を展開することもできる。しかし、富の奪い合いといった経済的な諸問題が諸国家・諸国民間に政治的対立を引き起こす。諸国家・諸国民間の戦争は激化していき、世界人類はやがて二度の世界大戦を経験することになる。このような対立を整序し、恒久平和をもたらすためにこそ、サン゠シモンはヨーロッパ諸国家・諸国民による「ヨーロッパ統合」を主張した。しかし、戦争や対立が相次ぐ中、何が「紐帯」になってヨーロッパ諸国家・諸国民は統合へ向かって進んでいきうるのだろうか。そもそも、「世界」の諸国家・諸国民の存在が認識され、そうした諸国家・諸国民が近似した価値観を持つようになり始めた時代、あえて「世界」から「ヨーロッパ」を、あるいは「人類」から「ヨーロッパ人」を分節するための基準とは何なのだろうか。結局のところ、サン゠シモンは、どのような思想・ヴィジョンを残したのだろうか。

まずは、序章で、サン＝シモンが生きた一九世紀初頭という時代が直面していた現実を振り返り、筆者がサン＝シモン思想を探究するために用いる基本的な考え方の枠組みを示したい。つまり、「ヨーロッパ」という視点・側面を重視することの重要性について、当時の歴史的・社会的現実から考えていく。これを踏まえたうえで、先行研究に触れながら、サン＝シモンの思想展開を四つの時期に区分する理由をまとめる。加えて、サン＝シモンの思想活動が始まるまでの前半生について触れる。そうして、つぎに、前述のような「ヨーロッパ」をめぐるいくつかの疑問点を念頭に置きながら、第1章・第2章・第3章・第4章と、サン＝シモンの思想全体を四つの時期に区分して考察していく。どの時期の著作でも論文でも、「ヨーロッパ」という問題意識が遍在していることがわかるだろう。そして、終章で、サン＝シモンが構想する「ヨーロッパ」のあり方について、第1章から第4章に至る諸議論を参照しながら検討していく。

さて、本文中では、筆者はサン＝シモンの著作から多くの文章を引用している。本書を読んだ方々が確認することができるよう、森博による『サン‐シモン著作集（全五巻）』の訳文を用いることにした。とはいえ、膨大な文章量であるがゆえに、誤訳・誤解、あるいは原文とのニュアンスのズレなどが散見されるため、筆者が適宜翻訳し直した箇所もある。

サン＝シモンとは何者か

目次

序章

サン＝シモンとは何者か

第1節　問題の所在——サン＝シモンが生きた時代と社会の様相

サン＝シモン思想について具体的に探究するために、まずは本書の主人公であるサン＝シモンが生きた時代と社会の様相について確認することで、思想活動の基礎をなしている社会の「現実」を把握しよう。サン＝シモンは自らが生きた時代と社会の現実に常に寄り添い、目の前にある諸問題を解決すべく、さまざまなヴィジョンを世に対して提示し続けた。一九世紀初頭という時代とその社会の現実をどのように切り取って把握するかという見地は、社会の現実に常に寄り添っていたサン＝シモンの思想をどのような問題設定によって理解するかという点に直接的につながっている。なにゆえに筆者が「ヨーロッパ」という問題からサン＝シモン思想を探究しようと考えたのかについて明らかにしたい。

一九世紀初頭という歴史的大変革期の現実は、時代と社会を象徴する三つの〝対立軸〟から切り取って把握することができるだろう。〝「政治」と「経済」〟、〝「世俗」と「精神」〟、そして〝「ヨーロッパ（ヨーロッパ社会）」と「世界（国際社会）」（あるいは「ヨーロッパ人」と「人類」）〟である。

一八世紀末から一九世紀初頭にかけて、「近代」と呼ばれる時代が始まる。広大なユーラシア大陸の西の端に付属した地理学的なヨーロッパでは、〝「政治」と「経済」〟という〝縦糸（経糸）〟と〝「世俗」と「精神」〟という〝横糸（緯糸）〟によって諸国民のさまざまな「社会」が織りなされた。同時に、ヨーロッパ人は世界各地へ進出し、「世界の一体化」を促すことで、「世界」における「ヨーロッパ」の位置づけ、そして世界の他地域に存在するさまざまな社会とヨーロッパ人の社会の関係を強く認識せねばならなくなった。また、一九世紀初頭という近代初頭に形成され始めた「社会」は、それまでの社会と呼ばれる存在とは一線を画すものであった。近代初頭においてこそ、今日的な意味での「社会」が出現するのである。まずは、互いに深く関連する三つの〝対立軸〟を中心にして、サン＝シモンが生きた時代と社会の様相について考察してみよう。

1 「政治」と「経済」

一七六〇年一〇月に生まれたサン＝シモンが二九歳になる直前の一七八九年七月一四日、フランス革命が勃発した。

支配階層による封建的支配からのすべての人間の自由を、そしてすべての人間の平等を訴える民衆のエネルギーは、ブルボン家の絶対王政という政治・社会体制を解体した。また、フランス革命の影響を受けた周辺のヨーロッパ諸国家では政治・社会改革が促され、やがて革命が発生する下地が準備されていく。この後、多くの時間を経て、さらに紆余曲折ありながら、各地で人民が絶対君主や他国に支配されるのではなく、自らの運命を自らの手で決定し、独自の国家を持つという意志から国民を形成していこうとする。国民が主権を持ち、国政の方向性について責任を負って決定する政治・社会体制、いいかえれば「民主主義」が打ち立てられていく。すべての国民が平等に政治に参加するという「政治的平等」だけでなく、自由に思想や信条を持ち、自らの意見を述べられるという「政治的自由」が実現していく。国民それぞれの身体の安全が不当に脅かされることがなくなる。

政治・社会体制の変革に連動して旧来の経済構造も打破されることで、経済社会にも大きな混乱がもたらされた。「政治」の領域に対する、あるいは密接に関係する「経済」の領域に注目しよう。長らく封建諸侯や一部の上層市民が支配階層として経済的な富と利益を独占する一方で、大多数の民衆は彼らによって搾取され、その一部は貧困にあえぐという不平等に苦しめられた。民衆の経済活動は常に支配階層の恣意性によって脅かされる点で極めて不自由であった。経済的な支配・抑圧・搾取といった構造を打破しようとする民衆のエネルギーもまた、フランス革命の重要な源泉になった。そして、革命後、経済活動が支配階層によって一方的に妨害されることなく、自由に行われるという経済体制、いいかえれば「経済的自由」に基づいた「資本主義」がさらに発展していく。

フランス革命を発生させたさまざまな歴史的背景の一つには、中世以降、農業生産の増大、さらに農業から商工業へと「産業」の育成と発展が続くことによって、人口の大多数を占める民衆の手に富が蓄積されうるようになったという「経済社会的変化」があった。同時に、こうした民衆が富を通して支配階層だけでなく国家そのものを支えているとの自覚を得て、政治的な発言力を増すことを望み始めたという「政治社会的変化」もあった。民衆は不自由で不平等な経済構造を打破するために、抑圧的な封建体制という政治・社会体制を新たな自由な体制に変革することを目指すようになった。封建体制が打破されることで、民衆は得られるべき富を自らの手で自由にし、さらなる富を得られるよう経済活動に邁進していくのである。

主権を持つ「国民」という存在と、政治社会的には「民主主義」・経済社会的には「資本主義」という二重の社会体制は、互いが互いを必要としながら成立していった。サン＝シモンは、今日において当たり前のように受け入れられている秩序が出現していく時代を生きた。そして、こうした中世から近代への歴史的な展開について、人類とその文明の進化の結果と見なす歴史観を披瀝しながら、来るべき〝新しい社会〟のあり方を構想していこうとした。

さて、「資本主義」社会では、〝富めるもの〟と〝富まざるもの〟の間の格差、いいかえれば「貧富の格差」や「経済的不平等」が必ず生じる。一九世紀から今日に至るまで、多くの「民主主義」の諸「国民」の中では「政治的自由」も「政治的平等」も実現されたが、「経済的自由」に基づいて「資本主義」社会がますます成長する中で、「経済的平等」をどのように確保するかが問われている。どんなに政治的に自由で平等であっても、日常における経済的な貧困を前に、人は世の中の不平等さに不満を募らせ、政治に対する信用を失う。そして、サン＝シモンにとって、このような〝「政治」と「経済」〟の問題を整序するには、「政治」と「経済」そのものが果たしうる役割を考えるだけでは不十分であった。人びとがその行動において心から参照する規範のような「精神的なるもの」もまた必要だったのである。「精神的なるもの」を他者との「紐帯」にして、人びとは他者を含めた社会という「世俗世界」について考慮しながら行動していかねばならないと考えるようになるからである。

資本主義社会の中では避けられない「貧富の格差」に目を向けたからこそ、サン＝シモンはやがて社会主義・共産主義の先駆者の一人として扱われるようになる。また、「精神的なるもの」の役割を重視したからこそ、「空想的（ユートピック）」という批判が向けられるようにもなる。サン＝シモン思想を捉えるには、〝「世俗」と「精神」〟という二つ目の〝対立軸〟を考えることが重要である。

2　「世俗（世俗世界）」と「精神（精神世界）」

「社会」とは多種多様な背景を抱えた人びとが集う人的共同体である。近代初頭、社会に生きる人びとの「紐帯」になりうる「規範」と呼べるものが新たな形で探究されねばならなくなった。人びとの「精神」の領域に属する問題である。

中世以降、「世俗世界」の変動とともに、キリスト教（ローマ＝カトリック）の権威が失墜するという「精神世界」の変容も起きた。このようなキリスト教は、精神面から人びとの行動を縛りつけ、封建体制を正当化し、自らもまたその支配構造の一翼を担ってきた。こうして、学問の世界では、旧来の宗教を乗り超えながら、近代社会を準備し支える思想・哲学がつぎつぎに生まれていった。サン＝シモンにとっては、これもまた中世から近代への人類とその文明の進化の結果であった。そして、フランス革命前であればルソーの「市民宗教（religion civile）[1]」、フランス革命後であればヘーゲルの「承認（Anerkennung）[2]」のように、さまざまな探究が行われた。

また、中世のキリスト教は聖職者を「祈る人」、封建諸侯や騎士たちを「戦う人」、大多数の平民（庶民）を「耕す人」に区分することで身分制を正当化した。こうした身分制が解体され、自由と平等が確立される中で、人びとの関係性を定義する新たな「規範」と呼べるものがどうしても必要になった。人びとが政治的に自由で平等になり、さらに自由に経済活動に邁進できるようになったとはいえ、「貧富の格差」という「経済的平等」をめぐる問題がクローズアップされることで、国民社会の中に断層が生じる危険性が叫ばれていくからである。

中世の「耕す人」は、上層市民とその他の貧しい人びとに分かれていたように、事実問題においては決して平等な一群ではなかった。近代以降は、「産業革命」の中で、富と利益を手にした富裕層と飢えに苦しむ貧困層、あるいは経営にたずさわり、資産を持ち、社会に対し大きな発言力を確保する「資本家（ブルジョワジー）」と使役されるだけの大多数の「労働者（プロレタリアート）」の間に対立が生じる。封建的な身分制は解体されるものの、「産業革命」と富の増大の中で、二つの〝階層〟、あるいは〝階級〟の間の差異がさらに顕在化する。したがって、人びとの間に生じた断層を埋め合わせ、人びとを互いに同じ国民社会に生きる同胞として結びつけねばならない。

近代初頭以降、旧来の封建的身分秩序から解放された人びとの多くは、産業革命の中で産業の担い手である労働者として都市に集住し、互いに密接に交流するようになる。貧富の格差の問題を含めて、今日的な意味での「社会」が出現するのである。人は社会から隔絶されて生きていくことはできない。こうした社会という「世俗（世俗世界）」の中で生きる人びとの動きに対し、「精神世界」においては「規範」のような「精神的なるもの」がつぎつぎに探究される。旧来の宗教とは一線を画し、近代社会の現実を踏まえ、そして現実に対して見出されうる「規範」である。とはいえ、最晩年におけるサン＝シモンの考えでは、そうした新たな「規範」と呼べるものもまた最終的には〝宗教という形態〟に昇華せねば、人びとの心に真に訴えかけるものとはならないようである。

では、〝「政治」と「経済」〟および〝「世俗」と「精神」〟という互いに関連し合う二つの〝対立軸〟

に、〝「ヨーロッパ（ヨーロッパ社会）」と「世界（国際社会）」（あるいは「ヨーロッパ人」と「人類」）〟という〝対立軸〟はどのように関連するだろうか。一九世紀初頭の現実を切り取って把握しようとするとき、西洋の思想家・哲学者を取り扱う研究者にとって、〝「政治」と「経済」〟や〝「世俗」と「精神」〟という〝対立軸〟に言及するのはありきたりなことである。サン＝シモン思想をめぐって、「ヨーロッパ」という視点を持ち込みながら、〝「世界」と「ヨーロッパ」〟という〝対立軸〟からも考察することが、本書の基本的かつ独自のテーマである。

3 「ヨーロッパ」と「世界」

製織における縦糸のごとく、どのような社会も事実において機能するためには〝「政治」と「経済」〟という一本の揺るぎない軸を持つことが不可欠である。〝「政治」と「経済」〟は社会の根幹をなす。そうした社会という「世俗」に生きる人びとは、日々の行動の「規範」のような「精神的なるもの」を探究する。縦糸とともにこのような横糸がなければ、社会は真の意味では完成しない。中世において、「精神的なるもの」がキリスト教という旧来の宗教であったとき、地理学的なヨーロッパに重なるキリスト教勢力圏の大部分の中で、二つの糸によって織りなされたさまざまな社会には、「ヨーロッパ」という色彩が与えられていった。中世にキリスト教の影響の下でこそ、「ヨーロッパ」を表象するような「文明と習俗（la civilisation et les mœurs）[3]」が生まれるとともに、アラブ世界のイスラム教徒などとの対立を経て、キリスト教徒である人びとは自らの「ヨーロッパ人」意識を醸成したのである。

一五世紀末に「大航海時代」が始まると、ヨーロッパ人は航海術を駆使し、世界中に進出した。中世以降、ヨーロッパでは農業経済の発展の中で徐々に富と利益が生み出され、生み出された富と利益は農業に代わる新たな産業を興した。ヨーロッパ人はさらなる富と利益を求めて世界に通商を拡大させるとともに、広大な植民地を築いた。産業革命などの産業のますますの発展が経済的な流れを後押しした。そして、一九世紀初頭以降、キリスト教がその権威を失墜させ、諸「国民」の成立や「民主主義」と「資本主義」の発展という現実を前に、旧来の宗教と一線を画する「精神的なるもの」が思索されるのと並行して、「ヨーロッパ」諸国民の社会の新しい近代的なあり方が「世界」へ広がった。ヨーロッパ人の世界への進出によって、「世界の一体化」が進むのであった。

しかし、「世界の一体化」が進む時代、サン＝シモンを含めたヨーロッパの思想家・哲学者たちの多くが、局所的な形でのヨーロッパ諸国民による「ヨーロッパ統合」を志向した。一八一四年、サン＝シモンは自らの具体的なヨーロッパ統合ヴィジョンを『ヨーロッパ社会の再組織について——またはヨーロッパの諸国民をして、それぞれの国民的独立を保持させつつ、単一の政治体に結集させる必要と方法について』（以下、『ヨーロッパ社会再組織論』と記述）という著作で開陳したのである。まさに、フランス皇帝ナポレオン一世（一七六九〜一八二一年）とこれに対抗するヨーロッパ諸君主の戦争が最終段階を迎えていた時代であった。この後も産業発展の中で、経済的な富と利益、そして資源をめぐるヨーロッパ諸国民の戦争がますます過激化する。戦争の火種は地理学的なヨーロッパだけでなく、ヨーロッパ人が植民地を築いた世界中の諸地域で燻るようになる。ヨーロッパ諸国民の政治的・経済的な利害関係が複雑化すればするほど、戦争勃発の危機が避けられなくなる。ヨーロッパ諸国民の戦争を抑止し、恒久的な平和を構築するためにこそ、さまざまな戦争の主体であるヨーロッパ諸国民による局所的な形でのヨーロッパ統合が必要とされるのである。

ここで互いに関連するいくつかの問題が発生する。まず、ヨーロッパ諸国民による統合と一口に言っても、統合されるべきヨーロッパの領域はどこからどこまでだろうか。そして、統合されるべきヨーロッパ諸国民とは誰なのだろうか。つぎに、諸「国民」の成立や「民主主義」と「資本主義」の発展という現実を前に、旧来のキリスト教と一線を画する「規範」のような「精神的なるもの」が思索される時代、ヨーロッパ諸国民を結びつける「紐帯」とは何だろうか。さらに、近代、一つの国民社会における人びとの規範というだけでなく、ヨーロッパ諸国民の規範として、脱宗教的な「精神的なるもの」が存在するのなら、たとえば旧来の宗教対立の中で排除されてきたイスラム教徒のような「他者」は単なる敵ではなく、ヨーロッパに統合されるべき人びとなのだろうか。

「世界の一体化」によって、キリスト教徒に対する異教徒や異端者であった人びとの中には、排除されるだけの「他者」ではなく、ヨーロッパ人と友好的にかかわる「隣人」が現れる。ヨーロッパ人にとって、経済的には通商上・商業上のパートナー、そして政治的にはフランス革命を支えたような価値観を共有しうるパートナーと呼びうる存在である。

東方では、〝ヨーロッパ化〟を推し進めて巨大な勢力に成長した正教会のロシア帝国が、そして西方では、ヨーロッパからの植民者によって建国された自由民主主義のアメリカ合衆国がそれぞれヨーロッパ社会に深くかかわる存在になる。とくに、ロシアは他者でもなく、隣人・パートナーでもなく、ヨーロッパの一部になっていく。ヨーロッパ諸国民の利害関係はこうした外部にいた存在がかかわることで複雑化していく。そして、「世界（国際社会）」との関係を無視したままでは、「ヨーロッパ（ヨーロッパ社会）」の諸問題を解決することができなくなる。

それでも「世界」から分節された「ヨーロッパ」の諸国民だけを統合しようというとき、どのような「紐帯」が必要だろうか。さらに、「世界」の中で「ヨーロッパ」だけを分節するための基準とは何なのだろうか。外部に対して門戸を閉じるなら、それは中世のキリスト教とイスラム教の宗教対立のような状態と変わらない。だからといって、外部に対し門戸を常に開け続けるなら、局所的な「ヨーロッパ統合」など存在しえなくなる。いずれにせよ、「ヨーロッパ」が中世以降の独自の歴史の展開を経験し、キリスト教の影響下で独特の「文明と習俗」を育んだ一つの特殊な社会であることは疑うべくもないだろう。したがって、「ヨーロッパ」の恒久平和のためには、その特殊な歴史的かつ文明的な諸条件を前提とした独自の方策があるのではないか。では、ヨーロッパ社会において、外部に対する開放性を担保しながら、内部の安定性を確保するにはどうすればよいであろうか。

ここにこそ、筆者がサン゠シモン思想を「ヨーロッパ」という視点から探究しようとする大きな理由がある。サン゠シモンは〝新しい社会〟のあり方を考察するとき、こうした「現実」を認識したうえで、「世界」の中での「ヨーロッパ」という視点を常に念頭に置いていたように思われるからである。サン゠シモン思想全体に「ヨーロッパ」という問題意識が遍在するのである。サン゠シモンの「ヨーロッパ」への言及は、決して一八一四年の『ヨーロッパ社会再組織論』に限定されない。筆者が本書を通して検証していきたい仮説である。

さて、〝「政治」と「経済」〟、〝「世俗」と「精神」〟、そして〝「ヨーロッパ」と「世界」〟という三つの〝対立軸〟から、一九世紀初頭という時代とその社会の「現実」をおおまかであるが切り取って把握した。それでは、サン＝シモン思想について、これまでの研究者たちはどのような評価を下してきたのであろうか。つぎの第2節では、サン＝シモン思想をめぐる先行研究について考察しながら、本書がサン＝シモンのさまざまな著作・論文とそこで示された思想をどのような流れで探究していくのかについてまとめたい。

第2節　サン＝シモン思想をどのように読み取るか

さきほどのような時代と社会の「現実」の切り取り方に基づいて、「世界」の中での「ヨーロッパ」という視点からサン＝シモン思想を探究していこうというものの、サン＝シモンが残した著作や論文の数は膨大であり、その内容もさまざまである。それは、何らかの、政治的・経済的・社会的な事件や出来事が発生するたびに、サン＝シモンが自らのヴィジョンを開陳するというやり方で思想活動を展開したからである。したがって、サン＝シモンが自らの議論の中心に据えている具体的なテーマは、時期ごとの政治的・経済的・社会的状況に応じて絶えず変化する。

森は「非体系的で「矛盾の権化」と称されるサン＝シモンには、一本または数本の著作をもってその思想の全体を代表させうるものがない。したがって、その全貌を捉えるためには、少なくとも彼の生涯の諸時期における主要な諸著作を通覧することがぜひとも必要である(4)」と記している。こうして、多くの先行研究では、サン＝シモン思想を諸時期ごとに区分する手法が取られている。本書でも、サン＝シモン思想を時期ごとのテーマによって区分して読み取っていきたい。

「はじめに」の中ですでに示したように、本書はサン＝シモンの思想を四つの時期に区分して読み取った後、終章でまとめとして、サン＝シモンが構想する「ヨーロッパ」のあり方について検討する。

第1章　前期思想（一八〇二年〜一八一三年）：精神的なるものの探究
第2章　転換点（一八一三年〜一八一四年）：精神から世俗への移行
第3章　後期思想（一八一五年〜一八二三年）：世俗的なるものの探究
第4章　最後の提題（一八二三年〜一八二五年）

サン＝シモンがヨーロッパ統合をめぐる具体的なヴィジョンを明確な形で開陳した著作は、一八一四年の『ヨーロッパ社会再組織論』だけである。それより一二年前の一八〇二年に思想活動を開始して以降、サン＝シモンは〝「世俗」と「精神」〟という〝対立軸〟のうち、まずは「精神」の領域に属するもの、つまり「精神的なるもの」を探究し続けた。しかし、ヨーロッパ統合ヴィジョンという国際政治経済に関する具体的な議論に取り組んだ結果、主に〝「政治」と「経済」〟という〝対立軸〟、つまり「世俗的なるもの」の探究に向かった。その後、以前の議論をまとめるような著作や論文を発表していき、それが結果的に最晩年の時期に重ってしまった。

一七六〇年に生まれたサン＝シモンが思想活動を始めたのは一八〇二年、いわゆる不惑を過ぎてからである。まずは、一八二五年に没するまでの二三年間にわたるサン＝シモンの思想展開についって、研究者たちがどのように区分してきたのかを確認しよう。

1　精神から世俗へ、そして精神へ

ブグレとアレヴィの場合　社会学者セレスタン・ブグレ（一八七〇～一九四〇年）と歴史家エリー・アレヴィ（一八七〇～一九三七年）によるサン＝シモン研究について触れたい。両者はエコール・ノルマル（高等師範学校）の同級生であり、サン＝シモン思想に影響を受け、共同して研究活動を展開した。ブグレは社会学の祖の一人と見なされているエミール・デュルケム（一八五八～一九一七年）の思想に近く、自由な社会における連帯のあり方を非宗教的な道徳に求めた。アレヴィはイギリスのジェレミ・ベンサム（一七四八～一八三二年）らの功利主義に精通するとともに、自由貿易による人びとの交流によって恒久平和を実現しようと企図した。この後の本書の展開を見れば理解できるように、ブグレとアレヴィがサン＝シモン思想について議論するのは必然だったと言えよう。

両者はサン＝シモンの思想展開について、その内容に鑑みて五つの時期に区分する。(5)

科学主義者：一八〇二～一八一三年
平和主義者：一八一四～一八一五年
産業主義者：一八一六～一八一八年
社会主義者：一八一九～一八二四年
道徳主義者：一八二五年

ブグレとアレヴィはサン＝シモンの時期ごとの思想の内容に注目する。そして、それぞれの時期の著作や論文から見えるサン＝シモンの思想家としての姿勢を提示する。とはいえ、それぞれの時期の思想家としての姿勢にどのような一貫性があるのかを一瞥して理解するのは極めて難しい。それぞれの時期の政治的・経済的・社会的状況を前に、サン＝シモンは勝手気ままに思想活動を展開したかのように捉えられうる。

しかし、一つの流れに気づくこともできよう。一八〇二年にサン＝シモンは「科学」という、世俗としての実社会の諸問題からは一定の距離があるように見えるものを対象にして思想活動を始めた。その後、一八一四年の『ヨーロッパ社会再組織論』を通してヨーロッパ諸国民の「平和」を語ったことをきっかけに、「産業」や「社会主義」のような「世俗」のあり方に関係するものを探究することになった。そして、最晩年には「道徳」のような「精神」の領域に属するものに関心を向けたのである。また、「社会主義」をめぐる探究は、サン＝シモンの二三年間の思想活動のうちの五年間である。

マシュレーの場合　マルクス主義批評家として知られるピエール・マシュレー（一九三八年〜）は、サン＝シモンの関心領域の変遷に基づいて、その思想を三つの時期に区分する(6)。

哲学・認識論的時期：一八〇二〜一八一三年
政治経済学的時期：一八一四〜一八二三年
道徳・宗教の時期：一八二四〜一八二五年

マシュレーの区分でも、それぞれの時期に一貫性を見出すのは難しいだろう。ただし、サン＝シモンが、〝「世俗」と「精神」〟という〝対立軸〟から近代初頭の「社会」を捉えようとしたとは言えるだろう。つまり、哲学・認識論といった人文科学、あるいは人間の「精神」や思考にかかわる分野から、『ヨーロッパ社会再組織論』を境にして政治経済学といった社会科学、あるいは「世俗」にかかわる分野へ関心を移し、最終的に道徳・宗教といった「精神」にかかわる分野に戻っていったのである。こうした思想活動の流れを捉えるにあたっては、ブグレとアレヴィの区分よりも、マシュレーの区分の方がわかりやすい。

ユバールの場合　フランスの政治家で、皇帝ナポレオン三世（一八〇八〜一八七三年）の権威主義的な「第二帝政」に抵抗したニコラ＝グスタフ・ユバール（一八二八〜一八八八年）もまた、サン＝シモン思想を時期ごとに区分する。一八五二年に始まる第二帝政は、サン＝シモン主義者の多くが自らの思想・ヴィジョンを具体的に実現しようと活躍した政治体制であった。ナポレオン三世の権威主義的な政治体制に阿ってでも自らの思想・ヴィジョンを具体的に実現しようとするのか、自らの思想・ヴィジョンの根本に従って権威主義的な政治体制に抵抗することを選ぶのか、といった選択をめぐって、サン＝シモン主義者の対応は分かれた。[7]

ユバールはサン＝シモンの思想活動が始まる一八〇二年以前も射程に入れたうえで、サン＝シモン思想を論じている。[8]

科学や知識を扱う時期：一七九八〜一八一四年
政治と産業を扱う時期：一八一四年以降

シンセシスの時期：最晩年

サン＝シモンは、科学や知識という人間の精神や思考に必ずかかわるものについて論じた後、政治と産業という社会問題、あるいは世俗的なるものへ思想上の立ち位置を移し、やがて晩年を迎える。ここでも、『ヨーロッパ社会再組織論』が発表された一八一四年を境にして、「精神」から「世俗」へ探究される対象が変わるという流れを見出すことができる。そもそも、具体的な形で社会にコミットするためには、学問的な基礎や軸を確かな形で持つことが必要になる。サン＝シモンは一八一四年までにそれを成し遂げたことによって、一八一四年からは周囲の現実に鑑みて社会にコミットし始めたのだった。

サン＝シモン思想の時期ごとの区分をめぐる三つの先行研究のように、基本的には一八一四年の『ヨーロッパ社会再組織論』の刊行がきっかけになって、サン＝シモンが「精神」から「世俗」へ、思想活動の中心的なテーマを変えていることを理解できよう。その後の最晩年をどう捉えるかについては、いくつかの表現がありうるが、再び「精神」の領域に属するもののウェイトが増すようではある。したがって、筆者もまた一八一四年を「転換点」として、サン＝シモン思想を「前期思想」と「後期思想」、そして最晩年における「最後の提題」と、合計四つの時期に区分したい。

先行研究の中には、このような諸時期ごとの区分を踏まえつつも、「後期思想」の展開をより重視するものがある。まさに、サン＝シモンを「空想的社会主義」の思想家に位置づけたうえで、社会主義からカール・マルクス（一八一八～一八八三年）やフリードリヒ・エンゲルス（一八二〇～一八九五年）の共産主義への、あるいはマルクス主義への流れを作り出した存在と見なす研究である。

2　マルクス主義の先駆的存在かアンチ・マルクスか

(1)　マルクス主義の先駆的存在か

マルクス主義の研究の他、ピエール＝ジョゼフ・プルードン（一八〇九～一八六五年）のプルードン主義といった無政府主義（アナーキズム）の研究などで知られるピエール・アンサール（一九二二～二〇一六年）は、さきほどのブグレとアレヴィの区分を参照しながら、一八一四年頃を境にサン＝シモンの思想を二つの時期に区分する。そして、後半の思想をさらに二つの時期に区分する。

理論的段階：～一八一四年頃

産業主義的段階：一八一四年頃～

―自由主義的段階：～一八一九年頃

―社会主義的段階：一八一九年頃～

アンサールは「産業主義的段階」と呼ぶ一八一四年頃以降の二つの区分、つまり一八一九年頃を境とする「自由主義的段階」と「社会主義的段階」の間に、「自由主義思想とサン＝シモンの企図（プロジェクト）の間の決定的断絶」(9)があることを強調する。一八一九年は『組織者』という著作が発表された年であり、アンサールはこの断絶を契機にサン＝シモンが社会主義思想を追い求めるようになったと見なす。「社会主義的段階」があることを認識しつつも、シンプルに五つの時期を並べたブグレとアレヴィ以上に、アンサールはサン＝シモンの思想を「（空想的）社会主義」と捉える思潮を継承したうえで、「決定的断絶」という強い表現を用いて、サン＝シモンが社会主義へ向かって舵を切った時期を指摘するのである。サン＝シモンが社会主義へ向かって舵を切ったからこそ、マルクスやエンゲルスはサン＝シモンなどの空想性を批判的に継承しながら、共産主義を、あるいはマルクス主義を打ち立てるに至ったということになろう。

かつての二〇世紀に〝自由主義陣営の西側〟と〝社会主義陣営の東側（あるいは共産主義陣営の東側）〟という表現があったように、社会主義と共産主義が混ぜこぜになったまま、「自由主義」と「社会主義」は対置されるものとして扱われるのが今日なお一般的である。自由主義と決定的に断絶したとされるサン＝シモンは、やはり社会主義思想家として、そして共産主義、あるいはマルクス主義の先駆者の一人として定義されるべきであろうか。そもそも、自由主義と社会主義を決定的に対立したり、断絶したりするものとして扱うことは本当に妥当なのであろうか。

サン＝シモン思想が後の社会主義思想家に影響を与え、結果として社会主義の発展に寄与したということはあるかもしれないが、サン＝シモン思想は空想的社会主義とだけ形容されうるものではない。サン＝シモンとその思想を再考・再興するためには、サン＝シモンの社会主義と呼ばれる思想の中身を読み取ることで、自由主義的段階と社会主義的段階の間に「決定的断絶」があるか否かをあらためて検討せねばならない。

(2) アンチ・マルクスという視点

サン＝シモン思想がマルクスやエンゲルスの共産主義の、あるいはマルクス主義の先駆的な存在として位置づけられるかどうかについては、実際に問い直されている。たとえば、歴史家・思想史家であるクリストフ・プロシャソン（一九五九年〜）は、サン＝シモン思想の系譜としてのサン＝シモン主義の変容を説明するために、「アンチ・マルクス（反マルクス）」という表現を用いる。(10)

サン＝シモンが生まれたフランスとマルクスが生まれたドイツは長らく対立を繰り返しながら、ヨーロッパ国際関係を揺るがし、ついには二度の世界大戦を引き起こした。ドイツ出自であるマルクスのイデオロギーがヨーロッパ中に広がる中、そうした独仏間の対立も背景になって、フランスではマルクス主義に対抗しようとする人びとがしばしばサン＝シモン思想を再考・再興しようとするのだった。こうして、資本主義社会の中で発生した貧富の格差といった問題を前に、資本主義を乗り越えることで共産主義社会の実現を目指すフランス共産党と、資本主義を基礎として漸進的かつ穏健的に社会改革を進めようとするフランス社会党などの非共産党勢力は、同じ「左翼」という陣営にカテゴライズされつつも、長らく対立を繰り返した。このような対立の中で、マルクス主義を掲げるフランス共産党に対し、フランス社会党などの非共産党勢力は、サン＝シモン主義をもって対抗しようとしたのだった。

「右翼（保守）」の側でも、貧富の格差の縮小などを目指そうとする勢力は、サン＝シモンの社会主義と呼ばれがちな思想に親和性を持っていた。(11)フランス共産党がドイツ出自のマルクス主義を称揚する一方で、フランス共産党に一線を画する他の政治勢力がフランス出自のサン＝シモン主義に傾倒するというような構図が出現した。

さらに、一九八〇年代に入り、ソ連が抱える諸問題がさまざまな形で指摘され始めると、フランス革命の研究で高名な歴史家であるフランソワ・フュレ（一九二七〜一九九七年）は、マルクス主義以後の〝新しい社会〟のあり方を構想するために、多くの研究者とともに「サン゠シモン財団（la fondation Saint-Simon）」を創設した。フュレにとって、サン゠シモンは〝新しい社会〟のあり方を探究し続けた思想家であり、前述のようなフランス政治史における位置づけに鑑みれば、二〇世紀末においてマルクス主義以後の〝新しい社会〟をめぐるヴィジョンを見出すことに貢献しうる「アンチ・マルクス」というイメージになりえた、というのはプロシャソンの証言である[12]。

プロシャソンによれば、サン゠シモン思想、そしてそれを体系化したサン゠シモン主義は、さまざまな研究者が指摘してきたように通底するものを持たないものの、常に一貫して「アンチ・マルクス」という性格を帯びてきたという。このようなプロシャソンが議論したサン゠シモン思想に加味された性格というものは妥当だろう。なお、サン゠シモン死後のサン゠シモン主義のあり方については本文中で大まかに確認する予定である。

ただし、気をつけねばならないが、プロシャソン自身も指摘するように、「アンチ・マルクス」とはサン゠シモン死後のサン゠シモン主義とサン゠シモン主義者が一貫して帯びる性格なのであって、サン゠シモン自身とその思想を直接的に説明しうるものではない。サン゠シモンはマルクス以前の思想家であり、サン゠シモンとマルクスが切磋琢磨したなどということはない。

3　サン゠シモン思想の一貫性

サン゠シモン思想を実現したものとしてイタリアのシルヴィオ・ベルルスコーニ政権のあり方などを

研究してきたピエール・ミュッソ（一九五〇年〜）は、サン＝シモン死後のサン＝シモン主義者の一貫した性格ではなく、〝サン＝シモン思想の一貫性〟そのものを見出そうとする。

第1章で詳しく触れるように、サン＝シモンは思想家や哲学者、そして科学者が一般的かつ全体的な学説や理論を提示するだけにとどまるのではなく、その妥当性を証明するために個別具体的かつ特殊的なさまざまな事象を実験・探究することの重要性を主張する。つまり、一般的な学説や理論はさまざまな特殊的な事象に当てはまってこそ妥当性があり、さまざまな特殊的な事象を実験したり経験したりするのならば、そこから一般的な学説や理論を演繹せよというわけである。

学説や理論を実験や経験から証明する、そして実験や経験から学説や理論を演繹するという、「一般化」と「特殊化」の作業を交互に繰り返すのは、近代実証科学・自然科学において当然のように用いられる研究手法・思考方法である。ミュッソによれば、サン＝シモンはこうした自然科学の議論や観察方法に基づいて自らの一般的な思想、そして全体像を見せた後、社会をめぐる個別具体的かつ特殊的なテーマに向かい、最後に再び全体像を示す作業を進めたという。(13) ミュッソはサン＝シモンが自然科学の研究手法・思考方法を重視しながら、それに従って自らの思想活動を進めたという意味で一貫性、あるいは連続性を持つと考える。

しかし、ミュッソの指摘には難がある。そもそも、一人の人間の人生が当初から計画されていたかのように体系的で整然とした形で進んでいくものだろうか。一八〇二年に思想活動を始めたサン＝シモンは、自らが二三年後の一八二五年に死ぬことになるとは決して知らなかった。ましてや、サン＝シモンは一八二三年にピストル自殺を図っているのである。ミュッソはサン＝シモンの研究手法・思考方法の基礎を指摘したことにはなるものの、〝サン＝シモン思想の一貫性〟を指摘したことにはならない。

ただし、つぎのようなミュッソの指摘には留意したい。サン＝シモン思想をめぐって、哲学者や哲学研究者においては否定的な見解が示されてきたのに対し、歴史家においては好意的な評価がなされてきたという(14)。

時間や空間を超えて、人間という存在と人間の営みの普遍的・不変的な本質を探究する学問が哲学なのだとすれば、サン＝シモンは何かしらの事件や出来事が起きるたびに自らのヴィジョンを開陳し続けるなど、決して哲学者的ではなかった。しかも、思想活動全体を通して通底するものを持たないように見られてしまった。このようなサン＝シモンは、哲学者や哲学研究者にとって研究する対象にはなりえなかったのかもしれない。しかし、哲学者や哲学研究者に対し、歴史家はサン＝シモンが来るべき〝新しい社会〟について構想するために、〝今〟という時代のあり方を明確にしようと、古代・中世から近代初頭に至る歴史の展開を考察し、一つの歴史観を示したことを評価する。歴史家の視点に立てば、サン＝シモンの古代から近代に至る歴史の把握力が面白く感じられるのであろう。実は、「サン＝シモンのヨーロッパ」を探究するとき、その歴史観は重要な要素になる。したがって、筆者自身は、哲学者や哲学研究者の見解については理解するものの、歴史家が評価するような視点から、サン＝シモンに関心を抱いていた。

以上のように、先行研究がサン＝シモン思想を時期ごとにどのように区分しているか、あるいはサン＝シモン思想にどのような性格を見出しているかについて振り返った。一人の人間の人生なのだから、その思考に紆余曲折があるのは当然であるものの、どの時期の思想に注目するかによって「サン＝シモンとは何者か」という問いに対する答えはどうしても変わってきてしまう。サン＝シモン思想をさらに探究するために、思想活動が始まる以前、つまり一八〇二年以前のサン＝シモンがどのような政治的・経済的・社会的状況下で生活を営み、どのような思考を重ねたかについて振り返りたい。

第3節　思想活動に至るサン＝シモンの前半生

サン＝シモンがどのような幼年・少年期、あるいは青年期を過ごしてきたのかについては、あまりよくわかっていないという。その結果、サン＝シモン主義者たちの一部がサン＝シモンを信奉するあまりにさまざまな〝伝説〟を作りあげた。

筆者はサン＝シモンの〝伝説〟に興味がない。たとえば、かのスタール夫人（一七六六～一八一七年）が、サン＝シモンから「世界を代表する知性を持つ男性と女性は結ばれなければならない」と口説かれたとか、しかもその場所が世紀の大発明の一つであった気球の中であったとか、さらには優秀なはずの二人の間に極めて凡庸な子どもが生まれたとか、そういった話はどうでもよい。

そもそも同時代を生きたサン＝シモンとスタール夫人がどのような関係を持っていたかはよくわかっていない。片や名門封建貴族の連枝の家に生まれた長男、片やフランス王国の財務・財政担当大臣の財務長官(15)を務めたジャック・ネッケル（一七三二～一八〇四年）の娘であり、互いに論壇で生きるような立場になるのだから、上流階級の社交を通した面識がなかったということはないだろう。有名なスタール夫人と恋愛関係があったのだという驚きは、その話自体が真偽不確かだろうと、サン＝シモンを〝神格化〟するための手段として十分である。

サン＝シモンが思想活動を始める前の、いわゆる「前半生」について触れたい。日本では、邦訳集『サン－シモン著作集』の中で、「サン－シモンの生涯と著作」というタイトルでサン＝シモンの前半生を含む生涯が詳しくまとめられている。そのような日本語で読める優れた先行研究の他、『アンファンタン版著作集』といったフランス語で書かれたさまざまな著作を参照しつつも、筆者自身であらためてサン＝シモンの生涯について調べ直してみた。まずは、サン＝シモンの若年時代について見ていこう。

1　名門貴族の子弟として：二つの要素

(1)　カール大帝の子孫という系譜

サン＝シモンが生を受けたルーヴロワ・ド・サン＝シモン家は封建領主の家系で、カール大帝（シャルルマーニュ）（七四二～八一四年）が遠祖だとされる。中世、カール大帝はゲルマン民族の国家であるカロリング朝フランク王国の王として巨大な領土を築きあげ、キリスト教徒の守護者として異教徒であるイスラム教徒の攻勢を退け、やがて八〇〇年にローマ教皇レオ三世（七五〇？～八一六年）から「ローマ皇帝」の帝冠を授かることによって、四七六年に滅亡した西ローマ帝国を復活させた。学術的には、「ヨーロッパ」とは、古代ギリシャおよび古代ローマの文明・キリスト教・ゲルマン民族が融合することによって中世に出現したとされる。サン＝シモンは、このような「中世ヨーロッパ社会」を作りあげたカール大帝の子孫であることを著作や論文の中でたびたび言及する。決して直系の子孫ではないが、カール大帝と何らかの血縁関係を持つことで、自意識を形成していることは確かである。

ルーヴロワ・ド・サン＝シモン家は、マシュー・ド・ルーヴロワという人物に始まる。マシュー・ド・ルーヴロワは、一四世紀初頭に現在のフランス北部オー＝ド＝フランス地域圏ソンム県のうち、ソンム川が流れるヴェルマンドワ地方を基盤とする領主であった。また、家名のルーヴロワとは、現在のソンム県のスーという名前の街に該当する。このマシュー・ド・ルーヴロワから約三〇〇年前の一〇四七年、ゴティエという人物がルーヴロワを封土として与えられ、ゴティエ・ド・ルーヴロワを名乗ったことで、まずはルーヴロワ家が誕生した。そして、一三三三年、マシュー・ド・ルーヴロワが、同じ地方のエーヌにあるサン＝シモンという街の女領主であるマルグリット・ド・サン＝シモンと結婚したことによって、ルーヴロワ・ド・サン＝シモン家が成立したのだという。

マルグリットは西フランク国王ウード王（八五二？～八九八年）の血統であった。カロリング朝フランク王国がカール大帝の孫たちの代に中フランク王国・東フランク王国・西フランク王国の三つに分裂した後、西フランク王国では長らくカロリング家が王位を世襲してきたものの、北方からのノルマン人の侵入などによって混乱が続く中、これを撃退したロベール家のウードが八八八年に聖職者などの支持によって国王に即位した。その後、ウード王の弟であるロベール（ロベール一世）（八六五？～九二三年）もまた西フランク国王に即位し、その孫であるユーグ・カペー（九四〇？～九九六年）は九八七年にカペー朝フランス王国を成立させた。このようなカペー家（王朝成立によって、やがて家名はロベール家からカペー家に変化[16]）はカロリング家と血縁関係があるため、ルーヴロワ・ド・サン＝シモン家もまたウード王からマルグリットへの流れによって、カール大帝らのカロリング家と血縁関係を保持していると言えるのである。

長い歴史の中でルーヴロワ・ド・サン＝シモン家は本家の他、ラッス家系・グルメリル家系・サンドリクール家系・モンブレリュ家系の合計五つの系統に分かれた。そして、一六三五年、ブルボン朝フランス国王ルイ一三世（一六〇一～一六四三年）はラッス伯爵クロード・ルーヴロワ・ド・サン＝シモン（ラッス家系）（一六〇七～一六九三年）に対して、サン＝シモン領を「サン＝シモン公領」にすることを決定し、サン＝シモン公爵位が誕生した。この初代サン＝シモン公爵クロードの息子が『メモワール』を残した第二代サン＝シモン公爵ルイ（一六七五～一七五五年）である。ルイ一四世（一六三八～一七一五年）のヴェルサイユ宮廷のあり様を観察し、膨大な回想録である『メモワール』を執筆した。ルイ一五世（一七一〇～一七七四年）の時代には摂政諮問会議のメンバーとしてフランスの国政を担った人物でもある。また、サン＝シモン公爵位は初代クロードから二代目ルイへ、そしてルイの二人の息子（三代目および四代目）に継承された後、五代目以降はモンブレリュ侯爵（モンブレリュ家系）の手に渡った。

本書の主人公であるサン＝シモン自身は、その七代前のジャンがルーヴロワ・ド・サン＝シモン本家から分家したことで始まったサンドリクール家系に属する。このサンドリクールの名は、パリから北に五〇キロ程度進んだところにある領地に由来する。また、サンドリクール家系はサン＝シモンから四代前のルイよりサンドリクール侯爵を名乗っており、サン＝シモンの伯父であるマクシミリアン＝アンリがサンドリクール侯爵位を継承した。したがって、マクシミリアン＝アンリの弟でありサン＝シモンの父であるバルタザール＝アンリはサン＝シモン・サンドリクール伯爵を名乗り、これを受けてサン＝シモンは「サン＝シモン伯爵クロード＝アンリ・ド・ルーヴロワ」を名乗ることになった。

啓蒙主義の時代、父バルタザール＝アンリは、ジャン・ル・ロン・ダランベール（一七一七〜一七八三年）やドゥニ・ディドロ（一七一三〜一七八四年）といった「百科全書派」や、ルソーといった多くの思想家・哲学者たちと交流を持ったようで、サン＝シモン・サンドリクール伯爵邸にはとくにダランベールなどが出入りしていたとされる。後年、真偽はわからないが、サン＝シモンはダランベールから教育を受けたと語ることになる。こうした環境の中でサン＝シモンがやがて世界史、あるいは西洋思想史に名を残す思想家になる下準備をしたことは確かであろう。

(2) アメリカ独立戦争への従軍経験

一七七七年、一七歳のサン＝シモンにトゥレーヌ歩兵連隊陸軍少尉の任官が発令された。貴族の子弟はいわゆる〝王室の藩屏〟として軍務に就くことを慣習とするため、父バルタザール＝アンリは将校の最下位の地位である少尉を購入し、息子サン＝シモンに与えた。しかも、トゥレーヌ歩兵連隊の連隊長は、サン＝シモン公爵位をラッス家系から継承したモンブレリュ家系の第五代サン＝シモン公爵クロード＝アンヌ・ド・ルーヴロワ（一七四三〜一八一九年）であった。この四年後、連隊長クロード＝アンヌの弟とサン＝シモンの姉が結婚することになるので、一族の密接な関係が見て取れる。

サン＝シモンは任官発令の一年後に連隊に入隊し、さらに一年後には大尉に昇進した。ちょうどこの時代、アメリカ大陸では、独立を目指す一三植民地によるアメリカ合衆国が宗主国イギリスとの間でアメリカ独立戦争（アメリカ独立革命）を戦っており、一七七八年にはフランスが一三植民地側に立って参戦していた。そして、一七七九年末、トゥレーヌ歩兵連隊は本国フランスを発ち、カリブ海のサント・ドミンゴ島（イスパニョーラ島）の首府カプ＝フランセ（カパイシャン）に到着した。サン＝シモンも志願して遠征軍に加わっていた。この遠征軍はイギリス領バルバドス島にいるフランス軍捕虜の救出とイギリス領セントルシア島を占拠することを目的にしていたという。セントルシア島の領有権をめぐって、一七世紀から一八世紀初頭にかけての百年間に、イギリスとフランスは合計一四回も奪い合いを繰り返し、フランス皇帝ナポレオン一世が失脚した一八一四年に至ってようやくイギリスがセントルシア島領有を確定する。

一七八一年にはアメリカ大陸本土での戦闘に従事せよとの命令が降り、八月にサン＝シモンらの一軍はヨークタウン付近にあるヘンリー岬に上陸した。このとき、フランス海軍はアメリカ合衆国側の要請を受けて、ヘンリー岬の沖などヨークタウン方面に停泊するイギリス海軍を牽制しようとしており、サン＝シモンは砲兵隊の指揮を取ったという。そして、一〇月一七日、ヨークタウンに立て籠もるイギリス軍は降伏し、アメリカ独立戦争の趨勢が決定した。

この日はちょうどサン＝シモンにとっては二一歳の誕生日であった。ヨークタウンの戦いに参加したことや、アメリカが自由民主主義国家として独立する決定的瞬間に立ち会ったことは、サン＝シモンの自意識形成に大きな影響を与えたようである。一八〇二年に始まる思想活動の中で、サン＝シモンはアメリカ独立戦争の経験にしばしば言及するのである。たとえば、『産業（第二巻）――産業、または有益で自立的な仕事にたずさわっているすべての人びとのための政治的・道徳的・哲学的議論』（一八一七年）に記した「（自分を）アメリカ合衆国の自由の創建者の一人としてみなすことができる」[17]という表現などは、サン＝シモンの誇りを感じさせる。とはいえ、アメリカ大陸本土での滞在は一七八一年八月から一〇月にかけてのたったの二カ月に過ぎない。

アメリカ独立戦争への従軍経験に基づき、サン＝シモンはさきほどの『産業（第二巻）』の中で、「アメリカにおいて産業的自由のために戦いながら、私は異国のこの植物をわが国（フランス〔筆者注〕）で花咲かせてみたいという願望をはじめて抱いた。この願望は、それ以来、私の全思想を支配した」[18]などと書き記している。しかし、戦場から父バルタザール＝アンリに宛てた手紙の中に、そのような思いはまったく書かれていない[19]。さきにサン＝シモンの死後にサン＝シモン主義者たちが〝伝説〟を創りあげたと記したように、サン＝シモン自身が自らの半生を大げさな形で回想することによって、結果的に〝伝説〟の創出に手を貸してしまうのである。もちろん、二〇歳そこらの若いサン＝シモンが、自由と民主主義を求めるアメリカという国を目の前に何かを感じ取った可能性はあるものの、これらは推測するしかない。

また、『産業（第二巻）』が刊行された一九世紀初頭の雰囲気として、フランスを中心にヨーロッパの思想家・哲学者の類の多くが、アメリカ合衆国に対し憧憬のまなざしを向けていたという事実に留意せねばならない。ヨーロッパ文明において研ぎ澄まされてきた政治的価値観などが移植される形で、アメリカでは〝世界で初めての自由民主主義政体〟が実現され、政治的自由・政治的平等・経済的自由が花開いていた。このことに多くの思想家・哲学者は憧れを抱き、フランスおよびヨーロッパの未来のあり方を考えるためにも、アメリカの民主主義の推移と将来に大きな関心を払っていた。サン＝シモンもまた当時の思想家・哲学者と同様にアメリカに対し自然と興味を持つようになっていたのだろう。ただ、サン＝シモンが自らを売り込む際に、アメリカ独立戦争に参加した事実をことさらに強調したということはあるだろう。たとえば、ラファイエット侯爵ジルベール・デュ・モティエ（一七五七〜一八三四年）はフランス貴族としてアメリカ独立戦争の英雄の一人になったことで、その後の浮き沈みはあるものの、自由主義貴族としての名誉と一定の政治的影響力を生涯にわたって保ち続けたのである。

同じ『産業（第二巻）』にある「平和が近づきつつあるとわかった時、私は軍事職にまったく嫌気がさした。私は自分が就くべき職業が何であったかを、はっきり理解した。私の天職は軍人であることではまったくなかった。それとは非常に異なった、正反対と言える分野で活動すべく私は運命づけられていたのである。文明の完成に努めるために、まず人間精神（esprit humain）の歩みを研究すること、これこそ私が目指した目的だった。このときから私は、この研究にまったく身を投じ、全生涯をこれに捧げた[20]」というのは真実だったようである。サン＝シモンは一七八三年末にフランスに帰国すると、戦功により昇進したものの、一七八四年には退役してしまう。平時の無為な軍人生活に飽きたからである。

その頃のフランスとオランダでは、インドの植民地支配を強化するイギリスを駆逐するための同盟軍の設立が進んでおり、サン＝シモンはこれに参加しようとオランダに向かった。そして、この同盟軍設立計画が失敗するや、サン＝シモンはスペインに向かい、内陸にある首都マドリッドから海につながる運河の開削計画を進めようとした。ここには、自らの考えたことを現実の社会で実現しようとしたり、社会の現実に常にコミットしようとしたりという、サン＝シモンの生き方を見て取れる。

2　フランス革命を前にして

一七八九年、フランス革命が勃発した。サン＝シモンは封建貴族の出自でありながら、伯爵位の放棄を宣言し、一切の爵位と特権を廃止すべきであるという要請文を憲法制定国民議会に送付するなど、革命家として行動した。トゥレーヌ歩兵連隊時代の上官であった同族の第五代サン＝シモン公爵がスペインへの亡命を選び、反革命派として国外で活動したのとは対照的であった。封建貴族に生まれたサン＝シモンもフランスから国外へ逃げて、「エミグレ（反革命の亡命貴族）」としての道を選ぼうと思えば選べたはずなのである。

革命家として活動する一方で、サン＝シモンは知己であるレーデルン伯爵ヨハン・ジギスムント・エーレンライク（一七六一〜一八三五年）という人物とともに投資事業を開始した。レーデルン家はプロイセン貴族の家系で、ここに出てくるレーデルンの母親はフランス人であった。レーデルンは革命前にプロイセンの駐スペイン大使を務め、革命期には駐イギリス大使となっており、サン＝シモンと出会ったのは駐スペイン大使時代である。まさに、サン＝シモンが運河の開削事業を始めようとスペインに向かったときのことである。

レーデルンはノルマンディー地方の不動産やフランス王国政府が発行した公債といった財産を保持していたので、革命の中で公債が白紙になることを懸念し、これを元手に国有地の買い取りを進めようとした。革命政府がブルボン王家・亡命貴族・教会などの土地・財産の接収を進めながら、これを安価に民間に払い下げていたからである。そこで、一七九一年から一七九三年にかけて、サン＝シモンとレーデルンはフランス北部の国有地・農地をつぎつぎに買い取り、莫大な財産を築きあげることに成功した。

革命の動きに翼賛しつつも、名門封建貴族の一族であるサン＝シモンが安泰だったわけではない。一七九三年一一月、サン＝シモンはついに保安委員会と公安委員会によって逮捕され、サント・ペラジー牢獄に収監された。この直前の一七九三年初夏から、パリの中央政府ではマクシミリアン・ド・ロベスピエール（一七五八〜一七九四年）らジャコバン派（山岳派）の独裁が確立したものの、ジャコバン派内部での権力闘争が繰り広げられ、内戦と言ってもよい状況が生まれていた。また、反革命派の粛清を目的とした「恐怖政治」が展開された。

ロベスピエールらの一派（山岳派中道左派）は、ジョルジュ・ダントン（一七五九〜一七九四年）派（山岳派右派、恐怖政治の緩和を主張）やジャック＝ルネ・エベール（一七五七〜一七九四年）派（山岳派左派、恐怖政治の強化を主張）の両方を排除するとともに、貧困層への国有地の分配を試みたりする中で、権力基盤を確立しようとした。したがって、国有地の買い取りを続ける封建貴族出身のサン＝シモンが狙われないわけはなかった。しかも、一七九四年五月、サン＝シモンはリュクサンブール牢獄へ移送された。リュクサンブール牢獄には反革命貴族層が収監されており、ここに収監されることはギロチンによる処刑まであと一歩であることを意味していた。ところが、一七九四年七月、「テルミドールのクーデター」が発生し、ロベスピエールらが処刑されるとともに、恐怖政治が終焉した。新しく成立した総裁政府の下、サン＝シモンは運良く解放されたのであった。

リュクサンブール牢獄から解放されるや、サン＝シモンは再び国有地買い取りを押し進め、財産を形成し続けた。「最高価格令」によって経済を統制したジャコバン派の統治が終焉し、総裁政府が成立した時代、インフレーションの発生が国民生活に打撃を与えていたが、財産として巨大な土地資産を保有する人びとにとっては、〝濡れ手に粟〟のように財産をさらに拡大できるチャンスであった。そして、サン＝シモンは巨大な財産を元手にパリ中心部にあるパレ・ロワイヤル付近の邸宅を買い取り、放蕩貴族のような生活を送るようになっていた。

一七九六年頃に、サン＝シモンの投機対象はフランス北部などの農地から、パリ市内および周辺部での不動産に移った。さらに、パリと大西洋岸のボルドーの間での、そしてパリと英仏海峡に臨むカレーの間での乗合馬車事業にも手を出した。かつてのマドリッドから海へつながる運河の開削計画といい乗合馬車事業といい、実はここに後年のサン＝シモン思想を形成する考え方が見られる。つまり、人びとをつなぐ手段を整備して産業を発展させることで、人びとのコミュニケーションも活性化させるならば、諸国家・諸国民の間に平和がもたらされるだろうというわけである。

とはいえ、サン＝シモンの事業がすべて上手くいっていたわけではない。共同事業者であったレーデルンはサン＝シモンの乱脈ぶりを懸念し、財産管理に乗り出すとともに、やがてサン＝シモンとの関係を清算するに至る。

3　思想家への道——生涯を貫く基本的な考え方の開陳

ところが、一七九八年五月、サン＝シモンはかつてルソーが一七五六年から一七六二年にかけての最晩年を過ごしたモンモランシー渓谷に籠った。そして、二カ月後の七月にはパリに戻り、仲間を集めて「世界の「再組織（réorganisation）」」へ向けて資金を出し合って、そのための施設を建設するとの意見を開陳した。「再組織」、それは『ヨーロッパ社会再組織論』でタイトルにも用いられているように、サン＝シモン思想にとって重要なキーワードの一つである。一七九九年には、サン＝シモンは住居をエコール・ポリテクニック（理工科大学校）の近くに移し、学者だけでなく若い学生とも交流を持ちながら、勉強を始めたという。

恐怖政治の終焉とともに総裁政府が成立したものの、国内的にも国外的にも政策の失敗を繰り返す中で、フランス民衆の信頼を失っていた。そのような中、イタリア戦線での活躍などによって英雄になっていたナポレオン・ボナパルトは、五人の総裁のうちの一人であるエマニュエル＝ジョゼフ・シエイエス（一七四八～一八三六年）とともに「ブリュメールのクーデター」を起こし、統領政府を打ち立て、民衆の支持を基盤に権力を掌握した。そして、ナポレオンによってフランス革命以降のさまざまな混乱が、仮初《かりそ》めとはいえようやく落ち着くことで、学問が再び活発になり始めた。たとえば、一八世紀の啓蒙主義の時代に盛んであった公開型の講座（リセ）が復活した。そこで、サン＝シモンもリセ・レピュブリカンという名のリセに受講登録した。したがって、このようなモンモランシー渓谷に籠った後の一七九八年の夏について、哲学史家であるアンリ・グイエ（一八九八～一九九四年）は「サン＝シモンにとっては、第二の誕生のときだった[21]」と書いている。

さて、一八〇二年、サン＝シモンはこのリセ・レピュブリカンで問題を起こした。作家・文学批評家であるジャン＝フランソワ・ド・ラ＝アルプ（一七三九～一八〇三年）の講義が終わるや、聴衆に対し文学と科学に関する演説を行おうとしたのである。リセ側がこうした行為を禁止すると、サン＝シモンは『リセの協会に』[22]と題された三枚の手紙からなるパンフレットを発行した。このパンフレットの中で、サン＝シモンは公共に向けて提示するに相応しい「新しい考え（une conception neuve）」を持っていると記述した。「新しい考え」はつぎのように要約できる。

1　数学、化学、物理学、文学、芸術といったすべての個別具体的で特殊な学問諸分野が、一般的な「一般形而上学（métaphysique générale）」に総合されるべきである。

2　人類（humanité）の進歩にとって有効な新しい考えを発見したなら、すべての人間（homme）は国民（nation）や国家（État）に関係なく（sans conseidérant）リセの協会に対し開陳すべきである。リセの協会はすべての国民（toutes les nations）の男女の区別なく（indistinctement）構成されている。

3　サン＝シモン自身が発見した新しい考えの発展と改善のため、リセの協会に支援をお願いする。万有引力の法則を発見したアイザック・ニュートン（一六四二～一七二七年）の物理学研究もまた、すべての人間の協力がありさえすれば、大いに改善されえたはずだからである。

アメリカの歴史家で、とくに西洋思想史研究の大家であったフランク＝エドワード・マニュエル（一九一〇～二〇〇三年）は、『アンリ・サン＝シモンの新世界』（一九六三年）というサン＝シモン論の中で、「彼の興奮は、考えていることや言わんとしていることを言うことができない言語障害者のそれであった」[23]と書き記している。そもそも「一般形而上学」とは何なのか、何のための「一般形而上学」なのか、そして近代科学の祖とされるニュートンによる万有引力の法則の研究が「改善されえた」とはどういうことなのか。

とはいえ、実は、これより一八二五年に死去するまでのサン＝シモンの思想を貫く重要な考え方が、『リセの協会に』の中には見て取ることができるのである。
1　「一般性」と「特殊性」を対比することの重要性が提示されている。
2　「科学者」の協力関係の必要性が主張されている。自然科学分野だけでなく、文学や芸術といった、いわゆる人文科学分野も対象になっている。自然科学においても人文科学においても、科学者それぞれは自らの「特殊的」な専門を持つが、互いの協力という「一般的」な高みに昇らねばならないという。
3　科学や科学研究を前に、国民の差異や性別の差異などのさまざまな「特殊的」な「所与」を〝超越する〟ためのものとして、「一般的」な「人類」という概念が提示されている。前述のような科学者の協力だけでなく、それぞれ特殊的な出自や社会的立場を持ったすべての人間が、世界の人類一般の進歩のために協力することができるという。
4　ニュートンが発見した「万有引力の法則」が、究極的な一般性、絶対性、超越性を帯びた事象として定義されている。そうして、「万有引力の法則」は、「一般性」、「(一般的な) 人類」、さらに「一般形而上学という一般性を帯びた学問のための特殊性を持った人びとの協力」といった要素を表象するものとして位置づけられている。
これ以降、サン＝シモンはさまざまな科学者の中でもしばしばニュートンの名をあげる。ニュートンは他の分野の研究者と協働せず、その結果、「人類」の進歩と〝新しい社会〟の組織にとって有効な考えや理論、いいかえれば「新しい考え」を提示できなかったという。

さきほどのマニュエルがニュートンについて研究した『アイザック・ニュートンの肖像』[24]（一九六八年）によれば、ニュートンは万有引力の法則を発見した物理学者というだけではなく神学者としての側面を持ち、とくに一神教に対して強くこだわっていたという。ニュートンは父なる神・子なる神・聖霊を一体と考える正統の三位一体論を否定し、神の唯一性を支持するユニテリアンであった。旧来の宗教が至上的な価値を持っていた時代、異端のユニテリアンであることは危険であった。いずれにせよ、特殊な神々が集合した多神教と唯一の神が君臨する一神教、特殊なさまざまな自然現象と万物を存在せしめる唯一絶対の万有引力の法則、そして特殊性と一般性……サン＝シモンはニュートンを学ぶことによって自らの考え方の基礎を作り出そうとしていた。

また、ニュートンは物理学者としての名声に反して孤立していた。サン＝シモンもキリスト教に直接的に批判を加えることによって、孤立していく。とはいえ、物理学者ニュートンが神学者としての側面を持っていたように、サン＝シモンもまた科学の知見から旧来の宗教を批判しつつも、やがては旧来の〝宗教を超える宗教〟という考え方に辿り着くことになる。

一八〇二年、こうしてサン＝シモンの思想活動は始まった。『リセの協会に』を発行した後、サン＝シモンはヨーロッパ諸国家を周遊し、秋にはスイスのジュネーヴに落ち着いた。ここで二冊の著作を刊行するのであった。

第1章

前期思想（一八〇二〜一八一三年）：精神的なるものの探究

―ヨーロッパ社会を平和にするための科学―

第1節 ヨーロッパ社会の諸問題を前にして

一八〇二年から一八〇三年にかけて、サン＝シモンは『人類に宛てたジュネーヴの一住人の手紙』と『同時代人に宛てたジュネーヴの一住人の手紙』という二冊の著作を刊行した。『同時代人に宛てたジュネーヴの一住人の手紙』は『人類に宛てたジュネーヴの一住人の手紙』のいわゆる改訂増補版に当たる。

この頃、ナポレオンによって、ヨーロッパの情勢は大きく転換しようとしていた。ナポレオンは、一八〇〇年のオーストリア・ハプスブルク家との戦争に勝利し、第二次対仏大同盟(1)を瓦解させた後、北イタリアとライン左岸のドイツ世界を奪取した。一八〇二年には、イギリスとアミアン和約で和平を結んだ。また、フランス革命に反対するローマ教皇とも一八〇一年の政教条約（コンコルダート）で和解し、フランス国内の宗教対立を抑制しようとした。

とはいえ、ナポレオンが新たに得た領土や保護国を市場にしながら、フランス産業の復興と成長を図ったことで、フランスはヨーロッパ最大の産業国家であるイギリスと摩擦を引き起こした。そして、アミアン和約は早々に破棄された。この二大国は産業上のライバルであると同時に、市場としての植民地の獲得をめぐるライバルでもあった。さらに、ナポレオンは戦争の勝利と国民の支持を背景に自らへの権力集中を推し進め、終身統領の地位に就き、やがて自らを皇帝とする「第一帝政」を発足させるのだった。

一九世紀初頭という近代初頭のフランスおよびヨーロッパの諸問題を前に、サン＝シモンは二つの著作を通して、〝新しい社会〟をめぐる自らの基本的なヴィジョンをすべて示そうと試みた。しかし、二つの著作は評判にならず、事実上の失敗に終わった。こうして、どちらの著作もサン＝シモン自身によって封印された。結局、サン＝シモンの最晩年において、その思想活動を支援してきたユダヤ系金融家であるオランド・ロドリーグ（一七九五～一八五一年）が、サン＝シモン死後の一八二六年にこれらの著作を発見し、一八三二年に至り再度世に送り出すことになった。

まずは、二つの著作を通して、サン＝シモンの思想活動の始まりを見ていこう。一八〇二年からの「前期思想」では、主として「精神的なるもの」の基礎を形作る「科学」とその知識が中心的なテーマになるが、混乱する「ヨーロッパ社会を平和にするための科学」を見出すという目的も意識されている。「ヨーロッパ」という問題意識は、最初の著作の中ですでに見出されるのである。

1 『同時代人に宛てたジュネーヴの一住人の手紙』

『人類に宛てたジュネーヴの一住人の手紙』と『同時代人に宛てたジュネーヴの一住人の手紙』をめぐって、たとえば、歴史家であるアルフレッド・ペレール（一八七九～一九五七年）は、「サン＝シモンがその波乱に満ちた生涯の中で展開するであろうすべての理論[2]」が含まれた著作と評価する。これに対し、アンサールは「サン＝シモンが科学に関する一般的な思索を広げており、その企図（プロジェクト）

は科学秩序の考察によって正当化されうることを断言する」(3)と言う。

ブグレとアレヴィが「科学主義者」の時期と表現するように、サン＝シモンは一八〇二年に思想活動に踏み込んだとき、主に「科学」に関心を抱いていた。科学や科学に関する知識は、「世俗」における人間の思考に影響を与え、その行動の規範と呼べるものを形作るという意味で「精神」の範疇に属するだろう。ゆえに、一八〇二年に始まる「前期思想」は、研究者においては「世俗的なるもの」ではなく「精神的なるもの」が探究された時期とされる。後ほど確認するように、サン＝シモンは「世俗的なるもの」という社会に関するヴィジョンを近代実証科学・自然科学の議論や観察方法によって理論化するため、アンサールにとっては『同時代人に宛てたジュネーヴの一住人の手紙』がそうした点をとくに強調していると理解できるようである。「前期思想」は「精神的なるもの」を探究するとともに、「後期思想」における「世俗」に対する具体的なヴィジョンを準備していく段階とも言える。しかし、ペレールが指摘するように、『同時代人に宛てたジュネーヴの一住人の手紙』は、もう少し大きな形でサン＝シモン思想全体を表現するものなのである。

このような『同時代人に宛てたジュネーヴの一住人の手紙』は、『リセの協会に』の中ですでに示された内容を補完している。『リセの協会に』も参照しながら、『同時代人に宛てたジュネーヴの一住人の手紙』の内容をいくつかの互いに関連し合う論点にまとめるならば、次頁の図のようになる。

やはり本書が注目するのは、「ヨーロッパ」という問題意識である。『同時代人に宛てたジュネーヴの一住人の手紙』がサン＝シモン思想全体を表現するものなら、サン＝シモンは思想活動の最初から、「世界」における「ヨーロッパ」という問題意識を持ち続けている。「ヨーロッパ」という問題意識は、

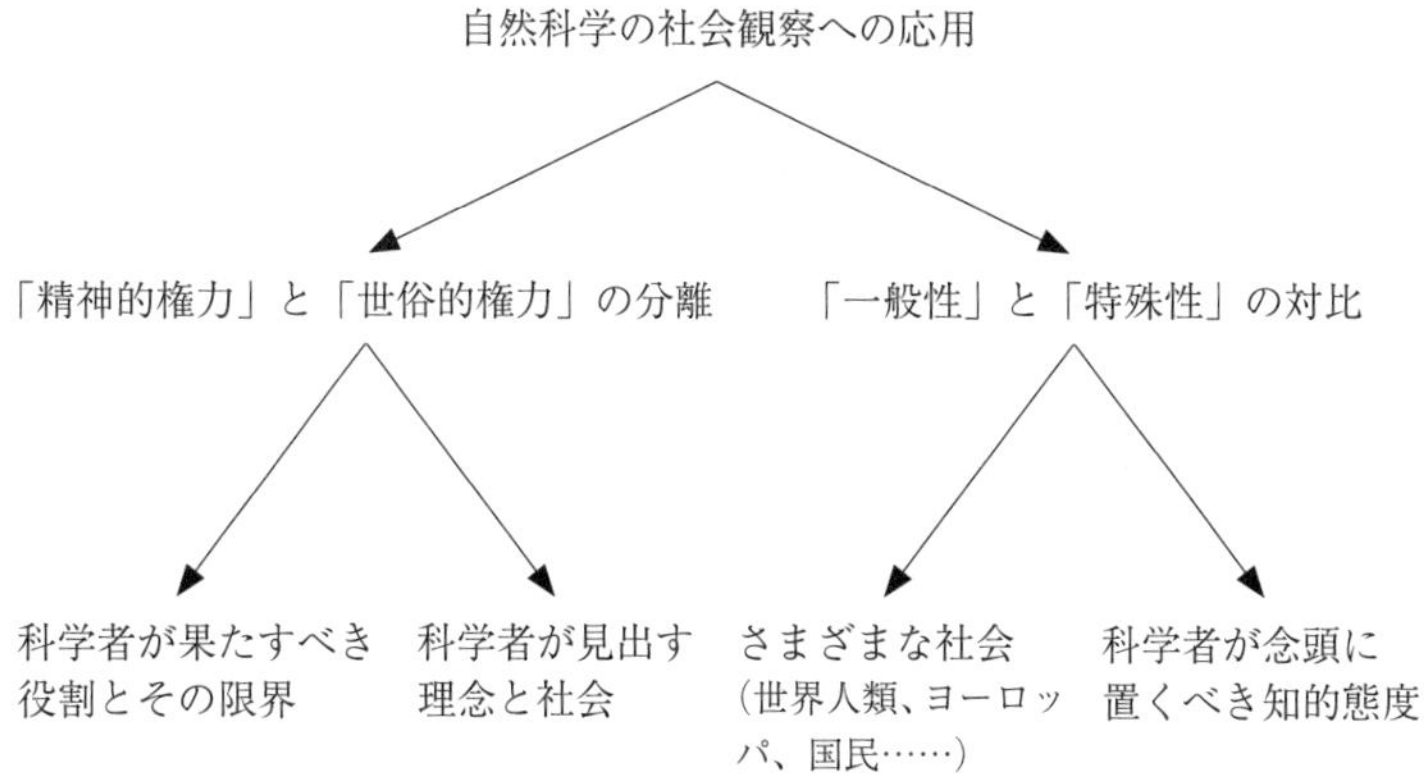

決して一八一四年の『ヨーロッパ社会再組織論』の中で一時的に出てきたわけではない。

上の図に従って、サン＝シモンの〝新しい社会〟をめぐる基本的なヴィジョンとその思想の諸要素を確認していこう。

2 サン＝シモンの基本的なヴィジョンとその思想の諸要素

(1) 自然科学の社会観察への応用

『同時代人に宛てたジュネーヴの一住人の手紙』の中で、サン＝シモンが中心的に提示するのは、古代から近代初頭に至るまでの自然科学のあり方とその問題である。そして、サン＝シモンは古代・中世以来の自然科学のあり方を近代初頭に相応しい形で改良し、さらには社会観察に応用することを主張する。

さて、中世から近代へ、多くの科学的発見がなされた。科学的発見によって新しい技術が開発され、農・商工業がさらなる発展を遂げることで、人間生活の質が向上した。一九世紀初頭のヨーロッパ諸国家において、こうした新しい技術を支える近代実証科学・自然科学が花開いた都市こそ〝科学の都〟パリだった[4]。サン＝シモンは、万物の根源である自然について実証的に探究する近代実証科学・自然科学を用いるなら、人間の社会の構造を実証的に明らかにすることができると考えた。そして、混乱する社会を整序する方法とともに、一九世紀初頭という近代に相応しい〝新しい社会〟のあり方を確固たる根拠をもって見出そうとした。このようなサン＝シモンの考え方は、自然科学に対比される社会科学の確立と発展を促したものと理解することもできれば、社会そのものを科学の対象とした社会学の萌芽であり、その祖とされるオーギュスト・コント（一七九八～一八五八年）やデュルケムにつながっていく一つの流れと理解することもできる。

とはいえ、自然科学の実証性を社会観察に応用するという考え方そのものは、サン＝シモンのオリジナルではない。このような考え方はさまざまな思想家・哲学者によって練り直されてきた。たとえば、シャルル・ド・モンテスキュー（一六八九～一七五五年）がいる。自然科学者は自然の具体的諸事実を観察することで自然現象を説明するが、モンテスキューはただ頭の中で考えるだけではなく、社会の観察された具体的諸事実から社会の変動について明らかにしようとした。デュルケムは、サン＝シモン思想の研究者であり、〝サン＝シモン主義者第一世代〟にも分類して差し支えない人物だが、モンテスキューを「社会学の先駆者」と位置づけた[5]。

自然科学のように社会を観察するという態度は百科全書派の思想家・哲学者たち、たとえばアンヌ・ロベール・ジャック・テュルゴー（一七二七～一七八九年）やコンドルセ侯爵マリー＝ジャン＝アントワーヌ＝ニコラ・ド・カリタ（一七四三～一七九四年）に受け継がれた。そうして、サン＝シモンはほぼ同時代人であるコンドルセから多くを学んだのである。やがてサン゠シモンの秘書、そして共同作業者になるオーギュスト・コントは、コンドルセの『人間精神の進歩の歴史』（一七九五年）に影響を受け、コンドルセを「真の精神的父」などと表現する。[6] まさに、サン゠シモンは〝モンテスキュー、テュルゴー、コンドルセ〟から〝コント、デュルケム〟への継承者としての役割を果たした。しかし、継承者としての役割しか果たさなかったのだろうか。

モンテスキューもテュルゴーもコンドルセも社会を変える思想を残し、その結果としてフランス革命を準備したものの、フランス革命は既存の秩序を破壊した後、フランスおよびヨーロッパを大混乱に突き落とした。これに対し、サン゠シモンは言うなれば〝焼け野原〟になったフランスおよびヨーロッパの状況を整序したうえで、〝新しい社会〟の秩序をどのように建設・組織するのか、あるいは再建・再組織するのかが問われる時代を生きた。

自然科学の実証性を社会観察に応用するという考え方は、旧来の政治・社会体制の諸問題を解き明かすことで〝破壊する〟から、政治・社会体制を〝改革（改良）によって組織し直しながら安定的に機能させ続ける〟、つまり「再組織」させるという新たなパラダイムに入ったのである。サン゠シモンは、実際に安定して機能する政治・社会体制を組織するための、そして発生した諸問題を改良していくことができる具体的かつ実現可能で、実際の政策になりうるヴィジョンを提示せねばならなかった。

では、サン゠シモンが『同時代人に宛てたジュネーヴの一住人の手紙』の中で、どのように自然科学の実証性を社会観察に応用しようとするのか見ていこう。すでに図としてまとめたように、サン゠シモンは大きく分けて二つのことを提示する。一つは〝「精神的権力」と「世俗的権力」の分離〟、そしてもう一つは〝「一般性」と「特殊性」の対比〟である。

①「精神的権力」と「世俗的権力」の分離

ニュートン会議の設立　サン＝シモンは「ニュートン会議（le conseil de Newton）」という科学アカデミーの類を設立することを提案する。[7] 自然科学から人文科学まで、出自や性別といった所与の区別なく、すべての人間から選ばれた科学者が協力し合う団体である。科学的な発見は、「世俗」に生きる人びとの「精神」に少なからず影響を与え、その行動に一定の制約を設けるような「規範」と呼べるものになりうる。そうした意味で、「ニュートン会議」のような科学アカデミーの類とそこに参加する科学者たちは「精神的権力（le pouvoir spirituel）」の担い手である。そして、サン＝シモンによれば、「精神的権力」を必ず「世俗的権力（le pouvoir temporel）」、つまり政治・経済の諸問題にかかわる国家権力から分離せねばならないという。「ニュートン会議」の設立ヴィジョンについて見ていこう。

志の有る人びとがニュートンの墓の前で「募金」（「ニュートン墓前募金（la souscription devant le tombeau de Newton）」）をすることで資金を出し合い、自然科学者から人文科学者まで、三人の数学者・三人の物理学者・三人の化学者・三人の文学者・三人の画家・三人の音楽家を指名する。そして、画家と音楽家も含めて、さまざまな分野の科学者たちが「ニュートン会議」という場で協力し合う。科学者たちは「ニュートン会議」を中心に、自らの特殊な専門を超えて、科学の発展という一般的かつ共通の目的のために働くのである。

『リセの協会に』にあったように、「ニュートン会議」のような科学者の協力枠組みがあれば、ニュートンの万有引力の法則の研究は「改善されえた」。すべての科学者が協力し合うことによってこそ、万有引力の法則を軸にする自然科学の議論や観察方法を自然科学の領域にとどまらせず、社会観察に応用できる発見をなすよう改善できるというのである。こうして、かつての中世においてキリスト教（ローマ＝カトリック）の聖職者たちが社会のあり方について説いていたのと異なり、新しい近代においては科学者たちが社会のあり方について論理づけるようになる。

しかし、なにゆえに「ニュートン会議」は「募金」で運営されるべきであろうか。ここから〝「精神的権力」と「世俗的権力」を必ず分離する〟という重要な問題が提案される。「募金」でアカデミーの運営資金を集めることにより、「精神的権力」の担い手として選ばれた科学者が国家という大きな「世俗的権力」から独立できるからである。

かつて、ルイ一三世の下で宰相を務めたリシュリュー枢機卿（一五八五〜一六四二年）は、一六三五年に「アカデミー・フランセーズ」(8)を設立し、フランスの学問の発展を促そうとしたものの、こうした国家主導の組織には基本的に世論の操作など、権力からの要求が押しつけられがちである。権力を持つ国王からの俸禄を喰む以上、科学者は決して中立にはなりえないだろう。ところが、王権に支配されたようなアカデミーが存在せず、科学者に対し思想信条の自由が認められたイギリスでは、フランス以上に多くの科学的発見がなされたではないか、とサン＝シモンは考えた。ある一つの特殊的な国家の権力のためではなく、自らが従属する国家の枠組みを超越して、一般的な「人類」のために科学者が働くことができるよう、科学アカデミーは特殊的な国家の権力から独立せねばならない。そのためにも、科学者に対し全人類が「募金」を元にした給料という形で報い、多くの尊厳を与えるのである。いずれ議論されるように、金銭だけでなく、尊厳を与えることが重要である。尊厳を与える具体的方法としては、多額の給料の他、何らかの勲章といったものがありうるだろう。

「精神的な権力を学者たちに、世俗的な権力を有産者たちの手に、人類の偉大な指導者の職能を果たすようにと召し出される人びとを指名する権力をすべての人の手に渡し、指導者に対する報酬としては尊敬を与える、という組織（社会組織〔筆者注〕）がそれです。[9]」

「教養あるイギリス人たちは、国王よりも学者を尊敬して」いるものの、立ち遅れた「ロシアでは、学者は皇帝の不興をかうと、鼻や耳を斬りとられ、シベリア送り[10]」にされてしまう。「世俗的権力」が「精神的権力」を縛りつけるような状態において、科学者は決して「人類」のために働くなどできまい。逆に、「精神的権力」の担い手として選ばれた科学者たちが一般的な「人類」という視点を忘れて、一つの特殊的な国家の「世俗的権力」に参加するということもあってはならない。

権力の担い手たちの役割と限界　もう一つの「世俗的権力」の担い手について、サン＝シモンが「有産者たち（propriétaires）」を想定していることに注意が必要である。つまり、「制限選挙制」を志向するのである。フランス革命において、思想家・哲学者たちの理想に焚きつけられた無産者たち（non-propriétaires）が行動することで、旧来の政治・社会体制そのものが完全に破壊されたからである。そして、ジャコバン派の「恐怖政治」は、貧困層などの無産者を支持基盤として展開された。無産者が直接的に政治にかかわるのは危険である、とサン＝シモンは見なした。

したがって、サン＝シモンによれば、「有産」、つまり動産・不動産という資産を有し、これを管理する能力を通して確かな政治的能力を持っていることを証明できている少数の有産者が政治を担うことで、政治・社会体制を「再組織」するとともに、漸進的に改革していかねばならない。なお、「指導者に対する報酬としては尊敬を」という表現について考えるなら、サン＝シモンは「世俗的権力」の指導者（gouvernants）の第一を国王と見なしている。しかし、実際の「世俗的権力」は有産者の代表者たちに委ねられるのであり、国王には尊敬だけが与えられる。サン＝シモンは「制限君主制」の導入によって、イギリス政治のように尊敬が与えられる国王と実際の権力を担う内閣の間で、「世俗的権力」としての王権を分割することを主張する。ただし、これは後の著作における議論のテーマである(11)。

さて、「制限選挙制」を志向するサン＝シモンの態度に、今日的な目線から〝ブルジョワ民主主義者〟といったような批判を与えるのは妥当ではない。多くのヨーロッパ諸国家で、公教育が本格的に整備されていくのが一九世紀後半以降であるという歴史的事実を踏まえねばならない。また、サン＝シモンが「制限選挙制」を永遠に続けようとは考えていないことが、後年の著作の中ではっきりと語られる。そして、フランス革命という災禍を例にあげることで、サン＝シモンは相変わらず〝「精神的権力」と「世俗的権力」を分離する〟必要性を主張している。思想家・哲学者のような人文科学者も含めて、もしある科学者たちが「精神的権力」を担うことになったならば、実際の政治、あるいは政治運動という「世俗的権力」のことがらに直接的にかかわるべきでないというわけである。

学問的な理想が、しばしば実際の社会のあり方とはズレていたり、実際の社会にとって早すぎたりすることがある。理想を現実に無理矢理に適応しようとすれば、何らかの歪が生じる。「精神的権力」によって掲げられた理想に近づくには、「世俗的権力」の漸進的な改革が必要になる。本書四三頁の図のうち、「科学者が果たすべき役割とその限界」のように、〝「精神的権力」と「世俗的権力」を分離する〟ことで、「精神的権力」の担い手として選ばれた科学者の果たすべき役割とその限界を意識せねばならない。このような〝「精神的権力」と「世俗的権力」の分離〟という問題はさらに探究されていく。

②「一般性」と「特殊性」の対比

もう一つの〝「一般性」と「特殊性」の対比〟という問題について検討しよう。サン＝シモンは、それぞれの特殊的な専門を持った科学者が人類や社会という一般的な視点を持つことを、その誠実な知的態度だと捉えている。さらに、『リセの協会に』で、すべての人びとが協力し合い、「一般形而上学」を打ち立てることが提案されたように、「科学者が念頭に置くべき知的態度」は志を持った市井の諸個人にも求められる。

諸個人に対する国民社会・ヨーロッパ社会・世界人類、そして諸国民に対するヨーロッパ社会・世界人類といったように、一般性と特殊性をめぐる視点は変化するだろう。しかし、社会を構成する最小単位として、究極的な特殊性を帯びた諸個人こそが、自らの特殊性を保持しつつも超越して、常に国民社会・ヨーロッパ社会・世界人類といった一般性を帯びたもののために働こうという意志を持たねばならない。〝「一般性」と「特殊性」を対比する〟ことの必要性は、この後も絶えず考察される。とはいえ、諸個人はどのようにして自らの特殊性を超越しようという心情を持つだろうか。どのようにして諸個人にそのような心情を持つよう促せるだろうか。

さらに、一点つけ加えよう。サン＝シモンはこの後も「世界」や「人類」という究極的な一般性を帯びた存在について口にし続けるが、『同時代人に宛てたジュネーヴの一住人の手紙』の中で、一七九四年のジャコバン派のフランス革命政府による奴隷制廃止決議を批判する。一七八九年の「人と市民の諸権利に関する宣言」、いわゆる「人権宣言」が有色人種に認められなかったため、ジャコバン派はこれを認めるよう方針転換を図った。ところが、サン＝シモンは、生理学的視点に立てば「黒人はたとえ同じ教育をほどこされたとしてもヨーロッパ人の知的水準にまで高まりえない」とわざわざ注に記した。[12] サン＝シモンが口にする「人類」はどのような射程を持つのだろうか。生理学という人間の身体機能に関する科学を根拠にしている点で、サン＝シモンの人種観は決定論的な性格を帯びる。

ここまで〝「精神的権力」と「世俗的権力」の分離〟、そして〝「一般性」と「特殊性」の対比〟という二つの問題について大まかに確認した。四三頁の図の三段目にとくに留意しながら、この二つの問題それぞれをもう少し検討していこう。

(2) 「精神的権力」と「世俗的権力」の分離

科学者のうち、「精神的権力」の担い手となった人びとは、社会という「世俗」に対しどのような「規範」と呼べるものを示すことができるだろうか。つまり、「科学者が見出す理念と社会」に関する問題である。長らくキリスト教（ローマ＝カトリック）は社会に生きる人びとの規範になってきたが、宗教の権威が失墜した一九世紀初頭、サン＝シモンの考えでは、万有引力の法則そのものが宗教に取って代わるわけではないようである。「精神的権力」が万有引力の法則を軸にして、新たな規範と呼べるものを探究するのである。

「万有引力のもろもろの効果を十分に理解するためにその努力を傾けるであろう。万有引力こそは、私が宇宙をして従わさせた唯一の法則である。(13)」

旧来の宗教が大きな権威を持っていた時代の科学は、「神」という絶対的かつ超越的なものを頼りにすることで、森羅万象を説明した。科学の名を冠しながらも、実証性という科学に必要な性質を帯びていなかった。ところが、ニュートンが万有引力の法則という究極的に一般的で、絶対的で超越的なものを実証的な形で発見することによって、それぞれ特殊的な森羅万象もより実証的に説明されうる状態になった。神という抽象的で実証性のないものではなく、実証的な万有引力の法則が森羅万象に超越する形で存在するのである。

万有引力によってこそ、人間という有機体を含む森羅万象が存在し、自然という一つの世界が生まれる。それならば、何らかの絶対的かつ超越的な規範があることによってこそ、諸個人とその諸関係が存在し、社会という一つの世界が生まれると考えられるのではないか。そして、近代実証科学の時代においては、旧来の宗教を超えて、絶対的かつ超越的な万有引力に準《なぞら》えることができる社会的な「規範」、さらにはすべての「人類」が参照しうる「規範」が存在するのではないか。ゆえに、絶対的かつ超越的なものを探究する「形而上学」の名を借りて、サン゠シモンは『リセの協会に』の中で、万有引力の法則を軸にした「一般形而上学」の創設を提案したのである。

どのような社会的な規範と呼べるものがあるのかについては、「ニュートン会議」が探究するものとして、サン゠シモン自身は『同時代人に宛てたジュネーヴの一住人の手紙』の中で明確に触れてはいない。また、科学を前にして、一般的な「人類」の進歩のために、諸個人・諸国民が「所与」の特殊性を

〝超越する〟といっても、実際に存在するさまざまな差異を前にして、「人類」という概念はあまりに掴みどころがなく、極めて抽象的である。

「すべての人間が働くであろう。彼らはすべて自分たちを一つの仕事場（アトリエ（un atelier））に結びつけられた労働者と見なすであろう。その仕事場での仕事は、人間の知性を私（サン＝シモン〔筆者注〕）の神的な先見の明に近づけることを目的にする。[14]」

そこで、サン＝シモンは人間に共通するものとして「働く」こと、つまり「労働」という要素をあげる。人間は社会で生きる中で、何らかの形で労働にたずさわることを要求される。もちろん、労働せずとも生きていくことができる封建諸侯が存在するものの、サン＝シモンが構想するのは封建体制に代わる新しい政治・社会体制である。

『旧約聖書』の中で、アダムとイブは禁断の林檎を口にしたことで楽園であるエデンの園を追放され（「失楽園」）、労働という苦行を強いられるようになった。サン＝シモンは中世ヨーロッパの封建体制を支えてきたキリスト教（ローマ＝カトリック）に代わる規範と呼べるものを探究することで、労働を単なる苦行ではなく、人間同士の共通性と平等性を保証する基本的かつ重要な行為と見なそうとする。労働と他者とのコミュニケーションを通してこそ、人間は一つの仕事場に結びつけられた「労働者(travailleurs)」という共通で平等な地位を意識することができるようになる。なお、後年、サン＝シモンは「労働者」に代わって「産業者（industriels）」という言葉を作り出す。[15]

さらに、サン＝シモンによれば、このような労働を通して、人間はその「知性を私の神的な先見の明に近づける」。「神的な先見の明」とは、万有引力に準えられる究極的に一般的で、絶対的で超越的な何らかの規範が諸個人に超越するものとして社会を創り出すという見識である。それでは、労働を通して、具体的にはどのような形で社会の基礎となる規範が、そして規範にともなう心情が生み出されるのだろうか。社会の基礎となり、諸個人の「紐帯」になる規範とは何だろうか。残念なことに、これらの問いへの答えについて、ここではまだ漠然としたままであり、後の著作で明確にされていく。

(3) 「一般性」と「特殊性」の対比

〝新しい社会〟を探究するとはいえ、社会にもさまざまな形態が存在する。〝「一般性」と「特殊性」の対比〟をめぐるサン＝シモンの思考は、「世界」や「人類」を頂点として、諸個人・諸国民社会・ヨーロッパ社会などの世界の諸地域社会といった、さまざまな特殊性の間の関係性に向けられていく。「さまざまな社会（世界人類、ヨーロッパ、国民……）」をめぐる問題について考察しよう。

①「人類」という究極的な一般性の射程

諸個人を超える世界や人類という究極的な一般性について探究しつつも、前述のように、サン＝シモンは黒人に対する差別的で決定論的な人種観をわざわざ注で披瀝した。ところが、サン＝シモンはつぎのような意識も持っている。

「ヨーロッパ人はアベルの子孫であるということを覚えておくがよい。アジアとアフリカには、カインの子孫が住んでいることを覚えておけ。あのアフリカ人たちがどんなに残忍であるかを見よ。アジア人らの怠惰に注意せよ。これらの不純な人間たちは、私の神的な先見の明に近づくためになした最初の努力を一貫して続けおおせなかった。ヨーロッパ人は力を合わせて、その兄弟であるギリシャ人をトルコ人の支配から解放するであろう。この宗教の創始者は、信徒たちの軍隊の最高司令官であろう。これらの軍隊は、カインの子孫をこの宗教に帰依させ、ニュートン諸会議の構成員が人間精神の進歩のために有益だと判断するすべての旅行において安全を確保するのに必要な諸施設を、地球の全域にわたってつくるであろう。[16]」

カインとアベルは『旧約聖書』に登場するアダムとイブの息子たちのことである。アダムとイブはエデンの園を追放された後、農耕という労働にたずさわりながら、カインやアベルなどの子どもを儲けた。やがてカインは農耕を始め、アベルは羊の放牧を始めた。ヤハウェ（神）に対し捧げ物をする際、カインは農耕による収穫物を、アベルは初めての羊の子をそれぞれ捧げたものの、ヤハウェはアベルの羊の子に目を向け、カインの収穫物を無視した。嫉妬したカインはアベルを殺害するに至った（人類初の殺人）。ヤハウェからアベルの居場所を問われたカインは知らないと嘘をついた（人類初の嘘）。殺人と嘘によって、カインはエデンの東に追放され、何を耕そうと一切の収穫が不可能になる立場に置かれた。

カインによってアベルの血が絶たれた後、ヤハウェはアベルの代わりとしてセトをアダムとイブに遣わした。したがって、アベルの直接的な子孫はいないわけだが、その代わりであるセトの子孫は存在する。『新約聖書』[17]の中で、イエス・キリストの言行を描く四つの福音書のうちの一つである『ルカによる福音書』は、イエス・キリストからセト、アダム、そして神に至る系譜を示しているため、イエス・キリストとはセトの子孫であると同時に、アベルの子孫とも言える存在である。このようなイエス・キリストから始まったキリスト教を信仰するヨーロッパ人について、サン＝シモンは「アベルの子孫」と呼ぶのである。その一方、サン＝シモンにとって、アジア人とアフリカ人は殺人を犯して、嘘もついた「カインの子孫」である。

アジア人とアフリカ人を同列に置いて、その怠惰や残忍さを批判する姿勢は古代ギリシャ文明に発し、啓蒙思想家に流れ込んだ。実のところ、古代ギリシャでは、アジア人やアフリカ人だけでなくヨーロッパ人もまた知的・道徳的に劣ったものと見なされることで、いずれからも差異化されるギリシャ人の優越性が語られた。プラトン（紀元前四二七～三四七年）は、『国家（共和国）』の中で、ギリシャ人と野蛮人を対立させた。[18] クセノフォン（紀元前四三〇～三五四年）はそうした野蛮人であるスキタイ人が生活を営む地域としてヨーロッパを語った。[19] アリストテレス（紀元前三八四～三二二年）の『政治学』[20]は、勇気に溢れるが知性に劣るヨーロッパ人と知性はあるが勇気に欠け隷属に甘んじるアジア人を対比することでヨーロッパを語った。

ところが、啓蒙思想家は、古代ギリシャ人のような論理でヨーロッパ人の優越性を語った。モンテスキューは『法の精神』[21]（一七四八年）や『ペルシア人の手紙』（一七二一年）の中で、法や自由が支配するヨーロッパと専制や隷属が支配するアジアを対比した。[22] こうしたヨーロッパ観はヴォルテール（一六九四～一七七八年）の『ルイ一四世の世紀』[23]（一七五一年）の中にも見られる。また、ルソーによれば、アジアやアフリカは地域名以外の共通性を持たず、人びとが集まっている地域に過ぎないが、ヨーロッパは一つの現実的な社会を築きあげているという。[24] ヨーロッパ人の知的・道徳的な優位性を標榜し、非ヨーロッパ人を知的・道徳的に劣ったものとする姿勢が、「世界の一体化」が進む中でも「世界」から

「ヨーロッパ」を分節することを可能にし、一つのヨーロッパを築きあげようというヴィジョンを支える思潮の一つになる。

気をつけねばならないが、『旧約聖書』によれば、アジア人やアフリカ人はカインの子孫とは言えない。アベルの代わりに遣わされたセトから数代後、「ノアの方舟」伝説で知られたノアは三人の息子、セム、ハム、ヤペテを持っており、彼らが人類の祖先になったという。そして、セムの子孫がアジア人、ハムの子孫がアフリカ人、ヤペテの子孫がヨーロッパ人（インド・ヨーロッパ語族）になったという。サン＝シモンは人間の進歩や科学の発展といった文明化と対立する〝野蛮の象徴〟として、カインの名を用いたのであろう。

しかし、サン＝シモンはヨーロッパ人が世界中に伝道することによって、「カインの子孫をこの宗教に帰依させ」ると記す。「この宗教〔傍点筆者〕」とは、サン＝シモンの「神的な先見の明」によってその存在が見出されている「規範」と呼べるものである。『同時代人に宛てたジュネーヴの一住人の手紙』の中では、仕事場での労働と他者とのコミュニケーションが手段になって人びとは「規範」に到達し、規範にともなって人びとには心情が醸成されるという。「精神的権力」の担い手となった科学者たちが論理づけるという点で、極めて実証的で科学的な「規範」である。ところが、「この宗教」なのだという。このような宗教に対し、野蛮で怠惰な「カインの子孫」であっても帰依できる。サン＝シモンは、生理学的視点を根拠として、黒人が教育を施すことさえできない存在だと見なすと同時に、（極めて傲慢な書き方ではあるが）アジア人とアフリカ人であっても万有引力の法則という自然科学の議論や観察方法などの文明の諸要素について理解可能で、「この宗教」に帰依できると考える。(25)

この矛盾した感覚、あるいはアンビバレントな感情をどのように捉えるかについては、推し量る以外ない。旧来の社会のスタンダードな差別意識を超えて、人類という一般性を帯びた存在について認識せねばならないことはわかっていても、言葉の節々にこびりついた意識が出てしまうということかもしれない。人類という一般性を帯びた存在を前に、他人種や他民族という特殊性を帯びた「他者」をどのように扱うかについては、今後も問われる。

つぎも留意せねばならない。サン＝シモンの「神的な先見の明」で見出された「この宗教」は一般性を帯びた存在であり、キリスト教（ローマ＝カトリック）を含むすべての特殊的な宗教を超えていく。ただし、絶対的かつ超越的な「この宗教」と表現されつつも、実証性と科学性を帯びた「規範」と呼べるものである。「宗教」と「科学」はどのような関係にあるのか、といった問題もまた論じられる。

②「ヨーロッパ」という問題意識

『同時代人に宛てたジュネーヴの一住人の手紙』の中で、〝「一般性」と「特殊性」の対比〟について論じながら、サン＝シモンはすでに「ヨーロッパ」という問題意識を披瀝していた。

「もしサン＝ピエール神父がこの組織を考えついていたとしたら、またもし彼がこの組織を実行手段として提示していたとしたら、彼の一般平和の考えは夢想として扱われはしなかったでありましょう。」(26)

「サン＝ピエール神父」とは、一八世紀フランスの聖職者・著述家・外交官サン＝ピエール（一六五八〜一七四三年）のことである。サン＝ピエールは『ヨーロッパ恒久平和覚書』と『恒久平和草案』を発表し、ヨーロッパ社会の建設という意味でのヨーロッパ統合を主張した（ケルンで『ヨーロッパ恒久平和覚書（一七一二年）を発表した後、ユトレヒトで『ヨーロッパ恒久平和草案』[27]（最初の二巻）（一七一三年）と『キリスト教徒主権者間の恒久平和条約草案』[28]（最後の一巻）（一七一七年）をそれぞれ発表した）。サン＝ピエールが『ヨーロッパ恒久平和覚書』と『恒久平和草案』を発表したのは、ルイ一四世によって引き起こされたスペイン継承戦争（一七〇一～一七一四年）の和平交渉が始まった時期であった[29]。そして、サン＝ピエールはユトレヒト講和会議にフランス代表団の一員として参加した。ヨーロッパ諸国家が大規模にぶつかり合い、アメリカ大陸の植民地や先住民も巻き込んだ「世界大戦」を目の前にして、サン＝ピエールはヨーロッパ統合と恒久平和の実現を構想したのである。

サン＝ピエールのヨーロッパ統合ヴィジョンが実現することはなかった。これについて、サン＝シモンは、サン＝ピエールが〝「一般性」と「特殊性」の対比〟を基礎に持つ組織を提示できていたとしたら、そのヴィジョンが「夢想として扱われはしなかった」と考えるのである。そして、サン＝シモンは〝「一般性」と「特殊性」の対比〟の問題について議論する中で、さきほど引用した文章を唐突に注に記す。サン＝シモンの念頭には、科学的視点を応用することで、特殊的な諸国民社会という枠組みを超えて、ヨーロッパ諸国民の一般的な社会の建設と平和を実現するという問題意識がすでにあった。

封建体制が維持されていた一八世紀初頭、サン＝ピエールがどんな平和を語ろうとも、主権者君主たちが戦争をやめることはありえなかった。そして、一九世紀という国民形成が進む時代、相変わらず諸国民の間で戦争が相次いでいく。一人の国民としての個人にとって、「祖国」という存在が大きな求心力を持つようになったからである。フランス革命戦争の中で、フランス国民は武器を持って諸外国の正規軍を打ち破り、そうしてフランス国民の中には「愛国心」が芽生えていった。国民こそが主権を持って祖国を民主主義的に運営しようと企てる中で、国民はさらに愛国心を高めていく。

『同時代人に宛てたジュネーヴの一住人の手紙』が刊行された同時期では、ナポレオンがフランス軍を率いて諸外国に対し軍事行動を進めていた。そして、フランス革命の理念をヨーロッパに広げ、封建体制下の諸国家を解放することが主張された。諸国家が改革され、市民革命に対する敵愾心を失っていくことこそが、フランスの平和を保つためにはどうしても必要だった。ところが、ナポレオンの行動は諸外国とその臣民、あるいは国民から見ればフランスの侵略なのであって、フランスによる覇権の奪取に見えてしまう。ナポレオンに抵抗する中で、諸外国の臣民にも自らの国家を守るために愛国心が芽生えていく。臣民は愛国心を芽生えさせながら、「祖国」の改革を図ろうとする。

君主が主権を握った封建国家同士であっても、君主それぞれの野心が障害になって平和なヨーロッパ社会を創り出すことが困難であるのに、国民一人一人を一つにまとめあげ、さらにその上に諸国民のヨーロッパを創り出すのはますます困難だろう。国民は自らが生を受けた祖国を愛し、祖国の利益、つまり国益を考えるものである。したがって、フランス革命前の近世、祖国という存在を野蛮と見なす「コスモポリタニズム」に拠って立っていたヴォルテールなどは、『哲学辞典』（一七六四年）の中で、良き愛国者であることによって結果的に他の人びとの敵になることを指摘した(30)。祖国の偉大さを望むことは隣人たちの不幸を願うことでもある。

近代に入り、国民形成がさらに進むと、諸個人が自分自身のエゴイズムから離れ、愛国心を持つことが称揚されることも多くなる。しかし、サン＝シモンに言わせれば、「愛国心（patriotisme）」は「国民的エゴイズム（égoïsme national）」という性質を帯びる。人びとは自らが所属する国家を愛する中で、やがて自らと国家を同一視するようになる。国家の利益は自らの利益であり、国家の利益が侵されることで自らの利益さえ侵されているような気分に陥る。さらに、国家の利益を侵そうとする他国家・他国民に対し敵愾心を得るようになる。サン＝シモンは注を用いて、つぎのようにも主張する。

「道徳家たちが人間にエゴイズムを禁じて愛国心を賞賛するのは、ひどい自己矛盾です。なぜなら、愛国心は国民的エゴイズムにほかならないからです。そしてこの国民的エゴイズムは、個人的エゴイズムが諸個人間で犯すのと同じさまざまな不正を諸国民相互の間で犯させます。[31]」

諸個人が「個人的エゴイズム」をなんとか乗り越えることで、国民社会の安定がもたらされうるなら、諸個人が祖国に対する愛国心を超えて、何らかの一般性を帯びた心情を保持するようになるとき、諸国民の平和は醸成されるのではないか、というわけである。

サン＝ピエールについて言及するにあたって、サン＝シモンが特殊性を帯びる諸国家・諸国民に対し一般性を帯びるものとしての「ヨーロッパ」という問題意識を念頭に置いていることがわかるが、さきほど引用した「愛国心」と「国民的エゴイズム」をめぐる文章では、単に「諸国民相互（de nation à nation）」とあるように、「ヨーロッパ」にとどまらず「世界」や「人類」というレベルで一般化されうる議論を展開している。諸個人が国民社会の中で連帯を維持するように、諸国民がヨーロッパ社会の中で、あるいは「人類」というレベルで協調を図ろうとするとき、結局のところ「世界」や「人類」に対する心情と「ヨーロッパ」に対する心情はどのように分節できるだろうか。また、何を基準にして、〝ヨーロッパ諸国民〟に該当する人間とそれ以外の人間を区分できるだろうか。

世界や人類という存在を口にしつつも「ヨーロッパについて思考する」サン＝シモンが、これらのさまざまな社会の形態をどのように分節するかについては、この後少しずつ明らかになっていく。

サン＝シモンは『同時代人に宛てたジュネーヴの一住人の手紙』の中で、「ニュートン墓前募金」と「ニュートン会議」といった近代に相応しい〝新しい社会〟を見出すための具体的なヴィジョンを提案しながら、ニュートン・万有引力の法則・神的な先見の明・労働・新しい宗教・国民社会・ヨーロッパ社会・世界人類……といった、その後の生涯のすべてのヴィジョンを基本的な形で開陳した。筆者はいくつかの疑問を提示しながら、〝後ほど問われる・明らかになる〟といった表現も用いた。サン＝シモンの基本的なヴィジョンが開陳されているとはいえ、どれも〝舌足らず〟で、中途半端なのである。こうして、一八〇三年以降のサン＝シモンは、万有引力の法則を軸にする近代的な自然「科学」について、あるいは近代実証科学の諸事実について、さまざまな著作を通してより深く探究する。社会に対する自らのヴィジョンに実証性や科学性を持たせることで説得力を与えるためである。

もう一点、サン＝シモンは自然科学そのものが古代から中世、そして一九世紀初頭の近代に至るまでどのように発展してきたかという、科学の「歴史」を観察することに取り組む。科学的諸事実が発見されていく「科学史」を通覧する中で、人類が、そして人類の精神がどのように進歩してきたかという人類史、あるいは文明史を探究するのである。なにゆえに人類の中でもとくにヨーロッパ人が科学を大規模に発展させえたのかという、人類史的・文明史的事実には、「人類」から「ヨーロッパ人」を、そして「世界（国際社会）」から「ヨーロッパ（ヨーロッパ社会）」を分節するための一つの要素を見出すことができよう。また、一九世紀初頭という〝今〟がどのような時代であるかを把握することで、サン＝シモンはこの後の歴史の展開を予測していこうともする。

第2節　自然科学を用いた社会観とそのさらなる理論化

一八〇三年に『同時代人に宛てたジュネーヴの一住人の手紙』を刊行した後、サン＝シモンはかつての莫大な資産を完全に使い尽くし、無一文の状況に陥ったようである。それでも、サン＝シモンは執筆を続け、いくつかの草稿を残した。そのような中、一八〇七年から一八〇八年にかけて、サン＝シモンは『一九世紀の科学研究序説』を印刷することに成功した(32)。一八二六年に『同時代人に宛てたジュネーヴの一住人の手紙』が発見されるまで、『一九世紀の科学研究序説』こそがサン＝シモンの最初の著作だと信じられてきた。ロドリーグは『一九世紀の科学研究序説』について、「サン＝シモンの以後のすべての研究の出発点であり、サン＝シモンが明確にし発展させたすべての思想のほとんどがそこには存在する(33)」と記している。

『一九世紀の科学研究序説』は、古代から中世、そして一九世紀初頭の近代に至る自然科学のあり方について振り返りながら、一九世紀の科学研究がどのようにあるべきかについて論じることで、『同時代人に宛てたジュネーヴの一住人の手紙』のうち「精神的なるもの」にかかわる「科学」についての思考を大きく発展させた。また、一八一〇年の『新百科全書』と『百科全書の計画――第二趣意書』、そして一八一三年の『人間科学に関する覚書』といった前期思想のさまざまな著作・原稿の内容を先取りするものであった。

とはいえ、『一九世紀の科学研究序説』は、一九世紀初頭の思想・哲学を専門にするジュリエット・グランジュが「開明的な素人」[34]によるものと評価するように、相変わらず何かを学んで考えた素人が一気にその思考の結果を言語化したような著作であった。もちろん、『同時代人に宛てたジュネーヴの一住人の手紙』に比べて科学そのものに関する探究という側面が強まっただけ、『一九世紀の科学研究序説』の方がよりわかりやすい。他方で、かのフリードリヒ・ハイエク(一八九九〜一九九二年)は、代表的著作の一つである『科学の反革命――理性の濫用』(一九五二年)の中でサン゠シモンについて論じながら、『一九世紀の科学研究序説』について、「あらゆる欠陥があるものの、この著作はひとつの注目に値する記録である」[35]との評価を与える。

ハイエクはつぎのように続ける。「第一に、近代の科学主義的組織家のほとんどすべての特徴を合わせ持っている。…〔中略〕…ときには、H・G・ウェルズ(一八六六〜一九四六年)、ルイス・マンフォード(一八九五〜一九九〇年)、オットー・ノイラート(一八八二〜一九四五年)の現代の著作を読んでいるように思うかもしれない。…〔中略〕…この著作は、実に、『同時代人に宛てたジュネーヴの一住人の手紙』以上に、「科学の反革命」の最初の最も重要な記録である。[36]」とはいえ、ハイエクの言う「科学の反革命」とは何だろうか。

サン゠シモンは自然科学の議論や観察方法を社会観察に応用しようと試みるが、ハイエクはサン゠シモン以降の自然科学をそのまま社会観察に応用しようと試みる科学主義の思想家・哲学者たちを、「理性の濫用」として批判する。人間が生きる社会や社会の諸制度を、自然科学の議論や観察方法に基づいてシステマティックに設計することは不可能だからである。時間や空間を超えて不変である自然現象と違って、人間の理性には限界がある。

『一九世紀の科学研究序説』を通して、サン＝シモンが自然科学の議論や観察方法を用いながら、自らの社会観をどのように構築し、どのように理論化するか、そして「世界」とは分節される「ヨーロッパ」のあり方をどのように提示するかを見ていこう。

1　自然科学を用いた社会観とそのさらなる理論化

『リセの協会に』での「新しい考え」や、『同時代人に宛てたジュネーヴの一住人の手紙』での「神的な先見の明」のように、サン＝シモンは『一九世紀の科学研究序説』の冒頭でも「大きな仕事」や「新しい構想」という文言を用いる。そして、サン＝シモンは大きく分けて二つのことがらについて議論する。前述の通り、「科学」と「（科学の）歴史」である。

「科学」：自然科学のさらなる探究による社会観の形成

- 流体と固体の区分、あるいは〝「精神的権力」と「世俗的権力」の分離〟
- 科学観察の方法と科学者の知的態度、あるいは〝「一般性」と「特殊性」の対比〟

「歴史」：科学史を基礎とした人類史という歴史観の形成

- 「科学革命」と「政治革命」の交互性
- 科学史を基礎とした人類史、その中でのヨーロッパ史

「科学」と「歴史」に注目するという点をめぐって、サン＝シモンはつぎのような文章を記している。

「ありうべきものとして理念的に構想された世界の組織を完成することは、存在している世界についてのわれわれの知識に進歩をもたらすために用いなければならぬ最大の手段である。[37]」

「科学」という形で、自然の秩序、あるいは自然という世界が探究されるといっても、まず第一に集められた客観的証拠に基づいて理念的（idéal）に構想される。万有引力の法則とて、木から林檎が落ちたというような客観的証拠に基づきつつも（「木から林檎」の話自体は俗説の域を出ないが）、まずは理念的に語られる。

しかし、ありうべきものとして世界を理念的に構想した後、科学者は実証的な形で考察を進め、理念的に語られたものを実証的な事実（fait）に変えていくとともに、目の前に現実的に広がる世界に関する知識を増大させていく。また、科学者は判明した事実、そして発見された原理（principe）から新たな理念（idée）を用いて、さらに世界のあり方を構想する。人間はそうした繰り返しにより科学を発展させ、精神を知的に進歩させてきた。そうであれば、理念的に自然の秩序を構想し、諸事実を検討していくことが、人間の目の前に存在している自然のみならず、人間が作り出した社会の組織を構想し、発展させていくために必要ではないか。サン＝シモンは、万有引力に準えられる一般的で絶対的で超越的な規範といったものが存在し、そうしたものによって社会が一体性をもって組織化されていると理念的に構想する。理念的に構想された社会観があれば、実証的に〝社会を科学する〟という点でも人間の精神が知的に進歩していくことになるとも考える。また、サン＝シモンにとって、「歴史」とは、社会が人間精神の進歩と科学の発展によって展開していくことである。

したがって、「科学」の探究をめぐっては「自然科学のさらなる探究による社会観」を、「歴史」の探究をめぐっては「科学史を基礎とした人類史という歴史観」を提示することによって、サン＝シモンは一九世紀初頭に相応しい〝新しい社会〟のあり方を構想するための、そして社会に生きる人びとの規範を見出すための方策について思考する。

このように、〝新しい社会〟のあり方を構想しようとするとき、まずは「精神的権力」の担い手となった選ばれた科学者こそが大きな責任を果たすことになるが、サン＝シモンは一八一三年の『人間科学に関する覚書』で、科学者を中心にすべての人間がかかわる問題として、つぎのように述べる。

「ヨーロッパを再び平和にさせ、ヨーロッパ諸国民の一般的社会を再組織し、人類の境遇を改善する手段は何か[38]。」

フランス革命後、フランスと周辺諸国家の戦争が相次いだ。だからこそ、「精神的権力」の担い手となった科学者は〝新しい社会〟のあり方を構想し、社会に生きる人びとの規範を見出すにあたっては、「ヨーロッパ諸国民の一般的社会を再組織」するという問題意識を念頭に置かねばならない。サン＝シモンは、一つの特殊的な国民社会を超えて、諸国民による一般的なヨーロッパ社会を「再組織」するという問題をやはり意識しているのである。

また、「〝再〟組織」する（〝再び〟組織する）のだから、フランス革命以前にもすでに一般的なヨーロッパ社会が組織されていたということになる。サン＝シモンが、ヨーロッパ社会の再組織という意味でのヨーロッパの再統合を志向していることがわかる。つまり、本書の第1章の副題として選んだように、サン＝シモンの「科学」をめぐる思考は、中世以来の「ヨーロッパ社会を平和にするため」という目的を帯びたものなのである。さらに、科学者は「ヨーロッパ」を超えて、究極的な一般性を帯びた「世界」や「人類」も考慮せねばならない。こうして、究極的な一般性を帯びた「世界」や「人類」から「ヨーロッパ」と「ヨーロッパ人」をどのように分節するかという問題がやはり残ってしまう。

本書六五頁のまとめに従って、『一九世紀の科学研究序説』で展開された議論のうち、「科学」についての二つの問題から見ていこう。

(1) 「科学」：自然科学のさらなる探究による社会観の形成

① 流体と固体の区分、あるいは〝「精神的権力」と「世俗的権力」の分離〟

サン＝シモンは自然の秩序のうちの物質の状態、つまり物質が「流体（液体・気体）」と「固体」からなるという事実を考察することで、〝「精神的権力」と「世俗的権力」の分離〟についてさらに理論化する。現代人にとって、サン＝シモンの考え方はこじつけに見えるだろう。ここでは、歴史の過渡期に生きたサン＝シモンが、自らの試みを通して何を言わんとしたのかに注目しよう。

「宇宙は物質に満たされた空間である。物質は二つの形態をとって存在する。固体の形態と流体の形態がそれである。流体の量は、固体の量と相等しい。物質の諸分子は、固体の状態と流体の状態を交互にとる。すべての現象は、固体と流体の間の生存競争の結果である。宇宙は相等しい二つの部分に分かれる。私はこれらの部分の一方を固体と呼び、他方を流体と呼ぶ。固体の部分は、物質が固化する傾向をもつ部分である。流体の部分は、物質が流動化する部分である。ある時期には、物質二つの部分のうちに存在する物質が混ざり合う。一般的解体化と、それに続く一般的再組織は、同一の原理に基づいている。[39]」

ある条件の下で流体である物質が、まったく同じ条件の下で固体になることはありえない。一つの条件の下で固体であると同時に流体であるものは存在しえない。物質が流体と固体のどちらかの形態でしか存在しえないという状況を、サン＝シモンは「生存競争」と比喩的に表現する。もし固体が流体になるのだとすれば、物質を取り巻く状況に変化が見られるはずである。状況がさらに変化する中で流体は固体に戻ろうともする。もし仮に、まったく同じ一つの物質がある一定の条件の下で、流体であると同時に固体であるという混じり合った状況に陥ったとしたら、自然という世界の組織は解体されてしまう。自然が確固として存在するには、固体と流体という二つの物質が区分されねばならない。

生物のような有機体もまた固体と流体の「生存競争」という視点から観察するなら、脳は固体である身体の各器官に液体（流体）である神経（神経液）を発散している、とサン＝シモンはさまざまな科学者の話を聴きながら、あるいは論文を読みながら考えた。脳から神経が働くからこそ、人間の精神は形作られる。そうだとすれば、脳、神経、そして流体の働きによって生じる「精神的なるもの」と、そうした精神によって動かされる固体としての身体は区分される。こうして、人間が作り出すと同時に生活する社会組織の「世俗的権力」と、人間の思考や行動の規範になるものを司る「精神的権力」もまた分離されうる。流体と固体が混じり合うことによって自然という組織が解体されるように、「精神的権力」と「世俗的権力」が融合することによって社会という組織は大混乱に陥る。サン＝シモンは二つの物質の状態という自然科学における問題から、社会において「精神的権力」と「世俗的権力」を分離するべきことを理論化する。

そして、「流体」と「固体」という二つの物質が存在し、自然という世界が成立するのは、万有引力の法則のおかげである。これを応用するなら、「精神的権力」と「世俗的権力」という二つの権力が存在し、社会という組織が成立するのは、万有引力の法則に準えられる規範といったもののおかげである。こうした規範について、サン＝シモン自身は社会や人びとのあり方の理想を構想するものとして、一般的理念（idée générale）[40]という表現を用いる。しかし、本書では、一般的な社会を作り出し、それぞれ特殊的な人間の行動規範になるものという意味で、「一般的社会的規範」と便宜的に表現していきたい。サン＝シモンの言う理念は、より規範性の高いものだからである。

また、サン＝シモンは「思考（pensée）は物質的引力[41]」と表現する。つまり、脳から神経という「流体」が身体という「固体」に発散されることで、有機体が動作できるように、「精神的権力」は「世俗的権力」のために一般的社会的規範を探究し、論理づけねばならない。そして、〝物質を取り巻く状況の変化〟によって「流体」と「固体」の状態が変化するように、〝社会を取り巻く状況の変化〟が起きれば、「精神的権力」と「世俗的権力」のあり方は変容を迫られる。歴史の流れの中で、近代初頭の「精神的権力」と「世俗的権力」のあり方はそれ以前の時代とは大きく異なることになるのである。

さて、もう一点、〝「一般性」と「特殊性」の対比〟について、サン＝シモンは自然科学の観察方法と科学者の知的態度をさらに掘り下げることで、自らの主張を補強していく。

② 科学観察の方法と科学者の知的態度、あるいは〝「一般性」と「特殊性」の対比〟

サン＝シモンは近代実証科学を発展させた二人の科学者に注目する。一人はニュートン、そしてもう一人はルネ・デカルト（一五九六〜一六五〇年）である。この二人の研究手法を持ち出すことで、〝「一般性」と「特殊性」の対比〟の必要性と、『リセの協会に』の中で主張された特殊的諸科学を統合した「一般形而上学」を構築することの重要性を根拠づける。

サン＝シモンによれば、ニュートンは万有引力の法則という自然の世界を作り出す究極的に一般的で、絶対的で超越的な法則を発見した後、自然の下で見られる森羅万象という特殊的諸事実の確認を進めた。他方で、デカルトは特殊的諸事実を研究した後、観察された諸事実を一般化しようと努めた。

こうして、サン＝シモンは、ニュートンがすでに万有引力の法則という究極的に一般的で、絶対的で超越的な法則を発見してしまった以上、一九世紀の科学者たちが努めるべきはそれぞれの専門に基づいたニュートン的な特殊化の作業ではなく、デカルト的な一般化の作業であると主張する。特殊的諸事実の一般化の作業の結果として、『リセの協会に』の中で主張されたような「一般形而上学」が創設され、さらに一般的社会的規範が導き出される。

二人の科学者の研究手法の違いについて、サン＝シモンはさらに「ア・プリオリな考察」と「ア・ポステリオリな考察」に区分する。

「精神は探究を二つの仕方で行える。ある一つの問題を扱う二つの仕方、一連の問題群を考察する二つの仕方、諸理論を組織する二つの仕方、科学の改善に努める二つの仕方がある。この二つの仕方の一方は総合（シンセシス（synthèse））と呼ばれ、他方は分析（アナリシス（analyse））と呼ばれてきた。分析から始めて、人は個々の特殊的な事実から一般的事実にのぼっていく。総合から始めて、人は一般的事実から個々の特殊的事実におりていく。知性のこの二つの大きな機能を区別するために、別の表現がしばしば用いられる。つまり、この二つの機能を言い表わすのに、前者はア・プリオリに（à priori）事物を考察し、後者はア・ポステリオリに（à posteriori）事物を考察するものである、という言い方がされる。[42]」

より平易に言えば、推論は実験（経験）によって確認されるべきであり（分析されるべきであり）、それぞれの実験（経験）の結果がまとめられることによって（総合することによって）、何らかの推論が導き出されるべきであるということである。科学が実証的であるには、科学者は一般的な学説や理論を提示することにとどまったり、特殊的な諸事実を探究することにとどまったりするだけではいけない。一般的な学説や理論を旧来のように聖職者が語る形で打ち出したり、曖昧なままにしておいたりすれば、どのような特殊的な事象の探究も旧来のように聖職者が語る形のままであるか、あるいは曖昧なままになってしまう。逆に、特殊的な事象の探究を旧来のように聖職者が語る形で行ったり、あるいは曖昧なままに済ませてしまえば、どのような一般的な学説も理論も旧来のように聖職者が語る形のままに、あるいは曖昧なままになり、何の役にも立たなくなる。ここから、サン＝シモンは、一般的なヨーロッパ社会が民主主義的であるためには、特殊的な諸国家が民主主義的でなければならないということをやがて理論化することになる。

「精神は探究を二つの仕方で行える」とあるように、近代実証科学の観察方法は人間精神にとって決して特別なことではない。ア・プリオリとア・ポステリオリに交互に考察するということは人間精神にとって普遍・不変である。科学者の観察方法、そして知的態度を社会に生きる人びとの中でも役立てうる、とサン＝シモンは考えるのである。

(2)「歴史」：科学史を基礎とした人類史という歴史観の形成

サン＝シモンが『一九世紀の科学研究序説』の中でとくに重視する「歴史」をめぐる議論について見ていこう。六五頁でまとめたように、サン＝シモンは〝「科学革命」と「政治革命」の交互性〟、そして〝科学史を基礎とした人類史、その中でのヨーロッパ史〟という互いに関連する二つの問題を提示する。まずは、〝「科学革命」と「政治革命」の交互性〟という問題から、サン＝シモンの「歴史観」に迫っていくことにしよう。その「歴史観」からは、やはりサン＝シモンの「ヨーロッパ」をめぐる認識を見て取ることができる。

① なぜ歴史のうち科学史を見るのか

サン＝シモンは、特殊的な諸分野に分割されたまま発展してきた科学研究のあり方を一つの一般的で総合的な自然科学に組織すること、つまり「新しい科学的体系の組織化[43]」を図った最初の人物として、フランシス・ベーコン[44]（一五六一～一六二六年）の名前をあげる。フランシス・ベーコン以降、デカルトが一般化に、ジョン・ロック（一六三二～一七〇四年）とニュートンが特殊化に、そしてダランベールやディドロといった百科全書派たちが一般化にと、それぞれが一般化と特殊化の両方を考慮しつつもどちらかに力点を置いて考察を進めることで、自然科学を発展させた。このうち、フランシス・ベーコンはイギリスの神学者・哲学者であり、「知識は力なり」という言葉を残したことで知られている。ヴォルテールなどによって「経験哲学の祖」として評価されるとともに、百科全書派に大きな影響を与えたともされる。

サン＝シモンの考えによれば、フランシス・ベーコンが一般性という視点を実証的な形で自然科学に持ち込んだことで、「精神的権力」の担い手となった科学者たちが、さまざまな特殊性を帯びた人びとに共通の一般的社会的規範を探究できるようになった。したがって、社会のあり方を探究するとき、歴史の中でも、まずは科学者たちによる科学の発展の歴史、つまり科学史に注目することが重要になる。

「一七世紀の初めに、人びとは観察に基づいて推理することによって、人間知性のメカニズムを考察し始めた。フランシス・ベーコンはこのような状況の中でペンをとった。彼は、その研究によって、科学の歴史に極めて重大な時期を画した。彼は素晴らしい方法を予見した。彼はとりわけ知性の働きを観察することに専念した。彼は総合《シンセシス》を分析《アナリシス》から区別するすべを心得ていた。そして、巧妙な比喩を用いて、彼はこの抽象的な考察をごく普通の人びとに理解できるようにさせた。フランシス・ベーコンは総合《シンセシス》を採用した。彼は一般科学的観点に立った。彼は科学を一望の下に捉えた。彼は獲得された諸知識を体系的に区分し再区分した。(45)」

人間が知的に進歩する存在であるなら、「精神的権力」の担い手となった科学者が論理づける一般的社会的規範は決して不変ではない。人間の知的進歩にともなって、一般的社会的規範もまた変容を迫られる。一般的社会的規範が変容すれば、それによって統合される社会のあり方もまた変化せねばならなくなる。万有引力の法則を軸にした自然の秩序は常に不変であるが、社会のあり方はそうではない。

こうして、サン＝シモンは、科学史に注目しながら社会のあり方を検討することで、〝「科学革命（la révolution scientifique）」と「政治革命（la révolution politique）」の交互性〟という歴史観を披瀝する。

サン＝シモンはこのような歴史観を持つように至ったきっかけとして、コンドルセの『人間精神進歩史』をあげる。サン＝シモンは、コンドルセが人間精神に注目しながら、その歩みを俯瞰するとともに、近代以降の歴史の道程を推測しようとしたことを評価する。また、コンドルセの業績を批判的に継承し、歴史の中に現れた多くの〝科学者たち〟（たとえば、ソクラテス、プラトン、アリストテレス、ベーコン、デカルト）と〝大征服者たち〟（たとえば、キュロス、アレクサンドロス大王、カエサル、マホメット、カール大帝）に注目することで、〝「科学革命」と「政治革命」の交互性〟のあり方を確認する。こうした歴史観を示すにあたって、サン＝シモンがヨーロッパ世界に対するイスラム教とアラブ世界の影響を重んじていることに留意したい。[46]

さらに、ここには人間の理性が根本的に心もとないと考えるサン＝シモンの姿勢が見え隠れする。さきに紹介したように、ハイエクはサン＝シモン以降の自然科学をそのまま社会観察に応用しようと試みる科学主義の思想家・哲学者たちを「理性の濫用」として批判する。しかし、サン＝シモン自身においては、自然と社会の間に超えがたい一線が引かれている。人間の理性によって探究・発見できることには限界があるがゆえに、ある時点で見出された一般的社会的規範であっても、いずれは変容が迫られるのである。自然科学の議論や観察方法は不変であり、社会観察に応用可能とはいえ、当事者である人間の理性が根本的に心もとないからこそ、紆余曲折ありながら、一般的社会的規範は変容していく。そして、歴史の中で〝「科学革命」と「政治革命」の交互性〟が生じるのである。

②「科学革命」と「政治革命」

「科学革命」が先か、「政治革命」が先か　サン＝シモンが言及する〝「科学革命」と「政治革命」の交互性〟についてさらに見ていこう。サン＝シモンは『一九世紀の科学研究序説』の序文で、つぎのように記す。

「科学的諸革命は政治的諸革命のすぐ後に続く。ニュートンはチャールズ一世の死後数年にして万有引力の事実を発見した。科学的大革命が間もなく起こるであろうと私は予見し、予感する。私は一つの計画を思いついたが、この計画が実行されればフランス国民に栄光をもたらすであろう。フランス国民の対抗者〔イギリス国民〔筆者注〕〕は、フランスが大国民の資格に価すること、フランスが大ナポレオンの命令の下に行進するに相応しいことを、認めざるをえなくさせられるであろう[47]。」

一六四二年から一六四九年まで続いた最初の市民革命とされるイギリスの清教徒革命で、オリバー・クロムウェル（一五九九～一六五八年）らの清教徒〔ピューリタン（カルヴァン派プロテスタント）〕を中心とする革命派は勝利した結果、ステュアート朝の国王チャールズ一世（一六〇〇～一六四九年）を処刑した。サン＝シモンにとって、自然の秩序を踏まえながら、「政治革命」がなぜ起きたかを考えるなら、それは国王専制・封建体制という「世俗的権力」のあり方に変容が迫られたからであり、固体の状態が変容するときに流体の状態もまた変容するように、「世俗的権力」を支えてきた「精神的権力」が動揺したからである。そうであるなら、自然科学から人文科学に至るまで、「精神的権力」の担い手となった科学者は科学知を増大させ、〝「精神的権力」と「世俗的権力」の分離と均衡〟が再度確立することを促さねばならない。こうして、サン＝シモンは「科学的諸革命のすぐ後に続く」と考えた。実際に、清教徒革命という「政治革命」に続く形でニュートンの万有引力の法則の発見、つまり巨大な「科学革命」が発生したのであった。

自らが生きる一九世紀初頭という時代を前に、サン＝シモンは「科学的大革命が間もなく起こるであろうと私は予見し、予感する」とも記した。フランス革命という「政治革命」がすでに起きたからである。サン＝シモンが『リセの協会に』や『同時代人に宛てたジュネーヴの一住人の手紙』の中で、「ニュートン墓前募金」の実施や「アカデミー」の類の設立を提案したのは、つぎの「科学革命」を想定したからである。

一八一〇年の『百科全書の計画――第二趣意書』でも、サン＝シモンは同様の歴史観を守っている。

「科学的諸革命は常に政治的諸革命に続いて起こった。幾何学の発見、化学と生理学の諸原理の発見は、マホメットの後を継いだカリフたちの治下で行われた[48]。」

七世紀前半、アラブ世界でマホメットによってイスラム教の創始という「政治革命」が発生すると、マホメット死後にイスラム教の指導者であるカリフになった人物たちの下で科学的発見が相次いだ。とくに、アッバース朝イスラム帝国の第五代カリフであるハールーン＝アッラシード（七六六～八〇九年）の時代、首都バグダッドは世界の〝科学の都〟であった。人間精神の進歩の歴史という観点において、サン＝シモンはこの後もアラブ世界に対し好意的な心情を示していく。イスラム教のアラブ世界こそが、古代ギリシャ・ローマの科学を継承し、近代実証科学へ大きく発展させたからである。

ところが、一八一三年の『人間科学に関する覚書』では、もう少し長いスパンで歴史を考察しながら、サン＝シモンはつぎのように自らの歴史観を深化させる。

「歴史は、科学的諸革命と政治的諸革命が交互したこと、両者はそれぞれ互いに相次いで原因になり結果になったことを立証します。」[49]

「科学的諸革命は政治的諸革命のすぐ後に続く」のか、それとも「科学的諸革命と政治的諸革命が交互した」のかというように、サン＝シモンの歴史観には原因と結果をめぐるいくらかのヴァリエーションがある。こうした歴史観を含めて、先行研究ではサン＝シモンのあらゆる著作に通底する矛盾や非一貫性などが指摘されがちである。たとえば、文芸批評家で、多くの思想家・哲学者の評論を残したエミール・ファゲ（一八四七〜一九一六年）は、サン＝シモンについて、「そのすべての思想のいくらかの奇怪さ、無秩序、いくらかの不完全さ[50]」という評価を下す。しかし、筆者にとって、少なくともさきほどのサン＝シモンの歴史観のいくらかのヴァリエーションについては、その思想の深化のように思われる。

『一九世紀の科学研究序説』ではイギリス市民革命（ここでは清教徒革命）とニュートンの間の、『百科全書の計画――第二趣意書』ではマホメットによるイスラム教の創始とアラブ世界の科学者たちの間の関係がそれぞれ扱われていたが、『人間科学に関する覚書』では約四〇〇年という長い歴史的スパンが検討されたのである。歴史の流れの中の短い一部分を取り出して見るのか、それともより長い時代を見るのかによって、原因と結果の関係は変化する。原因と結果の関係がどうあれ、「精神的権力」の側に変化が発生すると、「世俗的権力」にも変化がもたらされ、そうして「精神的権力」にさらなる変化の兆しが現れるのである。

「科学革命」と「政治革命」のそれぞれ　人間精神の進歩と科学の発展、それにともなう社会の変化という、人類にとって普遍のことがらをテーマにしつつも、サン＝シモンは「ヨーロッパ」を「世界」から、そして「ヨーロッパ人（ヨーロッパ諸国民）」を「人類」から分節されるものとして扱い、その局所的な歴史の歩みを語る。とはいえ、『百科全書の計画——第二趣意書』の内容を確認したように、アラブ世界での人間精神の進歩と科学の発展がヨーロッパ世界の変化を促したという点で、ヨーロッパ世界にとってアラブ世界があくまでも外部であるのか、それとも同一の歴史の歩みを持つ内部であるのかという疑問が発生する。

アラブ世界の影響を受けながらとはいえ、人間精神が進歩し、科学が発展することで、キリスト教（ローマ＝カトリック）の権威が失墜するとともに、封建体制もまた動揺した。こうしたキリスト教勢力圏としてのヨーロッパ世界に限定された政治革命を語るにあたっては、キリスト教勢力圏としてのヨーロッパ世界とイスラム教勢力圏としてのアラブ世界は区別されるべきだろう。一時期を除いて[51]、キリスト教勢力圏は地理学的なヨーロッパの一部分に限定されてきた。それでも、キリスト教の権威が失墜した後、ヨーロッパ世界が単なるキリスト教勢力圏ではなくなり、旧来の宗教を超える新しい一般的社会的規範が論理づけられたとき、ヨーロッパ世界とアラブ世界はどのような関係を築くことになるのだろうか。では、さきほど紹介した三つの著作の内容を確認しながら、とくに長い歴史的スパンを扱った『人間科学に関する覚書』での議論を中心に、「科学革命」と「政治革命」のそれぞれを具体的に見ていこう[52]。

● **第一次科学革命**　ニコラウス・コペルニクス（一四七三～一五四三年）が、宗教を基礎とする「天動説」を転換し、「地動説」を打ち立てた（「コペルニクス的転換」）。

● **第一次政治革命**　一五一七年、マルティン・ルター（一四八三～一五四六年）がローマ教皇の世俗的権力に抵抗し、「宗教改革」を開始した。また、神聖ローマ皇帝カール五世（一五〇〇～一五五八年）が、ローマ教皇を抑えるとともに、その世俗的権力によるヨーロッパ支配を志向した。さらに、イギリスでは、国王ヘンリー八世（一四九一～一五四七年）が自らの離婚問題を契機として、イギリス国教会を設立し、ローマ＝カトリックの支配から離反した。

ローマ＝カトリックが担ってきた精神的権力が動揺することで、ヨーロッパ大陸とイギリスでは政治的、あるいは科学的な変動が相互に、しかし異なる形で生み出されていく。

● **第二次科学革命**　イギリスでは、一六二〇年にフランシス・ベーコンが『ノヴム・オルガヌム』を執筆し、特殊的諸科学を総合する形で知の体系化・一般化を図った。

大陸では、ガリレオ・ガリレイ（一五六四～一六四二年）が『天文対話』（一六三二年）によって地動説を決定づけた。

● **第二次政治革命**　イギリスでは、清教徒革命によって国王チャールズ一世が処刑された。さらに、名誉革命を経て、議会制民主主義が徐々に打ち立てられた。こうして、国王専制ではなく、王権が「二つの異なった見地の下での王権」[53]として「能動的王権（la royauté active）」と「受動的王権（la royauté passive）」に分割された。つまり、世襲の国王は「受動的王権」の担い手として名誉や尊厳を与えられるが、実際の立法権・行政権といった統治権は「第一大蔵卿[54]（首相）」という首班に委ねられるのである。また、「第一大蔵卿」は議会・庶民院（下院）の多数派の意志に責任を持ち、またその意志によって罷免されうる。

大陸では、フランス国王ルイ一四世が神聖ローマ皇帝カール五世のように、その世俗的権力によるヨーロッパ支配を志向した[55]。

●第三次科学革命　イギリスでは、ロックとニュートンが登場し、とくにニュートンは万有引力の法則を発見した。

大陸では、ディドロとダランベールが中心になって、一七五一年から一七七二年にかけて『百科全書』を刊行した。そして、フランスの思想家たちは「精神的権力」の担い手として、「世俗的権力」に対する学術的な面での反乱という意味での「精神的反乱」を開始した。

●第三次政治革命　大陸では、フランス革命が勃発した。ジャコバン派のうち、エベールに率いられた「エベール派」などは下層貧民を支持基盤にし、旧体制の完全な破壊と恐怖政治を徹底的に推し進めようした。サン＝シモンはつぎのように言う。

「無知者の階層がすべての権力を独占し、その無能によって豊かさの中に飢饉を生み出すに至る。[56]」

フランス国民は、ジャコバン派による恐怖政治・インフレーションと生活の窮乏・繰り返されるクーデターと政治体制の変化の中で、新しい強力な政治体制を求めた。結局、ナポレオンが登場し、自らの世俗的権力によるヨーロッパ支配を志向していく。

イギリスは、ナポレオンに対抗するとともに、ヨーロッパ国際政治における覇権を求める。そして、英仏両国の争いにより、ヨーロッパ諸国民は戦争に巻き込まれていく。

このように「科学革命」と「政治革命」が交互に相次いだ後、一八世紀末に〝第三次政治革命〟としてのフランス革命が発生した。サン＝シモンは、〝第三次政治革命〟、すなわちフランス革命が歴史的に最も暴力的な革命だったと評価する。そして、一九世紀初頭、〝第四次科学革命〟の時代が来たわけである。

では、フランス革命の後、どのような「科学革命」が求められているのだろうか。サン＝シモンは『人間科学に関する覚書』の中で、「一八世紀のすべての文献は社会の解体を目指した」が、「一九世紀のすべての文献は社会の再組織を目指すであろう[57]」と記す。中世から積み重ねられてきた「一八世紀のすべての文献」のあり方こそが、フランス革命の破壊と大混乱をもたらした。したがって、一九世紀初頭の近代においては、これまでの社会とは異なる〝新しい社会〟のヴィジョンを構想するための「科学革命」が求められているのである。

さて、すでに引用した『人間科学に関する覚書』の「ヨーロッパを再び平和にさせ、ヨーロッパ諸国民の全体的社会を再組織し、人類の境遇を改善する手段は何か[58]」という一文からわかるように、サン＝シモンは〝新しい社会〟のあり方を導き出そうというとき、ある一つの「国民社会」に限定された形で社会を捉えるのではなく、「ヨーロッパ諸国民の全体的社会」、つまり「ヨーロッパ社会」を意識し、さらにそれを超える「人類」の存在について念頭に置いている。

そこで、〝「科学革命」と「政治革命」の交互性〟という主張からは、「中世ヨーロッパ社会」について二つの点に注意する必要がある。まず、さきに指摘したように、「〝再〟組織（〝再び〟組織する）」なのだから、サン＝シモンはフランス革命以前の中世から近世にかけて、すでに他の地域から分節される形で「ヨーロッパ社会」が常に存在していたと考えている。もちろん、サン＝シモンが人間精神の進歩と科学の発展の歴史に鑑みながら、ヨーロッパ世界とアラブ世界の関係について、どのように認識しているのかという問題が残る。つぎに、サン＝シモンは「中世ヨーロッパ社会」の崩壊過程で、イギリスがヨーロッパ大陸から離れることに成功し、その結果としてイギリスと大陸諸国家の間に断絶が生じたと認識している。しかも、イギリスは大陸諸国家と一線を画するように、封建体制から新しい政治・社会体制に移行していく。

③ 二つの革命の交互性から見える「ヨーロッパ」をめぐる認識

一つ目の「中世ヨーロッパ社会」がかつて存在したという点について考えてみよう。〝「科学革命」と「政治革命」の交互性〟に関する言及からは、中世ヨーロッパ社会の秩序をめぐるサン＝シモンの理解を見て取ることができる。つまり、サン＝シモンによれば、中世ヨーロッパ社会では、ローマ＝カトリックの聖職者が「精神的権力」の担い手として人びとに一般的社会的規範を広める一方で、ローマ教皇がヨーロッパ諸国家を統合する「世俗的権力」であった。このローマ教皇の一般的な「世俗的権力」の下に、特殊的な諸国家が存在したという。このような形で、〝「精神的権力」と「世俗的権力」の分離〟、そして〝「一般性」と「特殊性」の対比〟が応用されたヨーロッパ社会が存在したというように、サン＝シモンがローマ教皇こそを「世俗的権力」の担い手と見なす点が特徴的である。

国際政治学者・外交史家であるヘンリー・キッシンジャー（一九二三年〜）は、『外交』（一九九四年）の中で、中世のキリスト教勢力圏の「普遍的世界観」について極めて簡潔に説明する。曰く、「天上に神が君臨し、世俗世界を皇帝が、普遍的教会を教皇が支配する」[59]。通常、「精神的権力」の担い手として位置づけられてきたのは、キリスト教会（ローマ＝カトリック教会）の頂点に立つローマ教皇であり、「世俗的権力」の担い手として位置づけられてきたのは神聖ローマ皇帝であった。しかし、神聖ローマ皇帝カール五世がローマ教皇に代わってヨーロッパ社会を手中に収めようとしたと批判するように、サン＝シモンにとって、中世ヨーロッパ社会の「世俗的権力」の担い手はあくまでもローマ教皇であった。この理由については後ほど考察したい。

二つ目の点、つまり、ルターの宗教改革以降、イギリスとヨーロッパ大陸の間に一つの断絶が発生したという認識について考えてみよう。人びとの行動を縛りつけてきた中世の一般的社会的規範が弱まった結果、イギリスは大陸の秩序から離れて、独自に行動するようになったというのである。そして、大陸で、フランスのルイ一四世やナポレオン一世が周辺諸国家への軍事行動を繰り返すようになると、イギリスはフランスに対抗しようという外交政策を先鋭化させる。歴史が証明するように、サン＝シモンが生きた一九世紀前半以降も、英仏両国の対立関係がヨーロッパ諸国民を戦争に巻き込むと同時に、両国の植民地の獲得をめぐる競合関係は世界中に戦争の火種をばらまいていく。

しかし、イギリスが大陸諸国家に先んじて、議会制民主主義を基礎とした政治体制を不完全ながらも構築できたことは重要である。サン＝シモンの表現を用いるなら、王権が「二つの異なった見地の下での王権」として「能動的王権」と「受動的王権」の二つに区分されたうえで、「能動的王権」の側に

「責任内閣制」が登場した。「第一大蔵卿」が首班になり、議会・庶民院（下院）の多数派の意志に責任を持って内閣を組織するようになった。これに対し、大陸では、フランス革命が勃発したものの、大混乱の末に、ナポレオンが統治するフランス帝国が出現した。皇帝の下に議会を備えた政治システムが整備されたものの、皇帝が独裁権を行使できるという点から見れば、フランスにはイギリスほどの政治的な先進性は存在しなかった。このようなサン゠シモンのイギリスの政治的先進性に対する言及はこれからも繰り返される。

さて、サン゠シモンは、〝「科学革命」と「政治革命」の交互性〟という科学史の視点から人類史・文明史を考察することで、中世ヨーロッパ社会が存在した後、「ヨーロッパ社会の近代的再組織」を避けられない歴史的結果のように捉える。サン゠シモンにとって〝一つのヨーロッパ社会〟は歴史的産物として存在するべきものである。では、なにゆえに〝一つのヨーロッパ〟が存在するべきなのかについては、あらためて問わねばならない。しかも、ヨーロッパ世界とアラブ世界の関係をめぐる問題も存在する。また、サン゠シモンにとって、「ヨーロッパ社会の近代的再組織」は自動的には進まない。封建体制から議会制民主主義を基礎とした新たな政治・社会体制へ、そして旧来の宗教から新たな規範へといったように、歴史はある一方向に進んでいくようであるが、フランス革命など、紆余曲折が起きる。したがって、こうした歴史の進み方を主体的に切り開くのは人間自身である。歴史に対する人間の主体性の問題は、後期思想の中でより明確になる。

ところで、「精神的権力」の担い手となった科学者たちは新たな規範を実証的かつ科学的に見出し、論理づけねばならないというが、そうした規範とは宗教そのもの、あるいは宗教に準ずるものだろうか。なぜならば、サン＝シモンは『同時代人に宛てたジュネーヴの一住人の手紙』の中で、自らの発想について「神的な先見の明」と誇るとともに、「この宗教」とも明記するように、宗教的なものであるかのような匂わせ方をするからである。『リセの協会に』の中では、「形而上学」という名称が用いられたのだから、近代の一般的社会的規範が〝宗教という形態〟から完全に袂を分かっていることはないだろう。近代実証科学そのものが、あるいは万有引力の法則が、新しい宗教のようにして旧来の宗教に取って代わるのだろうか。

そこで、「歴史観」をめぐる二つ目の問題である「科学史を基礎とした人類史」について検討する前に、サン＝シモンが「中世ヨーロッパ社会」の人びとの「規範」であり「紐帯」でもあった「宗教」について、どのようなものと考えているかを確認しておきたい。「近代ヨーロッパ社会」に相応しい「規範」、そして「紐帯」がどのような性質のものであるかがよりはっきりとしよう。

2　宗教から道徳へ

(1)　そもそも宗教とは何か

「宗教」について、サン＝シモンは『一九世紀の科学研究序説』の中でつぎのように記す。

「一般的理念によって行われた諸改善のそれぞれにおいて、一般的理念は最初まず哲学的性格を帯びて現われ、ついで科学的性格を帯び、それから宗教的性格をまとった。そのつぎに迷信的になり、一般的理念は堕落した[60]。」

「宗教は、学識ある人びとが無知な人びとを統治するための一般的科学の応用である。それぞれの時代には一定の特性があり、それぞれの制度には一定の存続期間がある。宗教は他の諸制度と同様に年をとり、古くなる。他の諸制度と同じように、宗教は一定の時間後に変革される必要がある。

すべての宗教は、その起源においては好都合な制度である。司祭たちは、自分らがもはや反対派の圧力によって抑制されなくなると、また創始者から継承した科学的方向においてもはやどのような発見もなしえなくなると、宗教を悪用する。そのとき、宗教は抑圧的になる。宗教が抑圧的になったとき、宗教は悪評を買い、聖職者たちは彼らが獲得した尊厳と富を失う[61]。」

サン＝シモンは宗教という「一般的理念」、つまり本書で言うところの古い「一般的社会的規範」について、目の前の自然現象の原因を求めることを欲する人間精神の動きによって、つまり人間の哲学的な探究、そして科学的な探究によって発明されたものと見なす。科学が宗教的性格をまとうことで宗教になる。古代や中世という科学的に未開の時代では、あらゆる科学的な探究は最終的に「神」の名を借りざるをえなかったからである。

こうした宗教観をめぐって、サン＝シモンはニュートンが「一神教」に強い関心を抱いたように、「多神教」から「一神教」への移行を人間精神の進歩をめぐる一つの歴史的転換点として見なしながら、「一神教」が人類の歴史の歩みの中で果たした役割を強調する。よく知られた事実として、古代に生まれた宗教は基本的に「多神教」であった。さきほどの議論に従うなら、自然現象の原因を求めることを欲する人間精神の哲学的な探究が、それぞれの自然現象一つ一つを個別的かつ特殊的な原因から説明するという形で科学的な探究に至り、自然現象それぞれにそれぞれの「神」が位置づけられた。その結果、「多神教」が成立した。古代ギリシャにおいて、吟遊詩人ホメロス（紀元前八世紀頃）などは神話を題材にした叙事詩を通してさまざまな神を人格化することで、信仰を発展させることになった。サン＝シモンの表現を用いれば、「ホメロスは宗教体系を改善した」[62]のである。

これに対し、サン＝シモンによれば、ソクラテスこそが宗教が「多神教」から「一神教」へ移行することを促す役割を果たした。同時代のソフィストたちが特殊的な経験的諸事実に基づいて相対主義を主張したのに対し、ソクラテスがそれらを批判的に検討しながら、一般的かつ普遍的で、客観的な価値判断の基準を示そうとし、真に哲学と呼びうるものを提唱したからである。後ほど確認するが、サン＝シモンは「科学史を基礎とした人類史」を語るにあたって、「ソクラテス以前」と「ソクラテス以後」によって人類史を区分する。

ところで、〝「科学革命」と「政治革命」がそれぞれ原因と結果になる〟ということは、歴史のある時点での「科学革命」によって導き出された一般的社会的規範に対応する形で（「精神」）、「政治革命」によって政治・社会体制が生み出されることになる（「世俗」）。したがって、「多神教」への信仰がギリシャ社会の一般的社会的規範であったとき（「精神」）、ギリシャの諸都市国家（ポリス）はそれぞれの神を奉じていた（「世俗」）。諸都市国家はそれぞれの神を奉じながら、戦争を繰り返すのであった。こうして、サン＝シモンは「多神教」という一般的社会的規範が社会組織を維持するにはあまりに不完全であると見なし、宗教が「多神教」から「一神教」へ移行せねばならなかったと主張する。

ソクラテス以後、唯一の「神」を頂点とした「一神教」であるキリスト教（ローマ＝カトリック）が一般的社会的規範として、ヨーロッパの多種多様で特殊的な諸国家に広がった。ローマ＝カトリックとその教え（「精神」）は「中世ヨーロッパ社会（「世俗」）」を一つに組織するための人びとの「紐帯」になった。その一方で、ローマ教皇や封建諸侯といった学識ある人びとが「神」の名とその絶対性や超越性を利用することで、宗教的性格をまとった科学としての宗教は、臣民を統治することを正当化する手段にもなった。

とはいえ、科学そのものは発展すればするほど、「神」の存在を必要としなくなり、旧来の宗教の枠組みを超えようとする。聖職者は既得権益を守ろうとして、科学の発展を抑圧的に妨げようとするものの、やがてはその地位を失う。この点は、ローマ＝カトリック教会によってガリレオの地動説が弾圧されたことなどからも理解できる。サン＝シモンが言うように「イエスと彼の注釈者たちが宇宙のメカニズムについて何ら明確な考えをもっていなかった[63]」にもかかわらず、聖職者は立場上、世界のあり方を説明しようと、科学的な実証性を欠いた「天動説」を「神」の名において語り続け、ガリレオを徹底的に弾圧した。

宗教は、複数の原因があるとする「多神教」の壁を超えて、唯一の原因しかないとする「一神教」に到達し、最終的にはヴォルテールらの「理神論」に発展していく。理神論とは、世界の根源・創造主として神を認めはするものの、奇跡や啓示などは否定し、諸事実を理性によって把握しようとする理論である。人間精神が進歩すればするほど、つまり人間の科学知が増大すればするほど、奇跡や啓示などは必要なくなる。そして、〝「科学革命」と「政治革命」の交互性〟が見られるように、宗教が果たしてきた一般的社会的規範としての役割は、「一定の存続期間」の後には終わる。だからこそ、一九世紀初頭においては、〝第四次科学革命〟が求められている。

一九世紀初頭に生きたサン＝シモンにとって、中世のローマ＝カトリックもそれが支えた封建体制ももはや存在価値を持たないが、歴史のある時点においては存在価値を持っていた。第2章で確認するように、サン＝シモンには「中世ヨーロッパ社会」を好意的に見る態度があり、そこには当時の「ロマン主義的思潮」の影響がある。ただ、このローマ＝カトリックの歴史的な役割に対する評価については、事実を可能な限り客観的に評価していこうとする〝歴史家の目〟もまた反映されているとは言えよう。「それぞれの時代には一定の特性があり、それぞれの制度には一定の存続期間がある」ように、ローマ＝カトリックもそれが支えた封建体制の中世ヨーロッパ社会も、マホメットによるイスラム教の創始とアラブ世界での近代実証科学・自然科学の発展を受けて、徐々に揺らいでいくのだった。

(2) 労働から演繹される道徳

サン＝シモンは『同時代人に宛てたジュネーヴの一住人への手紙』の中で、「人間は働かねばならない」と記した。科学を前に、出自や性別などの「所与」と呼ばれる特殊性を超越した「人類」、あるいは人間という抽象的な存在に具体性を与えるのは、社会の中で必ず労働せねばならないという事実以外にない。この労働と社会をめぐる考え方が『一九世紀の科学研究序説』の中で再度打ち出される。

「私は福音書の原理に代えてつぎのような原理を提案する。人間は働かなければならない。最も幸福な人間は、働く人間である。最も幸福な家族は、その全構成員が自分たちの時間を有効に使う家族である。最も幸福な国民は、暇人が最も少ない国民である。無為徒食の輩がいなければ、人類は望みうる一切の幸福を享受するであろう。

労働の理念をできるだけ広く解することがきわめて肝要だと私は考える。…〔中略〕…しかし、何の職業も持たず、自分の財産を生産的にさせるのに必要な労働を自ら指導しない不労所得者や財産所有者は、たとえ施しをしようとも、社会にとっての重荷である。科学の畑を耕す人びとは、全人類にとって有益な仕事をしているのであるから、最も多くの道徳性を備えた人びとであり、最も幸福な人びとである。(64)」

サン＝シモンによれば、「精神的権力」の担い手となった科学者が人びとに語るべきは、人間が労働せねばならないということである。すべての人間が労働せねばならないという事実こそが、出自や性別などの所与の特殊性を超えた人間同士の共通性と平等性を保証する。そして、コミュニケーションを通して、人びとは互いが共通で平等であることを理解するという意味での「道徳」を得る。

キリスト教の中で、労働とはアダムとイブが楽園を追放されたこと（『失楽園』）によって、人間に科されるようになった苦行である。人間は信徒として「神」と契約したうえで、此岸（この世）において労働という苦行を経験し、彼岸（あの世）において「神」から救済されることを望むのである。また、サン＝シモンによれば、このようなキリスト教の福音書が「汝が他人からされたくないと思うことを、他人にしてはならない(65)」という教えしか語っていないため、旧来の宗教は「神」と人間の一対一の契約でしかない。「神」の名だけであらゆることが語られなくなった時代、人びとを互いに共通で平等な存在として現実的に結びつけうる要素が必要になった。

さらに、労働による農業社会の発展や、商品経済の誕生と産業社会の拡大は、平民に多くの経済的富と利益をもたらし、やがて富と利益を背景にした平民の力がフランス革命などの市民革命を発生させた。こうして、一九世紀初頭の〝「政治」と「経済」〟の〝対立軸〟という現実を前に、労働は人間にとって単なる苦行ではなくなった。人間に「政治的自由」・「政治的平等」・「経済的自由」をもたらすとともに、それらを強化する手段になったのである。サン＝シモンはこのような歴史的現実を踏まえて、一般的社会的規範を旧来の宗教の教えから労働と他者とのコミュニケーションを通して醸成される「道徳」に刷新しようとした。そもそも、誰もが生きるためには労働して、富と利益を得ねばならず、富と利益を得られるのは他者を含めた社会のおかげである。誰もが労働と他者とのコミュニケーションの中で、このような道徳的な意識に自覚的になり、独善的ではいられなくなるだろう。

サン＝シモンが想定する道徳は、労働という世俗における行いを通して醸成されるという意味で、非宗教的な側面を持つ。しかも、労働から醸成される道徳の基礎には、科学を前に人間が共通で平等であるという考え方がある。とはいえ、サン＝シモンによれば、旧来の宗教が役割を終えたからといって、〝宗教という形態〟そのもののあり方が一掃される必要はない。

「学派によって決定された科学的見解は、ついで、あらゆる階層の子供たちとあらゆる年齢の無知な人びとに教えるために、宗教的な形態をまとわされなければならない(66)。」

「聖職者が有益であるためには、聖職者は尊敬されなければならぬ。尊敬されるためには、聖職者は学識がなければならぬ。聖職者団は最も学識ある集団でなければならない。…〔中略〕…神学者たちの権力は物理学者の手に移るであろう、この時に神学者の権力は再生するであろう、と私ははっきり予見する。[67]」

「神学者たちの権力」が「物理学者の手に移る」ことによって、「再生する」のである。物理学者、つまり科学者がキリスト教の聖職者のような立場から、「宗教的な形態」をまとわせた科学的見解を人びとに教える。科学者でない人びと、つまりサン＝シモンが言うところの「無知な人びと」が科学的な見解を理解するためである。聖職者がその学識をもって尊敬されてきたように、聖職者に代わる科学者が「宗教的な形態」を手にするためには、やはりその学識をもって尊敬されることが必要になる。ここに、『同時代人に宛てたジュネーヴの一住人の手紙』の中で提案された「ニュートン会議」と「ニュートン墓前募金」が果たしうる役割がある。「精神的権力」の担い手となった科学者が、人びとの募金によって「世俗的権力」から独立した形で研究活動に勤しみ、多くの学識を積む中で、人びとから尊敬されるのなら、ある種の宗教性を帯びるようになろう。こうして科学者が論理づける非宗教的道徳は、「宗教的な形態」、あるいは「宗教的性格」をまとうのである。

サン＝シモンは後年、ナポレオンによって制定されたレジオン・ドヌール勲章を評価する。たとえば、今日、「ノーベル賞」などを授与された科学者は賞賛・尊敬され、その言葉は耳を傾けるべきものとして「拝聴」される。かつての聖職者たちも、ラテン語を修め、多くの学識を積んでいたがゆえに、市井のキリスト教徒たちから尊敬された。もちろん、科学者たちを世襲的な特権階級に置こうというわけではない。「精神的権力」の担い手に相応しい学識の深さを理由にして、選ばれた科学者たちは報酬と尊敬を受けるだけであって、近代実証科学・自然科学の発展のための努力を怠り、地位を守るために「抑圧的に」なったならば、かつての聖職者同様に地位を失うだろう。

(3) 宗教から道徳への漸進的な移行

さらに注意が必要であるが、サン＝シモンは旧来の宗教が宗教的性格をまとった非宗教的道徳によって一気に取って代わられねばならないとは考えていない。一九世紀初頭において、科学者が「一般形而上学」をまだ誕生させていないからである。サン＝シモンは『一九世紀の科学研究序説』でつぎのように記す。

「社会秩序を維持するためには宗教が必要であると信じ、理神論は時代遅れの陳腐なもので、理神論に基づいた宗教を復活させることができないと確信し、このような見解の結果として、物理的宇宙論に立脚した宗教を創出しようと努めている、何人かの人たちを私は知っている。これらの人びとは、一つの本質的な点で間違っている。新しい宗教の創立はまだ可能でない、ということがそれである。今、行えることと言えば、現に政府が行っていることしかない。つまり、理神論のさまざまな宗派を和解させることである。[68]」

科学者が「ニュートン会議」などを通して協力を図る一方で、サン＝シモンは「理神論のさまざまな宗派を和解させること」がまずは重要だと主張する。社会の近代的再組織のためには、一時的にでも政治的・社会的安定が求められるがゆえに、宗教改革によって生まれたルター派・カルヴァン派のプロテスタントとローマ＝カトリックが一時的に和解し、旧来の宗教を一時的に再建することが必要なのである。また、「理神論の宗派」というように、一五世紀以来の近代実証科学の発展の中、「神」の名ですべてを語ろうとする旧来の宗教は時代遅れになっている。そこで、「中世ヨーロッパ社会」の人びとの規範であった旧来の宗教を近代初頭において一時的に再建するのなら、旧来の宗教は「理神論」を軸にしたものでなければならない。

なお、東ローマ帝国やロシア帝国に守護されてきた正教会をどうするべきかについて、サン゠シモンは一八一四年以前において何も語っていない。サン゠シモンが想定する「ヨーロッパ社会」の領域を考えるうえで、正教会とその中心であるロシアの位置づけについては重要な観点となる。サン゠シモンが最晩年になってこのキリスト教諸宗派の和解について再び強調する中で、ロシアに対する考え方がはっきりと示されることになる。

サン゠シモンは段階やステップを重視するという漸進主義的で機能主義的な態度をとる。新しい規範や紐帯が未だ存在しないのなら、旧来の宗教に一定の役割を果たしてもらう。旧来の宗教が中世のある時点で役割を果たしていたのなら、近代において一切の価値を失っていたとしても、評価すべきである。さらに、フランス革命を勃発させた平等という理念は重要であるが、教育制度の充実や教育の普及といった社会の実情を考えねばならない。そして、可能な限り混乱を招くことなく、とくにフランス革命のような大混乱を引き起こすことなく、社会を漸進的に再組織し続ける（組織し直し続ける）必要がある。このように、「革命」ではなく「改革（réforme）」（あるいは「改良」）が志向されている。決して〝（旧体制への）反動〟という意味ではないが、サン゠シモン思想は「反革命」という性質を帯びている。

ところで、科学者が国家権力のような「世俗的権力」に阿ることなく、科学の探究に邁進することで、「一般形而上学」を構築し、さらに一般的社会的規範を人びとに伝えるのだとして、科学者が語ることの〝正しさ〟は何が担保するのだろうか。実証的に解明される自然現象の原因と結果そのものには何の間違いもないが、そこからどのような「一般形而上学」を演繹するかという部分には、人間の恣意性がどうしても紛れ込む。人間の営みに一〇〇％の〝正しさ〟は存在しない。

また、科学者に対する尊敬だけで、一般的社会的規範は人びとに広がりうるものだろうか。学識を持った尊敬すべき科学者が言うことだから信じようということなら、万有引力の法則を本尊としたようなカルト宗教の類が生まれてしまう。旧来の宗教の権威が失墜した時代、科学者たちが創設する「一般形而上学」とそこから導き出された一般的社会的規範が宗教的性格をまといながら、どのようになっていくかについては、後期思想以降に明確化される。

では、つぎの第3節では、サン＝シモンが『一九世紀の科学研究序説』の中でとくに重視する「歴史」をめぐる問題のうち、「科学史を基礎とした人類史」の展開について考えていこう。ここから、ヨーロッパ世界とアラブ世界の関係をどのように認識するかといった問題に対するサン＝シモンの解答を、不十分ながらも発見することができる。

第3節　人類の歩みをめぐる歴史観と現在

ヨーロッパ世界とアラブ世界の関係のように、サン＝シモンは「ヨーロッパ史」を語るとき、その念頭にある「ヨーロッパ」に関係する領域は地理学的なレベルにとどまらない。

とはいえ、つぎのような二つのプロセスを通して、サン＝シモンは「科学史」を基礎に古代から中世、そして一九世紀初頭の近代に至る人類とその文明の歩みを確認しながら、「世界（国際社会）」から「ヨーロッパ（ヨーロッパ社会）」を、あるいは「人類史」から「ヨーロッパ史」を分節していく。

1「科学史を基礎とした人類史」の新しい区分

2（1に基づく）人類史におけるヨーロッパ人の形成史

また、「歴史」をめぐって、サン＝シモンは『一九世紀の科学研究序説』の中でつぎのように語る。

「歴史は、現在まで、上手く区分されていなかった。学派によって承認された相次ぐさまざまな区分は、いずれもなお、非常に不均等に時期を区切り、この区分を決めるために選ばれた諸時代は人間知性の発展の一般的系列においてまったく捉えられておらず、常に第二次的で局部的な種類の出来事に求められてきた。現在まで歴史家たちが注意を向けてきたのは、政治的、宗教的、軍事的諸事実である。彼らは十分高度な見地に立たなかった。コンドルセは人間精神の歴史を書きあげようと企てた最初の著作家であるが、彼を支配した博愛的情熱が彼の眼を惑わせてしまった。彼がわれわれに提供した草案は、なんら歴史ではない。彼が描いたのは小説（ロマン）である。彼は諸事物をあるがままに見ず、そうあって欲しかったと彼が望んだように見た。[69]」

「政治的、宗教的、軍事的諸事実」を題材にして、物語のように歴史を語るもの、つまり小説（ロマン）は、多くの嘘や誇張を含む点で、人類とその文明の歴史を語るものとしては不十分である。これに対し、平民のあり方も含めた形で政治社会・経済社会の変容を把握し、人類の誕生から今日に至る歴史を明確に語ることが歴史学である。このような歴史学によって「人類史」、あるいは「文明史」を語るというとき、サン＝シモンは何よりもまず人間精神の進歩の過程を重視する。そして、人間精神によって見出される科学の歴史、つまり「科学史」を観察する。人間精神こそが「政治的、宗教的、軍事的諸事実」を生み出すからである。サン＝シモンにとって、人間精神の進歩と科学の発展を前に、「政治的、宗教的、軍事的諸事実」は二次的、そして副次的なものに過ぎない。

まずは、サン＝シモンが語る「人類史」、あるいは「文明史」について、前述の二つのプロセスに基づいて確認していこう。

1　科学史に基づいて人類史を区分する

(1)　「科学史を基礎とした人類史」の新しい区分

「上手く区分されていなかった」と判断する既存の歴史の区分について、サン＝シモンは『一九世紀の科学研究序説』の中で「科学史」を基礎として、つぎのような修正を加える(70)。

1「古代史」：人類の誕生からソクラテスまで
- 人類の誕生からモーゼまで
- モーゼからソクラテスまで

2 「近代史」：ソクラテスから一九世紀初頭（われわれ）

• ソクラテスからマホメットまで
• マホメットから一九世紀初頭（われわれ）まで

サン＝シモンは「古代史」と「近代史」をソクラテスを境にして区分する。ソクラテスの哲学のおかげで、宗教的性格をまとった科学としての宗教が「多神教」から「一神教」に移行したと考えるからである。

ソクラテス以前の「古代史」をめぐって、サン＝シモンはモーゼを境にして区分する。モーゼ以前の世界については確かな形で知ることができないからである。紀元前一三世紀頃に生きたとされるモーゼは、『旧約聖書』の『出エジプト記』[71]などを通してしか知る術がない。

しかし、モーゼによって導かれた「出エジプト」の後、紀元前一〇世紀の古代イスラエル王国が建国された頃になると、考古学的にもわかることが増える。ソクラテスが生きた紀元前五世紀の古代ギリシャについては、さまざまなことが判明している。そのような古代ギリシャで、思想家・哲学者を名乗る人びとがさまざまな考え方を世に送り出し、人間精神は進歩した。そして、サン＝シモンの考え方に従うなら、ソクラテスの哲学のおかげで、人びとは唯一の神や唯一の原因という思考に到達することができた。「一般性」の下でさまざまな「特殊性」を統合するという思考を持つことによって、諸個人は人的共同体としての社会を営むよう促された。

ソクラテス以後の「近代史」の区分について、サン＝シモンがマホメットの名前をあげる点が重要である。

「サラセン人は軍事的な点でだけ卓越していたのではない。彼らはすぐれた特殊な性格を持っていた。彼らは物理的ならびに分析的諸科学の発明者であった。われわれは代数、化学、生理学を彼らに負うている。彼らによって、ヨーロッパに最初の天文台が建設された。要するに、サラセン人は推理の大公式とすぐれた観察方法を生み出したのである。[72]」

ソクラテスが生きた古代ギリシャの諸科学は、アラブ世界の人びとに受け継がれ、マホメットのイスラム教創始の後、「サラセン人（les Sarrazins）[73]」、つまりイスラム教徒の手によって実証科学として大きな発展を遂げた。〝「科学革命」と「政治革命」の交互性〟について取り扱った際に触れたように、マホメットによるイスラム教の創始という「政治革命」が実証科学の発展という「科学革命」を促した。したがって、マホメットによるイスラム教創始以後を近代実証科学の時代として、それ以前と明確に分けることになる。

なお、サン＝シモンはアラブ世界の人びとに関する表記をめぐって、「サラセン人」の他、「アラブ人（les Arabes）」も用いる。この二つの語は同義として扱われがちだが、厳密には同義ではない。「サラセン人（イスラム教徒）」が中世以降はイスラム教を信仰する宗教信徒の一般名称であるのに対し、「アラブ人」はアラブ世界に居住する住民の名称である。最晩年の頃になると、サン＝シモンは意識的にか無意識的にか、宗教信徒として行動する「サラセン人」と、実証科学を発展させる「アラブ人」を区別して使用し始める。これについては、終章で最晩年の思想展開を取り扱う際に確認しよう。

このように、アラブ世界のイスラム教徒によって実証科学が発展することで、科学に「神」の名は必要でなくなった。人間精神の進歩によって、古代から宗教の形で説明されてきた世界のあり方は動揺した。世界を説明するに不十分な宗教は「二次的」なものに過ぎなくなった。ここに、「近代史」のさらなる転換点を見出しうる。

さて、サン＝シモンは「人類」という言葉を用いつつも、結局は「ヨーロッパ史」だけを射程に入れて歴史を綴るが、ヨーロッパの科学史という人間精神の進歩の過程を追う場合、イスラム教が広がるアラブ世界とイスラム教徒の動向も含めて検討せざるをえなくなる。

十字軍の東方遠征のように、キリスト教勢力圏としてのヨーロッパ世界にとって、イスラム教勢力圏としてのアラブ世界は長らく排除されるべき敵として扱われてきた。しかし、人間精神の進歩、科学の発展、そして文明の進化をめぐって、二つの世界の関係は切っても切り離せるものではない。こうしたイスラム教に対する姿勢が、サン＝シモンのヨーロッパ社会の領域的限界をめぐる問題についての思考に影響していく。なお、一五世紀以降、近代実証科学の発展の中で、キリスト教は「理神論」に転換せざるをえなくなっていくが、サン＝シモンはイスラム教がどうであったのかということについては何も語っていない。

つぎの『一九世紀の科学研究序説』の議論を見る限り、サン＝シモンはアラブ世界の動向を含む「ヨーロッパ史」を「人類史」に一般化しようとは考えていないようである。そして、「世界」の中で「ヨーロッパ」は、あるいは「人類」の中で「ヨーロッパ人」は特殊的なものとして分節される。では、特殊な「ヨーロッパ人」とは、どこに生まれ、どこから地理学的にヨーロッパと呼ばれる地域に流れついた結果、キリスト教（ローマ＝カトリック）を信仰し、ヨーロッパ社会をアラブ世界から古代ギリシャ・ローマ文明を学び、一五世紀以降の近代実証科学の時代を出現させたのだろうか。このような

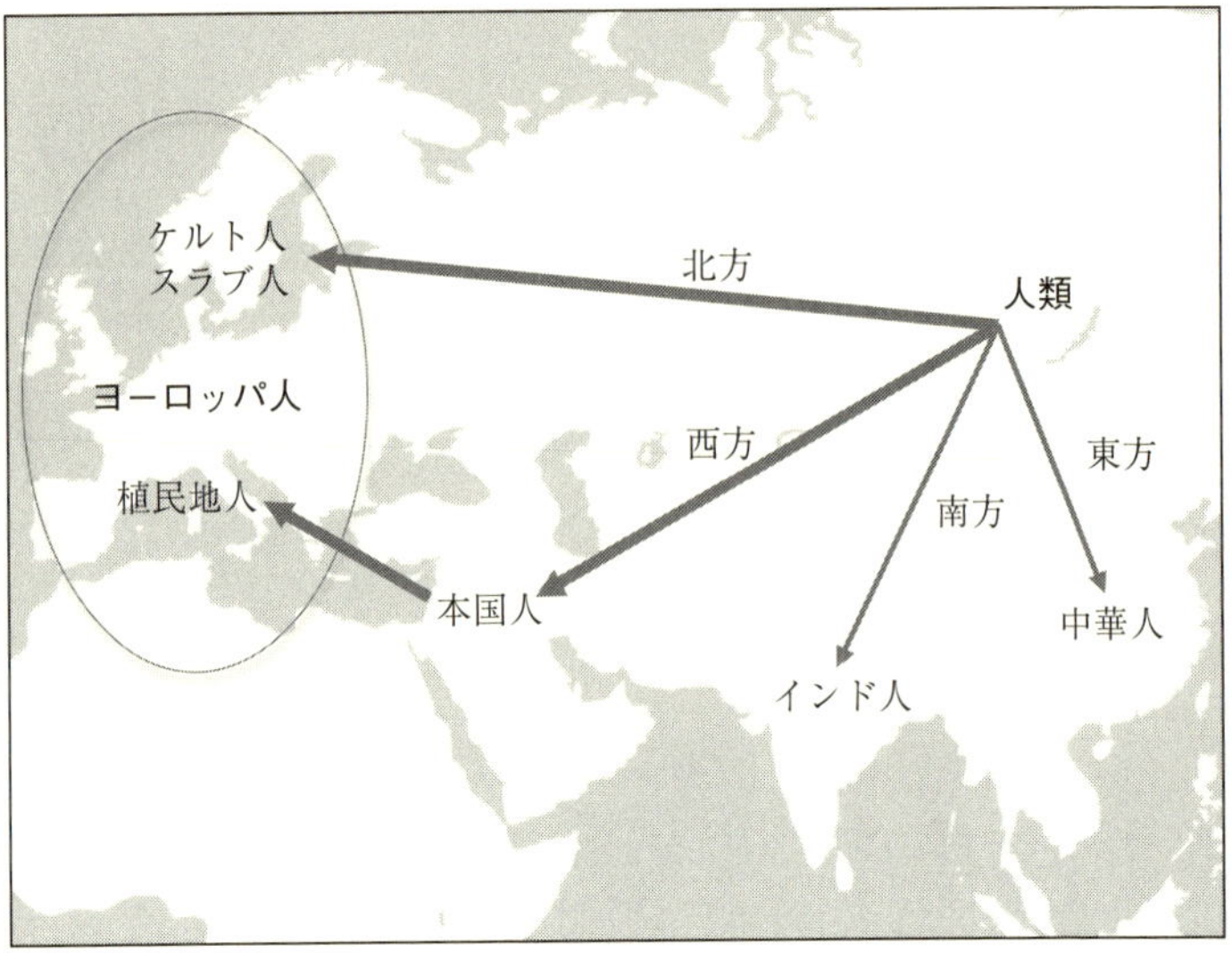

「ヨーロッパ人」の形成をめぐる、サン＝シモンの歴史観を見ていこう。

(2) 人類史におけるヨーロッパ人の形成史

① 人類には共通の祖先がいるということ

サン＝シモンは「ヨーロッパ人」の源流を考えるにあたって、すべての人類に「タタールの台地」で生まれた共通の祖先がいると想定したうえで、人類が四つの「種族 (la peuplade)」に区分されたと記す。そして、このうち、西方の「パレスチナ」と北方の「シベリア」に向かった種族が「ヨーロッパ人」に発展したとする。

「タタールの台地は人類の発祥地であった、と私は信じる。人類は四つの種族に分かれ、水が引いてアジア大陸が現われてくるとすぐさま平地に下っていった、と私は信じる。これら種族のそれぞれは、東西南北の四方面の一つに向かって進んだ、したがって、一種族は中華に、一種族はインドに、一種族はパレスチナに、四番目の種族はシベリアに下っていった、と私は信じる。(74)」

南アフリカ・スタークフォンテンで「アウストラロピテクス」が発見されるのは一九二四年のこと、つまりサン＝シモンが生きた時代から一〇〇年も後である。サン＝シモンは「タタールの台地」というユーラシア大陸の真ん中、一般的に北アジアと呼ばれる地域あたりを人類発祥の地だと考えていた。サン＝シモンはアダムとイブの創造といった宗教的な天地創造を信じていなかっただろう。とはいえ、サン＝シモンが〝共通の祖先〟という考え方を受け入れていたことに、旧来の宗教の影響がなかったとは言い切れないだろう。『旧約聖書』はすべての人類に共通の祖先が存在することを説いており、ギリシャ神話でもヨーロッパ人・アフリカ人・アジア人は三姉妹として描かれることがあった。(75)「水が引いて」というように、「ノアの方舟」の伝説と思われる表現も存在する。

いずれにせよ、サン＝シモンは世界各地に広がる人間が共通した祖先を持っていると想定したうえで、共通した祖先から各地の「種族」が分かれ出たと考える。そして、東方に向かった人びとが中華文明を、南方に向かった人びとがインド文明を、西方に向かった人びとがメソポタミア文明を、それぞれ作りあげたという。こうして共通の祖先を持つにもかかわらず、人びとは地理的に離れた場所で日々の生活を営むことによって、異なる歴史の歩みを経験することになった。

② 種族混淆的なヨーロッパ人

サン＝シモンは、「ヨーロッパ人」を二つの種族の混合として定義する。一つ目は、「タタールの台地」から西方に向かったパレスチナやカルデアのカルデア人のうち、環地中海世界からヨーロッパにかけて植民した人びとである。二つ目は、「タタールの台地」から北方のシベリアに向かった人びとである。

「タタールの台地」から西方に向かったパレスチナやカルデアのカルデア人、つまりはアラブ世界に定住した人びとのことを、サン＝シモンは「本国人（les métropolitains）」と呼ぶ。「本国人」は「ヨーロッパとアフリカの両大陸」にまたがる形で、「植民地人（les colons）」を送り出した。[76]「植民地人」とはフェニキア人・エジプト人・ギリシャ人・スペイン人・フランス人、つまりアラブ世界から地中海を介して、アフリカからヨーロッパの環地中海世界に広がっていった人びとである。[77] そして、アラブ世界の「本国人」は新しい文明や新しい科学を生み出し、環地中海世界からヨーロッパに広がった「植民地人」がそれらを継承して発展させた。

また、東の中華文明、南のインド文明、西のメソポタミア文明に対し、北では寒冷な気候が影響して文明が成長しなかったものの、一二世紀にイングランドでロジャー・ベーコン（一二一四～一二九四年）が出現すると、北に向かった人びともようやく科学の発展という文明の成長を経験することになった、とサン＝シモンは記す。

このように、サン＝シモンの考えでは、西方に向かった人びとから生まれたアラブ世界の「アラブ人」とヨーロッパ世界の「ヨーロッパ人」の間には人種的（種族的）共通性があり、人間精神の進歩と科学の発展の歴史という科学史に基づいて人類史・文明史を見るなら、互いに同じ歴史的パラダイムの上で生きている。そして、北方に向かった人びとを取り込んだ「ヨーロッパ人」は種族的に実に多種多様である。しかも、「アラブ人」たちによる近代実証科学の発展があったからこそ、「ヨーロッパ人」たちは古代ギリシャ・ローマ文明を手にすることができた。それこそが近代初頭の〝新しい社会〟への扉を開いた。「中世ヨーロッパ世界」がアラブ世界のイスラム教徒と鋭く対立したことは確かだが、サン＝シモンはつぎのように言う。

「植民地と母国の間に生じた科学的諸関係を歴史のうちに観察するのは、極めて興味あるとともに極めて啓発的なことである。(78)」

二〇世紀、ベルギーの歴史家であるアンリ・ピレンヌ（一八六二〜一九三五年）は、「ヨーロッパ世界の誕生」をイスラム教の勃興に求める「ピレンヌ・テーゼ」を提示した。古代には地中海を中心に広がるローマ帝国の秩序が存在したものの、マホメットがイスラム教を創始することで、キリスト教徒（ローマ＝カトリック教徒）とイスラム教徒の対立が生じた後、七三二年のトゥール＝ポワティエ間の戦いにおいて勝利したキリスト教勢力は、古代の秩序から切り離されるとともにアルプス山脈以北に閉じ込められ、独自の「中世ヨーロッパ社会」を誕生させることができた、という学説である。ピレンヌは「マホメットがいなければ、シャルルマーニュ（カール大帝）は考えられなかった(79)」と記す。

しかし、このピレンヌの主張には多くの批判が向けられた。両教徒の対立が起きたとはいえ、アラブ世界とヨーロッパ世界の交流が一気に消滅することはない。また、トゥール＝ポワティエ間の戦いの後、「西ローマ帝国」の皇帝としてローマ＝カトリック勢力の頂点に立ったカール大帝と、イスラム帝国のカリフであるハールーン＝アッラシードが、コンスタンティノープルを中心にした正教会の東ローマ帝国に対抗することを目的にして同盟を結んだということもあった(80)。ただ、それ以上に、一九世紀よりもはるかに進んだ二〇世紀であっても、「イスラムのおかげ」、あるいは「マホメットのおかげ」を意味する考え方に対して抵抗を感じる人びとが多かったという。

もちろん、サン＝シモンのヨーロッパ観は、自らを古代ギリシャ・ローマ文明の直接的な後継者に位置づけながら、イスラム教勢力に対抗するキリスト教勢力圏を「再組織」しようというようなものではない。サン＝シモンが「再組織」しようとする「ヨーロッパ社会」は近代的なものであり、旧来の宗教を一般的社会的規範とはしない。

また、種族が共通していて、人間精神の進歩と科学の発展の歴史という科学史の展開が同じパラダイムで進んでいることを考慮しつつも、サン＝シモンが「ヨーロッパ世界＝植民地（colonies）」と「アラブ世界＝母国（mère patrie）」の二つの世界を結局は区別している点が重要である。二つの世界の間には常に地中海という自然の境界が横たわっているだけでなく、『人間科学に関する覚書』での表現を応用するなら、人びとの「知の状態（état des lumières）」(81)の差異が存在するのである。

一二世紀にロジャー・ベーコンが「北に向かった人びと」の中から出現するまで、自然科学の分野においてアラブ世界がヨーロッパ世界に対して優越性を持っていたという。しかし、「北に向かった人びと」の中に生まれたロジャー・ベーコンのおかげで、ヨーロッパ世界が自然科学の分野をリードする下地ができた。科学史の流れを考えれば、アラブ世界に生きる人びととて「知の状態」を再度高めることはできよう。では、アラブ世界の人びとの「知の状態」が高められたとき、「ヨーロッパ世界」と「アラブ世界」は同一の文明圏、あるいは「歴史的世界」として融合するべきなのだろうか。それとも、二つの世界はあくまでも異なる世界として分離され続けるべきなのだろうか。二つの世界を分離するという場合、「ヨーロッパ世界」から「アラブ世界」へ、あるいは「アラブ世界」から「ヨーロッパ世界」への人の移動も制限されるべきなのだろうか。二つの世界の人びとがもともと共通の種族であって、その後の歴史の流れの中で「知の状態」の差異が二つの世界の人びとを分け隔てているというのなら、アラブ世界で「知の状態」を高めることに成功した人びとはヨーロッパ世界の住人たりえるのではないか。二つの世界の領域をめぐって、そして歴史や人種の共通性をめぐっては、サン＝シモンが残したものをさらに追わねばならない。

さて、サン＝シモンの問いは、「ヨーロッパ人」がどのようにして「ヨーロッパ社会」を作りあげてきたのかに向かっていく。サン＝シモンは中世から一九世紀初頭に至る「ヨーロッパ社会」の成立・変容・崩壊の過程を考察することで、一九世紀初頭の「ヨーロッパ社会」の〝今〟の状態を把握し、その解決策として具体的なヨーロッパ統合ヴィジョンの提案に進んでいくのである。

2　人類から区分されたヨーロッパ人の歴史と現在

(1)　中世ヨーロッパ社会の成立とその構造

サン＝シモンは「精神的権力」の担い手として聖職者を、「世俗的権力」の担い手としてローマ教皇をそれぞれ位置づけることで、「中世ヨーロッパ社会」の構造を描き出した。これはすでに紹介した通りである。また、『一九世紀の科学研究序説』ではつぎのように論じられている。

「シャルルマーニュ以前には、ヨーロッパ人はまったく組織されていなかった。ヨーロッパ人はその血統、慣習、言語によって二つの相異なった種族から構成されていた。これら種族の一つは、タタール台地から北方に下っていった。サクソン人がそれである。もう一つの種族は、タタール台地から西方に下っていったので、前者よりずっと早くからヨーロッパに広がっていた。

…〔中略〕…

シャルルマーニュは、彼のものすごい剣と深遠な政治力によって、この二つの種族の首長になった。この首長の地位――立法者に彼の構想を実現する手段を与えうる唯一の地位――に就いた後、シャルルマーニュはヨーロッパ社会の組織化にとりかかった。彼は両種族の諸部分を混ぜ合わせ、連邦を形成した。

シャルルマーニュが連邦の紐帯にしたのは宗教である。彼はローマ教皇を東方の皇帝（東ローマ皇帝〔筆者注〕）から独立させた。彼は教皇に領土（ローマ教皇領〔筆者注〕）を与え、教皇をヨーロッパ連邦の長に指名した。(82)」

三九五年の東西ローマ帝国の分裂と四七六年の西ローマ帝国の滅亡の後、地理学的にヨーロッパと呼ばれる地域の一部にゲルマン民族系の諸国家が成立し、その中でフランク王国が勢力を伸ばした。また、七三二年のトゥール＝ポワティエ間の戦いで、イスラム教勢力を打ち破ったカール＝マルテル（六六六～七四一）は、全キリスト教勢力の要として、キリスト教会（ローマ＝カトリック教会）とローマ教皇の守護者になり、イスラム教勢力や正教会の東ローマ帝国に対抗した。そうして、八〇〇年、カール＝マルテルの孫であるカール一世（大帝）がローマ教皇から「ローマ皇帝（西ローマ皇帝）」の帝冠を授与えられることで、古代ギリシャ・ローマ文明、キリスト教（ローマ＝カトリック）、そしてゲルマン民族が融合し、中世ヨーロッパが名実ともに出現したとされる。カール大帝もまたローマ教皇とローマ＝カトリック勢力圏を守護することを期待された。

サン＝シモンはカール大帝こそが「中世ヨーロッパ社会」を連邦として組織したと考えるものの、ローマ教皇を連邦の長という「世俗的権力」として位置づけた。ローマ教皇がローマ教皇領（教皇国家）[83]という独自の領土を持つ世俗的な封建領主でありながら、その権威をもって、ヨーロッパ諸君主の上に君臨したからである。聖職者が「精神的権力」の担い手として学識を積むとともに、人びとに一般的社会的規範としてのローマ＝カトリックの教えを説く一方で、ローマ教皇自身は「世俗的権力」として、神聖ローマ皇帝を含めたヨーロッパ諸君主に優越するとともに、あらゆる信徒を階層的に統治したという。

フランク国王と皇帝の地位はカール大帝の死後、息子のルートヴィヒ一世（敬虔帝）（七七八～八四〇年）が継承したものの、八四〇年のルートヴィヒ一世の死去によって、フランク王国は中フランク王国・東フランク王国・西フランク王国の三つに分裂した（「メルセン条約」）。ルートヴィヒ一世の三人の息子による相続争いの結果である。さらに、皇帝を継承した中フランク国王が死去すると、八七〇年に再度の争いの結果、東西フランク王国が中フランク王国の領土の大部分を奪うことで、中フランク王国はアルプス山脈以南のイタリア王国へ変容した（「ヴェルダン条約」）。そして、イタリア王国はやがて東フランク王国の支配の下で消滅した。また、東フランク王国は皇帝位を世襲する神聖ローマ皇帝を戴いてドイツへ、西フランク王国はフランスへそれぞれ発展した。

ここで明確に理由が述べられているわけではないが、サン＝シモンにとって、神聖ローマ皇帝とはドイツ王に過ぎず、ヨーロッパ社会の長として相応しい地位ではなかったのだろう。フランス国王がパリを中心に地方の封建諸侯を抑えながら、中央集権化を推し進めることに成功したのに対し、ドイツ王は神聖ローマ皇帝としての役割を果たさねばならないこともあり、国王権力を強化することに失敗し、ドイツ国家は封建諸侯によって分裂状態に陥った。また、一二七三年からドイツ王をほぼ世襲することになったハプスブルク家の君主たちは、本拠地であるオーストリアを中心にドイツ世界をはるかに越える形で自家領を経営し、ドイツ国家の統一と集権化に熱心ではなかった。さらに、ルターの宗教改革の後、一六一八年にローマ＝カトリック勢力とプロテスタント勢力の間で三十年戦争が勃発すると、ドイツ国家がそれぞれ主権を持つ諸「領邦国家」に分裂していくことが決定的になった。

したがって、ヴォルテールは神聖ローマ帝国と皇帝について、「神聖でもなければ、ローマでもなく、帝国でもない(84)」という有名な言葉を残した。こうした歴史を経た後の一九世紀初頭において、サン＝シモンが神聖ローマ皇帝を「中世ヨーロッパ社会」の「世俗的権力」の担い手として見なせなかったとしても不思議ではない。

また、もう一点、サン＝シモンがナポレオン一世の対外侵略に対し批判的な立場であったことも重要である。旧来の宗教の権威が失墜した後、「中世ヨーロッパ社会」の崩壊過程で、神聖ローマ皇帝カール五世やフランス国王ルイ一四世が自らの「世俗的権力」によりヨーロッパを手中に収めようとした、とサン＝シモンは批判的に綴った。それに対し、はるかに〝偉大なカール大帝〟は自らの立場を自覚して、「中世ヨーロッパ社会」の長の地位をローマ教皇に委ねたというわけである。

ナポレオン一世の言い分を慮ってみるなら、フランスはその国益のためというだけでなく、対仏大同盟に対抗するために周辺諸国家と戦い続け、結果的にヨーロッパの大部分を手中に収めるに至った。それでも、サン＝シモンはナポレオン一世の行動をカール五世やルイ一四世と同様のものと見なし、この後、ナポレオン一世に対して占領した領土からの撤退を提案することになる。ある国家の君主という「特殊性」しか代表しえない立場の人物が、ヨーロッパという諸国家を超える「一般性」を手中に収めるのは、〝「一般性」と「特殊性」の対比〟という自然科学の議論と観察方法に反するからである。

とはいえ、事実問題において、カール大帝の同時代人たちは、カール大帝こそを「中世ヨーロッパ社会」の長と見なしていたようである。たとえば、カール大帝の側近だったアンジルベール（七五〇?～八一四年）は、カール大帝を「ヨーロッパの尊敬すべき首長」「ヨーロッパの父なる王」などと表現する[85]とともに、「カール大帝はヨーロッパの頂点に立つ者として、新たなローマ帝国の城壁を築きあげている」と述べた[86]。アンジルベールは、正教会の東ローマ帝国ともイスラム教勢力圏とも差異化しながら、「ヨーロッパ」を中心にした「新たなローマ帝国」を描き出した。それは地中海を中心にしたかつてのローマ帝国やその文明とは異なり、ローマ＝カトリックへの信仰を基礎として「ヨーロッパ」の西の地域に広がる帝国であり文明圏であった。

カール大帝の敵は東ローマ帝国やイスラム教勢力だけでなく、「北に向かった人びと」のうちザクセン人（サクソン人）もまたそうであった。長きにわたる戦いに勝利することで、カール大帝はザクセン人をローマ＝カトリック化することに成功した。このような異教徒・異民族との戦いに対する勝利は、ローマ＝カトリック勢力の栄光の歴史として長らく語られていく。歴史家コルヴァイのウィドゥキント（九二五？～九七三年？）は、ザクセン人の歴史を綴る中で、カール大帝のことを「ヨーロッパの支配者」と表現した。[87] なお、サン＝シモンは最晩年の思想活動の中で、カール大帝がザクセンに勝利し、ザクセン人が「中世ヨーロッパ社会」に統合されたことを大きく評価するに至る。古代に生まれた〝本来的なイエス・キリストの教え〟によるものと考えるからである。〝本来的なイエス・キリストの教え〟は、中世のローマ＝カトリックから差異化され、旧来のすべての宗教を超えるがゆえに、異教徒・異民族をも統合しうるし、統合せねばならないという。サン＝シモンにおいて、「北に向かった人びと」と「西に向かった人びと」は決して知らぬ間に融合したわけではなかった。

サン＝シモンが念頭に置くのはナポレオン一世だけではない。ヨーロッパ大陸側から離れることで独自の秩序を作り出し、フランスの最大の対抗者であり続けているイギリスもそうである。そして、イギリスを批判するときにも、サン＝シモンは〝偉大なカール大帝〟の名を用いることで、自らの主張を補強する。サン＝シモンにとって、カール大帝に言及することは、自分自身の血統に対する誇りをくすぐるものにもなる。[88] では、さらに、『一九世紀の科学研究序説』の議論から、サン＝シモンが考える「中世ヨーロッパ社会」の崩壊過程を確認していこう。

⑵　中世ヨーロッパ社会の崩壊と一九世紀初頭の状況

中世から実証科学が発展した近代初頭に至り、カール大帝が組織した「中世ヨーロッパ社会」はもはや存在することができない。無理にでも完全な形で再建しようとすれば、社会は大混乱に陥ってしまう。近代実証科学を知ったヨーロッパ人にとって相応しい「精神的権力」と一般的社会的規範、さらに

「世俗的権力」が必要になる。こうした歴史の流れに抗う形で中世の「精神的権力」を再建しようとした結果、ヨーロッパを大混乱に陥れる「政治革命」を引き起こしたとして、サン゠シモンはルターを激しく批判する。この姿勢は、最晩年の思想活動に至るまで一貫する。

サン゠シモンによれば、ルターの宗教改革の結果、主にその是非をめぐって「ヨーロッパ人」は地域ごとに四つの形態に分裂した。つまり、南部（イタリア人・スペイン人）・北部（ドイツ人）・中央部（フランス人）・島嶼部（イギリス人）である。

「ルターは決して第一級の天才ではなかった。彼は卓越した見地に立たなかった。彼は一般的理念の改善に直接努めなかった。彼は宗教に取り組んだに過ぎず、宗教は応用の科学でしかほとんどない。ルターの構想は宗教を改革することでしかなかった。したがって、それは、私が右で述べたごとく第一級のものではない宗教的理念の部類のうちの、第二次的な構想に過ぎなかった[89]。」

「ルターは連邦内に不和をもたらした。彼は連邦を分裂させた。彼はヨーロッパ諸国民間に行われた最もひどい戦争の張本人だった[90]。」

ルターは資金集めを目的にした贖宥状（いわゆる免罪符とよばれるもの）の販売や聖職者の堕落を追及することによって論争を促し、聖書に準拠して旧来のキリスト教への信仰を恢復することを主張した。サン゠シモンに言わせれば、ルターが行うべきだったのは、旧来の宗教の恢復ではなく、それに代わる規範と呼べるものを打ち立てるための模索であった。

このような思考をめぐらすサン゠シモンにとって、ルターが攻撃した当時のローマ教皇レオ一〇世（一四七五〜一五二一年）の方が評価すべき対象であった。なぜならば、レオ一〇世は「きわめて不品行な教皇ではあった」ものの、「文学、芸術、科学を、あらゆる手段を用いて保護した。この教皇は人類に知識を受け入れる準備をさせた」[91]からである。薬種商（あるいは医者）から成長し、やがてイタリア・フィレンツェの支配者になったメディチ家に生まれたレオ一〇世は、文学・芸術・科学を積極的に保護した。これは動かしがたい事実である。サン＝シモンによれば、そうしたレオ一〇世の政策こそが結果的に啓蒙の時代を準備し、人間精神の進歩を促したという。

もちろん、あくまで〝結果的に〟であろう。実際、ローマ教皇らは教会の教えを揺るがしかねない地動説に弾圧を加えた。サン＝シモンは宗教改革に対立する反宗教改革の動きを好意的に評価するわけではない。機能主義的に段階・ステップを重視するサン＝シモンにとって、ルターが高い志を持っていたとしても、人間精神の進歩に反する行為に動いただけでなく、カール大帝による「中世ヨーロッパ社会」を解体してしまい、その後に安定ではなく大混乱を生み出したことは一切評価できないのであった。

さきに触れたように、ルターの宗教改革とその混乱の結果、「ヨーロッパ人」は地域ごとに四つの形態に分裂するに至った。それは、四つの地域それぞれの人びとの宗教改革に対する姿勢が異なったと同時に、宗教改革から受けた影響も異なったからである。イタリアやスペインなど宗教改革に反対するとともにローマ＝カトリック教会の側にあった「南部」、ドイツなど宗教改革が受け入れられた「北部」、フランスなど宗教改革に反対しつつも実証科学を学んだ人びとによって社会改革の準備がなされた「中央部」、そして大陸から分離したイギリスという「島嶼部」の四つである。

南部では、近代に至ってなお旧態依然の体制が残り続けた。北部では、ある程度の社会改革は進んだものの、サン＝シモンの表現を借りるなら〝ルターの方向性が間違っていたため〟、実際に農奴制の廃止といった封建体制の改革は一九世紀を待たねばならなかった。ドイツの諸「領邦国家」のうち、プロイセンではナポレオンのフランスとの戦いに敗北した後に行われた政治改革によって、オーストリアでは一八四八年の三月革命によって、ようやく農奴制が廃止されることになる。また、中央部では、宗教改革ではなく、〝第三次政治革命〟としてのフランス革命が社会のあり方を一変させた。そして、イギリスという島嶼部では、議会制民主主義が徐々に発展するとともに、大陸諸国家とは一線を画そうとする諸政策が採用された。このように「ヨーロッパ人」が四つの形態に分裂する中、大陸側中央部の大国フランスと大陸から分離したイギリスの対立は、ヨーロッパ諸国家・諸国民を戦争に巻き込み続けていく。

サン＝シモンはルターだけでなく、イギリスが大陸から分離したという事実そのものに対し極めて批判的な目を向ける。イギリスがエゴイスティックに行動し、大陸諸国家を互いに反目させながら、通商を支配することで経済的繁栄を謳歌するという外交政策を採用したとまで言い切る。サン＝シモンが生きた近代初頭以降、イギリスは同盟締結などによって大陸諸国家の動きに関与するのではなく、むしろ自らを含めた諸大国間の勢力均衡を維持するという姿勢を強める。したがって、サン＝シモンにとって、ヨーロッパを安定させ、再び統合させるには、英仏二大国の協力が必須になる。『一九世紀の科学研究序説』の中では、英仏対立がどのような状態であるかが説明されているものの、英仏協力を実現するための具体的な方策が提案されてはいない。

以上のような『一九世紀の科学研究序説』を中心にした議論を踏まえ、サン＝シモンは「近代ヨーロッパ社会」を組織するためのヴィジョンをつぎのようにより具体化していく。

•「精神的権力」では、英仏科学者が協力して一般的社会的規範を打ち立て、「新百科全書（la nouvel Encyclopédie）」を編纂し、イギリスの大陸への「復帰」を実現する。

•「世俗的権力」では、一般性を帯びる「ヨーロッパ社会」と特殊性を帯びる諸国家・諸国民社会に折り合いをつけうる政治システムを実現する。つまり、どちらでも漸進的に議会制民主主義を実現する。

では、一八一〇年の『新百科全書』と『百科全書の計画——第二趣意書』、さらに一八一三年の『人間科学に関する覚書』での議論を中心にして、サン＝シモンのヨーロッパ社会の近代的再組織をめぐるヴィジョンがどのように具体的に展開するのか確認しよう。

3　ヨーロッパに何が必要か

(1)　精神的権力に関する提案：英仏科学者の協力

①「新百科全書」の編纂

なぜ英仏両国の協力なのか　「新百科全書」の編纂について、サン＝シモンはすでに『一九世紀の科学研究序説』の冒頭で議論したいとの意志を表明していた。そして、一八一〇年の『新百科全書』の中で、再び「新百科全書」の編纂が提案された。さらに、刊行間近に官憲によって押収されてしまった

『百科全書の計画――第二趣意書』の中では、英仏両国の科学者たちが協力して近代に相応しい一般的社会的規範を打ち立て、イギリスの大陸への「復帰」を実現しながら、やがてヨーロッパ社会を中世から近代へ「再組織」していくと論じられた。このような「新百科全書」の目的をめぐって、サン゠シモンは『百科全書の計画――第二趣意書』の中でつぎのように記した。

「イギリス人とフランス人は、その軍事力によって、その政治的ならびに軍事的方策の的確さによって、世界の全住民を服従させた。このため、今日、地上には、事実上、フランスの勢力とイギリスの勢力という二国民の勢力しか存在しない。イギリス人とフランス人はまた、その内政と外政によっても他の諸国民を凌駕している。この両国民は最良の憲法を持っている、というよりは、むしろ彼らは憲法の恩恵に浴している唯一の国民である。イギリス人とフランス人を地上の他のすべての国民と比較してみるならば、彼らが国民的幸福、実際的優位性を獲得したことがわかるであろう。彼らの二つの科学的集団（イギリス王立協会とフランス帝国学士院〔森博氏注〕）は、他のすべての国民の科学的集団を凌いでいる。彼らの政治的第一階層、つまり大資産家と高級公務員たちは、他国民におけるよりもずっと多くの教養と自由を持っている。両国の無産者たちの間には、物質的福祉と日常的知識が、世界の他の無産者たちの間よりも、ずっと広く行き渡っている。フランスとイギリスは、国民大衆が最も良い家に住み、最も良い衣服をまとい、最も良い食物をとっている二つの国である。全人口との割合において、他のどの国よりも、読み、書き、数えることができる最も多くの人びとがいるのは、これら両国である[92]。」

サン゠シモンによれば、イギリスとフランスこそがヨーロッパ諸国民の中で最も科学が発展しているのであり、英仏科学者の協力関係こそが一般的社会的規範の探究に資するものになる。そして、サン＝シモンは英仏科学者が協力する組織のことを「英仏聖職者団（clergé anglo-français）[93]」と呼ぶ。これまでも、「聖職者」をはじめとして「神」や「教会」といった宗教的な文言が用いられてきたのは、近代的な一般的社会的規範が科学者の学識の豊かさをもって最終的に宗教的性格をまとわねばならないからだろう。

また、英仏こそが世界を代表する軍事強国なのであり、いつまでも英仏両国がいがみ合っていれば、植民地が世界中に広がっていく時代、ヨーロッパだけでなく世界中が戦争の惨禍に苦しめられ続けることになる。

さらに、英仏がヨーロッパ諸国民に先んじて立憲体制と議会制民主主義を不完全ながらも実現できている点も重要である。イギリスは言うまでもなく、フランスもまたナポレオン統治下で、一応は元老院と立憲議会からなる議会制を整備できていた。選ばれた「精神的権力」の担い手によって「一般形而上学」が打ち立てられ、近代に相応しい一般的社会的規範のあり方が明確に論理づけられたとき、「世俗的権力」は封建体制から新しい体制へ、すなわち議会を有する立憲民主主義を謳う体制へ「再組織」される必要がある。それならば、一つの特殊的な諸国民社会を超えて、一つの一般的なヨーロッパ社会を「再組織」するためには、英仏両国こそが〝牽引役〟となるべきだと、サン＝シモンは考える。

おまけに、こうした政治体制の下で生きる英仏両国民の生活レベルは、他のヨーロッパ諸国民に比べて、はるかに改善されている、とサン＝シモンは記す。サン＝シモンは、英仏二大国が「ヨーロッパ社会」の中世から近代への再組織化を先導すれば、これら二大国の繁栄を前にして、ヨーロッパ諸国家・

諸国民が自ずから近代的再組織への道を選ばざるをえなくなっていく、と考えるわけである。

なぜ科学者の協力から始まるのか　なにゆえに英仏科学者の協力から始まるべきなのだろうか。『一九世紀の科学研究序説』の中で論じられたように、〝「科学革命」と「政治革命」の交互性〟という歴史の展開に鑑みれば、一九世紀初頭とは〝第四次科学革命〟の時代であり、だからこそ英仏科学者の協力関係こそが必要だということになる。

しかし、それだけではない。人文科学から自然科学に至るまで分野の違いに関係なく、科学者は所与の特殊性を超越して、人類の発展に資する学問的な探究を目的にする職業だからである。したがって、自分自身の利益や自分が属する団体の利益、さらに国家の利益のために考察の結果をねじ曲げるなどということをやってはならない。もちろん、イギリス国民はイギリスを愛し、フランス国民はフランスを愛するように、それぞれに「愛国心」と呼びうる心情がある。しかし、『同時代人に宛てたジュネーヴの一住人の手紙』で記されたように、諸国民が「愛国心」という名の「国民的エゴイズム」を乗り越えることで、「ヨーロッパ社会」について考えられねばならないというのなら、科学者こそがその手本になることができるはずなのである。

サン゠シモンは、「精神的権力」の担い手である選ばれた科学者同士だけでなく、社会に生きる普通の人びともまた科学者の理想的な知的態度をやがては持ちうると考えてきた。とくに、「世俗的権力」を実際に担う政治家の責任は大きいだろう。

こうした視点から、サン゠シモンは、イギリスの二人の政治家であるウィリアム・ピット（小ピット）（一七五九～一八〇六年）とエドマンド・バーク（一七二九～一七九七年）を強く批判する。まず、ピットは、一七八三年に史上最年少の二四歳で第一大蔵卿（首相）に就任し、一七八九年のフランス革命勃発時点でもその地位にあり、ヨーロッパ諸国家との間で対仏大同盟を結成するなどしてフランス革命を叩き潰そうとした。また、バークは「保守主義の父」と形容される人物であり、『フランス革命の省察』（一七九〇年）を執筆したことで知られる。バークもフランス革命を批判し、庶民院（下院）議員として対仏戦争を主導した。たとえば、『百科全書の計画――第二趣意書』の中で、サン＝シモンはピットについてつぎのように記す。

「彼は偉大な政治家ではなかった。彼は人類が更年期に達したことを疑わなかった。[94]」

政治家は当然自国の利益を考えるものだが、同時に自国を超えた存在の利益と、そうした存在の中での自国の地位を考慮できねばならない。つまり、「ヨーロッパ社会」という存在であり、究極的には「人類」という存在である。とはいえ、サン＝シモンが直接的に「理」を説いたとしても、彼らイギリスの政治家たちが容易に納得するはずがない。では、自国の国益を重視することによって、フランスとの戦争を選ぼうとするイギリスの政治家たちをどのように納得させればよいのだろうか。サン＝シモンは、イギリスが度重なる対外戦争によって多額の負担を抱えていること、ナポレオン一世の大陸封鎖の影響によって産業諸部門の停滞に直面していること、いずれ国家財政が破産することで革命を経験する可能性があることなどをあげる。[95] したがって、イギリスはフランスとの戦いをやめ、同盟を結ぶことによって、それらの問題を回避することができるというわけである。では、フランスはイギリスとの同盟によって何を得られるのだろうか。フランスの利益も含めて、これらはすべて『ヨーロッパ社会再組織論』の中で再び議論される。

② 革命的な一八世紀の哲学、組織化的な一九世紀の哲学

そもそも、英仏科学者の協力によって新たに編纂されるべき「新百科全書」は、ダランベールやディドロらによって編纂された『百科全書』と何が違うのだろうか。『一九世紀の科学研究序説』ではつぎのように記されている。

「『百科全書』についてのこの考察から、私は『百科全書』が批判的著作にかぞえられるべきであって、発明的著作の列に置かれるに価しない、という結論を下すものである。[96]」

こうして、サン゠シモンはやがて『百科全書』の編纂などが行われた啓蒙の時代である一八世紀の哲学を「革命的」、フランス革命という大混乱の後の一九世紀の哲学を「組織化的」とそれぞれ表現するようになる。[97] ダランベールやディドロの『百科全書』は「批判的目的、つまり神学的諸原理に対する物理学的諸原理の優越性を証明するという目的しか達成できなかった[98]」ように、神の名の下であらゆる事実を説明する神学的諸原理に対し、科学的かつ学問的に議論され、実証されたさまざまな知識をぶつけることによって、一八世紀という時代を表象する書物となった。まさに、フランス革命に向かって突き進んで行った人びとにとって、『百科全書』は既存の組織を解体・脱組織化せしめるための一種のバイブルであった。

サン゠シモンは、組織化的であるべき「新百科全書」に何をどのように書くかということについて明確には述べていない。科学者たちによる「ニュートン会議」、あるいは英仏科学者による「英仏聖職者

団」が、近代実証科学に基づく知識をもって、社会を中世から近代に再組織する一般的社会的規範について非宗教的道徳という形で論理づけ、文章化するべきなのだろう。

(2) 世俗的権力に関する提案：「ヨーロッパ社会」と国民社会の両立

① ヨーロッパ社会とはどのようにあるべきか

「精神的権力」に対する「世俗的権力」のあり方について確認していこう。「世俗的権力」を備え、特殊的な諸国民社会を超える一つの一般的な「近代ヨーロッパ社会」とはどのようにあるべきだろうか。『百科全書の計画――第二趣意書』の中で、サン＝シモンはつぎのように記す。

「ヨーロッパ社会の組織とは、ヨーロッパの全国民がそれぞれ互いに依存しあいながら、しかも特定のどの国民にも依存しないような、一つの政治制度によって結びつけられている事態をいう。それは、これら諸国民のそれぞれの国民的組織が同一の原理に基礎づけられているような事態をいうのである。このような事態は存在した。ルターの改革に先立った二世紀間、ローマ＝カトリックはポーランド人、ドイツ人、スウェーデン人、イギリス人、フランス人、スペイン人、イタリア人によってほとんど同等に信奉されており、かつまたイタリア人、スペイン人、フランス人、イギリス人、ポーランド人は国民的に封建体制に服していた。ヨーロッパ社会は組織されていた。しかし、まずく組織されていた。(99)」

『一九世紀の科学研究序説』での議論を確認したように、自然科学の議論や観察方法に従うなら、一般的な学説や理論が実証的であるとき、特殊的な事象の探究もまた実証的になる。逆もまた然りである。一般的な学説や理論が聖職者が語るようなものだったり曖昧だったりすれば、特殊的な事象の探究もまた聖職者が語るようなものだったり曖昧だったりしてしまう。同様に、逆もまた然りである。こうした自然科学の議論や観察方法を社会観察に応用するならば、一般的な組織もそれを構成する特殊的な諸組織も「同一の原理」を採用する必要がある。

中世において、キリスト教（ローマ＝カトリック）の聖職者が担う「精神的権力」が、「同一の原理」としての一般的社会的規範を説き、ローマ教皇が「一つの政治制度」である封建体制を採用した一般的な「中世ヨーロッパ社会」の「世俗的権力」を担い、その下にさまざまな封建君主が君臨する特殊的な諸国家が存在した。このような「中世ヨーロッパ社会」に生きる人びとは、「精神的権力」が発するローマ＝カトリックの教えという一般的社会的規範によって結合されるとともに、二つの「世俗的権力」に従属していたわけである。つまり、ローマ教皇を頂点とする一般的な「世俗的権力」とそれぞれの封建諸国家の「世俗的権力」である。そして、人びとは〝ローマ＝カトリック教徒としてのヨーロッパ人〟と〝諸国家の主権者君主の臣民〟という二重のアイデンティティを保持していた。また、「中世ヨーロッパ社会」という組織の中で、諸国家・諸国民は「互いに依存し合い」つつも、「特定のどの国民にも依存しない」、つまり特定のどの国民の支配下に入るわけではなかった。

長い中世という時代のどの時期かにもよるが、主権という概念とその平等性が徐々に理論化されていったのは確かである。とはいえ、主権という概念は諸国家の主権者君主がローマ教皇や神聖ローマ皇帝に対抗する中で確立されていった。サン＝シモンが一般的な「中世ヨーロッパ社会」を特殊的な諸主権国家の平等性を基礎とすると捉え、その安定性を評価するのは、中世に好意的過ぎる。第2章で詳しく確認するように、この議論は一九世紀初頭の「ロマン主義的思潮」の影響を受け過ぎている。啓蒙思想家たちによって暗黒の時代と見なされてきた中世という時代は、ロマン主義的思潮の中では逆に賛美されるようになったのである。

近代実証科学の視点から「中世ヨーロッパ社会」の安定性を評価するとはいっても、同時代の思想のメインストリームにいささか批判が足りない。「まずく組織されていた」と記することで、人間精神の進歩という観点に立って「中世ヨーロッパ社会」が完全ではないことはほのめかすものの、そもそも安定した「中世ヨーロッパ社会」が存在したのか否か自体が疑わしい。ロマン主義的思潮の影響もそうであるが、自らの血統につながる〝偉大なカール大帝〟の功績を賛美し過ぎであるとも言えよう。

いずれにせよ、近代において、人びとは「精神的権力」が発する宗教的性格をまとった非宗教的道徳という一般的社会的規範によって結合され、二つの「世俗的権力」を担うことになろう。一般的なヨーロッパという「世俗的権力」と諸国家の「世俗的権力」である。そして、封建体制ではなく、議会制民主主義の新しい体制が実現するなら、人びとは中世のように権力に「従属する」のではなく、権力を「担う」のである。また、「近代ヨーロッパ社会」の組織の下で、人びとは〝非宗教的道徳を理解するヨーロッパ人〟と〝主権を担う諸国民〟という二重のアイデンティティを保持することになろう。

②ヨーロッパ社会の政治的諸制度

サン＝シモンは具体的に「近代ヨーロッパ社会」にどのような政治的諸制度が組織されるべきと考えるのだろうか。実は『百科全書の計画——第二趣意書』がナポレオン批判として官憲に没収されて、未刊になり、政治的諸制度をめぐる具体的な提案は中途半端に終わった。残された問題は一八一四年の『ヨーロッパ社会再組織論』が引き受けることになるが、一八一四年以前の時点で把握できる提案について見ていきたい。

王を戴く制限君主制　サン＝シモンは一人の王を戴く君主制、しかし王権が制限された「制限君主制」の導入を志向する。たとえば、『百科全書の計画――第二趣意書』の中で、サン＝シモンはイギリスがフランスに対し「専制的または共和主義的なすべての政府を覆し、いたるところに制限君主制を樹立する[100]」という提案をすべきだったと主張する。なぜ、共和制ではなく君主制なのだろうか。これには、二つの考え方が反映されている。一つ目は、相変わらず科学の発展を基礎とした歴史観に基づく考え方である。二つ目は社会の現実的な状況に鑑みての考え方である。このうち、一つ目の点については、一八一三年の『人間科学に関する覚書』の中で、科学史に基づいて人類史、あるいは文明史が考察されることによって、「王」の必要性が探究される。

「ギリシャの社会は、これまでに知られた最初の政治社会であった。その政治社会は多人数の住民を擁したいくつかの国から成り立っていて、それぞれの国が一つの政府を持っていたが、これらの政府は互いにいちじるしく相違しており、最大国の政府とさえ極めてしばしば異なっていた。…〔中略〕…ギリシャ社会を全体的に結びつけていた絆が宗教であったという点に目を向けていただきたい。デルフォイの神殿はギリシア諸国民すべての共有物であって、特定のどの国民のものでもなかった。…〔中略〕…

…〔中略〕…ギリシャ人のオリュンポス山は共和主義的集合地であり、ギリシャ諸国民のすべての国家政体は、相互の相違にもかかわらず、いずれもみな共和主義的であったという共通点を持っていた。[101]」

「一神教を組織したのはローマ人である。…〔中略〕…彼らがギリシャ人の歩みを抜いて前進したのは、帝政下においてである。この歩みまたは進歩は、つまり、一神教の確立および市民権の樹立である。これら二つの進歩は極めて重要であった。けだし、言語と慣習を異にし、異なった風土に住み、同じでない産物を土地から得ている諸国民からなる数多くの一政治社会は、統一的性格を欠いた宗教である多神教に基礎を置くことはできなかったからである。

…〔中略〕…宗教制度は、どのような点から見ても、主要な政治的制度である。受動的な点からすれば、それは信仰である。それゆえ、異なる信仰を持った隣国民たちは、ほとんど必然的に反目し合う。…〔中略〕…ローマ人たちは、彼らの愛国心の高揚の結果として、すべての隣国人を支配するに至ったが、もしこれら隣国人たちが一つの宗教的絆によってローマ人に結びつけられていたとしたら、すでに述べたごとく、こういったことは起こらなかったであろう。[102]」

『一九世紀の科学研究序説』の中で、「科学史」を基礎として「人類史」を探究しながら、サン＝シモンはソクラテスがさまざまな「特殊性」をまとめる「一般性」を発見し、「多神教」に対する「一神教」が成立したことを歴史の転換点と見なした。そして、『人間科学に関する覚書』では、「多神教」の下でそれぞれの「神」を崇め奉る諸都市国家の宗教的紐帯として、オリュンポス（オリンポス）の神々が集合する「デルフォイの神殿」という「共和主義的集合地」があったとの視点が示された。諸都市国家は宗教的紐帯によって結合され、共通して「共和制」を採用していたからこそ、巨大な古代ペルシャ帝国との戦いに勝利することができたという。

また、人びとは〝ギリシャ人〟と〝都市国家市民〟の二重のアイデンティティを保持していたと言ってよい。とはいえ、これまでの議論によれば、オリュンポスの神々という〝複数の船頭〟が存在するという意味で「一般性」を欠いていたがゆえに、ギリシャ社会は強く結合しておらず、結果的に諸都市国家の相次ぐ戦争に直面し続けた。こうした「多神教」の下にあるギリシャの諸都市国家を強大なローマが最終的に飲み込んでしまう。

古代ギリシャとは異なり、古代ローマは共和制を捨てた。サン＝シモンは、古代ローマが「ローマ第一の市民」と呼ばれる唯一の君主（皇帝）を戴く君主制に移行したことによってこそ強大化したとする。唯一の皇帝という一般的な存在を戴き、その下で「ローマ市民権」という一般的な法的ステータスによって、言語も慣習も異なる特殊な諸民族が統合されたのであった。しかし、古代ローマはもともと「多神教」であり、キリスト教が長らく弾圧される中、有効な一般的社会的規範を持たなかった。おまけに、それぞれの神を信仰する属州や辺境はそれぞれの特殊性を育みつつも、ローマの神が強制されることで自らの信仰を容認されなかったため、ローマ帝国は一般的社会としては脆弱性を抱えていた、とサン＝シモンは考える。

実際にローマ皇帝への崇拝が強制される中、そうした崇拝の強制に抗ったからこそキリスト教徒は弾圧された。サン＝シモンの認識によれば、古代ローマ帝国では、〝「一般性」と「特殊性」の対比〟に基づき「一般性」と「特殊性」が並存するのではなく、「一般性」が「特殊性」を飲み込んでしまうかのようであり、有効な一般的社会的規範も存在しなかった。したがって、古代ローマ帝国はいずれ崩れ去る運命にあった。そして、古代ギリシャ・ローマ時代が終わり、中世が始まった後、ようやく安定した「(中世)ヨーロッパ社会」が組織されたのだった。

サン゠シモンにとって、中世の封建体制に代わる近代的な「一つの政治制度」とは、権力が制限された唯一の「王」を戴く「制限君主制」と議会制民主主義を基礎とする体制である。すでにまとめたサン゠シモンの科学観察や歴史観からは、「王」の必要性を理解することができるが、つぎのような『百科全書の計画――第二趣意書』にある議論からは、サン゠シモンが「王」の必要性を主張するにあたって科学や歴史だけでなく、現実の社会状況に鑑みていることも理解できよう。なお、「王権を大いに増大させよ」とあるが、これまでのように、サン゠シモンは「王権」を二つの部分に分割して、国王自身の権力を制限するという意見を変えているわけではない。

「王権を大いに増大させよ。諸君が王権の作用を恐れるのは間違っている。諸君が王権に対して設ける防波堤は諸君らの政治機構を複雑にさせ、政府の歩みを妨げ、また遅らせ、無知な無産者の大騒動やその他の血なまぐさい動乱の危険に諸君をさらす。(103)」

ジャコバン派共和政府によってギロチン送りにされかけたことによって、サン゠シモンがジャコバン派共和政府とその「恐怖政治」に対するトラウマを抱えているのは確かであろう。公教育が整備されておらず、教育が普及してはいない一九世紀初頭、「無知な無産者」が権力を掴みとる状況はフランス革命の過程を見れば危険でしかなかった。

一九世紀初頭のフランスの人口は三〇〇〇万人程度であったが、共和制を採用した古代ギリシャの都市国家の人口は多くても一万人程度であった。ルソーは直接民主制の共和制について、三万人程度の人口を想定していた。三〇〇〇万人による共和制とは前代未聞であり、実際にフランスおよびヨーロッパを混乱に陥れた。とはいえ、公教育が整備されたとして、〝無知な人びとが無知でなくなった〟ということを〝誰が〟〝何の名において〟〝どのように〟判断するのであろうか。

『同時代人に宛てたジュネーヴの一住人の手紙』では、科学者に限らず、すべての人間が人類のために協力するべきことが主張された。サン゠シモンにとって、人間精神は必ず進歩するものであり、どのような人びとであっても人間である以上、知識を得ることで、主体的に思考できるようになるはずなのである。そして、人びとの「知の状態」が改善されれば、いずれは無産者の大規模な政治参加がなされ、王権はさらに制限されていく、あるいは唯一の「王」を戴く「制限君主制」が廃止されることもあるのではなかろうか。この君主制の未来について、後ほど検討しよう。

王権の分割と民主主義の漸進的な実現　君主制をめぐって、サン゠シモンは王権の分割という「制限君主制」を志向してきた。また、『百科全書の計画――第二趣意書』の中で、サン゠シモンはイギリスが〝二つの王権〟を採用した民主主義を実現しているという認識を示していた。

「社会秩序に支障をきたしえない限界内に王権を抑えることで十分である。この防壁は、王位をどのようになすべきかについての明確な考えを持つこと、王位を二つの異なった見地から考察する能力が国民の統治者階級に広く普及することにある。[104]」

王位は基本的に世襲である。王位が血統に基づく世襲であることで、玉座を獲得しようという人びとの野心が継続的に抑えられるとともに、政治的諸制度の相次ぐ転換が防がれるという。とはいえ、国王による専制政治を防ぐために、「王位を二つの異なった見地から考察する」ことによって「限界内に王権を抑える」必要がある。つまり、王権を「受動的王権」と「能動的王権」に分割するのである。世襲の「王」は「受動的王権」の担い手として、宮廷費、敬意、不可侵性だけが与えられる。「能動的王権」については、「最もよく統治すること」ができるように見えた人物が首相として担う。イギリスであれば「第一大蔵卿」の役割である。こうして、何らかの失政があった場合、首相を含めた大臣は交代を迫られるが、自らが失政したわけではない「王」の地位そのものは安全に保たれうる。

また、サン＝シモンは封建体制から「制限君主制」と議会制民主主義を基礎とした新しい政治・社会体制へ、さらにまた別の新しい政治・社会体制へと、漸進的な形で民主主義を実現していこうと考える。これについて、『一九世紀の科学研究序説』ではつぎのように記されている。

「人間の知識が深まり広くなるにつれて、指導者階層はより多人数になり、被治者に対する指導者の行為は次第に専制的でなくなる」

「平等の理念は、革命を起こしたすべての国民の注意を引きつけた理念である。……革命を終らせる手段は、指導者（gouvernants）と被指導者（gouvernés）の間に新しい境界線を引くことである[105]。」

公教育が整備されていない時代、サン＝シモンは指導者階層を能力や知識を持った優れた人びとに限定しようとする。具体的には、『同時代人に宛てたジュネーヴの一住人の手紙』でも示されたように、資産を有する人びと（有産者）が「世俗的権力」を担い、人文科学者なども含む選ばれた科学者が「精神的権力」を担う。いわゆる制限選挙制によって、「世俗的権力」への参加者を限定するのである。しかし、指導者と被指導者の境界線はいつまでも固定化されない。人びとの「知の状態」が改善されれば、「指導者階層」はより多人数になる、つまり無産者の大規模な政治参加がなされる。そして、「被指導者に対する指導者の行為は次第に専制的でなくなる」、つまり王権がさらに制限されるようになるのである。ここにもサン＝シモンの機能主義的で漸進主義的な志向を見て取ることができる。

さて、思想活動を開始してから一八一三年の『人間科学に関する覚書』に至るまで、サン＝シモンは自然科学の議論や観察方法を探究するとともに、それらを応用する形で「社会」のあり方のうち、主に「精神的権力」がどのようにあるべきかについて自らのヴィジョンを発表し続けた。サン＝シモンが「社会」のあり方について語るとき、「世界」や「人類」の下で、そして単なる「国民社会」を超える形で、一つの統合されるべき「ヨーロッパ社会」が存在することが必ず想定されていた。「ヨーロッパ」という問題への関心が遍在していたのである。

そして、「精神的権力」を中心にして、「ヨーロッパ社会」を「中世ヨーロッパ社会」から「近代ヨーロッパ社会」へ「再組織」する方法が提案された。

『人間科学に関する覚書』が刊行された頃、フランス皇帝ナポレオン一世は敗北を重ねていった。一八一二年のロシア遠征に失敗したナポレオン一世はライプツィヒの戦いで対仏大同盟諸国軍に敗北し、本国フランスに逃げ帰った。かつてはナポレオン一世の権力奪取によって、フランスはつかの間の安定を取り戻したものの、今度はナポレオン一世の敗北によって、再度の大混乱に陥った。そのような中、一八一三年、サン＝シモンはナポレオン一世に一冊の著作を献上した。それは『人間科学に関する覚書』の「第二巻」に位置づけられるもので、『万有引力の法則に関する研究――イギリス人に航海の自由を認めざるをえなくさせる方法』（以下、『万有引力の法則に関する研究』と記述）というタイトルがつけられた。

サン＝シモンはこの著作を通して、一八〇二年以来続けてきた思想活動をまとめあげるとともに、現実社会に対し具体的な形で自らの意見・ヴィジョンを開陳していくという方法を強めていく。そうして、一八一四年、ついに具体的なヨーロッパ統合ヴィジョンを提案するために、『ヨーロッパ社会再組織論』を刊行するに至るのである。

第2章

転換点（一八一三〜一八一四年）：精神から世俗への移行

——ヨーロッパ社会への具体的提案——

第1節　ヨーロッパ統合ヴィジョンの提案へ向かって

一八一三年春、ロシア遠征に失敗したナポレオン一世は、オーストリア外務大臣メッテルニヒ公爵クレメンス・ヴェンツェル・ロタール（一七七三〜一八五九年）を介して対仏大同盟諸国家との間で和平交渉を開始したものの、これが不調に終わった。フランスは、八月のドレスデンの戦いでロシア・オーストリア・プロイセンの連合軍を打ち破ったものの、一〇月のライプツィヒの戦いではロシア・オーストリア・プロイセン・スウェーデンの連合軍に大敗した。

一八一三年末、フランス帝国は崩壊に瀕していた。したがって、サン＝シモンはフランスを救い出すことを目的に、ナポレオン一世に対し『万有引力の法則に関する研究』を献上したという。この『万有引力の法則に関する研究』を通して、サン＝シモンはこれまでの自らの思想・ヴィジョンをひとまずまとめあげ、科学的および歴史的視点に基づくヨーロッパ社会の理想像を議論する。

また、サン＝シモンは、『万有引力の法則に関する研究』に「『メモワール』の作者、サン＝シモン公爵の親戚（Cousin）」と署名した。[1] 有名な「サン＝シモン公爵」の名前を出したことに、可能な限りナポレオンの目に触れさせようという意図があったことは確かである。

さらに、ナポレオン一世が失脚し、ナポレオン戦争後のヨーロッパ国際秩序のあり方について話し合う「ウィーン会議」の開催が決まると、サン＝シモンは『ヨーロッパ社会再組織論』を刊行し、政治的諸制度といった具体的なヨーロッパ統合ヴィジョンを提案するのであった。

実は、ヨーロッパを一つにしようというヴィジョンは、中世以来の長い歴史の中で練り直され続けてきた。サン＝シモンが、そうしたヴィジョンをめぐる思想系譜の影響を受けていることは言うまでもない。中世以来の長い歴史をすべて見直すわけにはいかないが、『ヨーロッパ社会再組織論』と、一九世紀初頭の近代のいくつかのヨーロッパ統合ヴィジョンを比較・検討する必要があろう。

まずは、一八一三年頃の政治的・社会的状況を振り返りながら、『万有引力の法則に関する研究』の内容を確認し、サン＝シモンのヨーロッパ統合ヴィジョンに迫っていこう。

1　自然科学を社会ヴィジョンに応用するという取り組み

(1)　科学的・歴史的視点に基づくヨーロッパ社会の理想像

『万有引力の法則に関する研究』という書名も、「イギリス人に航海の自由を認めざるをえなくさせる方法」という副題も、政治や社会に関する論考としては珍妙である。サン＝シモンはこの著作の冒頭でナポレオン一世に対しつぎのように説明する。前期思想で提示された万有引力の法則に対する考え方が、端的に表現されている。

「ヨーロッパ社会の再組織についての私の計画のこの最初の草案に、私は『万有引力の法則に関する研究』という題名を与えました。なぜかと申しますと、万有引力の考えは新しい哲学理論に基礎としての役を果たすべきものであり、ヨーロッパの新しい政治体制は新しい哲学の帰結でなければならないからであります。」[2]

ナポレオン一世は、対仏大同盟に対抗する中で周辺諸国家に軍事遠征を繰り返し、大陸に巨大な勢力圏を築くことに成功した。また、ナポレオン一世は対仏大同盟の中心的な国家であるイギリスと一度は和平を実現したものの、フランスがイギリスに代わり大陸市場を支配することを目的にして、一八〇六年の「ベルリン勅令」で大陸諸国家にイギリスとの通商を禁じた。いわゆる「大陸封鎖」である。これに対抗するイギリスはフランスに対して海上封鎖を実施した。国際法上、公海はすべての国家による自由な航海のために開放されているが(「公海自由の原則」)、イギリスはフランスに対する海上封鎖を実施するために公海自由の原則を侵した。その結果、イギリスはフランスとの通商を望む中立国・アメリカと摩擦を引き起こし、一八一二年には「米英戦争」の戦端が開かれた[3]。こうして、副題にあるように、「イギリス人に航海の自由を認めざるをえなくさせ」、英仏対立を終わらせるために、サン＝シモンは二つのことを提案する。

- ナポレオン一世率いるフランス軍の占領地からの撤退
- ヨーロッパ社会の再組織についての論文コンクール

一つ目の提案を見てみよう。フランスが占領地から撤退するという形で「譲歩」すれば、イギリスとて公海自由の原則を尊重するようになるというのである。サン＝シモンはただ撤退しろと主張するのではなく、「科学史を基礎とした人類史」という歴史観を披瀝することで自らの主張を補強する。

「陛下、あなたは軍事の点でシャルルマーニュを範とされ、大いに彼を凌駕いたしました。しかし、シャルルマーニュは武人であっただけではありません。彼は政治においても傑出しています。彼はヨーロッパが生んだ最大の政治家です。あなたの高邁な精神は、この点で彼に劣っているという思いに耐えられましょうか。シャルルマーニュはヨーロッパ社会の真の組織者でした。彼は一つの政治的絆によってヨーロッパ社会を構成する諸国民を組織的に統合しました。この政治的絆は、八世紀から一五世紀まで完全無欠であり続け、与えられた使命をあますところなく果たしましたが、一五世紀から現代にかけてずたずたに断ち切られてしまい、陛下はローマの主権を教皇から取りあげることによって破壊に終止符を打ちました。[4]」

「極めて対照的な慣習とまったく違った言語を持ち、自然の障害物によって切り離され、異なった風土に住み、同じ食べ物を摂らないいくつかの民族からなる、世界の一部分全体とその隣接諸地域の膨大な住民は同一の政府の下で生活できないとシャルルマーニュは見てとりました。[5]」

サン゠シモンは「精神的権力」の担い手としてローマ゠カトリックの聖職者を、「世俗的権力」の担い手として封建領主でもあるローマ教皇をそれぞれ位置づけた。また、ローマ教皇という一般性を帯びた地位に対し、カール大帝を含めた諸君主たちを特殊性を帯びた存在と見なした。ここには、その考え方が活かされている。

サン゠シモンの考えでは、偉大な英雄が一般的なヨーロッパ社会の「真の組織者」として果たした歴史的役割を踏まえるなら、フランス皇帝ナポレオン一世もまた「(ヨーロッパ社会の) 組織者」としての役割だけを果たさねばならない。〝「一般性」と「特殊性」の対比〟、そして〝「精神的権力」と「世俗的権力」の分離〟という自然科学の議論と観察方法に従えば、「ナポレオンのフランス」とは、フランスの特殊性が偽りの一般性の名の下で他のヨーロッパ諸国家・諸国民の特殊性を抑え込むものだからである。特殊なフランス皇帝がその立場を保持しながら、一般性を帯びたローマ教皇を排除して、複数の諸国家・諸国民から構成されるヨーロッパ社会を統治するなら、そうしたヨーロッパ社会はどのような安定性も確保することはできないのである。

サン＝シモンから見れば、一八〇四年のフランス皇帝への戴冠式で、ナポレオン一世がローマ教皇ピウス七世（一七四二～一八二三年）の目の前で帝冠を自らの手でかぶったことなどもってのほかであり、一八〇八年に「ローマの主権を教皇から取りあげることによって」ローマ教皇領をフランスに併合するとともに、ピウス七世を幽閉したことなどは沙汰の限りであったはずである。もちろん、「破壊に終止符を打ちました」とナポレオン一世の行動を称えるかのような書き方になっているが、権力者に対し自らの論考を読んでもらおうと思えば、その行動を全面否定するかのような表現を選ぶわけにはいかないだろう。最終的に、サン＝シモンはナポレオン一世にヨーロッパの支配者としての地位から降りるよう説得するわけであり、その行動を全面的に認めるわけではない。では、ナポレオン一世はどうするべきなのだろうか。

サン＝シモンによれば、カール大帝は、「極めて対照的な慣習とまったく違った言語を持ち、自然の障害物によって切り離され、異なった風土に住み、同じ食べ物を摂らないいくつかの民族からなる、世界の一部分全体とその隣接諸地域の膨大な住民は同一の政府の下で生活できない」がゆえに、一般的社会的規範によってヨーロッパ諸民族・諸部族を結びつけて、一つの社会の中で統合しなければ、必然的に恒常的な戦争状態が発生してしまうと考えた。そして、カール大帝にとって、ローマ＝カトリックがすべてのヨーロッパ諸民族・諸部族の一般的社会的規範になりえた。また、ローマ教皇を頂点とする教会組織が、ヨーロッパ社会の一般的組織としての性格を持ちえた。

『同時代人に宛てたジュネーヴの一住人の手紙』以来の議論を踏まえて、前述のような歴史観に鑑みるなら、ナポレオン一世はキリスト教諸宗派の間に宗教的一体性を一時的に再建し、「宗教改革」以降に壊れてしまった旧来の「精神的権力」を一時的に復活させる必要がある。そうして、ローマ教皇が一般的な「世俗的権力」を担う「ヨーロッパ社会」を一時的にでも再建して、安定させた後、つぎの段階として「ヨーロッパ社会」の中世から近代への「再組織」を図るのである。

聖職者が担う一般的社会的規範としての宗教については、そのまま再建するのではなく、「理神論」を軸にしたものでなければならないことが、『一九世紀の科学研究序説』の中で提案された。プロテスタントの離反を招いた旧来のローマ゠カトリックではなく、「理神論」の下でこそ、キリスト教諸宗派間の和解は成し遂げられうる。また、人間精神の進歩の中で、旧来の宗教をそのまま再建するわけにはいかず、さりとて「一般形而上学」が生み出されていない状況下では、「理神論」に登場してもらうしかない。これは、サン゠シモンの一貫した機能主義的な発想である。

(2) ヨーロッパ社会の近代的再組織と人類

もう一つの提案を見てみよう。サン゠シモンはヨーロッパ社会の「再組織」をめぐる論文コンクールを行うことを提案する。

「1 ヨーロッパ社会の再組織についての最もすぐれた計画の作成者に二五〇〇万フランの褒賞金

を下賜する。
2　何国人であるとを問わず、全ヨーロッパ人の論文、さらには地球上の全住民の論文がコンクールへの参加を認められる。
3　各論文は来年（一八一四年）の一二月一日前に届けられなければならない。
4　各論文は三部届けなければならない。すなわち、一部をフランス皇帝に、一部をオーストリア皇帝に、一部をイギリス摂政王太子に。
5　フランス皇帝は、オーストリア皇帝とイギリス摂政王太子に、前記の諸論文を自分と一緒に審査するよう求める。もしこれら二君主がフランス皇帝の提案に応じなければ、フランス皇帝が一人で決定を下す。
6　入賞した論文作成者の氏名は、一八一五年一月一日に公表される。[6]」
ここで言及されているオーストリア皇帝とは、ナポレオン一世がアウステルリッツの戦い（「三帝会戦」）で打ち破った最後の神聖ローマ皇帝フランツ二世のことで、神聖ローマ帝国崩壊後にオーストリア皇帝フランツ一世（一七六八〜一八三五年）となっていた。[7]また、イギリス摂政王太子（Prince Régent）とは将来の国王ジョージ四世（一七六二〜一八三〇年）のことである。一八一一年以来、父王ジョージ三世（一七三八〜一八二〇年）が認知症を患っていたため、ジョージ王太子が摂政として王権を代行していた。「新百科全書」の編纂ヴィジョンの中で見られた英仏協力の提案から一歩進んで、ハプスブルク家のオーストリアが加わっていることが一つの特徴である。一八一四年の『ヨーロッパ社会再組織論』の中で、サン＝シモンはドイツ世界が果たすべき役割に期待を示すことになる。

サン＝シモンの予想によれば、コンクールのすべての論文が、イギリス人に公海自由の原則を認識させるための努力を結集せねばならないという点で一致するだろうという。サン＝シモン自身が強くそう希望しているわけだが、ヨーロッパ諸国民の中にナポレオン戦争に対する厭戦気分が漂っていたことは事実なのだろう。

そして、「全ヨーロッパ人の論文、さらには地球上の全住民の論文がコンクールへの参加を認められる」という点に留意したい。サン＝シモンが、相変わらず「人類」という存在を念頭に置いているからである。社会の近代的「再組織」の基礎となる自然科学とその議論や観察方法について探究するとき、人種や民族、あるいは性別といった「所与」の特殊性の差異はまったく関係ない。アラブ世界のイスラム教徒であっても、「ヨーロッパ社会」の未来について関心を持つなら、論文コンクールへの参加が可能である。それでも、何らかの基準をもって「世界」から分節される形で「ヨーロッパ社会」は存在するのである。

さて、このような『万有引力の法則に関する研究』を通して、サン＝シモンはナポレオン一世に自らの思想・ヴィジョンを体系的に開陳しようと試みることで、それまでの「精神的なるもの」のさまざまな探究をまとめあげた。つまり、これまで用いられたサン＝シモン自身の表現を借りるなら、「アナリシス」をめぐる「シンセシス」になった。さらに、政治社会の諸問題を解決するためのヴィジョンを実証的な形で提示できるよう、自然科学の議論や観察方法の実証性を応用しようという考え方が、それまでよりもはっきりと現れた。

とはいえ、サン＝シモンの声がナポレオン一世などヨーロッパ主権者諸君主に届くことはなかった。

そして、一八一四年、フランス帝国の崩壊といった大混乱の中で、サン゠シモンはヨーロッパの近代的再組織・再建設のための具体的な政治的ヴィジョンとして『ヨーロッパ社会再組織論』を刊行するのであった。

2 ウィーン会議への反駁としての具体的ヴィジョン

『ヨーロッパ社会再組織論』が刊行されたのは、「ウィーン会議」が開催される直前のことだった。このウィーン会議をめぐって、主権者諸君主たちや外交団が平和を願ったこともヨーロッパの秩序を再生しようと考えたことも事実だろう。しかし、『ヨーロッパ社会再組織論』の冒頭で、サン゠シモンはウィーン会議の有効性について否定的見解を示す。

「現在、ウィーンで会議が行われている。この会議は何をするのであろうか。何ができるのであろうか。私が検討しようとするのはこの点である。

ヨーロッパ各国の野望を抑え、全体の利害を調整することによってヨーロッパ列国間に平和を樹立することがこの会議の目的である。この目的が達成されると期待してよいであろうか。私はそう思わない。(8)」

ウィーンに集まった各国代表団は、ヨーロッパの国際秩序をフランス革命戦争、そしてナポレオン戦争以前に戻すことについては合意できたものの、領土配分をめぐっては簡単に合意できなかった。サン゠シモンの表現を借りれば、各国代表団が領土要求といった自国の特殊的利益を、あたかもヨーロッパ社会の一般的利益に適うものかのようにして主張し合ったからである。各国代表団がダンス・パーティーといった社交を楽しむものの、国益と国益のぶつかり合いの中で会議をどのようにも進めることができない様子は、「会議は踊る、されど進まず」という言葉に象徴されている。そして、やがて成立する「ウィーン体制」は、長らくヨーロッパに比較的安定した状態をもたらすものの、諸列強・大国間の対立の中で動揺し続ける。サン＝シモンの『ヨーロッパ社会再組織論』は、こうしたウィーン会議と「ウィーン体制」が目指そうとしていたヨーロッパ秩序への「反駁」として発表されたのだった。

では、サン＝シモンの『ヨーロッパ社会再組織論』について具体的に検討する前に、同時代の〝三つのヨーロッパ統合ヴィジョン〟を比較・検討しておきたい(9)。

一つ目はナポレオン一世とフランス帝国による「覇権」と呼びうる状況、つまり「ナポレオンのヨーロッパ」である。二つ目は、この「ナポレオンのヨーロッパ」以後の国際秩序としての「ウィーン会議のヨーロッパ」、つまり「ウィーン体制」である。三つ目は「サン＝シモンのヨーロッパ」に影響を与えた当時の「ロマン主義的思潮」に基づくヨーロッパ統合ヴィジョンである。

主権を持った国民を形成しようという動きが強まっていく時代、ウィーンに集まった各国代表団は、ナポレオン戦争以前の旧体制を復活させるという反動的な政策によって、ヨーロッパを再生しようと試みた。これに対し、「ロマン主義的思潮」の中で、サン＝シモンを含めた多くの思想家・哲学者たちが新しい国民という存在を前提にした形でヨーロッパ統合を口にするようになっていた。このように、「ウィーン体制」と「ロマン主義」は、相反する価値観によって形成されたものだった。フランス革命からナポレオン戦争へ、そしてフランス帝国の成立と崩壊の過程で、ヨーロッパ世界には大きく分けて互いに相反する三つの力が生まれたのである。

まずは、ナポレオン一世の領土拡大や「ウィーン体制」について考察していこう。そしてつぎに、『ヨーロッパ社会再組織論』が刊行された頃、思想家・哲学者たちの間で「ヨーロッパ」がどのような存在として捉えられていたか、サン＝シモンがそうした思潮からどのような影響を受けていたのかという思想史的な状況について検討していこう。

(1) ナポレオンのヨーロッパとウィーン会議のヨーロッパ

① ナポレオンのヨーロッパ

サン＝シモンが賞賛し続けるカール大帝とて、フランク王国の領土拡大のために諸民族・諸部族を力をもって制し、彼らにキリスト教（ローマ＝カトリック）を布教することに努めた。イスラム教勢力や正教会の東ローマ帝国の攻勢を防ぐためにも力が必要だったのである。こうした点で、カール大帝は「覇権」を握ったと言える。「カール大帝のヨーロッパ」とはさまざまな違いを持つが、「ナポレオンのヨーロッパ」もまさにナポレオンの「覇権」によって形作られた統合体だった。

ナポレオン一世は、ドイツ西部に建設したフランスの保護国連合である「ライン同盟」の保護者になり、イタリアの大部分を占領し、オランダやスペインなどの占領した諸国家の君主の座に自身の兄弟を据えるなどして、大陸諸国家の大部分を手中に収めた。そして、「大陸封鎖」を行うことでイギリスを大陸の秩序から排除した。名目上は生き続けていた中世以来の神聖ローマ皇帝の地位は、ナポレオンに敗北したフランツ二世が皇帝位を放棄することによって完全に消滅した。この結果、中世以来の「普遍的世界観」もまた歴史の彼方に消散したのだった。

さらに、一八一二年、ナポレオンはロシア遠征を決行した。イギリスとの通商を求めて大陸封鎖を破ろうとする大陸諸国は多く、ナポレオンは各方面への出兵を余儀なくされており、その一つがロシア遠征であった。

ロシア帝国は、長らくヨーロッパ諸国家からは排除されてきた。しかし、ピョートル一世（大帝）（一六七二〜一七二五年）がヨーロッパ諸国家から多くの技術を取り入れることで産業の発展や軍事力の強化に努め、女帝エカテリーナ二世（一七二九〜一七九六年）がダランベールやディドロといった百科全書派や、ヴォルテールらと交流を持ち、ときにはその後援者になってヨーロッパ文明の諸要素を取り入れることで、ロシアはヨーロッパ国際秩序に恒常的に関与するアクターに変化していった。ナポレオン一世のロシア遠征は失敗に終わったものの、近代初頭において、ロシアがヨーロッパ世界に欠かせない政治的アクターになっていたことを証明してくれる。

サン＝シモン自身はその最晩年において、ロシアがヨーロッパ諸国家の一つであることをまったく別の視点から捉える。つまり、ウィーン会議から約一〇年後、サン＝シモンはロシアがヨーロッパ世界の一部である旨を明記する。これについては最晩年の思想活動とともに確認しよう。

ところで、ナポレオン一世に側近く仕えた歴史家エマニュエル・ド・ラス＝カーズ（一七六六〜一八四二年）が、ナポレオンの回想録である『セントヘレナ覚書』（一八二二〜一八二三年）の中に書き記したように、ナポレオン一世は度量衡や通貨、あるいは法といった共通の諸制度を影響下にある諸国家に導入することで、一つの家族であるヨーロッパを実現しようとしたという。[10] また、フランスは周辺諸国家による革命への介入を拒絶することで、自らの自由と独立を守ろうとし、さらにそれらを強固にするために、周辺諸国家の臣民を専制的支配の下から解放せねばならなかった。フランスにはフランス独自の論理があった。しかし、ナポレオン一世やその側近たちがどんなに崇高な理念を掲げようとも、フランス軍の進駐を受けた周辺の諸国家の人びとから見れば、それは「侵略」に他ならなかった。そして、ナポレオン戦争によって出現したものは、自由な諸国民の誕生ではなく、ナポレオン一世が「覇権」を握るヨーロッパ世界の支配であった。

さらに、フランスの領土拡大は前述のような崇高な理念だけに基づいて行われたのではなく、フランスに栄光をもたらすことで国民を統合し、生産力の大きな地域を吸収することでフランス産業を立て直すことも目的にした。とはいえ、フランス革命の諸価値が伝播することで、結果的に周辺諸国家の中では、自由で平等で民主主義的な諸国民を形成しようとする動きが燃えさかっていった。そうして、諸国民を特殊的なものとして、その法的平等性を確保しながら、それらを超える形で一般的な「近代ヨーロッパ社会」を「再組織」することが求められ始めた。

これまでのサン＝シモンの考え方を用いるなら、「民主主義」の新しい政治・社会体制をヨーロッパ社会でも諸国家でも実現するとともに、諸国民の並存という特殊化とヨーロッパ統合という一般化が同じベクトルで動いていけるようなヴィジョンが必要になった。また、つぎの第2節で詳しく考察するように、戦争が封建諸侯の恣意性によるものなら、戦争によって傷つくことになる平民が封建諸侯に代わって主権を握ることで、戦争が抑止されるのではないかと考えられた。そうした国民同士であれば、平和で安定したヨーロッパを構築することができるというわけである。これに対し、主権者君主たちの側では、主権を持つ国民の形成という流れを抑え込もうとする動きが強まっていく。つまり、「ウィーン会議のヨーロッパ」につながる流れである。

ヨーロッパ諸国家の中でも、イギリスはナポレオンに反発する諸国家を巻き込みながら、それらの勢力均衡を図ろうとする。そして、イギリスは一国家や一君主の覇権によって強力に一体化されるヨーロッパではなく、外交上のルール・規範・国際法を基礎として、ウィーン会議のような国際会議によって諸国家間関係を調整していこうとする。より緩やかに一体性を持ったヨーロッパ世界を想定するのである。

「ナポレオンのヨーロッパ」は、ヨーロッパ世界をめぐる二つの動きを生み出した。一つは前述のような「ウィーン会議のヨーロッパ」、つまり「ウィーン体制」の成立である。そして、もう一つは「ロマン主義」の勃興である。では、「ウィーン体制」について検討していこう。

② ウィーン会議のヨーロッパ

ウィーン会議は二つの大きな原則である「正統主義」と「勢力均衡」を決定した。そして、イギリス・ロシア・プロイセン・オーストリアの四大国が軍事同盟（四国同盟）を結成するとともに（後にフランスも加わる（五国同盟））、イギリス国王・ローマ教皇、そしてオスマン皇帝を除く諸君主は盟約、つまり「神聖同盟」を締結した。

フランスをはじめとする諸国家では、「正統主義」に基づき、フランス革命からナポレオン戦争以前の王家が復位した。たとえば、フランスでは、革命で処刑されたルイ一六世（一七五四～一七九三年）

の弟であるルイ一八世（一七五五〜一八二四年）が国王に即位し、ブルボン朝を復活させた（「王政復古」）。また、諸国家の領土がナポレオン戦争以前の状態に基づいて再編されることで、諸国家間の「勢力均衡」が図られた。

ヨーロッパ諸国家は「ウィーン体制」という一つの秩序を持つことになった。このようなウィーン会議にイギリス代表として参加した外務大臣カスルリー子爵ロバート・ステュアート（一七六九〜一八二二年）は、列強間の勢力均衡と同盟体制、そして一つの連帯を基盤にして安定するヨーロッパ世界について、「コモンウェルス・オブ・ヨーロッパ」(11)と表現した。

とはいえ、しばしば指摘されるように、ウィーン体制はフランス革命以後の歴史の流れに逆行する反動的体制だった。また、常設の国際的政治機関が創設されたわけではないため、ヨーロッパ世界の安定には、「五国同盟」に参加するイギリス・フランス・ロシア・プロイセン・オーストリアの五大列強が協調する、つまり「ヨーロッパ協調」を実現せねばならなかった。五大列強は何らかの問題が発生した際に国際会議を開催することになるが、そこで協調できるか否かは会議の展開次第なのである。そして、小国は五大列強の意志が押しつけられるなど、不平等な地位に置かれる。

そもそも、同盟体制構築時点で、協調を失敗させるような内部対立がすでに現れていた。たとえば、カスルリーをはじめとしたイギリス政府首脳は、フランス革命の破壊的な急進性に反対してきたのであって、ウィーン体制のあまりに反動的な性格には批判的だった。サン＝シモンも「前期思想」で指摘するように、イギリスはヨーロッパ諸国家に先駆けて不十分ながらも、しかし漸進的な形で民主主義を実現していたからである。また、思想家・哲学者の中では、「ロマン主義的思潮」を基礎として、「ウィーン体制」への「反駁」のように、民主主義的な諸国民の法的平等性を確保しながら、それらを超える統合体を実現することが目指されるようになる。サン＝シモンのヨーロッパ統合ヴィジョンやその思想活動そのものは、こうした時代背景の下で展開されたのである。

(2) ロマン主義的思潮におけるヨーロッパ

もう一つの動きである「ロマン主義的思潮」について確認していこう。ロマン主義の思想家・哲学者たちは、諸国民が生まれた中世という時代を好意的に評価し、中世ヨーロッパ世界の〝安定性〟を再建しようと試みる。

さて、近代直前の啓蒙思想の時代、古代ギリシャ・ローマ文明が賛美される一方で、中世は暗黒の時代として否定的な評価を受けてきた。そのような中世において、主権国家の領域性が徐々に出現し、独自の言語を中心に文化が育まれ、人びとに漠然とした同胞意識が芽生えた。しかし、近世に至り、主権国家が神聖不可侵の存在のようになり、相変わらず自らの利益を追求することによって戦争を繰り返した。こうして、近世の思想家・哲学者においては、後の「ウィーン体制」につながるような単なる勢力均衡ではなく、一つのヨーロッパ世界を建設、あるいは再建していくための新たな思潮が登場した。その一つが、第1章でも触れた「コスモポリタニズム」の思潮であった。思想家・哲学者たちは、主権国家内部で芽生えてきた「祖国」という考え方を基本的に野蛮なものと見なした。

キリスト教勢力圏の一体性が標榜された中世、宗教上の統一言語としてラテン語が存在した。そうした宗教的・政治的一体性があるとする考え方が形骸化した近世に至り、思想家・哲学者たちにはフランス語が共通言語になっていた。ダランベールが『百科全書序論』（一七五一年）に書き記すように、フランス語がラテン語に取って代わったのである。[12] フランス語は、一七〇一年から一七一四年にかけて行われたスペイン継承戦争の講和条約の一つであるラシュタット条約が起草されたことで、諸国家間で外交上用いられるべき共通言語になった。[13] このような普遍的なフランス語を手にし、祖国の枠組みを超えて活躍をする思想家・哲学者たちが、コスモポリタニズムを掲げるのは自然な流れであった。

それでも、徐々に大きなものになりつつあった祖国という意識が、コスモポリタニズムのような意識とぶつかり合ってしまう。したがって、祖国よりヨーロッパを重視する思潮が広がる中でも、思想家・哲学者たちの中では、現実的にヨーロッパと諸国家の間で折り合いをつけることができるヨーロッパ統合ヴィジョンが紡ぎ出されていく。『同時代人に宛てたジュネーヴの一住人の手紙』に登場したサン＝ピエールは、まさにこうした時代の思潮を反映した思想家である。

そして、一七八九年、フランス革命が勃発し、時代は近世から近代へ移行する。戦争によって諸国家の中で国民意識が大きく芽生えていった近代初頭、思想家・哲学者たちは自分たちの国民の原点である中世を再度検討し、肯定的に評価しようとした。フランスもイギリスもその他の諸国家も、決して古代ギリシャ・ローマ時代に生まれたわけではなく、古代ローマ帝国崩壊後の中世に生まれたからである。同時に諸国家間の戦争が相次ぐ近世や近代初頭とは異なり、〝中世に存在したヨーロッパ世界の一体性〟が〝再発見〟された。事実問題において、中世ヨーロッパ世界は決して常に安定していたわけではなかったが、中世ヨーロッパ世界の〝平和〟がノスタルジーとともに賛美された。

スタール夫人が、『社会制度とその関係でみた文学』（一八〇〇年）に書き記すように、南北ヨーロッパの人びとの間に差こそあれ、かつての中世においてはキリスト教が「紐帯（lien）」[14]としてヨーロッパ人を結びつけていたというような認識が思想家・哲学者たちの間に広がっていった。また、神が天上に君臨し、皇帝が世俗世界を支配し、ローマの教皇が教会組織を通して信仰を司るという「普遍的世界観」が基礎となり、中世ヨーロッパ世界はキリスト教世界として一体性を有していたと考えられた。

ナポレオンのフランス帝国の直接的な影響を受けたドイツでは、国民形成の動きとロマン主義的思潮を基礎としたヨーロッパ意識が一体化した。そして、神聖ローマ皇帝の世俗世界に対する支配権とは、ドイツ王の支配権であり、神聖ローマ帝国によるヨーロッパ世界の平和とは、ドイツによる平和、つまり「パックス・ゲルマニカ」であると考えられた。

ドイツの代表的なロマン主義の詩人であるノヴァーリス（一七七二〜一八〇一年）は、評論である『キリスト教世界、あるいはヨーロッパ』（一七九九年）の中で、キリスト教が力を失ったことがヨーロッパ世界が諸国家に分裂することになった要因であるとの認識を示した[15]。つまり、諸国家の分立と戦争は、宗教改革やプロテスタンティズム、あるいは啓蒙主義が原因なのである。ゆえに、ヨーロッパ世界を再建するには宗教、すなわち一つのキリスト教が必要になる。そうしたヨーロッパ世界の中心にある国家こそがドイツである。だからこそ、ヨーロッパ世界を再建するためには、ドイツが再統一されねばならない。思想家・哲学者の中では、ヨーロッパ世界の一体性を再建する、あるいは諸国家間の戦争を抑止し、恒久平和を実現するというヨーロッパ統合の構想とドイツ統一の企図が結びつくようになっていった。

このようなドイツの思想的状況を受けて、スタール夫人は『ドイツ論』（一八一〇年）の中で、ドイツこそが「ヨーロッパ愛国心（patriotisme européen）」[16]といった中世ヨーロッパ世界の特徴を保持し続けたのであり、ドイツの統一こそが大陸に巨大な協同体を再構築する最初の一歩になると論じた。

もちろん、ロマン主義の時代、思想家・哲学者たち自身は何よりもまず国民の原点を探究しようとしたのであって、諸国家・諸国民が並存する状況を肯定的に受け入れている。そして、自由で民主主義的な諸国民が平等な形で集う一つのヨーロッパ世界を志向する。中世ヨーロッパ世界に確実に一体性が存在したとの前提の下、諸国民の権利と平等を保障するための「超国家」的な組織を創設することを目指すようになっていくのである。

つぎの第2節では、『ヨーロッパ社会再組織論』で開陳されたサン＝シモンの具体的なヨーロッパ統合ヴィジョンを確認していこう。

第2節　サン＝シモンのヨーロッパ統合ヴィジョン

一八一四年初頭、フランスの国境地帯にはオーストリア・プロイセン・イギリス・スウェーデンの数十万の連合軍が集結し、首都パリの陥落が目前に迫っていた。

この頃、サン＝シモンの下には幾人かのエコール・ノルマル（高等師範学校）の学生たちが集うようになっていたという。そのうちのウジェーヌ・ペクレという人物を介して、サン＝シモンはオーギュスタン・ティエリ（一七九五〜一八五六年）という若い歴史学徒と文通を開始した。ティエリは一八一三年一〇月にエコール・ノルマルを卒業した後、パリの北東のコンピエーニュの学校で教職に就いていた。サン＝シモンはこのようなティエリに対し自らの秘書になり、論考を執筆することをオファーしたものの、すでに教職に就いているティエリは辞退した。ところが、オーストリア軍が国境を越えて、コンピエーニュに迫ると、ティエリはパリに戻ったうえで、当面の生活費を稼ぐためにサン＝シモンのオファーを受け入れた。ロマン主義を代表する作家であるフランソワ＝ルネ・ド・シャトーブリアン（一七六八〜一八四八年）が後年、「歴史学のホメロス」[17]と賞賛したティエリと出会ったことで、サン＝シモンの思想活動は大きく転換するのである。

一八一四年三月三〇日、パリは陥落した。ルイ一八世が王位に就き、ブルボン朝フランス王国が復活した。「王政復古」である。六月四日にはルイ一八世の名で、事実上の〝欽定憲法〟である「憲章（Charte）」が発布された。そして、九月一日、「ウィーン会議」の開催が決まった。このような国際情勢の中、一八一四年六月末から七月初めにかけて、サン＝シモンはティエリとともに『ヨーロッパ社会再組織論』の執筆を始めた。とはいえ、実際に文字に起こしたのはティエリのようである。ティエリの甥にあたるオーギュスタン・ジュール・ジルベール・ティエリは、ティエリに関する伝記の中で、「師（サン＝シモン〔筆者注〕）の魅力に、そしてその情熱的な性格に促されて、若者（ティエリ〔筆者注〕）は執筆にとりかかった」[18]と書いている。もちろん、ティエリはサン＝シモンがそれまでに書いたもの、話したこと、さらに新たに書こうとしていたものを文字にしたのであり、サン＝シモンはティエリが作成した原稿に目を通したと考えてよい。その後、『ヨーロッパ社会再組織論』は「サン＝シモン伯爵とその弟子A・ティエリ」の名義で世に発表された。『ヨーロッパ社会再組織論』の議論はつぎのような流れで展開する。

1 「中世ヨーロッパ社会」という理想、近代初頭の現実
2 「精神的権力」から発せられるべき（一般的社会的規範としての）「ヨーロッパ愛国心」
3 「世俗的権力」としての「可能な最良の政体」
（1）過去のヨーロッパ統合ヴィジョン――アンリ四世とサン＝ピエール神父
（2）サン＝シモンが考える政治的諸制度のあり方
①イギリスの政治的諸制度の参照／②ヨーロッパ社会の政治的諸制度
4 英仏連合論、そしてドイツの役割

では、このような議論の展開に従って、サン＝シモンのヨーロッパ統合ヴィジョンを検討していこう。

1 「中世ヨーロッパ社会」という理想、近代初頭の現実

サン＝シモンは、自然科学の議論と観察方法から導き出した〝「精神的権力」と「世俗的権力」の分離〟、〝「一般性」と「特殊性」の対比〟、「科学史を基礎とした人類史」などの考え方を再びまとめる。そして、自らのヨーロッパ統合ヴィジョンの科学的実証性を根拠づけるために、自然秩序のあり方や歴史観などを応用しようという姿勢を示す。さらに、自らの考え方の実証性を具体的な形で主張するために、自然科学の議論と観察方法が応用されていた社会として「中世ヨーロッパ社会」を理想化する。

「われわれは中世と呼ばれる諸世紀に対して好んで尊大な侮蔑的態度をとる。われわれは中世を愚昧な野蛮の時代、甚だしき無知の時代、厭うべき迷信の時代としか見ず、この時代がヨーロッパの

政治体制をその真の基礎に基づいて、つまり一つの全体的組織に基づいて、樹立した唯一の時代であるということには注意を払おうともしない[19]。」

これまでの議論のように、サン゠シモンによれば、聖職者が担う「精神的権力」がローマ゠カトリックの教えという一般的社会的規範を人びとの「紐帯」として論理づけることで、社会が組織され、「中世ヨーロッパ社会」の一般的な「世俗的権力」を担うローマ教皇が特殊的な封建諸侯から平民に至るまでを階層的に支配した。ローマ教皇は、ローマを中心にした教皇領という独自の国家を保持するとともに、ヨーロッパに教会組織を広げ、封建諸侯の上に君臨した。そして、封建諸侯はそれぞれの臣民の上に君臨した。ローマ教皇と諸国家に広がる教会組織がヒエラルキーの頂点に立ち、一種のヨーロッパ統一政府のような役割を果たした。こうした構造は「階層序列的貴族制（aristocratie hiérarchique）[20]」と表現されている。

もちろん、サン゠シモンは「中世ヨーロッパ社会」で戦争が一切起きなかったとは言っていない。「中世ヨーロッパ社会」の頂点に立つローマ教皇が己の政治的野心を優先し、ヨーロッパに不和の種を蒔いたこともあった。ただ、サン゠シモンは近世から近代初頭の戦争に比べれば、中世の戦争はマシだったと認識している[21]。

とはいえ、自然科学の議論や観察手法から見て理想的であった「中世ヨーロッパ社会」も、やがて終わるときが来る。サン゠シモン曰く、「一つの信念に基礎を置いたすべての制度は、その信念よりも長くは生き延びられない宿命を持っている[22]」。人間精神の進歩と宗教も含めた科学の発展によって「科学革命」が起きることで、「政治革命」による政治的諸制度の変更が迫られるという歴史観から見れば、中世末期から近世、そして一九世紀初頭の近代へ、ローマ＝カトリックの教えという信念に基礎を置いた「中世ヨーロッパ社会」の制度は脱組織化され、新しい社会に「再組織」されることが迫られる。

また、『ヨーロッパ社会再組織論』の「序文」で、サン＝シモンは「人間精神の進歩、われわれの知識の発展の過程で生じる諸革命は、それぞれの世紀に特殊な性格を与える[23]」と指摘し、一六世紀は神学者が生み出された時代、一七世紀は美術が花開き、近代文学の傑作が生まれた時代、そして一八世紀は哲学者（啓蒙主義哲学者）の時代であったと表現する。一六世紀のルターやジャン・カルヴァン（一五〇九～一五六四年）といった神学者たちは、聖書の教えに忠実であることによってキリスト教の力を恢復しようと宗教改革を開始した。そうして、ローマ＝カトリックという一般的社会的規範の力が弱まり、イギリスが大陸の秩序から分離した。一八世紀のダランベールやディドロらの百科全書派・ルソー・ヴォルテールといった啓蒙主義思想家・哲学者たちは、「中世ヨーロッパ社会」の基礎となってきた諸原理、そして諸制度の間違いを指摘し、中世の秩序の完全な解体を促した。その結果がフランス革命であった。こうした一八世紀について、サン＝シモンは「批判と革命の世紀であった[24]」と批評する。

したがって、これまでの議論にもあったように、「中世ヨーロッパ社会」を「近代ヨーロッパ社会」に「再組織」するためには、何よりもまず〝第四次科学革命〟を通して、「一般形而上学」と形容されるような理論が探究されねばならない。近代に相応しい一般的社会的規範という「ヨーロッパ人」の「紐帯」が存在しなければ、「近代ヨーロッパ社会」が「再組織」されることはないからである。しかも、イギリスが大陸の秩序に「復帰」することもなく、ヨーロッパ国際秩序が安定することもない。

サン＝シモンによれば、むしろ大陸の諸主権国家が混乱し、そうした大陸から分離できていることこそがイギリスの利益になっている。イギリスは大陸から離れた島国から、大陸側の諸主権国家の勢力均衡を操作し、自国に多くの利益をもたらそうとしているのだという。

「イギリスは自国の海運、商工業を奨励し、他国のそれを妨害した。専制的な諸政府がヨーロッパに重くのしかかると、イギリスはその権力でもってこれらの政府を支援し、自由と自由のもたらす恩恵を自国のためにだけとっておいた。……〔中略〕……ヨーロッパを苦しめている専制から脱することがヨーロッパの利益であり、ヨーロッパが武装して自らを解放するようになるのを指をくわえて待っておらずに、その前に打って出て押えつけるのがイギリスの利益なのである。(25)」

イギリスが他のヨーロッパ諸国家に先んじて不十分ながらも、漸進的な形で議会制民主主義を実現してきたことは確かである。しかし、フランス革命戦争やナポレオン戦争で、イギリスは封建体制のヨーロッパ諸国家の側に立ち、フランス革命の自由や民主主義といった理念がヨーロッパ中に伝播することを防ごうとした。サン゠シモンに言わせれば、イギリスは「自由と自由のもたらす恩恵を自国のためにだけとっておいた」のである。

したがって、前期思想の諸著作でも見られたように、『ヨーロッパ社会再組織論』でも、サン゠シモンはヨーロッパ社会を新たな形で再組織することができる国家こそ、議会制民主主義という価値を共有するイギリスとフランスであると断言する。では、具体的にはどのような方法でイギリスをヨーロッパ大陸に「復帰」させるとともに、「近代ヨーロッパ社会」を組織することが可能なのだろうか。

この「英仏連合論」の方法論的な内容についてはまた後ほど触れたい。まずは、「近代ヨーロッパ社会」に相応しい一般的社会的規範がどのように思考されているかを確認しよう。つまり、「精神的権力」

に属する問題である。サン＝シモン自身も、『ヨーロッパ社会再組織論』の「この著作の趣旨」で、つぎのように記す。

「まず私はヨーロッパの組織が基礎に据えるべき諸原理を定め、ついでこれらの原理を応用し、最後に実行にとりかかる諸方法を現状のうちに見つけ出そうと思う。したがって、第一の議論はいささか抽象的になるであろうが、第二の論述は第一のものより抽象的でなくなり、第三の論述は第二のものよりさらに具体的になるであろう。」[26]

サン＝シモンは、「精神的権力」から発せられる「ヨーロッパの組織が基礎に据えるべき諸原理」という一般的社会的規範について論じた後、「これらの原理を応用し」たところの「世俗的権力」のあり方をめぐる自らのヴィジョンを示し、最後に「実行にとりかかる諸方法」であるところの「英仏連合論」の必要性を主張するのである。

2 「精神的権力」から発せられるべき「ヨーロッパ愛国心」

(1) 「ヨーロッパ愛国心」と「可能な最良の政体」

『同時代人に宛てたジュネーヴの一住人の手紙』や『一九世紀の科学研究序説』の中で、サン＝シモンは近代に相応しい一般的社会的規範について、労働と他者とのコミュニケーションの中で醸成され、宗教的性格をまとう非宗教的な道徳であると主張していた。『ヨーロッパ社会再組織論』では、一般的社会的規範をめぐる問題をもう少し前に進めて、異なる角度から論じる。つまり、ヨーロッパの人びとの規範になるとともに、「紐帯」になる一般的社会的規範として、サン＝シモンはスタール夫人のように「愛国心（patriotisme）[27]」を超えた「ヨーロッパ愛国心（patriotisme européen）[28]」という心情が存在すると考える。

サン＝シモンによれば、すべての人間には「自分の利益を一般化する傾向、つまり自分の利益を常に共通の利益に包含されたものとして見る傾向[29]」が生じるように、〝「一般性」と「特殊性」の対比〟という科学的視点が備わるものであるという。人間が身につける性格として、誰もが自分の特殊的利益（自分の利益）だけを主張するということはない。つまり、誰もが自分の特殊的利益（自分の利益）を他者を含めた社会の一般的利益（共通の利益）に関係したものとして捉えると同時に、他者を含めた社会の一般的利益（共通の利益）が自分の特殊的利益（自分の利益）に適っているのか否かを判断するのである。だからこそ、「精神的権力」から発せられる一般的社会的規範という、一般的な社会を作り出すことに必要不可欠な心情に対し、誰もが労働と他者とのコミュニケーションの中で意識的になりうる。したがって、ヨーロッパに生きるすべての人びとは、自分自身の利益と祖国の利益に対するヨーロッパ社会の利益を考慮する中で、「愛国心」を超えた「ヨーロッパ愛国心」という心情を身につけ、ヨーロッパ社会とその「世俗的権力」を運営することができる。

ところで、社会とその「世俗的権力」については、〝「一般性」と「特殊性」の対比〟のような「確実で、絶対的で、普遍的で、時代や場所に左右されぬ諸原理に立脚した、本来的に善き[30]」もの、つまり「可能な最良の政体（la meilleure constitution possible）[31]」が存在すると表現されている。

「政体というものを公益を目指す何らかの社会秩序の体系と解するならば、最良の政体は、公益に関する一切の問題が最も徹底的に最も完全に処理されるように諸制度が組織され、諸権力が配置されている政体であろう[32]。」

「どのような種類のものにせよ問題を解決するために論理はわれわれに二つの方法、というよりはむしろ二つの操作を含むただ一つの方法を提供する。つまり、その二つの操作とは総合《シンセシス》と分析《アナリシス》であり、前者によってわれわれは検査すべき事物の全体を把握する。つまり事物をア・プリオリに検査し、後者によってわれわれは検査すべき事物をその細部にわたって観察するために事物を分解する。つまり事物をア・ポステリオリに検査するのである。総合《シンセシス》によって得られた諸結果は分析《アナリシス》によって検証されなければならず、逆に、分析《アナリシス》によって得られた諸結果は総合《シンセシス》によって検証されなければならない。いいかえれば、同じことではあるが、問題はア・プリオリとア・ポステリオリに相次いで検査された時にはじめて確実かつ完全に取り扱われる。そうだとすれば、最良の政体とは公益に関する各問題が常にア・プリオリとア・ポステリオリに順次に相次いで検討されるような政体であると言える[33]。」

『一九世紀の科学研究序説』でも論じられたように、科学者は一般的な学説や理論を打ち出したならば、さまざまな特殊的な現象を観察する、あるいは何らかの実験をして確かめることで、一般的な学説や理論が正しいのか否かを分析せねばならない（ア・プリオリな検討・検査）。さらに、さまざまな特殊的な現象を観察した、あるいは何らかの実験をして確かめた後、科学者は観察・実験の結果をまとめて（総合して）、そこから一つの原理を導き出すことができる（ア・ポステリオリな検討・検査）。この二つの作業を通して、近代実証科学は自然の秩序を確実な形で明らかにすることができる。サン゠シモンによれば、このような近代実証科学の研究手法・思考方法が社会とその「世俗的権力」のあり方に応用されることで、時間や空間を超えた「可能な最良の政体」が導き出される。「可能な最良の政体」では、社会の公益の諸問題はア・プリオリとア・ポステリオリに相次いで検討・検査される。すなわち、「一般的利益と特殊的利益の観点から相次いで検討[34]」される。

そもそも、人びとは社会の構成員という一般的な立場を持つと同時に、それぞれの人種や性別のような所与、また身分や職業といった特殊的な立場も持つ。社会にはその利益があり、社会に生きる人間にはそれぞれの利益がある。社会がさまざまな人間から構成される人的共同体である以上、構成員であるさまざまな人間の特殊的利益に反するようなものは、社会の一般的利益に適っているとは言えない。逆に、構成員であるさまざまな人間が自らの特殊的利益ばかりを主張するようなら、いつまでも社会の一般的利益は導き出されえない。さらに、人びとはバラバラになり、社会は成立しない。社会に生きる人間は社会の一般的利益と自らの特殊的利益の折り合いをつけつつ諸問題を検討せねばならないし、本性としてできるようになるのである。また、自らの特殊的利益を主張するばかりではなく、自らの特殊的利益に関係したものとして他者を含めた社会の一般的利益にも目を向けようという態度は極めて「道徳的」である。このような〝「一般性」と「特殊性」の対比〟という人間の科学的視点と人間の道徳への意識を基礎とした政体は、「確実で、絶対的で、普遍的で、時代や場所に左右され」ない。

さて、ある一つの国民社会では、「自分の利益を一般化する傾向、つまり自分の利益を常に共通の利益に包含されたものとして見る傾向」が、人びとに道徳的な態度を持つことを促すとともに、「愛国心」

を芽生えさせるという。そして、「近代ヨーロッパ社会」では、「ヨーロッパ人」は中世のローマ＝カトリックの教えに代わって「ヨーロッパ愛国心」を抱くことになるだろう。こうした「道徳的」な心情が、人びとの行動における規範であり、人びとの「紐帯」である。人間が近代実証科学に基づく思考を学び、社会における対人関係の中でそのような思考を用いることで、「道徳的」な心情はますます強化される。近代実証科学の誕生以降は、人びとが本性的に身につけるようになる傾向に対して、意識的かつ主体的になることが可能になったと言ってよい。

(2) サン＝シモンの思考と功利主義

「一般的利益」と「特殊的利益」という「利益」の問題に鑑みれば、サン＝シモンの議論には、イギリス流の民主主義の基礎にある「功利主義」の影響が感じられうるだろう。

功利主義に従えば、さまざまな人びとやグループはそれぞれの特殊性があるからこそ政治に参加することができ、それぞれの特殊的利益を守りながら、一般的利益や社会全体が機能することに貢献する。そして、他者を含めた社会の一般的利益は、社会を構成する諸個人の特殊的利益から構成されるのであって（〝一般的利益は特殊的利益の総和〟）、一般的利益に対して特殊的利益が圧殺されることがあってはならないし、特殊的利益ばかりが主張されることで一般的利益が考慮されないということもあってはならない。諸個人の特殊的利益を増大させることで、社会の一般的利益は増大し、社会の一般的利益を増大させることが、諸個人の特殊的利益の増大につながる。社会における正しい行為とは、ベンサムの「最大多数個人の最大幸福[35]」という一言で説明しうるように、最大多数の個人が持ちうる最大の快楽を満たすことである。

また、多様で特殊的なグループを基礎として成立する点で、功利主義的な民主主義は、今日、「多元主義的民主主義」と呼ばれることも多く、サン゠シモンが以前に批判したバークの表現を借りるなら、つぎのようなものだと表現できる。「われわれの国のこれら旧来の区分は、数世紀の結果であって、権力が突然に行ったことの所産ではなく、いずれもわれわれの偉大な祖国の小さなイメージである。それらはわれわれの心を奮い立たせる。こうした個人的な愛着が、われわれが祖国の全体に対し抱いている愛を損なうことは決してないのである」[36]。これをヨーロッパ社会に応用するなら、諸国民という旧来の区分は数世紀の結果の所産であり、諸国民の「愛国心」がヨーロッパ社会全体に対し抱いている「ヨーロッパ愛国心」を損なうことは決してない。

とはいえ、サン゠シモンの「自分の利益を常に共通の利益に包含されたものとして見る傾向」という表現については、もう少し考察を続けねばならない。サン゠シモンの思考とイギリス流の功利主義の間に隔たりがあることに注意が必要なのである。一八〇二年の『リセの協会に』以来、サン゠シモンは人びとが人種や性別のような所与の特殊性に関係なく、一般性について思考すべきことを主張してきた。しかし、イギリス流の民主主義であれば、政治的空間の中で、どのような人種や民族、あるいは階層や職業といった特殊的なグループに所属しているかが意味を持つのである。

後ほど、具体的なヨーロッパの政治的諸制度に関するヴィジョンを確認するが、サン゠シモンもまたいくつかの職業の代表者からなる議会を創設することを提案する。そうした意味で、人びとは特殊的な職業という所属を保持しながら、政治に参加することになろう。しかし、第1章から考察してきたように、サン＝シモンにおいては、人びとが一般性を思考するにあたって、科学的視点が重要である一方、それぞれの特殊性は関係ないのであって、「一般性」と「特殊性」の間に一種の緊張関係が生じる。人びとが職業という所属を保持することで政治に参加するといっても、職業以外の特殊性については、政治に参加するにあたって無関係になる、あるいは超えることが必要になる。しかも、職業は資産とともに、政治を担いうる能力を証明するために必要なのであって、議員たちは政策決定の際に自らの特殊性としての職業を誇示し、その特殊的利益を追求するわけではない。

イギリス流の功利主義に基づく民主主義とは対立する形で、フランス流の共和主義的な民主主義を理論化したルソーから見れば、旧来の特殊的な所属などといったものは不平等の源泉であって、市民である個人と国家の間にある「中間団体」として解体されるべきものであった。そして、フランス革命の結果、「中間団体」は解体された。また、一般的利益は特殊的利益の総和、あるいは合成から演繹されることはなく、各市民の特殊的な利益と意志（意思）は、それらを超越した次元にある一般的な利益と意志（意思）、つまり「一般意志（意思）」に一体化する。サン＝シモンの「自分の利益を常に共通の利益に包含されたものとして見る傾向」という表現は、功利主義からだけでなくルソーの思想からでも解釈することが可能であろう。

サン＝シモンは職業という単位を重視する点で、ルソーのように特殊性の発信源としての中間団体を完全に解体するべきものとは捉えないものの、「特殊性」を超越するところに「一般性」を位置づける点では、功利主義のように一般的利益を単なる特殊的利益の総和とも考えていない。人びとは職業の特殊性だけを維持しながら、自らの特殊的利益に関係するものとして一般的利益を捉えると同時に、自らの特殊性を超越するところにあるものとしても一般性を見出すことになる。サン゠シモンは自らの思考にイギリス流の功利主義を取り入れつつも、否定的な言い方をすれば、そこにフランス流、あるいはルソー流の考え方を混ぜこぜにする。肯定的な言い方をすれば、フランス流、あるいはルソー流の考え方に修正を加えるのである。これらの点については、サン゠シモンのヨーロッパ議会に関する提案を確認する際にも議論しよう。

では、「ヨーロッパ愛国心」といった「これらの原理を応用し」たところの「世俗的権力」のあり方、つまりヨーロッパ社会の「可能な最良の政体」がどのようにあるべきかについて確認していこう。

3 「世俗的権力」としての「可能な最良の政体」

(1) 過去のヨーロッパ統合ヴィジョン――アンリ四世とサン゠ピエール神父

サン゠シモンは過去に提案されたヨーロッパ統合ヴィジョンを振り返りながら、その諸問題を明らかにすることで、自らが構想する「可能な最良の政体」に基づくヨーロッパ統合ヴィジョンの論理性を主張する。サン゠シモン以前にヨーロッパ統合を主張した政治家や思想家・哲学者は多々存在するものの、諸国家の勢力均衡を誤りと考え、その是正を目指し、一つのヨーロッパ社会を建設しようとした人物として、フランス国王アンリ四世（一五五三〜一六一〇年）とフランスの聖職者・著述家・外交官サン゠ピエール神父の二人の名前が登場する。サン゠ピエールについては、『同時代人に宛てたジュネーヴの一住人の手紙』の中でも言及されていた。まずは、二つのヨーロッパ統合ヴィジョンについて簡単に議論したい。

① アンリ四世の「大計画」とサン＝ピエールの「恒久平和論」

フランス国王アンリ四世の「大計画（grand dessin）」について見ていこう[37]。ただし、アンリ四世の側近であったシュリー公爵（マクシミリアン・ド・ベテュヌ）（一五五九～一六四一年）が、一六二〇年から一六三五年にかけて断片的に書きためていったものであり、本当にアンリ四世が構想したものであるのかどうかについては留保が必要である。また、断片的な記録だからか、数字や地名などが版によって変化していることも注意せねばならない。

「大計画」によって、ヨーロッパ世界は等しい形で一五の国家に区分される。そして、国家ごとにキリスト教の三つの宗派、つまりローマ＝カトリック・プロテスタント・カルヴァン派のいずれの宗派を信仰するかが示される。アンリ四世は、カトリックとカルヴァン派（ユグノー）の間で発生したユグノー戦争（一五六二～一五九八年）の当事者として苛烈な宗教戦争を経験したことで、宗教を戦争の原因として捉え、三つの宗派の和解を推進して、恒久平和を実現しようと思考する。ただ、キリスト教とはいっても、正教会に属する東方のモスクワ大公国については、ローマ＝カトリック・プロテスタント・カルヴァン派のいずれの宗派にも信仰を変えないのなら、イスラム教国家であるオスマン帝国同様、ヨーロッパ世界から除外される。

新たに編成された一五の諸国家は、共通議会としての評議会を創設する。評議会には諸国家間の対立を強制的に整序する権限が与えられる。

一五カ国が等しい形になるのだから、ヨーロッパ世界の地図は大きく書き換えられる。つまり、ハプスブルク家が皇帝位を持つ神聖ローマ帝国はボヘミアとハンガリーを、同様にハプスブルク家が王位を持つスペインはイタリアとネーデルラントをそれぞれ失うことで、勢力を減退させる。

さらに、一五カ国が平等な形で評議会に参加することにより、神聖ローマ皇帝の超越的地位が完全に否定される。ハプスブルク家はフランス・ブルボン家やイギリス・ステュアート家といった諸王家と同格に扱われる。ローマ教皇とて教皇領を治める封建君主としては諸王と同格である。アンリ四世、あるいはシュリー公爵の「大計画」は、ハプスブルク家の抑止を目指した外交政策でもあった。

なお、シュリー公爵によれば、アンリ四世は「大計画」の実現のために軍事遠征を予定していたという。しかし、一六一〇年にアンリ四世が暗殺されたことで、「大計画」が実行に移されることはなかった。もちろん、このようなヴィジョンにハプスブルク家が同意するわけはなかった。その他の主権者君主にとっても、恒久平和を希求するという態度の下に野心をひた隠しているかのようなフランスの「大計画」に同意することができたかどうかは疑問である。

こうしたアンリ四世のヴィジョンを批判的に継承しながら、一八世紀初頭、サン゠ピエールはルイ一四世によって引き起こされたスペイン継承戦争の和平交渉であるユトレヒト講和会議にフランス代表団の一員として参加する中で、『ヨーロッパ恒久平和覚書』と『恒久平和草案』を発表し、諸国家に対しヨーロッパ統合と恒久平和の実現を主張した。

サン゠ピエールもまた、各国の主権者である諸侯に対し、共通議会を備えた一つの「ヨーロッパ社会

(société)」を作り出すことによって恒久平和を実現することを訴える。(38)ハプスブルク家とフランスの二大勢力の対立関係を軸にした勢力均衡では、結局のところ平和が維持できないからである。戦争を抑止するのだから、主権者君主たちは領土や国境に関して〝現状〟を維持することになる。つまり、国境線の引き直しは行われない。また、議会の構成に関して、サン＝ピエールは二四カ国がそれぞれ一人の代表者を持つことを提案する。一君主一票制である。

サン＝ピエールのヴィジョンは具体的であるものの、諸国家の主権者である君主の意志に頼る点では非現実的である。現状の国境線を維持し、恒久平和を実現しようといっても、主権者君主がその領土的野心を簡単に捨て去るなどとは考えられない。サン＝ピエールは、ヨーロッパ統合によって主権者君主にもたらされる利益について語るものの、統合が進むも進まぬも結局は主権者君主の決断という意志次第である。そもそも、サン＝ピエールのヴィジョンだけでなく、アンリ四世のヴィジョンもまた君主の意志に頼るものであった。こうして、サン＝シモンはつぎのように言う。「(アンリ四世は)自分自身が耐えきれなくなって屈した時、おそらく彼は王の誠実さが権力の誘惑に対してどんなに無力であるかということを思い知らされたであろう(39)」。

もちろん、君主が主権を握る時代において、諸国家の主権に基づく行為である戦争とは、結局のところ君主の意志によるものなのであって、自分自身が君主であるアンリ四世だけでなく、サン＝ピエールも君主の意志に頼ったことを安易には批判できない。ただし、サン＝ピエールから二〇〇年も前の時代、ネーデルラントの神学者・哲学者であるデジデリウス・エラスムス(一四六六～一五三六年)は、『平和の訴え』(一五一七年)の中で、主権者である君主が戦争の決定権を握っていることの問題をすでに指摘していた(40)。エラスムスは、戦争の開始に君主ではなく国民の総意が必要になることによって、戦争が抑止されると考えた。また、ルソーも主権者君主など信用に足りないものと見なしていた(41)。このようなルソーはサン゠ピエールのヨーロッパ統合ヴィジョンを検討し、一七六一年に『サン゠ピエール師の恒久平和草案抜粋』が、さらに死後の一七八二年には『恒久平和論批判』がそれぞれ発表された。ルソーの考えでは、主権者君主に恒久平和を訴えたところで、戦争が抑止されることはない。

サン゠シモンはルソーの名前を出さないが、そのサン゠ピエールに対する批判のあり方はルソーに近い。かつてモンモランシー渓谷にこもったことから考えても、サン゠シモンがルソーのサン゠ピエール批判を参照していたことは間違いないだろう。また、サン゠シモンは、サン゠ピエールの提案をめぐって「連合（confédération）」という、ルソーに倣ったような表現も用いる。そして、後ほど確認するように、サン゠シモン自身も自らが構想するヨーロッパ国際秩序をconfédérationと呼ぶ。この点から見ても、サン゠シモンがサン゠ピエールへの理解にルソーを介在させているのは確かだろう。

② サン゠シモンによる両者への批判

アンリ四世のヴィジョンもサン゠ピエールのヴィジョンも、主権者君主による連合体、いいかえれば「〝諸君主〟のヨーロッパ」という意味での統合体を創設することを目的にする。それは、サン゠シモンに言わせれば、中世から近代に向かって、徐々に崩れかけていっている封建体制を維持するどころか、「今なお残存している封建制のもろもろの残滓が不滅なものになる(42)」ようにする。しかも、君主が開戦を決定するとはいえ、実際に戦場で血を流すのは徴募された民衆である。自らが傷つくことのない君主は開戦に躊躇《ためら》いがない。ゆえに戦争が繰り返される。こうして、サン＝シモンは、血を流すことになる民衆が主権を担うのなら、戦争は抑止され、恒久平和が実現されると思考し、民主主義の諸主権国家間でのヨーロッパ統合を構想するのである。

すでに、アメリカ合衆国という自由民主主義国家が出現していた一九世紀初頭、アメリカへの憧憬が相俟って、民主主義の諸主権国家同士によるヨーロッパ統合ヴィジョンがさまざまな思想家・哲学者や政治家によって主張されていく。つまり、「ヨーロッパ合衆国」を建設するというヴィジョンである。サン＝シモンは「ヨーロッパ合衆国」という表現を選ばなかった。しかし、序章で触れたように、サン＝シモンはアメリカ独立戦争に参加し、アメリカの自由民主主義の萌芽をこの目で見たという経験を自らのヴィジョンの論理づけにしばしば用いようとする。

そして、ここで留意すべきは、サン＝シモンにとって、「ヨーロッパ」と「アメリカ」は比較対象、つまり「アメリカ」が「ヨーロッパ」よりも一歩先んじた世界なのであって、決して融合することがないという点である。アメリカはヨーロッパの文明を継承して、一九世紀初頭の近代においては世界で最も政治的に進歩した世界を形成することになった。しかし、アメリカとヨーロッパは同一の文明を基礎とするものの、決して同一の世界ではない。「アラブ世界」と「ヨーロッパ世界」が「母国」と「植民地」に区分されたように、「ヨーロッパ世界」と「アメリカ世界」が「母国」と「植民地」になろう。これらについては、後期思想以降、はっきりしていく。さらに、こうした領域的区分が、人的移動にどれほど影響するのか、つまり「アメリカ人」が「アメリカ世界（アメリカ社会）」を超えて「ヨーロッパ世界（ヨーロッパ社会）」に移動し、「ヨーロッパ人」になりうるか否かについても考察していきたい。

また、サン＝シモンは、サン＝ピエールのヴィジョンにもアンリ四世のヴィジョンにも、「可能な最良の政体」を形作る基本的な原理が適用されていないことが問題であると見なす。「中世ヨーロッパ社会」では、ローマ＝カトリックの信仰の下で、一般的なヨーロッパも特殊的な諸国家も封建体制を採用していたように、「近代ヨーロッパ社会」では、「ヨーロッパ愛国心」の下で、一般的なヨーロッパも特殊的な諸国家も議会制民主主義の新しい政治・社会体制を採用せねばならない。前章でも考察したように、自然科学の議論と観察方法を応用するなら、一般的なヨーロッパ社会だけが新しい政治・社会体制に移行するのに対し、特殊的な諸国家・諸国民がなおも封建体制を維持するということはできない。特殊的な諸国家・諸国民が新しい体制に移行するのならば、一般的なヨーロッパ社会もまた新しい体制を基礎とすることになるのである。

このような「一般性」と「特殊性」が「同一の原理」を基礎とし、特殊的な諸国民が「一つの政治組織」によって結合されるべきという問題について、サン＝シモンはつぎのようにまとめ直す。『万有引力の法則に関する研究』での議論がより明確になっている。

「1 いくつかの国民を、それぞれの国民的独立を保持させながら一つに合体させるために設立される一切の政治組織は、徹頭徹尾同質的でなければならない。つまりその一切の制度は単一の構想に基いて作られたものでなければならず、したがってその統治形態はどこからどこまですっかり同様なものでなければならない。

2 一般的政府は、各国の政府から完全に独立していなければならない。

3 一般的政府の構成員は、一般的見地に立ちうる、とりわけ一般的利益に意を用いうる地位に置かれなければならない。
4 彼らは、どのような外力をも一切借りず、自らに備わった力だけでもって強くなければならない。この力は世論である。[43]」

一般的なヨーロッパ社会と特殊的な諸国家・諸国民が「同一の原理」を基礎とし、共通した政治・社会体制を採用することで、「徹頭徹尾同質的」になったとして、具体的にはどのような政治的諸制度を持つべきだろうか。〝「一般性」と「特殊性」の対比〟という科学的視点が応用された政治的諸制度について確認していこう。

(2) サン＝シモンが考える政治的諸制度のあり方

① イギリスの政治的諸制度の参照

サン＝シモンは一九世紀初頭において、「可能な最良の政体」の原理に則った政治的諸制度を打ち立てている例としてイギリス政治を検討する。サン＝シモンにとって、イギリスの政治的諸制度は〝「一般性」と「特殊性」の対比〟という科学的視点が応用されたものだという。

サン＝シモンによれば、イギリスでは国王が「一地方的利害に縛られることがない」ので、「ある問題の全容を一望のもとにとらえうる視点の統一性」を持っており、「一般的利益」の権力を担っている。[44]これに対し、「すべての地方の代表とすべての同業組合の構成員の代表」から構成される庶民院（下院）は、「あらゆる種類の地方的または特殊的利益を代表する」ため、「特殊的利益」の権力を担う。[45]二つの権力が一つの問題を相次いで検討するという意味で平等であることを担保するには、「一般的利益のためのどのような施策も、過半数の特殊的利益に反しては実施できず、また特殊的利益のためのいかなる施策も、一般的利益に反しては実行に移せない[46]」ようにせねばならない。このように、国王と庶民院がそれぞれ「一般性」と「特殊性」を代表することで、イギリスでは最善の方法で公益に関する議論が展開する、とサン＝シモンは考える。

国王と庶民院とともに、第三の権力として貴族院（上院）が存在する。貴族院は二つの権力の平等、あるいは均衡を監視・観察する権力である「調整的・調停的権力」の担い手である[47]。

ところで、ある問題を検討したうえで、何らかの政策を遂行するには法を制定する必要があるので、イギリスでは法案の発議と拒否を含めた法の制定権、つまり立法権は国王と庶民院に分割されている。国王は公益のあり方に基づいて一般的利益の視点から法の制定を発議し、庶民院はこれを特殊的利益の視点から検討して、拒否するか、あるいは賛同する。庶民院は公益のあり方に基づいて特殊的利益の視点から法の制定を発議し、国王はこれを一般的利益の視点から検討して、拒否するか、あるいは賛同する。国王と庶民院がそれぞれの視点から法案を検討して、これに一致して賛同すれば、法は制定される。

しかし、サン＝シモンの表現を借りれば、法の執行権、つまり行政権は国家全体に統一的に及ぼされるべきものなので、「特殊的権力」の担い手である庶民院ではなく、「一般的権力」の担い手である国王がもっぱら担う。国王は、発議と拒否を含めた法の制定権という立法権だけでなく、法の執行権という行政権をも一手に引き受ける。そして、第3章で再び検討するように、立法権の担い手と行政権の担い手の間に明確で厳密な「権力分立」が存在するわけではなく、さらに行政権の担い手が法案を提出することで立法過程の一部も担うという点に、イギリスの民主主義の特色がある。すると、国王が二つの権力を独断的行為のために用いてしまう可能性はないだろうか。

そこで、国王の権力（王権）は二つに分割される（「受動的王権」と「能動的王権」）。『百科全書の計画――第二趣意書』などでも論じられたように、国王は世襲の元首として名誉の対象とされる、そして栄誉の礼を受けるといった受動的な権限が認められる。また、血による世襲であることで、元首の地位を狙おうとする政治家の野心が砕かれる。しかも、一人の国王を戴くことで、国家の統一性が担保されると同時に、国家全体を見渡さねばならない一般的権力の連続性と一貫性が保証される。

実際の公務にかかわる能動的な権力については内閣に委ねられる。「特殊的権力」の担い手である庶民院の議員が選挙で選ばれた後、選挙の結果を受けて、「一般的権力」の担い手である国王の権力のうち、実際の公務にかかわる能動的な権力を委ねられた「第一大蔵卿[48]」が選出される。そして、この「第一大蔵卿」は首班として内閣を組織する。国王の専制を防止するためにも、第一大蔵卿・首相以下、内閣のメンバーが実際の公務を担わねばならないのである。また、国王は実際の公務から遠ざけられることにより、失政があった際にその責任を引き受けて退位することもなくなる。失政が繰り返され、国王が頻繁に交代することになれば、「一般的権力」は不安定化するだろう。フランス革命において、ルイ一六世が処刑されたように、国王がその命をとられるようなことがあれば、社会は大混乱に陥る。

では、こうした「可能な最良の政体」の原理が適用されたイギリス政治のあり方は、どのようにヨーロッパ社会に応用されうるだろうか。

「モンテスキューが信じたように各国民には特有な統治形態が必要であるというのは正しくない（なぜなら、正しい推理形式はただ一つしかないのと同様に、良き統治形態はただ一つしかありえないからである〔原文ママ〕)。けれども、この普遍的形態が、それを採用する国の慣習と、それを樹立する時期に従ってさまざまに変更を加える必要があることは、少なくとも事実である[49]。」

科学的視点が応用された「良き統治形態」としての「可能な最良の政体」は、時間や空間を超えて普遍(不変)であって、どの国民においても「一般的権力」と「特殊的権力」という二つの権力を持った政治的諸制度が組織されねばならない。しかし、「採用する国の慣習(habitudes)と、それを樹立する時期に従ってさまざまに変更を加える」、つまり具体的に何を「一般的権力」にし、何を「特殊的権力」にするのかといった点については、独自の歴史的慣習をもった国家ごとに違う。時代によっても、違いが生じるだろう。

したがって、イギリス政治の諸制度をそのままヨーロッパ社会に移植しても上手くいかない。まして や、一九世紀初頭のヨーロッパで最も先進的なイギリスの政治的諸制度を他の諸国家にそのまま移植したからといって、そうした諸国家がすぐに改革されるわけでもない。「一般的権力」と「特殊的権力」という二つの権力からなる「可能な最良の政体」の原理に基づきつつも、具体的な政治的諸制度についてはそれぞれの社会の慣習などに鑑みることで、改良されねばならない。

もう一点、重要なのは、サン゠シモンがイギリスの政治的諸制度を他の国家に移植しても上手くいかないと主張しながら、イギリスを含めたヨーロッパ諸国家・諸国民からなる社会が存在するべきで、そのようなヨーロッパ社会に設置しうるに相応しい政治的諸制度があるべきだと思考することである。「再組織」という表現からもわかるように、サン゠シモンにとって、ヨーロッパ社会とは中世からあるべきものとして組織されてきた歴史的産物である。

② ヨーロッパ社会の政治的諸制度

サン＝シモンは「可能な最良の政体」の原理に則った形で、ヨーロッパ社会につぎのような政治的諸制度を設置することを提案する。(50) なお、サン＝シモンは、サン＝ピエール的な社会（société）とルソー的な連合（confédération）の両方をあまり区別していないような形で使用する。

1「代議院（Chambre des députés）（下院）」と「貴族院（Chambre des pairs）（上院）」からなる二院制のヨーロッパ議会を設置する。

2 代議院は、「より広範な交際、母国の諸習慣の枠内に閉じ込められることがより少ない習慣を持った人びと、一国民だけに役立つのではなくすべての国民に恩恵を施す有益な仕事によって、全体の精神となるべき一般的見地とヨーロッパ議会の全体の利益となるべき一般的利益にすぐに達することが容易にできる人びと」、具体的には「商人、学者、司法官、行政官」から選出される議員によって構成される。選挙は四つの職業ごとに行われ、読み書きができる人たち一〇〇万人ごとに一人ずつ議員を選出する。ヨーロッパには読み書きができる人が六〇〇〇万人いるとすれば、二四〇人の議員が選出されることになる。任期は一〇年、各議員は土地財産を二万五〇〇〇フラン以上保持している人に限られる。資産を保持することが、その人物の能力を表す。もし、資産を持たない無産者が議員になれば国家財政を私物化する可能性がある。とはいえ、無産者の中にも有能な人間は存在するのだから、四つの職業からとくに優れた無産者を二〇人選び、代議院に入れるとともに、彼らに二万五〇〇〇フランの収入を生み出す土地財産を与えるべきである。

3 貴族院議員も全ヨーロッパにおいて注目されるほどの富を保持しておかねばならない。具体的には五〇万フラン以上の収入を生み出す土地財産である。貴族院議員に任期はなく、その地位は世襲である。「科学、産業、司法、行政の分野でヨーロッパ社会に最も有益だと判断される仕事をした人たちまたはその子孫たちのうちから選ばれた二〇人の者」もまた議員として選び、彼らに五〇万フラン以上の収入を生み出す土地財産を与える。さらに、新議会が開かれるたびに、新しい議員が一名選ばれ、その人物にも資金が与えられる。

4 世襲の「(ヨーロッパ議会の)王(Roi (du parlement européen))」が設置される。王はヨーロッパ議会の設置を決定するなど、ヨーロッパ社会のさまざまな職務を開始する地位である。

「可能な最良の政体」の原理に則るなら、世襲の「王」は「一般的利益」の権力、四つの職業から選出された議員からなる「代議院」は「特殊的利益」の権力、そして「貴族院」は「調整的権力」をそれぞれ担う。また、かつての「中世ヨーロッパ社会」において、ローマ教皇が独自の領土(ローマ教皇領)、財産、そして課税権を保持していたように、ヨーロッパ連合もまたそうしたものを保持する。では、「一般的利益」の権力の担い手としての「王」の権限と職務に関して考えてみたい。イギリス政治において、王権が「受動的権力」と「能動的権力」に分割され、血による世襲の国王が「受動的権力」を、「第一大蔵卿」を首班とする内閣が「能動的権力」を担うように、ヨーロッパ議会の「王」も「受動的権力」の担い手として、自らの「能動的権力」を内閣のような政治的組織に委ねるのか否かがはっきりとはしない。もちろん、「王」は「ヨーロッパ社会のさまざまな職務を開始する」とあるので、「開始する」だけで、その後の実際の公務については、内閣が担当することになるのだろう。

この『ヨーロッパ社会再組織論』の中で、サン゠シモンはフランスで再度の革命を防ぐ方法として、フランスの政治的諸制度のうち、王権をめぐるシステムをイギリス型に変革するべきだと思考する。国王は王権を一気に引き受けるからこそ、政治的混乱が起きた際に責任を追求され、ルイ一六世のように処刑されうるからである。そこで、イギリスのように王権を世襲的王権（royauté héréditaire）（受動的王権）と行政的王権（royauté administrative）（能動的王権）に明確に分割し、行政的王権（能動的王権）を内閣が担うようにすれば、国王まで責任が波及することはない[51]。サン＝シモンによれば、フランス革命以後のフランスでは、政治的諸制度が何度となく変化し、このことが国民に多くの不満を与えてきた。名誉を与えられた世襲の国王が常に存在し、その下で政権交代が続くことにより、政治的諸制度の連続性を保証することができる。ヨーロッパ社会もこのようにあるべきなのだろう。サン＝シモンが考える立法権と行政権のあり方については、後期思想に至ってさらに具体化する。

他方、「特殊的利益」の権力の担い手としての「代議院」について、その議員は「母国の諸習慣の枠内」に閉じ込められず、「すべての国民に恩恵を施す有益な仕事をしていて」、「一般的見地」と「一般的利益にすぐに達する（arriver）ことが容易にでき」ねばならない。サン＝シモンにおいて、人文科学から自然科学に至るまで科学にたずさわる科学者たちをはじめとして、科学的な思考によって人びとは自らの特殊性としての所与を超越することが求められてきた。ヨーロッパ議会代議院の議員になることができるような有能な人びともまた科学的な思考を持ち、自らの特殊性としての所与を超越し、一般性に「達する」ことが必要なのである。このような議員は、それぞれの職業と資産を作る能力を通して、政治を担いうる能力があることを示すことができる。職業は自らの能力を示すための手段としてだけ必要である。しかも、議員は政策決定の際に自らの特殊性として職業を誇示し、その特殊的利益を追求するわけではない。さらに、所属する国民といったような特殊性を保持することを条件にして、議員は政治に参加するわけでもない。「すべての国民に恩恵をほどこす有益な仕事」とあるように、職業自体が特殊性を乗り越えて、一般性に達することを可能にする手段でもある。

また、一般的権力の担い手である世襲の王は一般的利益の視点から、特殊的権力の担い手たちは一般的利益に達する能力を持ちながら、それぞれの特殊的利益の視点から問題を考察するという以上、一般的利益や一般性は特殊的利益や特殊性よりも上、あるいは前者は後者を超越する形で存在する。サン＝シモンにおいて、一般性と特殊性の間には一種の緊張関係が生じるし、やはり一般的利益は単なる特殊的利益の総和ではない。具体的な政治的諸制度を構想するにあたって、サン＝シモンは功利主義的に特殊な職業からなる議会を構想しつつも、所与の特殊性を超越するという思考によって、ルソー的な民主主義のあり方も想定する。

このようにして組織されるヨーロッパ連合の活動をめぐって、サン＝シモンは「ヨーロッパ社会にとって一般的有用性（utilité）のあるすべての事業」と記すとともに、具体的にはドナウ川とライン川を結ぶ運河やライン川とバルト海を結ぶ運河の建設、そして全ヨーロッパに広がる公教育などをあげる。(52)かつて、スペインでの運河事業やフランス国内での乗合馬車事業を考えついたように、サン＝シモンはヨーロッパの人の流れをスムーズにし、活発化させることで、人びとのコミュニケーションを深めていこうとする。また、公教育は勢力均衡の時代に自国の特殊的利益をもっぱら求めるようになってしまった人びとに対し、ヨーロッパおよびヨーロッパ人という意識を醸成させるために必要不可欠である。

さらに、公教育のためにも、サン＝シモンは全ヨーロッパで用いられるべき「一般的道徳法典（code

de morale générale)[53]」の策定を提案する。「近代ヨーロッパ社会」が立脚し、「ヨーロッパ人」が参照するべき道徳、つまり一般的社会的規範のあり方について規定される法典である。かつては英仏科学者の協力によって「新百科全書」が編纂されるべき旨が提案されたように、「一般的道徳法典」が策定されるとき、そうした「新百科全書」によって示される道徳のあり方を基礎とすることは言うまでもないだろう。

これまでの議論のように、「近代ヨーロッパ社会」に相応しい一般的社会的規範が宗教的性格をまとった非宗教的な道徳であるとして、そうした道徳のあり方が規定された「一般的道徳法典」の下で生きる「ヨーロッパ人」にとって、旧来の宗教の差異は意味をなさなくなるのではなかろうか。しかも、「ヨーロッパ人」であることの要件は広く、キリスト教徒とてイスラム教徒とて「ヨーロッパ人」たりえるのではなかろうか。そもそも、自然科学の議論や観察方法を前に人びとが自らの所与の特殊性を超越するように、ヨーロッパ議会代議院の議員もまた自らの所与の特殊性を超越することになるわけである。「ヨーロッパ人」であるために人種や民族、あるいは宗教の共通性が必要とされることはないだろう。こうして、相変わらず「世界（国際社会）」から「ヨーロッパ（ヨーロッパ社会）」を、そして「人類」から「ヨーロッパ人」をどのように分節するかという問題が発生する。

さて、ヨーロッパ統合を実行するための具体的な手段はあるのだろうか。サン＝シモンは、アンリ四世については自らの野心を捨て去ることができるのかと、サン＝ピエールについてはルソーによる批判を継承するように君主の理性は信じられるのかと、それぞれ批判した。しかし、国民が主権を握る民主主義の時代になれば、自ずから諸国民の統合が進んでいき、恒久平和が実現するというのはあまりに楽観的な考え方である。

一九世紀は「諸国民の時代」として、各地で国民の形成が進むものの、諸国民の戦争は激化する一方であり、二〇世紀に入って二度の世界大戦が勃発する。戦争の遂行を封建体制の「残滓」と見なす立場からは、民主主義の定着が不十分だったからこその諸戦争だと捉えることもできるが、国民が主権を担ったとしても必ずしも戦争ではなく平和を選ぶわけではないということの証拠にもなろう。もちろん、一九世紀初頭を生きたサン＝シモンに、それ以降の歴史の展開を考えよと告げるのは酷ではある。また、実際のところサン＝シモンは、民主主義的な諸国民の形成が進みさえすれば諸国民の統合と平和が自動的に確立すると考えるほど楽観的ではなかった。サン＝シモンはもう少しリアルな視点から、ヨーロッパ統合を進めるための手段を考え出す。

4　ヨーロッパ統合の実行手段としての英仏連合論、そしてドイツの役割

サン＝シモンにとって、ヨーロッパ社会の近代的再組織化を牽引できる国家こそ、イギリスとフランスである。このことは、『万有引力の法則に関する研究』などでも主張された通りである。イギリスとフランスが連合し、共通議会を設立することで、まずはヨーロッパ統合を進めよ、とサン＝シモンは主張する。そして、「英仏社会（société anglo-française）」、あるいは「英仏連合（confédération anglo-française）」[54]は、今なお封建体制の中にいるヨーロッパ諸国家の改革を支援するのである。

サン＝シモンは英仏連合議会の構成についても触れており、イギリスからは読み書きができる人びと

一〇〇万人から二人、フランスからは読み書きができる人びと一〇〇万人から一人をそれぞれ選出することを提案する。フランスの議会制の歴史はイギリスの議会制の歴史より短く、フランス人がイギリス人より議会制に慣れていないため、フランスは三分の一しか代表権を持たなくてよいという。とはいえ、これまで大陸諸国家の勢力均衡から多くの利益を得てきたイギリスが、簡単に英仏社会・連合などを選択するだろうか。サン＝シモン自身も英仏社会・連合からフランスが利益を得るのに対し、イギリスは犠牲を払うと記す。したがって、英仏社会・連合を実現するには、少なくともフランスよりイギリスの方に多くの議席を持つことを認める必要があるというわけである。とはいえ、サン＝シモンに言わせれば、イギリスには勢力均衡策を捨て英仏社会・連合を選ばねばならない切実な理由も存在する。

一つの動かしがたい経済史的な事実として、イギリスは大国としての繁栄を享受しているように見えて、実はナポレオン戦争など度重なる戦争によって多額の負債を抱えている。負担を押しつけられ、不満を抱えた国民であっても、ナポレオン一世の脅威に直面しているときは政府の外交政策に翼賛的である。しかし、脅威が去ったとき、いずれ国民は革命へ動き出す可能性があるのではないか。トーリー党が長らく政権を握り、勢力均衡策から利益を得る外交政策を遂行してきた一方で、サン＝シモンはこれに反対するホイッグ党が平和裏に政権交代を成し遂げ、外交政策の転換を図り、革命の発生を防ぐことが必要であると説く。実際、この後のイギリスでは度重なる労働運動と政情不安が相次ぐ。また、イギリスは膨れ上がった多額の債務を、一九世紀半ば頃からのさらなる産業発展を通して徐々に解消していくことに成功する。(55)

サン＝シモンは、フランスにとってもイギリスとの提携が必要である旨を主張する。(56)フランス社会の安定のためである。フランス革命後、フランス人はジャコバン派の支配・無政府的な状態・ナポレオン一世の統治といったさまざまな政治状況を経験してきた。また、フランスでは、度重なる対外戦争の敗北に対する国民の不満が高まっている。そうした国民の不満が次なる革命を準備してしまう。しかも、貴族層には旧貴族とナポレオンによって生み出された新貴族の間で利害対立があり、銀行家や商人といった階層には国富を貪る貴族階層への反発があり、無産者階層にもさまざまな不満がある。フランス国外に目を向ければ、イギリスはフランスを抑え込もうとさまざまな策謀を巡らす。結局、フランスはイギリスと提携してヨーロッパ国際秩序の中心で何らかの役割を果たせるなら、国民の自尊心を高められると同時に不満を抑えることができるにちがいない、とサン＝シモンは考える。

また、フランスは制海権を握るイギリスと平和な関係を築くことでこそ、商工業を発展させ、海外貿易を拡大することができる。したがって、サン＝シモンはフランス産業のさらなる発展のために、英仏連合議会による共通通貨の発行をも提案する。イギリスへの譲歩によってフランス国民の自尊心が一時的には傷つけられたとしても、近い将来において、フランスが政治的な役割を果たすようになり、大きな経済的利益を得られるようになることが重要だという。なお、後期思想に至って、こうした経済統合についてのヴィジョンがより具体化する。

こうして構築される「英仏社会・連合」という民主主義の主権国家連合は、ヨーロッパ諸国家の改革を支援することができる。サン＝シモンは、とくに改革されるべき国家としてドイツの名を記す。ドイツはその王であるドイツ王が神聖ローマ皇帝になるなど、中世ヨーロッパ社会をリードする大国だったからである。しかし、三十年戦争の結果、ドイツはそれぞれ主権を持つ諸「領邦国家」に分裂した。こうした歴史的経緯を踏まえれば、ドイツが統一されるや、確実に大国に成長することは想像にかたくない。そして、サン゠シモンは、ドイツがフランス革命の影響を受けて革命への道に突き進もうとするのを懸念し、ドイツを革命の災禍から救い出すことを「英仏社会・連合」の大きな役割であると言及する。

サン゠シモンは、ドイツ国民の特性として「きわめて純粋な道徳精神、決して人を裏切ることなき誠実さ、どんなことにあっても揺るがぬ廉直さ(57)」をあげる。まさに、ドイツ国民は「ヨーロッパの人口のほぼ半ばを占め、ヨーロッパの中央に位置し、さらにその性格は高潔にして寛容であるから、自由な政府の下に統一されるや否や、ヨーロッパにおいて第一等の役割を演じること必定である(58)」という。

かつての「中世ヨーロッパ社会」とはカール大帝によって準備され、その皇帝位はドイツ王によって継承された。大国であるはずのドイツが「英仏社会・連合」の協力によって統一され、英仏両国と連携することは、確かにヨーロッパ社会の再組織化に資するだろう。このようなドイツ統一の重要性に対する言及は、さきに紹介したように、ノヴァーリスによって展開された議論の中にも現れた通りである。

なお、この時代のドイツ世界で、ヨーロッパ統合の提案という視点からあげるべき人物としては、『永遠平和論』を著したカントがいる。「ヨーロッパ」をめぐって、サン゠シモンが前期思想から最晩年に至るまで、カントの名前を出すことはない。また、カントが根源的な社会契約を重視した理念的なヴィジョンを提示するのに対し、サン゠シモンは中世に対するノスタルジーを背景にして、具体的な政治的諸制度の提案に至る。サン゠シモンがカントの名前を知らなかったことはないが、「ヨーロッパ」をめぐって両者の思想上のつながりを指摘するのは難しい。

さて、サン゠シモンの議論によれば、「ヨーロッパ愛国心」などの「道徳的」な心情という一般的社会的規範は、労働という世俗における行為を通して芽生えたり、科学的視点を基礎としているという意味で、非宗教的で実証的である。では、宗教的性格をまとった後、最終的には旧来の宗教のような〝宗教という形態〟に昇華するのだろうか。いいかえれば、旧来の〝宗教を超える宗教〟に位置づけられうるか否かである。前期思想以来、この点が明確にはわからない。近代実証科学の研究手法・思考方法によって、人間が本性的に自分自身で身につける傾向に主体的かつ自覚的になったとはいえ、思考の結果の〝正しさ〟を何が保証しうるのだろうか。何らかのもっと絶対的で超越的な感覚によって保証されるということがなければ、人間の理性が根本的に心もとないものである以上、「道徳的」な心情は揺らいでいくのではなかろうか。

精神的なるものとしての「ヨーロッパ愛国心」を芽生えさせるとともに、維持するための方策が必要になろう。『ヨーロッパ社会再組織論』の中では、公教育の重要性、そして「一般的道徳法典」を策定する必要性が主張された。そうした世俗的な方策を超えて、近代の一般的社会的規範を神聖化して、旧来の〝宗教を超える宗教〟に昇華させていくものがあるとすれば、それは一体何なのだろうか。また、一般的社会的規範が旧来の宗教の枠組みそのものを超えてしまうとき、そうした規範の影響力が及ぶ「近代ヨーロッパ社会」の領域とはどこからどこまでだろうか。さらに、一般的社会的規範の基礎となっている自然科学の議論や観察方法を前に、人びとは所与の特殊性を超越することになるものの、「近代ヨーロッパ社会」を構成する「ヨーロッパ人」と「他者」を分け隔てる基準はどのように設定されるべきだろうか。

つぎの第3章からは、『ヨーロッパ社会再組織論』の中で主張された諸要素、そして残された諸問題を念頭に置きながら、一八一四年を境にして始まる後期思想を検討していこう。先行研究では、一八一四年を境にして、サン＝シモンが科学や知識という「精神」にかかわるとともに学問的な基礎になるものを探究することから、実際の社会を具体的に取り扱う方向へ、つまり「精神」から「世俗」へ中心的なテーマを移していったことが指摘されてきた。『ヨーロッパ社会再組織論』とは、一八一四年までに展開されてきた議論のまとめであると同時に、一八一四年以降に展開されていく議論の前提になるものとして位置づけられうる。そして、サン＝シモンの「ヨーロッパ」をめぐる問題意識は、一八一四年以降の思想活動の中においても遍在することになるのである。

第3章

後期思想（一八一四～一八二三年）：世俗的なるものの探究

―ヨーロッパ社会を再組織するための産業―

第1節　社会の歩みをめぐる歴史観と現在

一八一四年以降、中心的なテーマが「世俗」の領域になるとはいえ、サン＝シモンが「精神」の領域も重視していることに注意せねばならない。人間は労働と他者とのコミュニケーションという「世俗」の領域における行動を通して、互いの共通性と平等性を理解し、旧来の宗教とは異なる「紐帯」を見出す。それゆえ、「世俗」の領域を探究することは、自ずから「精神的なるもの」を論理づけることにつながる。

また、サン＝シモンは相変わらず「歴史」に目を向ける。前期思想での「人類の歩みをめぐる歴史観」を基礎としながら、サン＝シモンは人間の生存に必要不可欠な営みとしての「産業」、いいかえれば「経済」が発展することによって、「政治」を含めた「社会」がどのように変動してきたかを考察する。つまり、「産業史を基礎とした社会史」という歴史観（「社会の歩みをめぐる歴史観」）を作りあげることで〝今〟を把握しようとする。

中世の強権的で抑圧的な封建体制は産業化が進展する中で徐々に揺らぎ、フランス革命を経て、不完全ながらも近代の議会制民主主義の自由な政治・社会体制へ変貌を遂げていく。中世以来、農業から商工業へ、産業発展によって「経済」が成長し、「経済的自由」が要求される中で、封建体制から新しい政治・社会体制への移行という「政治」の変革によって、「経済的自由」だけでなく

「政治的自由」と「政治的平等」が漸進的に実現していく。

しかし、一九世紀初頭、社会は安定しない。サン＝シモンにとって、社会の不安定さとは、中世の抑圧から近代の自由への「社会の歩みをめぐる歴史観」が実証的かつ科学的に示されないことで、近代の新しい政治・社会体制を特徴づける「自由」が人びとの中で曖昧にしか理解されていないという現状に起因するものだった。

本書のテーマに基づくなら、「社会」をめぐって、一つの国民社会なのか、一つのヨーロッパ社会なのか、はたまた人類一般の社会なのかという問題に目を向けねばならない。サン＝シモンが「世界（国際社会）」から「ヨーロッパ（ヨーロッパ社会）」を、あるいは「人類」から「ヨーロッパ人」をどのように分節するのかに留意しよう。産業発展による歴史の展開という歴史観自体は人類全体を射程に入れるだろうが、具体的にどのような歴史の展開が見られたのかという点について、サン＝シモンは何よりもまず「ヨーロッパ」を観察する。

さて、サン＝シモンは、近代ヨーロッパ社会にも諸国民社会にも確立されるべき議会制民主主義の自由な政治・社会体制のあり方を、つぎのような流れで見出す。

1　現状批判：一九世紀初頭における「自由」の曖昧さ
2　歴史観の提示：産業発展による歴史の展開と社会
3　解決策の示唆：産業発展史観を基礎とした「政治経済学」の確立

まずは、サン＝シモンの「現状批判」から確認していこう。

1　現状批判：一九世紀初頭における「自由」の曖昧さ

(1)　一九世紀初頭における「自由」の曖昧さとその諸問題

一口に「自由」を尊ぶとは言っても、その意味は漠然としがちで曖昧である。そして、一九世紀初頭において、「自由」はあらゆる政治勢力に都合よく利用された。サン＝シモンはつぎのような互いに関連する視点から、一九世紀初頭の「自由」が尊ばれる社会の現状を批判的に考察した。

1　漠然としがちで曖昧な「自由」をどのように実証的かつ科学的に説明することが可能か

2　「自由」を基礎として〝「政治」と「経済」〟のシステムをどのように構築することが可能か

3　「自由」を基礎とする社会の中で一般的社会的規範をどのように醸成することが可能か

ジャコバン派のような「恐怖政治」を遂行したグループも、ナポレオン一世のような君主も、はたまたブルボン家の連枝でありながらフランス革命を支持し、最終的にはジャコバン派によって処刑されたオルレアン公爵ルイ＝フィリップ二世ジョゼフ(1)（一七四七～一七九三年）のような穏健自由主義貴族も、ありとあらゆる政治勢力が「自由」を掲げて、自らの政治ヴィジョンを正当化した。

「ウィーン体制」が成立すると、旧体制の完全な復活を望む王党派・反動派が復権することで、フランス革命前のように自由が抑圧される可能性が考えられた。さらに、王党派・反動派とて「自由」を利用することで、旧体制を完全に復活させる可能性を持った。

また、自由を追求するほど、「世俗的権力」だけでなく、社会自体の位置づけが問題になる。社会において、人間の自由は権力の行使だけでなく、日々の生活や他者との関係などによって制限されうるからである。一般的社会的規範とて、人びとの行動規範であるとともに「紐帯」として、社会の組織化のために必要不可欠だとはいえ、規範に〝従わねばならない〟という考え方は人間の自由を妨げうる。その一方、「人権宣言」では、特殊的な人間の生まれながらにしての自由が高らかに謳いあげられた。したがって、何が自由であるか、何が社会と両立しうる自由であるか、そして何が生まれながらにして自由であるはずの人間を結びつけるのかといった問いに応えることで、サン゠シモンは「自由」を科学的かつ実証的に説明し、近代の議会制民主主義の自由な政治・社会体制とは何かを構想しようとした。

では、ウィーン会議が開催された一八一四年から、ブルボン家の復古王政が始動した一八一五年にかけての政治状況を確認しながら、サン゠シモンがどのような思想活動を展開したのかを見ていこう。フランスという一国家・一国民、あるいは一社会の枠組みを超えて、諸国家・諸国民によるヨーロッパ社会という問題意識をやはり保持していることがわかる。

(2) 自由、フランス、ヨーロッパ

①「公共心」なきフランス社会

サン゠シモンがティエリとともに『ヨーロッパ社会再組織論』の執筆を始める直前、一八一四年四月にナポレオン一世は地中海の孤島であるエルバ島に配流された。そして、ルイ一八世がブルボン朝フランス王国を復活させたものの（「王政復古」）、新政府は動揺していた。ルイ一八世の弟にあたるアルトワ伯爵シャルル゠フィリップ（一七五七〜一八三六年）など、旧体制の完全な復活を目指す反動的な「極

右王党派（「ユルトラ」）」に対し、ラファイエット侯爵に代表される自由主義貴族たちや、ナポレオン一世とその帝政を支持するボナパルティストたちが、強く反発していたからである。

一八一五年二月、エルバ島を脱出したナポレオン一世が帝政を復活させると、ルイ一八世はベルギーに亡命した。しかし、同年六月のワーテルローの戦いで、ナポレオン一世はイギリス・オランダ連合軍とプロイセン軍に敗北し、大西洋の孤島であるセントヘレナ島に再び配流された（ナポレオン一世の「百日天下」）。初夏にはブルボン朝が再度復活したものの、「百日天下」という混乱のせいで、ユルトラと自由主義勢力、そしてユルトラとボナパルティストの緊張と衝突の危険性がさらに高まった。しかも、ユルトラは「白色テロ」[2]と呼ばれるテロを繰り返すことで、自由主義貴族たちやボナパルティストを暴力的に抑え込んでいこうとした。

さて、ナポレオン一世の「百日天下」が始まる直前、サン＝シモンはテロや暴力などの議会外闘争に傾きがちな国内政治を目の前にして、『反対党の結成について』と題した論文を発表した。そして、ルイ一八世に論文を送り、安定した議会を作る必要性を訴えた。[3]タイトルの通り、反対党（野党）が結成され、政府党（与党）と反対党（野党）が議会の中で議論を通して切磋琢磨することが、政治と社会の安定に資するというわけである。

サン＝シモンにとって重要なのは、議会に出席する与野党両党が共通した認識を持つことである。どのような諸個人も諸政治勢力も、その個人的・特殊的利益が社会と密接にかかわっており、社会の不安定によってそのような特殊的利益が脅かされうるからこそ、政治の安定が不可欠だという共通認識が社会に広がらねばならないのである。

こうした議会制民主主義が成立するには、社会が自由でなければならない。自由な社会だからこそ、どのような政治的立場の人間も身体の安全が保証され、議会制民主主義が成立する。ユルトラのように暴力をもって反対派を制するような社会には、議会制民主主義は根づかない。もちろん、自由主義勢力であっても、勝手気ままに、そしてエゴイスティックに自らの意志だけを表明し、反対する相手を殴りつけるのは決して自由ではない。各政治勢力の暴力をともなった対立を議会の中での論争に変えねばならない。

サン＝シモンによれば、こうした政治のあり方を守ろうする「公共心（公共精神）(esprit public)[4]」がイギリス人には芽生えているという。また、人びとが「公共心」を持つということは、一般的利益と特殊的利益の関係を認識する習慣を身につけていることだという。つまり、人びとに押しつけられているわけではない。このようにして、イギリス人は議会制民主主義を運営できている。『ヨーロッパ社会再組織論』の中ではヨーロッパ社会を組織しようというヨーロッパ諸国民・諸個人の心情について、「ヨーロッパ愛国心」という表現が用いられたが、『反対党の結成について』の中では社会を組織しようという諸個人の心情について、「公共心」と表現された。

人びとが互いに勝手気ままという意味で自由に生きていれば、自ずから社会が組織されるわけではない。したがって、人びとが何らかの一般的社会的規範を共有する必要があるが、一般的社会的規範が人びとに強制的に押しつけられるなら、人びとは自由でなくなる。あくまで人びとが社会の安定と自らの利益や身体の安全といったものの関係を考慮する中で、「公共心」といった心情を主体的に持たねばならない。

一八一四年までの議論に鑑みるなら、科学者のうち、「精神的権力」の担い手となった人びとが、学識の深さに基づいて、人びとに近代に相応しい一般的社会的規範を示した後、人びとは自分自身の科学的視点から論理的に考えるとともに科学を学びながら、ヨーロッパ社会や国民社会のための一般的社会的規範に主体的に到達できるようにならねばならない。とはいえ、すでに問うたように、心もとない理性を持った人びとの思考に〝正しさ〟を保証するものが何なのかがわからない。さらに、人びとの「自由」は一般的社会的規範によって結局は妨げられるだろう。こうした点について、サン゠シモン自身の論理は、最晩年の思想活動の中でようやくわかるようになる。

②ヨーロッパにおける「道徳的教義」の統一と「公法」の策定

「道徳的教義」とこれを規定する「公法」　一八一五年の春頃、サン゠シモンは警察や治安を所管する内務大臣ラザール・カルノー（一七五三〜一八二三年）に対し、後に『公法の組織化について』と呼ばれるようになる書簡を送ったとされている。カルノーは平民出身でありながら、軍人として頭角を現した人物であった。ナポレオンによる統領政府期には、共和主義者の立場から帝政の開始に反対しながら、戦争大臣（国防大臣）として政府に入った。「百日天下」が始まると、ナポレオン一世から自由化を進める約束を取りつけたうえで、内務大臣になった。このようなカルノーに対する書簡を通して、サン゠シモンは一般的社会的規範についての考え方を提示するとともに、相変わらず「ヨーロッパ」という問題意識を開陳する。

「十分注意が払われていない一事がございます。つまり、大陸のすべての国のうちでフランスだけが自由である限り、自由はフランスにおいて不安定だということ、ヨーロッパ諸国の大多数がフランスと同じように組織されなければ、フランスは決してしっかりと恒久的に再組織されえないということです[5]。」

前期思想においては、近代実証科学の研究手法・思考方法という科学的視点を根拠にして、サン＝シモンは特殊的な諸国家・諸国民が民主主義的な社会を築くことなく、一般的なヨーロッパ社会が民主主義的になるはずがないと主張した。『ヨーロッパ社会再組織論』での表現を用いるなら、ヨーロッパ社会もヨーロッパ諸国民それぞれの社会も「徹頭徹尾同質的」でなければならない。

しかし、ここでは、科学的視点や歴史観とは異なる形で、サン＝シモンがヨーロッパ社会の再組織を志向する動機を見てとることができる。フランスだけで民主主義を実現しても、周辺諸国家が封建体制であれば、フランスの平和と安定は確保できないがゆえに、ヨーロッパ諸国家全体での社会的再組織が必要になるという現実的な動機である。このようなフランスの平和と安定を一つの目的として、ナポレオン一世は周辺諸国家に対する侵略を遂行した。サン＝シモンにとっては、ナポレオン一世の外交政策と一線を画する平和なヴィジョンが必要だった。

さらに、ヨーロッパ諸国民を統合するための一般的社会的規範については、つぎのように主張されている。

「諸国民間の関係にかかわることについては、道徳的教義の統一がすべてであり、信仰の統一は全然問題ではありません。そしてこの教義の統一は既存の諸宗教を通じて、しかもそれらの宗教に何らの改変も加えることなく、達成できます。なぜならば、もろもろの宗教は、最も重要な点からすれば、それぞれ異なったやり方で、社会にとって有益な哲学的・道徳的諸原理を具体的に表現し、それら諸原理を普及し、習俗と知識に応じてそれら諸原理を権威づけるものにほかならないからであります。だとすれば、教えられる諸原理が同一であるようになしうるならば、それらの諸原理の広め方はどうでもよいのであって、諸宗教の相違は問題にならないでしょう。(6)」

「ヨーロッパの開化された諸国民の文明と習俗には非常に大きな類似性がありますので、同一の道徳的教義がひとたび定められ法典化されるならば、その教義はすべての学校で教えられるようになり、あらゆる宗教に取り入れられないはずはありません。(7)」

「近代ヨーロッパ社会」の一般的社会的規範について、サン＝シモンは「道徳的教義（doctrine morale）」という表現を用いる。また、『公法の組織化について』というタイトルの通り、道徳的教義は近代ヨーロッパ社会という諸国民統合体の法である「公法（le droit public）」において規定されるだろう。つまり、法典化される。「精神的権力」を担う選ばれた科学者たちが論理づける道徳的教義を諸国民の間で統一したうえで、「世俗的権力」を運営するための「公法」の中で明示するのである。『ヨーロッパ社会再組織論』では「一般的道徳法典」の編纂であるのに対し、『公法の組織化について』では「公法」の策定というように、一般的社会的規範はもっと進んだ形で法的なレベルで位置づけられている。

どのような国民社会であっても憲法や憲法のような法を持つわけであり、そこでは基本的に諸個人の行動規範のような条項が謳いあげられている。したがって、どのような諸国民による統合体であっても憲法に準ずるような条約を必要とすることになるだろう。

主権国家の時代、諸君主が主権を握ろうとも諸国民が主権を担おうとも、諸国家がその主権を行使するのは自由である。しかし、それではヨーロッパ世界に平和と安定はもたらされないがゆえに、諸国民・諸個人が「ヨーロッパ愛国心」・「公共心」・「道徳的教義」といった一般的社会的規範を持つことに主体的に到達する必要がある。しかし、サン゠シモンは「公法」の中に具体的にどのような条文で一般的社会的規範を規定するのかについては語っていない。

「公法」が包摂するヨーロッパの領域　旧来の宗教を超える道徳的教義に基づいてヨーロッパ社会の近代的再組織が進むのなら、そうした社会は中世のキリスト教勢力圏（ローマ゠カトリック勢力圏）と異なり、多種多様な宗教を包摂するのではなかろうか。再組織されるべき近代ヨーロッパ社会の領域は果てしなく広がる可能性がある。「どこまでの領域」が再組織されるべき「ヨーロッパ社会」であるか、あるいは「誰」が再組織されるべきヨーロッパに生きる「ヨーロッパ人」であるかによって、「公法」の条文のあり方は変わるだろう。

この何度か言及した疑問を考えるために、さきほど引用したつぎの文章に注意したい。「もろもろの宗教は、…〔中略〕…それぞれ異なったやり方で、社会にとって有益な哲学的・道徳的諸原理を具体的に表現し、それら諸原理を普及し、習俗と知識（les mœurs et les lumières）に応じてそれら諸原理を権威づける」のである。要するに、旧来の宗教が近代の一般的社会的規範を普及し、「習俗と知識」、いいかえれば地域の文化的なしきたりや生活様式と、文明なるものを表象する知識という歴史的産物に応じて、一般的社会的規範を「権威づける（autoriser）」。そもそも、憲法のような「公法」のあり方や条文は、それが発効する社会の歴史や歴史的産物の影響を受けるものであり、サン゠シモンはとくに旧来の宗教が持つ歴史への影響力を考慮するのである。それならば、「近代ヨーロッパ社会」は、近代的な一般的社会的規範についての条文が規定された「公法」が発効する領域として、自ずから旧来のキリスト教勢力圏（ローマ＝カトリック勢力圏）に限定されないだろうか。

サン＝シモンは「ヨーロッパ社会」を中世以来の確固とした歴史的産物として考えてきた。そのような「中世ヨーロッパ社会」の「文明と習俗」は旧来のキリスト教（ローマ＝カトリック）の影響を受けてこそ醸成された。ヨーロッパ諸国家の中にはそれぞれの特殊的な文明と習俗が育まれているものの、そうした文明と習俗を超える形で、「ヨーロッパの開化された諸国民（nations）の文明と習俗（la civilisation et les mœurs）には非常に大きな類似性」があるというわけである。

『万有引力の法則に関する研究』によれば、さまざまに分かれた習慣を保持する無数の人びとはまったく同じ政府の下で生きることができないと考えながら、カール大帝はさまざまな特殊的な部族社会の上に一つの「中世ヨーロッパ社会」という一般的組織を設立することに取り組んだという[8]。こうして、旧来のキリスト教（ローマ＝カトリック）を一般的社会的規範にする社会が組織された。ゆえに、サン＝シモンはカール大帝を「ヨーロッパ社会の真の組織者だった」と表現した。カール大帝の努力と「中世ヨーロッパ社会」という存在のおかげで、ヨーロッパの諸国民社会はそれぞれの特殊的な文明と習俗を育みつつも、互いの「文明と習俗」に類似性を持つようになった。つまり、ヨーロッパ社会の一般的な「文明と習俗」と呼びうるものが育まれた。「ヨーロッパ社会」は「公法」が発効する領域として、旧来のキリスト教勢力圏（ローマ＝カトリック勢力圏）に限定されるべきものとなるように思われる。

それならば、中世から近世、そして近代へ、「ヨーロッパ人」とは相変わらずキリスト教徒（プロテスタントを含むローマ＝カトリック教徒）であるべきであり、イスラム教徒をはじめとした異教徒は「他者」と見なされるのだろうか。また、ローマ＝カトリック教会と対立する正教会の信徒たち、とくにロシア人はどのように位置づけられるだろうか。もし、ローマ＝カトリック教徒以外を排除するのならば、近代の一般的社会的規範の基礎となる自然科学の議論と観察方法を前に、旧来の宗教や所与の差異は関係ないという前期思想以来の議論は完全に吹き飛んでしまう。「ヨーロッパ社会」の領域、そして「ヨーロッパ人」の要件をめぐる議論は、やはり最晩年の思想展開を含めて検討せねばならない。

③ 再びの英仏連合論

ナポレオン一世の「百日天下」の中、サン＝シモンの積極的な執筆活動は続く。一八一五年四月、かのバンジャマン・コンスタン（一七六七～一八三〇年）に対し、ナポレオン一世は「フランス帝国憲法付加法」を起草させた。これは、それまでの権威主義的な帝政を改めて、自由主義的な帝政を実現することを目的にするものだった。そして、ナポレオン一世は「付加法」を発効させるために国民投票を実施することと、付加法による新憲法の発布を祝した「シャン・ド・メ会議」をシャン・ド・マルスで開催することを決定した。共和主義者であるカルノーが内務大臣として政府に入ったのは、ナポレオン一世がこうした自由化を約束したからだった。

ところが、一八一五年五月、サン＝シモンは『一八一五年同盟に対してとるべき方策についての意見』を発表し、ナポレオン一世の動きを批判した。「一八一五年同盟」とは、ナポレオン一世の復位に対して結成されたイギリスなどによる対仏大同盟のことだが、これに対抗するという話ではない。

『ヨーロッパ社会再組織論』での「英仏連合論」のように、フランス国民に「英仏同盟（l'alliance de l'Angleterre avec la France）」(9)を選択することを訴えるものだった。

対仏大同盟諸国家を率いるのはイギリス・オーストリア・プロイセン・ロシアの四大列強であり、このうちイギリスだけがフランスと同様に封建体制を解体し、新しい政治・社会体制を築こうと努力してきた。したがって、サン＝シモンによれば、英仏両国だけが同盟を締結できる。また、カルノーへの『公法の組織化について』でも触れられたように、フランス内部の政治的安定は外部の諸外国との平和な関係なくして実現されず、フランス一国だけが自由であろうとすることもできない。そして、英仏同盟が議会制民主主義を運営することが、他のヨーロッパ諸国家の近代的再組織化を後押しする。さらに、経済面においては、イギリスには長らく蓄積されてきた資本があり、フランスには大規模な人口と肥沃な農地が存在するがゆえに、英仏同盟は互いに補い合う関係を築くことができるとも主張された。『ヨーロッパ社会再組織論』に引き続き、英仏間の経済統合の利点が強調された。

サン＝シモンに言わせれば、新憲法が発布されるまで、ナポレオン一世はあくまでエルバ島公国領主であってフランス帝国の元首ではありえず、フランス国民こそが国政運営の責任と主導権を握っている。したがって、フランス国民は新憲法を受け入れることで国家を再建しつつも、「シャン・ド・メ会議」では英仏同盟の樹立を同時に訴えるべきである、とサン＝シモンは明言する。

一八一三年の『万有引力の法則に関する研究』では、サン＝シモンはナポレオン一世に対しイギリスと和解するための決断を求めた。それ以前の著作や論文では、ナポレオン一世に対する好意的な文言を散りばめていた。しかし、『一八一五年同盟に対してとるべき方策についての意見』では、ナポレオン一世のフランス本土への復帰を否定するように、フランス国民に対し決断を求めた。サン゠シモンは一種の「処世術」として大権力者であるナポレオン一世に対し好意的な文言を用いてきたのであって、帝政を基本的には心よく思ってなかったのだろう。

一八一五年六月、ナポレオン一世はワーテルローの戦いに敗北し、七月にはルイ一八世の王位への復帰とともに、表面的には安定した形で、しかし実際にはユルトラと自由主義勢力、あるいはユルトラとボナパルティストの暴力をともなう激しい対立を抱えたまま、フランスの政治・社会体制が再建された。そして、八月には「代議院」総選挙が実施されたものの、ユルトラが圧倒的な勝利を収め、新しい議会は「またと見出しがたい議会（la chambre introuvable）」と呼ばれた。ユルトラが四〇〇議席のうち三五〇議席を占めたからである。このようなユルトラ優位の「またと見出しがたい議会」が出現するや、自由主義勢力が本来議会制度を擁護すべきところ、議会の権限を制限することを主張し、逆にユルトラが議会制度に否定的な態度を捨て、議会権力の拡大を画策するようになった。サン゠シモンにとっては、自由主義勢力の豹変した態度こそが、「自由」のイデオロギー的ないい加減さの証拠だった。こうしてサン゠シモンは「産業史を基礎とした社会史」という歴史観を示しながら、議会制民主主義の自由な社会のあり方についてさらに探究するのである。

2　歴史観の提示：産業発展による歴史の展開と社会

(1)　産業主義へ向かって

①　産業主義の萌芽

前期思想の展開を踏まえ、一八一六年末に始まる『産業』シリーズ全四巻の刊行を通して、サン゠シモンは「産業史を基礎とした社会史」という歴史観から、中世の抑圧的な封建体制の社会に代わって、近代の議会制民主主義の自由な社会を組織するという過程を論理づけ、「産業主義（l'industrialisme）」を形作る。「産業体制（le régime industriel）」という近代的で自由な政治・社会体制を実現するための道程を明示するのである。

サン゠シモン思想の主要な骨格の一つとして見なされている「産業主義」の始まりについては、序章で紹介したブグレとアレヴィの研究などで、一八一六年一二月から一八一七年二月にかけて刊行された三部の論文による『産業（第一巻）』――商業的・製造業的産業と同盟した文学的・科学的産業、または有益で自立的な仕事にたずさわっているすべての人びとのための財政・政治・道徳・哲学についての意見』とされている。しかし、一八一六年八月に開陳された『初等教育協会の総会に提出されたド・サン゠シモン氏の若干の意見』には、「産業主義」の基礎的な考えをすでに見て取ることができる。

一八一五年六月、自由主義経済学者としてナポレオン一世に抵抗してきたジャン゠バティスト・セイ（一七六七〜一八三二年）、自由主義貴族のロシュフーコー公爵フランソワ一二世（一七四七〜一八二七年）、自由主義勢力系の『ル・サンスール』誌を主宰していたシャルル・コント（一七八二〜一八三七年）といった著名な思想家や政治家たちのイニシアティブによって、産業発展のために基礎的な知識を貧困層の子どもたちに教えることを目的にして、「初等教育協会」が設立された。そして、一八一六年八月に「初等教育協会」に送付されたサン＝シモンの意見書こそ、『初等教育協会の総会に提出されたド・サン＝シモン氏の若干の意見』であった。

意見書の中で、サン＝シモンはさらなる産業発展を促すことができるように、まったく何も知らない貧困層よりも、一定の知識を持つ「中流階層（classe moyenne）」[10]に対する教育をより強化すべきと提案した。「中流階層」に対する教育をより強化した方が、フランス社会が必要とする産業発展をより早く進めることができるからである。

このような教育の普及を「博愛的な（philanthropique）活動」と表現するように、「博愛（philanthropie）」というキーワードが重要である。教育の普及によって人びとは能力を向上させることで、置かれた境遇からの自由を得る。そして、人びとが能力を向上させれば、産業発展が促され、労働を基礎とした産業活動が活性化するだろう。それは、人びとにとって、他者に対する道徳的な心情、いうなれば博愛といった道徳的な同胞意識を主体的に得る機会が増えるということである。これ以降、非宗教的道徳といった一般的社会的規範が、どのように醸成されるかがさらに具体的に明示されていく。

「私はまた、あなた方の注意を社会の最低階層の教育だけに向けないよう、あなた方にお勧めします。中流階層の知識を増進させることは、最もやりやすい、最も有益な仕事です。本来、私たちがまず第一に取り組まなければならないのはこの階層の教育である、と私は考えます。私は財産所有者を第一階層、企業を営んでいる人びとを中流階層、労働力しかもっていない人びとを最低階層と見なしております。最後に、みなさん、子供たちの教育を簡単な初等課程だけに限定なさらずに、中等学校の設立も準備するよう、私はあなた方にお勧めします[11]。」

「知識の普及は、人類全体にとっての利益であります。獲得された知識を普及させるために最も適した方法を世間一般に広め教えることは、すべての人間の共通利益に役立つことであり、博愛的な活動を行うことだと言えます[12]。」

労働そのものの重要性ならば『同時代人に宛てたジュネーヴの一住人の手紙』で、経済の重要性ならば『ヨーロッパ社会再組織論』で、それぞれ触れられていた。また、教育の重要性ならば、カルノーへの『公法の組織化について』の中でも触れられていた。カルノーに対し、サン＝シモンは政治科学についての教育機関である公共講座を設立することも提案したのである[13]。サン＝シモンのこれまでの議論も踏まえるなら、人びとは自然科学を学ぶことによってこそ、政治に関することがらを科学的かつ論理的に思考できるようになると同時に、道徳的な心情に主体的に到達することができる。

そして、サン＝シモン曰く、科学的な実証的知識を学んだ若者たちは、議会といった政治的諸制度を「祖国」のものであるという理由だけで受容するのでなく、その知識から見てよいものだと理解できるからこそ大切にするようになる。つまり、一国家・一国民の社会を超えて、ヨーロッパ社会とその政治的諸制度であっても、究極的には現代の国際連合のような国際社会の制度であっても、人びとは大切にするようになりうる。

近世のコスモポリタニズムの時代、さまざまな思想家・哲学者が「祖国」を否定するべき存在として扱ったことについてはすでに触れた。しかし、諸主権国家が分立し、とくにフランス革命後のように主権を持った国民の形成が進むとともに愛国心が称揚されるようになると、祖国の存在を前提としたうえで、諸国民からなるヨーロッパ社会や〝さまざまな祖国からなるヨーロッパ社会〟を構想せねばならなくなった。サン＝シモンは、ヨーロッパ社会と諸国民社会（さまざまな祖国の社会）の間で折り合いをつけられるような方法を導き出そうとするのだった。

さて、科学的視点や実証的知識は、人びとが近代的な一般的社会的規範に主体的に到達するために必要である。同時に、所与の特殊性を超越し、人類という存在を認識するきっかけを得るためにも必要であり、産業発展を促すために不可欠である。そして、産業発展による産業活動の活性化によって、人びとは労働と他者とのコミュニケーションの機会を増やす。このような労働と他者とのコミュニケーションは、人びとにとって、自らの利益が他者を含めた社会のおかげで得られることを理解し、近代的な一般的社会的規範に主体的に到達するために必要である。また、産業発展は封建体制から産業体制への体制変革を促すために必要である。さらに、世界や人類からは分節された形で、ヨーロッパ諸国民全体が封建体制から産業体制へ移行することは、ヨーロッパ社会の近代的再組織に必要である。

サン＝シモンの主な関心は「世俗」に向いているが、その思想活動の中では、「産業主義」を中心にして、〝「精神」と「世俗」〟、〝「政治」と「経済」〟、そして〝「ヨーロッパ」と「世界」〟という三つの〝対立軸〟が巧みに絡まり始めたのであった。

②『産業』シリーズの始まり

サン＝シモンは『産業（第一巻）』の刊行を実現するために、思想家・哲学者に、あるいは銀行家といった経済人たちに「趣意書」を送付し、寄付を募った。ロシュフーコー公爵などの自由主義貴族、ナポレオン一世やルイ一八世の下で財政顧問のような立場にあった自由主義者で銀行家のジャック・ラフィット（一七六七〜一八四四年）、さらにセイといった思想家・哲学者がサン＝シモンに対し寄付し、そのおかげで一八一六年に『産業（第一巻）』は刊行された。まず、「趣意書」の一部を見てみよう。

「私は、宮廷人たちによって、仕事をせぬのらくら者たちによって、貴族たちによって、ぺてん師たちによって、あなた方に対して行われている支配からあなた方を解放しようと企てております。私は合法的で、公明正大な、無害な方法しか用いないことを約束します。私はまた、短期間のうちに、あなた方に第一級の社会的尊敬と公事の指導への大きな影響力を得させることを約束します[14]。」

ユルトラの中心である旧来の封建貴族を「仕事をせぬのらくら者たち（les désœuvrés）」といった表現で批判するやり方は、この後のサン＝シモンの著作でもしばしば見られる。産業とは仕事すること、つまり労働することであり、労働にたずさわらない貴族は「のらくら者」に過ぎない。

サン＝シモンが「合法的で」と記すことにも留意しよう。革命を呼びかけるアジテーションのパンフレットを作成しようというわけでもなければ、ユルトラ優位の議会に対し自由主義勢力のように議会外から暴力的に行動しようと訴えるわけでもない。現行の議会制民主主義の枠内で、社会の近代的再組織を進めるための方法論を平和裏に示そうというわけである。

ところが、残念なことに、『産業（第一巻）』にはティエリが「産業主義」の外枠を示した『政治』は発表されたものの、サン＝シモン自身の原稿は掲載されなかった。したがって、サン＝シモンはティエリの議論を基礎として、新しい『産業（第二巻）』――産業、または有益で自立的な仕事にたずさわっているすべての人びとのための政治的・道徳的・哲学的議論』を構想していく。そして、『産業（第二巻）』で、サン＝シモンの「産業史を基礎とした社会史」という歴史観が明確に開陳される。

この第3章では、サン＝シモンの「産業主義」についてしっかりと議論を進めるため、本書の基本的テーマである「ヨーロッパ」が見えにくくなってしまうこともある。しかし、これは、ヨーロッパ社会の近代的な政治・社会体制としての「産業体制」を明確化するために必要な作業である。「産業主義」の諸要素をきちんと整理しておきたい。

(2) 歴史の探究の結果としての産業主義

サン＝シモンは、産業発展を軸にした社会組織の歴史（＝社会史）を実証的に探究することで、自由の実現に必要な歴史的諸要素とともに、自由社会によって保証される諸事実について光を当てる。このサン＝シモンの「産業発展史観」と呼びうる歴史観はつぎのような要素からなる。なお、これらの要素は、ティエリの『政治』において明示されたものでもある。

1　封建体制下、産業発展による「コミュヌの解放（l'affranchissement des communes）」
2　「産業者」による「自由（政治的自由・経済的自由）」の獲得
3　「自由」の獲得によるさらなる産業発展、さらなる産業発展による自由社会の確立、自由社会

の確立によるさらなる産業発展

4　「自由」と「産業」の相関関係

5　自由な産業体制の成立

では、中世から近代への歴史の展開も確認しながら、サン＝シモンの「産業発展史観」について考察していこう。サン＝シモンによれば、近代以前、人びとが集結する目的は敵と戦うためであった。戦争と軍事は人びとに富をもたらす元であった。封建諸侯は平民（庶民）を守ることができる戦士としての役割を果たすことで、それぞれの封地の支配を正当化できた。筆者も序章で触れたように、中世に「祈る人」・「戦う人」・「耕す人」という三つの身分の違いが存在したことには相応の理由があった。また、「戦う人」は「耕す人」を支配・搾取し、「祈る人」はそうした支配のあり方（封建体制）を容認しながら、此岸（この世）ではなく彼岸（あの世）における幸福を説くだけであった。

一般的に、中世とは、ひとたび天変地異が起きれば収穫を失い、「ペスト大流行」のようなパンデミックどころか日常的な病気にすら対応は難しく、戦争に巻き込まれることによって命を落とす機会があふれている時代だった、と言ってよい。また、人びとは何事にも「自力救済[15]」を求められ、このような世界で人びとは結局、絶対的で超越的な神の力に頼る以外に幸福という願いを叶える術を持たなかった。人びとは此岸（この世）で救いを求めようと救われるわけではない生を全うすることで、存在するのかどうかも不確かな彼岸（あの世）での幸福を望むしかない[16]。

こうして、旧来の宗教は、清貧を説き、さまざまな欲を否定することで、労働を単なる苦行に変えた。此岸における苦行を通してこそ、彼岸における幸福を望むことができるというのである。他方で、旧来の宗教は封建体制の支配構造を正当化する論理にもなった。

しかし、サン＝シモンの議論によれば、「耕す人」、つまり働く人たちの多くは日常生活の中で産業や通商の発展という〝平和な〟行為から富を獲得し始めた。また、産業の発展を促す労働が人びとを「労働者（les travailleurs）」として結集させた。この「労働者」について、すでに触れたように、サン＝シモンは何らかの形で産業にたずさわる人びとという意味で、「産業者（les industriels）」という言葉をやがて用い始める。[17] そして、サン＝シモンによれば、産業の発展に基礎づけられた「産業者」の新しい力こそが、「コミュヌの解放[18]」の原動力になった。

フランス語の「コミュヌ（les communes）」は日本語ではしばしばコミューンと表記され、共通といった意味の他、多数や「庶民」といった意味を持つ。この多数の庶民などが担う〝平和な〟産業の発展、いいかえれば資本主義の成長こそが、ヨーロッパ社会の近代的再組織の障害としての〝軍事的・暴力的な〟封建体制を破壊した。多数の庶民を中心にした「産業者」は支配者によってその富を収奪されるだけの存在ではなくなった。「産業者」は封建体制の解体を促し、封建的支配者からの「政治的自由」と「経済的自由」を得ることで、その地位を上昇させた。共通して労働することに基礎づけられた平等な「産業者」が、自由に産業活動に従事し、自由にその富を得て、さらに自由に新たな産業発展を企てた。まさに、産業発展が自由社会を準備し、自由社会は産業発展を促す。そして、産業発展が自由社会を確立するのである。

ここに自由と産業の、そして自由の実現と社会の近代的再組織の相関関係を確認できる。人間が経済の中で生きねばならない以上、中世の封建体制は近代の産業体制に取って代わられることが歴史の必然的な流れということになる。

中世から近代に向かう歴史観はセイ、コンスタン、シャルル・コント、またシャルル・コントとともに『ル・サンスール』誌を主宰していたシャルル・デュノワイエ（一七八六～一八六二年）といった当時の自由主義者によって発展された。サン゠シモンはこうした歴史観をさらに探究し、「コミュヌの解放」による産業体制の勃興が促した近代の始まりに注目した。こうした歴史観に基づけば、自由の定義づけを目指す「自由の科学」とは、自由と産業の相関関係を科学的かつ実証的な形で理解することである。ゆえに、自由主義勢力が掲げるべきは、産業発展史観から演繹された「自由」であり、「自由」を確立するための産業政策・ヴィジョンである。とくに、産業、つまり「経済」のために、「政治」がどうあるべきかという政治的諸制度をめぐるヴィジョンが重要になる。

サン゠シモンは『産業（第二巻）』の執筆にあたり、「趣意書——産業、または有益で自立的な仕事にたずさわっているすべての人びとのための政治的・道徳的・哲学的議論」を支援者たちに配布した。この「趣意書」の中で、サン゠シモンは産業発展の歴史と自由の実現の相関関係を見ることについて、「要するに、自由がもはや観念的抽象物でなく、社会が架空のロマンでないようにさせること[19]」であると説明した。さらに、「趣意書」には、サン゠シモンが残した言葉としてほとんど唯一、〝世間的に〟知られていると言ってよいスローガンが記された。

「すべては産業によって、すべては産業のために。（Tout par l'industrie, tout pour elle）」

産業発展という資本主義の成長による「経済」のあり方の変容が、「政治」における民主主義的社会の到来を要請し、「政治的自由」・「政治的平等」・「経済的自由」が保証された民主主義的社会でこそ、資本主義はさらなる発展を遂げるといった歴史観は、これ以降、さまざまな思想家・哲学者によって批判的な形で継承される。もちろん、中世の封建体制から近代の産業体制への変容という歴史の流れが事実であっても、一九世紀初頭以降の歴史の中では、資本を独占した資本家層が政治を牛耳るなど、議会制民主主義の自由な社会は簡単には到来しない。また、一つの国民社会を超えて、ヨーロッパ社会でも、イギリスやフランスといった産業力の巨大な国家は多くの利益を得ると同時に、中小国を支配するようになり、やがて統一を果たしたドイツのような新興の産業国家との間で権益をめぐって世界大戦を開始する。資本主義の発展にともなう貧富の格差の問題が、国民社会における諸個人の、そしてヨーロッパ社会や国際社会における諸国民の「経済的平等」とは何かという問題を突きつけ続ける。

『同時代人に宛てたジュネーヴの一住人の手紙』の中で、人間は労働という共通した必要不可欠な行為と他者とのコミュニケーションを通してこそ、互いが共通で平等な人間であることを認識する、という人間モデルがすでに開陳されていた。そして、人間は一般的社会的規範に主体的に到達することができる。サン＝シモンが、このような人間モデルに見られる資本主義の理想と貧富の格差という資本主義の現実の間でどのような折り合いをつけるのかについては、以後の思想展開を待たねばならない。しかし、『産業』シリーズでは、社会の中で産業活動を糧にして生きる人間についての理想は示されている。そこで、こうした産業にたずさわる「産業者」についてもう少し考えたい。近代ヨーロッパ社会が産業体制の諸国家・諸国民から組織されるとき、近代ヨーロッパ人とは「産業者」である。ヨーロッパ社会を担うヨーロッパ人の要件を考えるためには、「産業者」の定義を見直さねばならない。

『産業（第二巻）』の後に刊行された『産業（第三巻）』（一八一七年）と、「産業者」という表現が登場する『産業（第四巻）』（一八一七～一八一八年）なども参照しながら、「産業者」について考察しよう。「第三巻」にも「第四巻」にも、「第二巻」と同じ副題、「産業、または有益で自立的な仕事にたずさわっているすべての人びとのための政治的、道徳的、哲学的議論」がつけられている。また、『産業』シリーズ以降の諸著作も、適宜参照することになる。

(3) 産業体制下における主権者としての「産業者」

①「産業者」をめぐる議論

これまでの議論を踏まえるなら、「封建体制」の中で平民を保護するという名の下に富と利益を搾取する封建諸侯や騎士、そして浪費するだけの封建貴族とは違って、「産業者」とは富と利益を生み出す有益な産業活動（「経済」）に従事するとともに、「産業体制」の民主主義的社会の「政治」を担う人びとと定義してよいだろう。つまり、「主権者」と言えるのではなかろうか。

さきに中世の身分制をめぐるサン＝シモンの考えについて触れたように、戦争が刀剣や槍といった武具を使う点で肉体の鍛錬を要求するものであったとき、それに特化した「戦う人」には「耕す人」を保護する理由があった。保護の代償として、「耕す人」は「戦う人」に従属せねばならなかった。しかし、一八二一年の『産業体制論』によれば、火薬を使った銃火器が発明されると、人びとは自らの手で自らを守ることができるようになった。その結果、「戦う人」は存在理由を失い、単なる無為な職業になった。また、フランス革命をはじめとした市民革命は、市井の人びとが銃火器を持って立ち上がることで完遂された。フランス革命戦争中、ヴァルミーの戦いで、フランス国民軍がプロイセン正規軍を打ち破ったことは、「戦う人」の存在理由がなくなったことを象徴する出来事だった。まさに、封建支配は一切の正当性を失ったのであった。[20]こうして、サン゠シモンはやがて正規軍の廃止と「国民皆兵制度」の必要性を主張することになる。単なる軍隊の廃止論ではない。正規軍は廃止されるが、国民全員が祖国のために犠牲になる覚悟を持つことを迫られる。

それでもなお旧来の封建貴族たちは虎視眈々と復権の機会を狙っており、「またと見出しがたい議会」を出現させた。産業にも社会の発展にも自由の実現にも人間精神の進歩にも役割を果たさない「のらくら者」、あるいは「無為徒食の輩（l'oisiveté）」[21]が社会組織を指導する立場に居座っている。サン゠シモンはこうした状況をやがて「逆立ちした世界（le monde renversé）」[22]と表現する。そこで、社会を変えるためには、人口の少数しか占めず、何も為さない封建貴族たちではなく、人口の大多数を占め、有益な産業活動に従事する「産業者」が政治を担う必要がある。したがって、最晩年の著作の一つである『産業者の教理問答』（一八二三〜一八二四年）の中で、「産業者」をめぐって、サン゠シモンは「産業者階層は国民のうち二五分の二四を占める」[23]と説明する。ざっと九六％ということになろう。もちろん、〝何も為さない貴族〟が問題なのであって、〝有益な産業活動に従事する貴族〟であれば「無為徒食の輩」ではなく「産業者」の一部を占めるだろう。封建貴族の存在そのものが問題なのだとすれば、封建貴族出身であるサン゠シモン゠シモンの自己否定になってしまう。

ただし、サン゠シモンは制限選挙制を支持するように、一九世紀初頭において封建貴族を除いた国民の九六％のすべてが政治に参加することはできないと考える。もちろん、公教育の整備・普及といった施策によって、国民の教育レベルが上昇したとき、有権者の数は拡大するだろう。

また、つぎの二点に注意する必要がある。まず、制限選挙制であろうと、産業者すべてが政治に参加できようと、『一九世紀の科学研究序説』の中で論じられたように、産業者は「指導者（gouvernants）」と「被指導者（gouvernés）」に分けられる。直接民主制であろうと、間接民主制であろうと、政治指導者と呼ばれる人びとの存在が必ず必要になるからである。国民の中には当然優れた能力を持つ人物がいる一方で、そうではない人物もいる。一九世紀初頭という歴史的大転換期において、サン＝シモンは政治指導者が優れた能力を持つ人物たちだけによって担われるべきだと考える。

優れた能力をめぐって、たとえば『ヨーロッパ社会再組織論』の中では、土地という不動産資産を持っていることがあげられた。一九世紀初頭、計算ができる人びとは限られており、財産を保持・管理するどころか、築くこともできない人びとがあふれている。政治を指導する役割を持つ人物にはそれ相応の資質と立場が必要になる。しかし、その地位が封建貴族のように世襲化されてはならない。選挙を通して議員が選出され、国家試験などを通して専門的能力・技術をもって実務を担う官僚が組織されなければならないのである。こうした議論を展開するサン＝シモンこそを「テクノクラート（技術官僚）」の生みの親の一人として位置づける議論がある。[24] もちろん、〝産業者＝テクノクラートそのもの〟では決してないはずである。議員であろうとテクノクラートであろうと、その門戸は産業者全体に開かれており、開かれてなければならない。そして、すべての産業者が議員やテクノクラートになる可能性を持つだけでなく、民主主義的社会の担い手となるためにも、公教育が整備されねばならない。

つぎに、産業が学問活動や芸術活動も含んだ概念として用いられている。産業と聞くと、いわゆる第二次産業に象徴されるような〝ものづくり〟を想像してしまいがちである。しかし、「産業者」には芸術家・作家・詩人・科学者といった知的活動にたずさわる人びとも含まれる。とくに一部の選ばれた科学者などは「精神的権力」の担い手として、一般的社会的規範を論理づける役割を果たすという点で産業に対し有益であり、どのような科学者であっても産業発展のために必要になる技術を生み出す、あるいはクリエイティヴな形で未来予測を語ることができるはずだからである。『同時代人に宛てたジュネーヴの一住人の手紙』の中でも、人文科学者から自然科学者に至るまで、科学者の協力が謳われた。『産業（第四巻）』では、実際的な産業活動にたずさわる産業者が「実践的産業者（industriels praticients）」、知的活動を通して産業に貢献する産業者が「理論的産業者（industriels théoriques）」と表現される。[25]「理論的産業者」と「実践的産業者」の協力あってこその産業の発展と自由の実現である。

② 「産業者」の要件

さらに、「産業者」について考えるには、つぎの点が重要である。自然科学の観察において、科学者をはじめとする人びとがその出自や性別といった所与の特殊性を超越することで人類一般の進歩のために尽くすように、『ヨーロッパ社会再組織論』の中で、サン＝シモンは議員たちにもその特殊的利益の視点と一線を画して、「一般的見地」と「一般的利益にすぐに達することが容易にでき」ることを求めた。公教育が整備されていく中で、すべての産業者はいずれは議員として、あるいは官僚として「指導者」になりうる以上、それぞれの特殊性を超えることで一般性の高みに昇ることができねばならない。

産業者はそれぞれの特殊的かつ職業的な能力自体を政治に活かすことは求められるものの、出自や性別といった所与の特殊性を持つという理由によって政治に参加する資格を得るわけではない。政治に参加するとき、産業者はそれぞれの特殊性を超えねばならない。第2章での議論のように、功利主義的な思考を取り入れながらも、サン＝シモンはルソー的な民主主義観によって「産業体制」の政治を担う主権者のあり方を構想する。

このように、ある産業体制の国民社会の主権者としての「産業者」になるための要件とは、有益な産業活動にたずさわっていて、自らの特殊性である所与を超えることで一般性の高みに昇る能力を備えているということになろう。

もう少し話を広げるなら、有益な産業活動にたずさわっていて、自らの特殊性である所与を超えることで一般性の高みに昇る能力を備えているなら、どんな人であっても「ヨーロッパ社会」の政治を担う「ヨーロッパ人」になりうる。もちろん、ある国民社会の、あるいはヨーロッパ社会の産業者になるためには、社会の中でただ働けばいいというわけではない。自らの特殊性である所与を超えることで一般性の高みに昇り、民主主義的社会の担い手という自覚を持ち、他者を含めた社会の一般利益を考慮することができねばならない。そして、後の「国民皆兵制度」の提案も踏まえるなら、民主主義的社会の担い手である主権者は、その国民社会の、あるいはヨーロッパ社会の、いいかえればその「祖国」の危機に際しては、自らの身を犠牲にする覚悟さえ持たねばならない。

さて、ブルボン家の復古王政が再び始動した時代、一向に安定しない社会を具体的にどのようにして安定させることができるだろうか。サン＝シモンは互いに関連する二つの方向からこの問題に応えようとする。一つ目は、『反対党の結成について』で訴えたように、議会制民主主義を確固たるものにするということである。そのためにもルイ一八世と自由主義勢力の提携が必要になる。二つ目は、「産業史を基礎とした社会史」という歴史観から、国王と提携した自由主義勢力が学習するべき「政治経済学」を確立するということである。〝「政治」と「経済」〟の連関が実証的学問分野として打ち立てられることによって、議会の討論の中で、産業発展に資する政策・ヴィジョンが立案・実現されるような状態が確立されねばならない。

3　解決策の示唆：産業発展史観による「政治経済学」の確立

(1)　ブルボン王家と自由主義勢力の提携

サン＝シモンは、平民らが支持する自由主義勢力がルイ一八世と提携することでユルトラの暴走を抑え、封建体制から産業体制への変革を実現せよと主張する。サン＝シモンによれば、フランス史において、国王と平民は常に提携関係にあった。この提携関係こそがフランス産業の発展を促し、産業発展が平民に自由をもたらした一方で、台頭する平民の支持によって国王は封建貴族を抑えこみながら、その権力の強化に成功してきたという。『産業（第一巻）』から約三年後に刊行される『組織者（第二分冊）』（一八二〇年）の中ではつぎのように指摘されている。

「一一世紀このかた、フランス王家（つまり、この時期以降ずっと王座についてきたブルボン家〔原文ママ〕）は、平民の同盟者であり、貴族ならびにローマ教皇庁に従う僧侶を敵としている。八百年来続くこの同盟は、ブルボン家の利益とフランスの平民の利益を、他のどのような政治的提携――

ブルボン家の側のであれ、平民の側のであれ——も実現しえぬほど、固く一つに結びつけた。[26]」

史実を振り返るなら、中世フランス王国が成立したとき、国王は領土内部では臣下である封建諸侯に対し必ずしも優越的な力を持っておらず、領土外部では神聖ローマ皇帝やローマ教皇に対抗していかねばならなかった。そこで、歴代のフランス国王は、領土内部では地方に散らばる封建諸侯を抑えることで、そして領土外部では神聖ローマ皇帝やローマ教皇に対し「主権」を掲げることで、国家を一元的に支配しようと努めた。

たとえば、ヴァロワ朝期のフィリップ四世（一二六八〜一三一三年）は、フランス王国に対する自らの主権を確立しようとする中で、国内の教会への課税をめぐって、ローマ教皇ボニファティウス八世（一二三五?〜一三〇三年）と鋭く対立した。この対立の際に、自らにすべての臣民の支持を取りつけ、臣民の〝フランス人意識〟を高めるために、聖職者（第一身分）・貴族（第二身分）・平民（第三身分）という三つの身分の代表からなる身分制議会「三部会」を設立した。フィリップ四世にとって、すべての臣民からの支持は強力な武器であった。

この後も、国王は平民を保護することでその支援を受けようとした。平民は王権の庇護下に入ることで封建諸侯や聖職者の搾取と抑圧から身の安全を確保し、代わりに国王に対し富を譲渡しつつも産業を発展させた。こうして、サン＝シモンは、国王と平民が提携関係にあったと考えるのである。また、留意すべき史実だが、フランス革命直前でも、平民（第三身分）にとって第一に闘うべき相手は国王ではなかった。実際にルイ一六世自身はネッケル財務長官らを登用することで国政改革を不十分ながらも試み続けたものの、これを潰したのは「三部会」の聖職者（第一身分）と貴族（第二身分）という特権階級だった。同時代を生きたサン＝シモンのリアルな感覚が反映されているのだろう。

特権階級の牙城になった「三部会」が革命によって廃止された後、「国民議会」が設立された。フランス革命期から第一帝政期へ、政治的諸制度の変容があったものの、一八一四年の王政復古によって、「憲章（一八一四年憲章）」が制定され、制限選挙制に基づく「代議院」議会が設置された。したがって、サン＝シモンに言わせれば、たとえ「白色テロ」が横行する中でユルトラが圧倒的多数を得たからといっても、歴史の進化・産業の発展・自由の実現の象徴としての「議会」を否定し、議会の権限縮小と議会外闘争を掲げるのは自由主義勢力がとるべき態度ではない。にもかかわらず、自由主義勢力は一方で自分たちに都合が悪いという理由で議会を否定し、他方で漠然とした自由を口にするだけである。自由主義勢力は議会に出席することで、不十分とはいえ、周辺諸国家に比べればはるかに民主主義的で進歩的な王政復古期の政治・社会体制をまずは擁護し、そうして議会の議論を通して漸進的に改革を図っていくべきである、とサン＝シモンは考えるのである。

これまでの議論を踏まえるならば、漸進的な改革を促す原動力こそ、さらなる産業の発展である。生産と拡大再生産によって増加する「産業者」の富の力や政治的な力に対し、ユルトラが受け継いだ累代の富の力など限られており、革命によってその政治的な力は一度失われている。

王政復古期の政治状況を見るならば、ルイ一八世自身はユルトラと自由主義勢力の不安定なバランスの上に立っていた。そして、ルイ一八世が実弟アルトワ伯爵らのユルトラと妥協する一方で、自由主義勢力と協力し合うことで、国政改革を進めようと努力したという事実がある。たとえば、ルイ一八世は第五代リシュリュー公爵アルマン＝エマニュエル・デュ・プレシー（一七六六～一八二二年）や、側近であるエリー＝ルイ・ドカーズ伯爵（一七八〇～一八六〇年）といったユルトラと一線を画する人物を閣僚評議会議長（首相）に任命した。ドカーズなどはフランス世論を正しく反映していない「またと見出しがたい議会」の解散を訴え、国政改革の実現と新たな革命の抑制を図った。そうして、実際にルイ一八世が一八一六年九月に「またと見出しがたい議会」を解散するとともに、一八一七年二月には選挙法が自由主義勢力に有利な形で改正された。

サン＝シモンの「産業発展史観」の中で、中世の抑圧的な「封建体制」から近代の自由な新しい政治・社会体制、すなわち「産業体制」への歴史の進化は不可避である。とはいえ、第1章でも考察したように、サン＝シモンは、歴史がある方向に自動的に進んでいくとは考えていない。進もうとする力と戻ろうとする反動的な力の間で必ず対立が生じてしまうがゆえに、「産業者」の主体性が必要になる。一時的に反動的な政治に直面しても、「産業者」は革命ではなく政治改革に積極的なやり方で取り組まねばならない。サン＝シモンは、人びとの精神の進歩と科学の発展、そしてそのときどきの「知の状態」に見合った形で行われる漸進的改革を重視する。機能主義的に考えるのである。

(2) 自由主義勢力が学習するべき「政治経済学」の確立

① 旧来の政治学と政治経済学を超えて

サン＝シモンは「産業史を基礎とした社会史」という歴史観から、自由主義勢力が学習するべき「政治経済学（l'économie politique）」を確立することを主張する。「政治経済学」を学習することによって、自由主義勢力は議会の中で産業発展に資する政策・ヴィジョンを立案・実現でき、やがて自由な産業体制を確立することに成功するという。〝「政治」と「経済」〟という〝対立軸〟をめぐって、サン＝シモンが産業発展による〝「経済」〟の変容が自由の実現をはじめとした〝「政治」〟の変革に連関すると考えたように、こうした連関を反映した学問として「政治経済学」は位置づけられよう。しかし、サン＝シモンが構想する「政治経済学」は、旧来の「政治経済学」や「政治学」と何が異なるのだろうか。サン＝シモンが言うところの「政治経済学」を学習した自由主義勢力は、議会の中で、どのような産業政策・ヴィジョンを打ち出しうるのだろうか。

サン＝シモンが自らの「政治経済学」を構想するにあたって、参照したのはセイの『政治経済学概論』（一八〇三年）だった。サン＝シモンはセイの政治経済学の理論を考察するとともに、その著書『政治経済学概論』を「ヨーロッパにおけるこの科学の最高峰[27]」と見なした。セイは自由主義経済学者としてナポレオン一世に抵抗したり、王政復古期には「初等教育協会」の設立者に名を連ねたり、サン＝シモンの『産業』を刊行しようという計画に対して寄付したりと、フランス社会と産業の発展に尽力していた。サン＝シモンは『産業（第二巻）』で、つぎのように論じる。

「セイ氏が政治学と政治経済学を二つの相異なった別個のものとしていることが、ここにはっきり認められます。他方、彼の著書を読んだ人たち、あるいは彼の公開講義に出席した人たちは、彼が自分の扱っている科学をどんなに重視しているか、そして政治経済学だけが道徳と政治にそれぞれ確実性と実証性とを与えたものだとどんなにしばしば彼が繰り返し述べているか知っています。この矛盾は、著者が政治経済学は政治の真なる唯一の基礎であると漠然と、思わず知らず、感じてはいたものの、十分しっかりと認識してはいなかったことを示しています。なぜなら、彼がそのことを著書の細部で述べているのは事実ですが、一般的考察においてはそうは述べていないからです。[28]」一般的に、セイの業績としてはしばしば「セイの法則」が言及される。この「供給はそれ自身の需要を創造する」という一文でまとめられうる法則は、古典派経済学理論の基礎をなしてきた。経済活動は物々交換として捉えることができ、需要と供給が一致せず、供給が過剰になった場合、供給品の価格が下るため、必然的に需要が増え、その結果、需要と供給が一致する。したがって、需要を増やすことを企図するなら、供給を増やせばよい。産業活動を通して供給を増やすことで需要が増え、さらなる供給がさらなる需要を喚起することで産業は発展する。

サン＝シモンは産業活動による生産の、そして再生産の拡大を通して産業がさらに発展するという歴史の流れから自由の実現について把握し、その中での政治の役割を見い出そうとする。このような〝歴史学者〟サン＝シモンにとって、〝経済学者〟セイの『政治経済学概論』とは、自らの思想と経済のリアリティをつなぐことを可能にした。したがって、サン＝シモンは『政治経済学概論』の経済学的内容の妥当性について議論するわけではない。

中世末期、あるいは近世初期、ニコロ・マキャヴェッリ（一四六九〜一五二七年）は、『君主論』[29]（一五一三年）などの著作を通して、複数の小国に分裂し、侵略にさらされたイタリアの自由を守るために主権論を展開した。マキャヴェッリは可能な最良の「統治」や「権力」のあり方を探究することで、近代「政治学」を誕生させた。これに対し、古典派経済学の始祖であるアダム・スミス（一七二三〜一七九〇年）といった「スコットランド啓蒙派」や、スミスを敬愛するセイといった経済自由主義者は「政治経済学」を打ち立てた。「政治学」が統治や権力の問題を論じるとともに、そうした力によって構築される国家という枠組みを捉えようとするのに対し、「政治経済学」は公正で公平な規則を基礎とした経済市場を中心にして、人びとのコミュニケーションが自律的な市民社会を構築すると定義する。人びとがどのように他者とともに社会を作りあげるかについては、スミスにとって重要な問題であった。たとえば、スミスは『道徳感情論』（一七五九年）の中で、完全に利己的なだけの人間など存在せず、人間同士の「共感（sympathy）」が作用することで社会が成り立つとした[30]。

しかし、サン＝シモンによれば、経済自由主義者たちは「経済」における「政治」の役割を決して明らかにできていない。イギリス人やフランス人にとって、長らく「政治」は、封建貴族が営むがゆえに、平民が担う「経済」を抑圧し、搾取するものでしかなかった。したがって、一八世紀までの思想展開を受け継いだ一九世紀初頭の自由主義の基本的なテーマは、政府とその大きな権力（国家権力）に対抗する市民社会の自由を確立することにあった。

このような「古典的自由主義」は、政府と市民社会の間に対立関係が不可避的に存在することを意味する。中世から一九世紀初頭に至る政治的現実を振り返り、サン＝シモンは「古典的自由主義」のコンセプトそのものについては理解する。イギリス封建体制は、産業の担い手の多数を占めていた清教徒（ピューリタン）による革命を経験した（清教徒革命）。さらに、イギリス封建体制は、アメリカ大陸の一三植民地に育まれ始めていた市民社会を抑圧したことで、アメリカ独立戦争に直面した（アメリカ独立革命）。フランス封建体制は、一七八九年のフランス革命によって解体された。また、フランス革命の後、革命戦争という非常事態だったとはいえ、ジャコバン派政権は独裁化し、恐怖政治の形で市民社会を脅かした。しかも、ナポレオン一世の帝政は抑圧的な側面を持っていた。こうして、政府と市民社会の間には不可避的に緊張関係が生じる。

だからといって、「政治」、いいかえれば「世俗的権力」が存在しない社会などありえない。政府は統治行為によって市民社会を支配し、抑圧する可能性があるものの、まったく存在しないのは困る。旧来の「政治学」を独立した形で学習するのでは権力や統治の問題のみがクローズアップされるがゆえに、「政治経済学」に従属する形で「政治学」を学習せねばならない。こうして、公正で公平な規則を基礎とした経済市場を中心に人びとのコミュニケーションによって自律的な市民社会が構築されるという「政治経済学」を軸にして、産業の発展と市民社会の自由を妨げない可能な最良の「統治」や「権力」のあり方を探究するために、サン＝シモンは「政治学」を「政治経済学」に取り込もうとするのである。

② 産業に対する政治の役割と限界

では、産業体制の政府は何をなすべきであり、何をなさぬべきなのだろうか。また、「政治経済学」に従属する「政治学」とは何だろうか。そもそも、スミスやセイといった自由主義経済学者が政府とその役割をまったく無視したわけではない。たとえば、スミスによれば、政府は防衛、正義の保証と財産の保護、道路や運河といったインフラの整備などの役割を果たすべき存在である[31]。サン＝シモンにとって、「産業者」による社会とは「有益な労働にたずさわっている人びとの全体であり、結合[32]」であり、スミスが提示したような政府の役割は産業と労働に資するものだろう。

とはいえ、このような政府であっても、権力と国家予算を手にしていることで、市民社会を脅かす可能性がある。たとえどんなにそれが産業と労働に資するものであったり、社会のためといった善意であったりしても、前もって与えられた職能を越えようとするとき、政府はやはり市民社会を脅かす存在になる危険性を持つ。したがって、サン＝シモンは「統治は必要である、つまり必要悪である[33]」と明言する。

「産業はできるだけ少なく統治されることを欲する。このためにとりうる手段は一つしかない。できるだけ金をかけずに安上がりの統治をさせるようにもっていくこと、これである[34]。」

しかし、サン＝シモンは、「古典的自由主義」の中で思考される政府と市民社会の間の二元的で対立的な関係については、結局のところ、体制の移行期に生じる一時的なものに過ぎないと見なすに至る。旧来の政治経済学も、権力と市民社会の関係をめぐる政治思想も、一八世紀イギリスの政治的・経済的・社会的諸状況だけを反映しているものに過ぎないからである。封建体制から産業体制への体制変革が真に実現したとき、政府と市民社会は緊張関係を生み出すのではなく、互いに支えあうようにできているという。ここにスコットランド啓蒙派などとの違いが確認される。

もちろん、中世以来の「無為徒食の輩」である封建貴族たちが、一九世紀初頭の近代においてなおも市民社会を脅かしている。したがって、サン＝シモンは、イギリス政府もフランス政府も、近代の民主主義的政府は「封建体制」の「残滓」を一掃する責任を引き受けねばならないとする。政府の権力を必要悪と見なして否定的に扱うだけでなく、産業者が指導する産業体制の政府をしっかりと組織することも重要となる。

つまり、サン＝シモンによれば、「有益な事物の生産者である社会に有益な唯一の人間[35]」が行政府と同様に立法府である議会を構成するのなら、市民社会の政府は真に産業的に、つまり産業体制に相応しいものになるのではないか。そうして「逆立ちした世界」は正常化されるのではないか。

「あらゆる思想とあらゆる努力が傾注されるべき唯一の目的は、産業に最も好都合な組織をつくることです。最も広義に解された産業、つまり理論的ならびに応用的なあらゆる種類の有益な労働、精神的ならびに肉体的労働――このような意味での産業にとって最も好都合な組織とは、有益な労働が妨げられないようにするのに必要な活動と力しか政治権力が持たない政府、働く人びと――これらの人びとの集合が真の社会を形成する――が彼らのさまざまな労働の産物を直接互いに、またまったく自由に、交換できるように万事を取り運ぶ政府、最後に、自分に好都合なこと、自分が欲すること、自分が好むことを知りうる唯一のものである社会が労働の価値と効用との唯一の判定者であるような政府、したがって労働者がその労働の対価そのサービスの報酬――その他どのような名称でこれを呼ぶにせよ――の支払いを受けるのは消費者からだけであるような政府です[36]。」

産業活動と市民社会を脅かさないためにも、近代の民主主義的政府が学ばねばならない「政治経済学」に従属した「政治学」とは「生産の科学（science de production[37]）」である、とサン＝シモンは言う。「生産の科学」に従って、産業に最も好都合な組織としての政府は、産業者の最も有益な活動への障害を取り除くためにだけその政治的権力を行使する。そして、政府は自由を保証するために産業発展に好都合な政策を遂行する。それこそが産業活動という「経済」における「政治」の役割である。また、産業者は政府によるサービスへの対価として税金を支払う。

それでもなお、強大な権力を持つ政府と市民社会の間に何らかの形で緊張関係が生じる可能性を完全には払拭できないだろう。政策決定（立法・行政）・法制定（立法）と執行（行政）から、その担い手である指導者の恣意性を可能な限り排除し、それらを産業に最適なものにするという課題が残っている。したがって、政府を真に産業的に変えるための方策が必要なのである。サン＝シモンにとっては、政府が存在しない社会は存在しないのであり、政府を「必要悪」とし、市民社会の自律性を標榜するだけの自由主義は、観念性が十分に排されているとは言えない。また、政府を否定し、その存在を解体してしまおうとするとき、社会は安定するどころか、むしろ混乱に陥ることになる。

「産業が最も金のかかる行政よりもずっと恐れる一事があります。無秩序がそれです。そして最近の諸事態のうちに、産業は、現に存在している行政府に自らを支える手段を産業が与えてやらなかったら、無秩序は不可避である、ということを見て取りました。それゆえ産業は時代の状況に順応して、問題の解決を後回しにし、まずは自分が犠牲を払い、後でその埋め合わせをする手はずを整えました。[38]」

この後、サン＝シモンの思想活動の中で、ヨーロッパ社会および国民社会の政府は具体的にどのように構成されるべきか、そして政府の業務内容はどのようにあるべきか、という問題は少しずつ探究されていく。

さて、ペレールによれば、セイはサン＝シモンの『産業（第二巻）』について「活き活きとして明確で、素晴らしい諸原理」だと評価したという。また、セイはサン＝シモンについて「公共についての真の友人」と呼んだという。[39] セイの『政治経済学概論』という経済のリアリティを扱った著作を通して、サン＝シモンが産業の発展を中軸とした社会の進化という自らの歴史観を補強しようとしたのは確かである。そして、サン＝シモンは『産業』シリーズ以降、その産業主義を独自の形でさらに発展させるのである。

③ 君主制の将来

イギリスの思想的傾向やイギリスの政治を重視する、あるいは好意的に見るサン＝シモンの態度を振り返りながら、プロシャソンはその「イギリス贔屓（趣味）（anglophilie）[40]」を指摘する。

しかし、サン＝シモンにとって、イギリスは体制の変革期に参照しうる最適なモデルであって、社会の近代的再組織化の終着点ではない。イギリスが他のヨーロッパ諸国家・諸国民に比べて先進的であるとはいえ、「逆立ちした世界」の中になおもとどまっているからである。そうした状況に応じて、スコットランド啓蒙派といった自由主義者たちは政治経済をめぐる思想、あるいは権力と市民社会の関係をめぐる思想を発展させた。一八世紀よりも人間精神が進歩し、産業活動を軸にした社会のあり方が変容した一九世紀初頭においては、それに相応しい〝「政治」と「経済」〟の考え方があるだろう。サン＝シモンがイギリスを賛美する一方ではないことに注意が必要である。そして、この後、サン＝シモンのイギリスに対する態度はもう少し冷静で、より批判的なものに変化する。たとえば、『産業（第三巻）』の中で、サン＝シモンは、中世の「封建体制」から近代の「産業体制」への移行期に存在する過渡的体制（le régime transitoire）としての「代議制的君主制（la monarchie représentative）」が必要だとし[41]、一八一九年の『組織者（第一分冊）』の中で、イギリス政治をそうした「過渡的政体（constitution transitoire）」とはっきりと見なしたのである[42]。

サン＝シモンは一つの国民社会であろうと、一つのヨーロッパ社会であろうと、ひとまずは君主が存在せねばならないことについて、〝「一般性」と「特殊性」の対比〟という科学的視点から論理づけた。王政復古期において、一種の処世術として、君主制に妥協的だったという見方もありえよう。では、人びとが教育を受け、その科学知を増大させることで「知の状態」を高めたとき、「王」という地位の廃止もありうるのではないか。『産業（第三巻）』によれば、サン＝シモンは体制変革を実現するとき、つまり産業体制が確立するとき、君主制の廃止を「子孫に与えられた仕事[43]」になると考えている。

前期思想を振り返るなら、王権が「受動的王権（世襲的王権）」と「能動的王権（行政的王権）」に分割され、王が名誉や尊厳といった前者を引き受けるのに対し、首相や宰相（イギリスでは「第一大蔵卿」）が執行権や立法権といった後者を担うことで君主制は安定する。それならば、君主制が廃止された後の共和制では、唯一の大統領が存在しても、その権力を肥大化させないように、実務的な権限を首相や宰相に委ねるということはありうるだろう。しかし、サン＝シモンのすべての著作や論文の中で、社会の近代的再組織化の終わりについて確かな形で知ることはできない。

さて、サン＝シモンは思想活動の中心的なテーマを「精神」から「世俗」へ移行したものの、「世俗」にだけ目を向けていたわけではなかった。とくに、一八一七年九月から一〇月にかけて刊行した『産業（第三巻）』（第一分冊から第四分冊）の中で、社会を組織するための一般的社会的規範のあり方について、「世俗」の諸事象を観察することでさらに具体化する。

「精神的権力」の担い手たちは、人びとに一般的社会的規範について伝える。では、人びとは主体的にそのような一般的社会的規範に到達していった後、「世俗的権力」を備えた社会のさまざまな問題に対し、どのように行動することが求められるだろうか。議会制民主主義を確立するといった政治的諸問題はどのように解決されるだろうか。貧富の格差といった経済的諸問題が解決されることで、多種多様な他者同士が共生するような社会はどのように組織されるだろうか。そして、さまざまな利害を持った諸国民は、平和なヨーロッパ社会を組織するという方向にどのように進んでいくことができるだろうか。一つの国民社会を超えて、「ヨーロッパ」について念頭に置きながら、サン゠シモンは「精神的なるもの」の位置づけを重視して思想活動を進めていく。

第2節　政治は道徳の一帰結であるということ

『産業（第二巻）』から『産業（第三巻）』へ、中心的に扱われるテーマが「世俗」から「精神」に近いものに移行するのにともなって、サン゠シモン自身にも大きな変化が起きた。一八一四年の『ヨーロッパ社会再組織論』の執筆・刊行以来、片腕であったティエリがサン゠シモンの元を去った。『ヨーロッパ社会再組織論』についてはティエリが文字に起こし、『産業（第二巻）』についてはティエリの『政治』（『産業（第一巻）』に所収）が基礎となっていた。ティエリなくしてサン゠シモン思想の前期思想から後期思想への発展はなかったと言ってよい。とくに、〝歴史学徒〟ティエリなくして、サン゠シモンのいわゆる「産業発展史観」という名の歴史観は明確化されなかったにちがいない。

その後、ティエリに代わって、サン゠シモンの元には新たな片腕としてオーギュスト・コントが現れた。[44]「社会学」の創始者の一人として見なされており、科学の進歩を神学的・形而上学的・実証的の三段階に区分し、実証的な社会観察としての社会学が発展する礎を築いた。さらに、最終的には宗教の探究に至り、すべての宗教を超える「人類教」の必要性を説いた。

　サン＝シモンの前期思想の中で、一般的社会的規範は最初に哲学的性格を帯びて現れ、つぎに科学的性格を帯びて議論され、それから宗教的性格を帯びることになるものの、最後は堕落するとされた。そして、中世のキリスト教（ローマ＝カトリック）がその権威を失墜させた時代、サン＝シモンはすべての宗教を超える宗教的性格をまとった非宗教的道徳が必要であると論じた。サン＝シモンとコントが師弟関係にあったことは研究者の間ではよく知られているが、この二人の関係についてはさらに議論されて然るべきかと思われる。とはいえ、これは本書のテーマではない。サン＝シモンはティエリとともに「産業史を基礎とした社会史」という歴史観を打ち出すことで、産業体制の社会のあり方を構想した後、オーギュスト・コントと出会ったあたりで人びとの統合に必要不可欠な「紐帯」として、一般的社会的規範のさらなる探究に軸足を動かす。それはちょうど『産業（第二巻）』と『産業（第三巻）』の中心的なテーマの違いでもあった。

　自然科学の議論と観察方法から一般的社会的規範を探究することを中心にした前期思想を踏まえ、サン＝シモンは社会の具体的な政治的・経済的諸問題を前に一般的社会的規範がどのような役割を果たしうるかを探究していこうとする。そして、サン＝シモンは思想活動の中で相変わらず「ヨーロッパ」という問題意識を念頭に置いている。

　さて、『産業（第三巻）』の「趣意書」の中で、サン＝シモンは近代に相応しい一般的社会的規範を「地上の道徳（la morale terrestre）[45]」と表現する。また、『産業（第三章）』の本体の中で、「地上の道徳」が近代の政治のあり方を規定する、つまり「政治は道徳の一帰結」と主張する。この主張には、政治（＝「世俗」）の諸問題を考えるには、何よりもまず人びとの「紐帯」である一般的社会的規範、つまり道徳（＝「精神」）が必要である、という考え方が明確に表されている。まずは、サン＝シモンが語る「地上の道徳」について考察していこう。

1　産業体制の社会における紐帯

(1)「天上の道徳」から「地上の道徳」へ

一八一七年初夏から真夏にかけて、つまりオーギュスト・コントと出会った頃、サン＝シモンは『産業（第三巻）』の「趣意書」をシャトーブリアンといった当時の有名な作家や思想家、企業家・銀行家たちに送付した[46]。趣意書の中で、サン＝シモンは「良い考え（une bonne idée）を発見したと思う[47]」と記した。その「良い考え」として、サン＝シモンは一九世紀の思想家・哲学者たちが「地上の道徳」の体系を組織し、「実証的思考（idées positives）の百科全書[48]」を編纂することを目的にして最も優れた産業者と協力し合わねばならないと主張した。なぜならば、一八世紀の思想家・哲学者たちが神学体系を完全に解体してしまったからである。こうした認識は前期思想でも見られた通りである。また、前期思想でも提案された「百科事典」を編纂しようという計画については、思想家・哲学者たち（「理論的産業者」）だけの協力ではなく、最も優れた産業者（「実践的産業者」）も含めた協力が必要であることが説かれている。

ところが、「地上の道徳」という表現を用いたことで、サン＝シモンは大きな批判にさらされた。『同時代人に宛てたジュネーヴの一住人の手紙』以来、サン＝シモンは神と人間の関係性にしか触れない旧来の宗教を一貫して批判し、近代に相応しい一般的社会的規範を科学的かつ実証的に打ち立て、個人と個人の関係を新たに規定するべきだと主張してきた。現実の社会の中で、労働するという共通性によってこそ、人間は互いに共通性と平等性を持った存在であることを認識する。また、労働と他者とのコミュニケーションを通して、富と利益を得るとともに、他者との関係を実証的かつ経験的「知」として理解することで、他者を含めた社会に対し道徳的になるだろう。このような議論の延長として、『産業（第三巻）』の「趣意書」では、「天上の道徳（la morale céleste）」としての旧来の宗教に対して、近代の「地上の道徳」という表現が用いられた。

そして、『産業（第三巻）』（第一分冊から第四分冊）のうち、サン＝シモンは『道徳について』と題された「第四分冊」「第三考察」の中で「地上の道徳」を再び扱う。また、さきほど紹介した「政治は道徳の一帰結である」という表現を用いるに至る。

「あらゆる時代とあらゆる国民を通じて、社会制度と道徳的理念の間には一定の対応関係が見出される。これをもってみれば、道徳と政治の間に因果関係が存在することは疑いえない。」

「政治は道徳の一帰結である。」

「政治は道徳から派生するものであり、一国民の諸制度は道徳的理念から生み出されたものにほかならない。[49]」

社会が多種多様な人間による人的共同体である以上、さまざまな利害を抱えた人間同士を結びつけ、その関係を円滑にするものこそ道徳である。さらに、政治は多種多様な人間同士の利害対立といった諸関係を整序するために、その時代の一般的社会的規範という道徳のあり方に倣うからこそ、「政治は道徳の一帰結」なのである。

前期思想では、知的に未開な状態において一般的社会的規範であったキリスト教（ローマ＝カトリック）の教えは、封建体制を維持するのに好都合であったとされた。したがって、一般的社会的規範がキリスト教の教えから宗教的性格をまとった非宗教的道徳に移り変わるなら、人びとは封建体制を抜け出し、新しい近代的な政治・社会体制に、つまり産業体制に社会のあり方を変えていく。こうして、『産業（第三巻）』は、「精神的権力」の近代的再組織が行われなければ、「世俗的権力」の近代的再組織も行われないことを再確認するのだった。また、産業をきっかけに生まれ、産業体制を維持するものなので、「地上の道徳」は「産業的道徳（la morale industrielle）」とも表現されている。[50]

一つの国民社会を超えて、諸国民によるヨーロッパ社会の近代的再組織を念頭に置いていることもあり、サン＝シモンはつぎのようにも記す。「諸国民相互の関係をより良識的な、より友愛的な基礎の上に築きあげなければならない」がゆえに、近代ヨーロッパ社会の再組織のためには、「道徳的理念の体系全体を改訂しなければならない」。「要するに、天上の道徳から地上の道徳へと移らなければならない[51]」。ヨーロッパ社会の近代的一般的社会的規範も「地上の道徳」なのであって、「天上の道徳」、つまりキリスト教のような旧来の宗教ではない。

ところで、サン＝シモン主義者第一世代の一人で鉱山技師であったアンリ・フールネル（一七九九〜一八七六年）によれば、『産業（第三巻）』とつぎの『産業（第四巻）』の「第一部」はオーギュスト・コントが執筆したという。[52]同時代人が言うことであり、信ぴょう性がないわけではない。これに対し、ユバールは『産業（第三巻）』だけをオーギュスト・コントが執筆したとする。[53]さらに、二〇一三年に刊行された最新の著作集には、『産業（第三巻）』全体がサン＝シモンのものとして掲載された。いずれにせよ、どこまでオーギュスト・コントがかかわったのかを、簡単に判断することはできない。

オーギュスト・コントが深くかかわったとして、その内容にサン＝シモンが一切関知しなかったということはないだろう。前期思想の内容が繰り返されるとともに深められている点で、サン＝シモンがオーギュスト・コントを指導したのは間違いない。グイエなどは「コントが書き、サン＝シモンがしゃべる」[54]と表現した。マニュエルはサン＝シモンとオーギュスト・コントの関係をマルクスとエンゲルスの関係のように例えた。[55]エンゲルスなくしてマルクス主義は生まれなかったと言ってよいが、オーギュスト・コントなくしてサン＝シモン主義もまた生まれなかったにちがいない。

たとえオーギュスト・コントが執筆したものであっても、サン＝シモンの名前によって『産業（第三巻）』が刊行された以上、批判の矢面に立たされたのはサン＝シモンだった。たとえば、旧来の宗教への批判につながる「地上の道徳」という表現について、『ジュルナル・デ・デバ・ポリティック・エ・リテレール』紙[56]や『ル・コンスティチュシオネル』紙[57]といったメディアが批判的な論評を掲載した。[58]また、多額の寄付をしてきたロシュフーコー公爵などはサン＝シモンに絶縁状を叩きつけた。『ジュルナル・デ・デバ・ポリティック・エ・リテレール』紙が一八一七年一〇月二五日付けの記事でこの絶縁状について伝えると、[59] 一部の寄付者・支持者はリシュリュー公爵内閣の警察大臣を務めていたドカーズ伯爵に、サン＝シモンとの交際に関する説明書を送付した。世の中の風潮に抗って、宗教批判を繰り返すサン＝シモン（およびオーギュスト・コント）の一味と思われたくない寄付者・支持者は、マニユエルが言うところの「寄付者の反乱[60]」を起こしたのだった。とはいえ、ラファイエット侯爵のようにサン＝シモンに共感した寄付者・支持者も存在した。アメリカ独立戦争の英雄は、世の中の風潮がどうあろうとその身がいちいち脅かされないということだろう。

(2) 「地上の道徳」は現世的なものか

「寄付者の反乱」が起きたのは、第一に、サン＝シモンがもはや無名の存在ではなかったことが原因である。何らかのヴィジョンを開陳すれば、新聞などで取りあげられ、ときには批判されるような存在になっていた。『産業』シリーズの刊行にあたって、さまざまな人びとからの寄付が集まったのはその証左である。サン＝シモンは、カール大帝が遠い先祖であることや、『メモワール』の第二代サン＝シモン公爵ルイと同族であることを持ち出さなくてもよくなっていた。また、「地上の道徳」への大きな批判によって、極めて不運な形ではあるものの、サン＝シモンはいっそうその名前をもって何者であるかを判断してもらえるような思想家になっていく。

つぎに、ブルボン家の復古王政が再び始動し、ユルトラが議会で多数を占める中、キリスト教に対し批判的な文言をぶつけることが忌避されるようになっていたことも原因である。

フランスでは、キリスト教は革命前からその権威を失墜させ、革命中には革命政府から財産の没収といった形での弾圧を受けた。ナポレオン一世はローマ教皇との和解を実現したが、キリスト教が再び革命前のような特権を持つことはなかった。ところが、王政復古によって、国政全体が一気に保守化し、キリスト教を真正面から批判することを躊躇うような風潮ができつつあった。しかも、一八一四年の「憲章」には、「ローマ＝カトリックは国家の宗教である」（第六条）という規定が盛り込まれた。また、革命期の大混乱を経験した人びとにとって、神やキリスト教が心の拠り所になっていた。にもかかわらず、サン＝シモンはキリスト教に直接的に喧嘩を売った。

さらに、ナポレオン一世の帝政期に新興貴族や新興産業資本家などが金という現世的利益を背景に、大きな力を持つようになったことにも留意したい。サン＝シモンは『ヨーロッパ社会再組織論』の中で、旧来の名門貴族と帝政期に出てきた新興貴族の対立について触れていた。こうした新興貴族などの「成金」や「成り上がり」が社会を動かし始めたという社会状況への批判的な目が、サン＝シモンの宗教批判にも向けられてしまったわけである。

たとえば、さきほどの『ジュルナル・デ・デバ・ポリティック・エ・リテレール』紙などは、サン＝シモンの「地上の道徳」をめぐって「あまりに明確ではない」としたうえで、「サン＝シモン氏は実証的で現世的なもの以外に何も欲しない」と批判した。もちろん、一八一三年の『人間科学に関する覚書』など、サン＝シモンは旧来の宗教を歴史的に見ながら科学として捉えつつも、近代の非宗教的道徳に宗教的性格が必要になると論じ続けてきたのであって、現世だ金だと刹那的に語ってはいなかった。しかし、その頃にサン＝シモンの好意的な読者はほとんど存在しなかった。サン＝シモンは『ヨーロッパ社会再組織論』やその後の『産業』シリーズの刊行によって新たな読者や支援者を獲得できたため、そうした読者や支援者のほとんどはかつての著作の内容を承知しておらず、「趣意書」を含む『産業（第三巻）』の内容に衝撃を受けた。こうして、サン＝シモンと読者の間に誤解が生じたのだろう。「政治は道徳の一帰結」というときの「道徳」、あるいは道徳的な心情や態度をめぐって、サン＝シモンは、諸国家・諸国民による近代ヨーロッパ社会であればロマン主義的思潮の影響を受けて「ヨーロッパ愛国心」（『ヨーロッパ社会再組織論』）、イギリス政治であれば「公共心」（『反対党の結成について』）、『産業（第三巻）』では「地上の道徳」とそれぞれ呼んだ。このように、サン＝シモンが用いる表現は絶えず変わる。そして、さまざまなヴァリエーションがあるにもかかわらず、時代に見合った「精神的権力」が論理づける「精神的なるもの」が「世俗的権力」を備えた社会のあり方を導いていく、という考え方自体は揺るがない。

では、「政治は道徳の一帰結」と言っても、「世俗」における〝「政治」と「経済」〟に対し、「精神」としての道徳はどのような役割を果たしうるのであろうか。一つの国民社会の諸問題に対し、そしてヨーロッパ社会の諸問題に対し、道徳が果たしうる役割について確認していきたい。

2　国民社会と「地上の道徳」

（1）　産業発展と貧富の格差の解消

王政復古による政治的安定期とは、「貧富の格差」の問題が徐々にクローズアップされ、「経済的平等」をどのように確保するのかが問題になり始めた時代であった。したがって、サン＝シモンは、一般的社会的規範に到達した人びとが社会を守るために具体的な行動に向かうべきことを要求する。

産業が大いに発展する「産業革命」は、フランスではサン＝シモン死後の一八三〇年代に展開される。「貧富の格差」の拡大と「資本家（ブルジョワジー）」による富の独占、さらに富を背景にした「資本家」による権力奪取は、一八三〇年代以降に現実的な問題になる。とはいえ、サン＝シモンが生きた時代には、一八三〇年代以降に発生する問題の一端が見られたのである。

さて、ヘーゲルが指摘したように、諸個人の経済的利益の追求の中で、市民社会は「人倫の喪失態（der Verlust der Sittlichkeit）」[61]に陥る。それでも、人びとが利益を得たい、そして豊かになりたいという欲望を持たなければ、産業・経済活動は展開しない。そもそも、利益を得たい、そして豊かになりたいという欲望は人間の消え去ることのない本性だろう。だからこそ、資本家がエゴイスティックに富の拡大に励み、これを独占することは避けられない。しかし、人間の本性だからといって資本家による富の独占を放置し続けるなら、社会を組織するのは不可能である。公教育の整備が進み、人びとの知的レベルが高まるまでの民主主義のあり方として、サン＝シモンが制限選挙制を志向したように、人びとの間には能力の差異が存在する。富を築くことに長けた人びとは資本家になることができ、そうでない人びとは貧困にあえぐ。産業発展は資本家などの富裕層と、労働者を中心にした貧困層の間に貧富の大きな格差を生み出す。このような格差がやがて社会を引き裂く。こうして、社会主義は、貧富の格差の改善を通して社会の一体性を構築していくことを目指す思想体系として、一八三〇年代の社会の現実の中で生まれる。

また、一八三〇年代以降の思想家・哲学者たちは、富を独占する「資本家（ブルジョワジー）」と富を持たない「労働者（プロレタリアート）」を区分して考えた。そして、マルクスとエンゲルスの共産主義、あるいはマルクス主義は、「労働者」による革命と平等社会の実現を構想した。さらに、「労働者」によるすべての権力の掌握（「プロレタリアート独裁」）の名の下で、議会制民主主義が否定されるとともに、指導者層による独裁が正当化されるようにもなった。他方で、プルードンらから始まる無政府主義（アナーキズム）は、こうした共産主義を権威主義と批判して、さまざまな小共同体の連合や相互扶助社会といった理想を掲げた。これらのような一八三〇年代以降の社会思想に対し、サン＝シモンらの「空想的社会主義」、あるいは「初期社会主義」が影響を与えたことは確かであろう。しかし、サン＝シモンにとって、あらゆる人間は労働にたずさわる「産業者」として基本的には一体だった。

では、どのように貧富の格差を解消することによって、「経済的平等」を実現するとともに、社会の一体性を構築していくことができるだろうか。ここで、一八一五年の『初等教育協会の総会に提出されたド・サン＝シモン氏の若干の意見』を振り返ってみたい。

「フランスにおける初等教育協会は真に博愛的な活動を行っているのです」

「フランス国民の現在の目的は何でありましょうか。その目的の追求において国民を助けるために、初等教育の方法をどのように利用できるでしょうか。」

「何よりもまず第一に、フランス国民は、現在おわなければならぬ大きな負債、耐えなければならぬ大きな債務を持っています。国民はそのことを自覚しています。また国民は、労働と産業によってこそ、富を生み出し、負債を支払えることも知っております。それゆえ、フランス国民の目的は、産業です。[62]」

「負債」とは、ルイ一八世のフランス王国がナポレオン戦争をめぐって対仏大同盟諸国と取り決めた賠償金のことを指す。国家・国民が現時点でどんなに莫大な負債を抱えようと、産業発展を通して経済規模を拡大していけば、自ずから処理できる。第2章で触れたように、イギリスはナポレオン戦争までに抱えた莫大な負債を一八三〇年代以降の大規模な産業発展によって解消することに成功する。また、『産業（第四巻）』の中で、サン＝シモンがスミスを引き合いに出しながら明言するように、「富裕になる唯一の方法は生産すること[63]」なのである。しかし、問題は、莫大な負債を埋め合わせられるほどに増大した国富をどのように貧困層にまで行き渡らせるかである。経済が成長すればするほど、もともと資本を持つ富裕層に富が偏在するがゆえに、「貧富の格差」が生じる。

貧富の格差の改善をめぐっては、経済に対する政府の積極的な介入を進める方法がある。市場に規制をかけ、労働者の所得を保証し、さらに富裕層から貧困層への再分配を進めるのである。しかし、サン＝シモンはあくまでも市場に対し問題解決を委ねようとする。産業発展によって、社会の富全体が増加すればするほど、たとえ貧困層の境遇であっても少しずつ改善していくと考えるからである。たとえば、『産業』シリーズの刊行が終わった頃、未刊とはなったが、『産業の政治的利益』（一八一八年）と呼ばれる一文の中で、サン＝シモンはつぎのように指摘する。

「われわれはみなそれぞれ、自分の境遇をよくしようとする欲求に動かされている。これが、結局のところ、さまざまな名の下に、さまざまな異なった形で、何の生活手段も持たない者から最もくだらぬ気まぐれを満足させるのに必要なものを持った者に至るまで、すべての人びとを導いている原則である。万人の境遇の改善を唯一かつ直接の目的にする産業体制は、それゆえ、そのこと自体によって、人間の本性に最もよく合致する。…〔中略〕…ごくわずかな財産しか持っていない人でも、今日では、非常によい食事をし、非常によい服装をし、かつては王しか住めなかったような非常によい家に住んでいる。さらにそのうえ、われわれの祖先がまったく知らなかった無数の便利で快適な品物を産業の進歩がわれわれに与えてくれたのである！」(64)

二一世紀の今日に置き換えてみるなら、日本を含む先進国での貧困と発展途上国での貧困は、その中身が大きく異なる。先進国での貧困とアジアやアフリカの最貧国での貧困であれば、比較しようのない絶望的な差異が存在する。歴史的に見れば、中世の農業社会から近代初頭の産業社会黎明期へ、産業発展の中で、社会の富全体が増加する中で、人びとの生活は漸進的に改善され、〝絶対的〟な貧困が解消してきたことは理解できる。それでもなお、一つの国民社会、あるいは一つのヨーロッパ社会の中で、富裕層に対する貧困層の〝相対的〟な貧困をどのように解消するかという問題が残る。これについて、サン＝シモンはやはり政府の権力による作用ではなく、一般的社会的規範が政治的・経済的諸問題に対して果たす役割を思考するのである。

(2) 政治の役割よりも道徳の役割を重視すること

サン＝シモンは産業資本家などに対し、「経済的平等」を可能な限り確保しつつも、「経済」の秩序を守り、社会そのものの維持に努めることも要求する。前期思想以来の議論、そして「地上の道徳」が打ち出された『産業（第三巻）』の議論や、これに続く『産業（第四巻）』の議論などから考察するなら、つぎのようなサン＝シモンの三つの視点を捉えることができる。

1　政府の権力の肥大化への懸念

2　産業と労働を通して理解する人間同士の共通性と平等性、あるいは獲得する自由

3　富裕層が労働と生産にたずさわる必要性

『産業（第二巻）』で、サン＝シモンは産業体制の政府のあり方として「少なく統治する」ことを提案した。富裕層から貧困層に再分配を行おうとすれば、税金は自ずから重くなり、さらに政府の役割も増大するが、「少なく統治する」ことを産業にとって適切だと考えるサン＝シモンにとって、課税による再分配を優先するという考えはありえなかった。「貧富の格差」の改善という善意をともなっていても、予算を持って肥大化した政府には市民社会を脅かす存在になる危険性がある。

また、人びとは、自由に発展する産業の中で労働し、他者とコミュニケーションをとることでこそ、互いに平等で、共通した人間であることを理解する。『同時代人に宛てたジュネーヴの一住人の手紙』など、前期思想の中で、サン＝シモンはこれを強く主張してきた。さらに後期思想に至って、人間が産業発展の中で多くの自由を得てきたという歴史観を披瀝しながら、産業と自由の歴史的な相関関係を指摘した。つまり、サン＝シモンによれば、人間は労働を通して富と利益を獲得する経験を持つことによって、自分自身の欲を満たすとともに、封建体制から産業体制への体制変革を志向するようになった。貧困層であっても自らが万人と共通で平等な人間であることを理解しながら、真に自由を得ようと欲するなら、まずは労働を通して富と利益を得る経験を持つ必要があるだろう。したがって、『産業（第四巻）』の中で、サン＝シモンはスミスらの「政治経済学」の思想を相変わらず旧来の封建体制への批

判として扱いつつも、「国民社会（association nationale）をば、社会の各成員にその投資に応じてできるだけ最大の裕福と安楽を得させることを目的にする産業的企業と見なす準備をさせている」[65]ものと表現する。つまり、富と利益を得る幸福という経験なくして、人びとが抑圧的な封建社会から自由な産業社会への体制変革の必要性を理解することはない。そして、体制変革の結果、産業体制の国民社会では、「産業者」はすべて等しく富と利益を得られねばならないのである。

さらに、産業と労働とそこでの他者とのコミュニケーションによってこそ、人間は、産業体制の社会における宗教的性格をまとった一般的社会的規範である非宗教的道徳に主体的に到達できる。こうした産業活動をさらに活性化させるめには、人びとに対する教育の機会が必要だからこそ、『初等教育協会の総会に提出されたド・サン＝シモン氏の若干の意見』の中で、サン＝シモンはセイらの初等教育協会の活動を「博愛的な活動」と評価した。教育と労働の機会の拡大は、大部分の諸個人に対しすでに存在しているヒエラルキーから自由に逃れる可能性を与える。

では、政府自体は何を行うべきだろうか。後ほど議論する一八二一年の『産業体制論』によれば、港湾や運河の整備などといった産業の発展に資することに予算を投下し、産業活動を活性化するとともに雇用を増加させることで、公教育を受けた貧困層の自立を促していくことができるという。まさに、産業発展を促し、経済のパイを増大させ、雇用を生むための公共投資である。サン＝シモンはやはり自由と産業の相関関係に力点を置くのである。そして、やがて最晩年の著作である一八二五年の『新キリスト教』の中で、サン＝シモンは産業の発展を基礎として生まれる新しい体制である産業体制の一般的社会的規範について、「最も貧しい階級の境遇をできるだけ速やかに改善する」[66]ことを目的にするものと高らかに謳いあげることになる。

だからこそ、一般的社会的規範の下で、資本家は富を独占して守り通すことで快楽を得たり、その力をもって政治を牛耳るのではなく、さらなる産業発展によって社会の富全体を増加させるために、自らの富を投資に用いることで労働し続けることが求められる。また、資本家の投資がムダにならないためにも、公教育の整備が必要である。公教育は労働者に新たな知識を与えるとともに、やがて資本家となっていく可能性を拓くものにもなりうる。

そもそも、中世以来、平民たちによって要求され続け、「人権宣言」でその不可侵性が謳われた「所有権」を尊重するなら、政府は有産者・資本家に対し財産の利用を強制できない。したがって、『産業（第四巻）』の中で、サン＝シモンは「解決されるべき最も重要な問題は、われわれの考えでは、財産は社会全体の最大の福祉のために、自由と富の二重の観点から見て、どのように設定されなければならないか」[67]であると指摘する。そして、「少ない統治」の中で実施可能な政策を提案する。[68]もちろん、「自らの労働によって財産を生産的に用いている者は、公益が財産所有者に課した義務を果たしている」[69]ので、どのような政策が実施されようと、最終的には財産所有者が一般的社会的規範の下で社会の富全体の増加のために具体的かつ積極的に行動していくことが必要になる。決して権力による強制であってはならない。

人びとの積極的な行動をめぐる議論は一つの国民社会の諸問題を超えて、もちろんヨーロッパ社会の諸問題に向けられる。サン＝シモンは近代的に再組織されるべきヨーロッパ社会について語ろうとするのである。

3　国民社会・ヨーロッパ社会・国際社会・地上の道徳

(1)　保護貿易から自由貿易へ

①　自由貿易によって促される社会の近代的再組織

自由貿易による相互依存体制　一般的社会的規範についての思考を軸にして、サン＝シモンは領域内の「自由貿易」を原動力にしたヨーロッパ社会の近代的再組織を志向する。まさに、経済統合を手段としたヨーロッパ統合ヴィジョンが打ち出される。

戦争が富をもたらした時代、諸部族、諸民族、封建諸侯、あるいは諸国家同士はいくたびもの戦争を繰り返した。中世以降の産業発展の中でも、諸国家は「重商主義」を掲げ、他国製品の輸入を多額の関税などによって制限するとともに自国製品の輸出に励むことによって、つまり「保護貿易」を採用することによって、他国との摩擦を引き起こし、場合によっては戦争に突き進んだ。フランス人が自国の産業発展を志向するのは当然だとして、フランスが利益を得れば得るほど、他のヨーロッパ諸国家・諸国民の利益を脅かしてしまうのである。したがって、イギリスやフランスをはじめとした経済大国・産業立国がヨーロッパ諸国家間の戦争を抑止しようと主体的に行動する場合、「保護貿易」ではなく「自由貿易」を採用することができるだろう。

「保護貿易」をやめることは、関税という税収を棄てることであり、他国製品との競争の中で自国製品が敗北する危険性にさらされることでもある。それでもなお、「自由貿易」によって、諸国家間に産業的な相互依存体制を構築するなら、戦争による産業の破壊を防止できるのではないか。したがって、『ヨーロッパ社会再組織論』の中で、サン＝シモンは「英仏連合論」を主張し、産業が大きく発展したイギリスと大規模に肥沃な農地を持つフランスが経済的なレベルで相互に補い合えることを説いた。

通商関係の拡大によって諸国家間の平和を実現しようとする思想については、サン＝シモン以前のヨーロッパ統合ヴィジョンという点から振り返るなら、フランスの修道士であるエメリック・クルーセ（一五九〇？～一六四八年）のヴィジョンがある。クルーセは、ちょうどシュリー公爵がアンリ四世の「大計画」について書き残した頃に、『新キネアス、あるいは国家論』（一六二三年）という著作を発表した[70]。クルーセにとって、戦争は名誉や利益、そして不公正の埋め合わせのために行われるのであって、宗教の差異は戦争の原因ではない。むしろ、宗教の差異などというものは、政治的意図を隠すような口実に過ぎない。ゆえに、クルーセは、宗教や宗派に差異があったとしても、平和を構築することは不可能ではないと主張する。そして、通商こそが、諸国家間の関係を緊密化させることで、平和を実現し、維持するのだという。

このような視点から、クルーセはヨーロッパ諸国家にオスマン帝国を加えた統合体の実現を主張し、さらには今日の国際連合を想像させるような世界的な諸国家連合体の創設を通して、恒久平和を実現することさえも構想する。金銭などの経済的利益を得たいという願望は人間の共通した本性なのであり、通商の拡大によって平和を企図するというとき、その統合体の領域は「ヨーロッパ」にとどまらず、必然的に「世界」に広がっていきうる。ヨーロッパ統合の目的や方法を考察するとき、ヨーロッパの領域をめぐる問題は必ず生じるのである。

ところで、中世よりキリスト教勢力圏（ローマ＝カトリック勢力圏）にあった諸国民の現状と今後について、サン＝シモンは『産業（第三巻）』の中でつぎのように論じる。

「諸国民相互の関係をより良識的な、より友愛的な基礎の上に築きあげなければならない。諸国民は今なお互いに多くの点で必然的に敵であると見なし合っている。それぞれの国民は、他国民の不幸によってのみ自分たちが繁栄できるのだと思い込んでいる。国民的憎悪心はキリスト教の影響で大いに弱められはしたが、今なお完全に消滅してしまってはいない。外国製品の輸入禁止、一国民の商業を全滅させるための戦争などなどは、このような憎悪心が存在していることを示しているのと同じほど、すべての国民に彼らの利害は共通しており、彼らは互いに兄弟として遇し合わなければならないということを即刻はっきりわからせる必要があることを示している、悲しむべき証拠である。ところで、われわれの第二論文で述べたように、道徳のこの改善は、産業的理念、真の経済的原理が大きな力を発揮した場合に初めて行うことができる。(71)」

「中世ヨーロッパ社会」が存在したと考える「ロマン主義者」サン＝シモンにとって、キリスト教こそが「国民的憎悪心（haines nationales）」を弱めることによって、諸国家の対立に一定の歯止めをかけていた。それがなければ、諸国家の対立は激しさを増し、「中世ヨーロッパ社会」は存在しえなかった。他方で、サン＝シモンによれば、キリスト教の福音書の教えは、神と人間の契約について語るものであるがゆえに、諸個人の関係を構築することに不十分であったように、諸国民の関係を整序し、「国民的憎悪心」を完全に除去するには至らなかった。しかも、イギリスの大陸からの分離に象徴されるように、ルターの宗教改革が「中世ヨーロッパ社会」を解体した。したがって、諸国民の産業発展と商品輸出をめぐる摩擦が生じたのなら、諸国民が「保護貿易」を志向し続けるのではなく、他国民とともに「自由貿易」を採用することがやはりヨーロッパ社会の近代的再組織に資するのではないか。

前期思想では、労働が福音書の教えを改善すると論じられた。さきほどの『産業（第三巻）』の引用では、産業と労働が諸個人および諸国民の関係を規定する一般的社会的規範を改善することについて、「真の経済的原理（véritables principes économiques）」と表現された。諸個人が産業と労働とそこでの他者とのコミュニケーションによって互いの共通性と平等性を認識し、自らの利益が他者を含めた社会のおかげで得られることを理解することで、近代的な一般的社会的規範に主体的に到達するように、諸国民は産業活動と自由貿易による交流を通してそうした境地に到達できるというわけである。

さて、先に触れた「重商主義」は、基本的に「重金主義」と「貿易差額主義」に区分される。このうち、「重金主義」は南アメリカなどの植民地から大量に金銀を産出することによって、国内に富として貯めこもうという考え方である。主にスペインが植民地での鉱山開発を推し進めながら採用した政策であり、結局は国内に金銀をとどめ置くことができなかった。他方の「貿易差額主義」は輸入を制限し、輸出を拡大させることで、貿易差額を黒字化しようという考え方である。イギリスやフランスは自国の産業を発展させながら、こうした政策を採用することで、ヨーロッパを代表する産業大国に成長した。とくにイギリスは世界に先駆けて「産業革命」を実現した。その一方で、「重商主義」の時代、イギリスやフランスを中心に諸国家・諸国民の対立が繰り広げられた。一八二五年のサン＝シモンの死後、イギリスだけでなくフランスやドイツといった国々でも産業革命が発生し、諸国家・諸国民は原料の供給や商品の輸出のための植民地獲得・勢力拡大を通して、ますます激しい対立に陥っていく。自由貿易による相互依存体制を構築するのは至極困難であるように思える。

自由貿易による産業発展、産業発展による社会の近代的再組織　サン゠シモンは中世の「封建体制」が主に戦争を通して富を得ていたのに対し、産業活動が基本的に平和に行われるがゆえに、近代の「産業体制」を平和なものとして理解する。ただし、自らの死後のことは知りえないとはいえ、近代初頭にかけての歴史の展開を見れば、産業活動が契機となって戦争が起きるというプロセスについてまったく理解していなかったわけはないだろう。さきほどの『産業（第三巻）』の引用のように、サン゠シモンは諸国民が「他国民の不幸によってのみ自分たちが繁栄できるのだと思い込んで」おり、そうして「外国製品の輸入禁止、一国民の商業を全滅させるための戦争などなど」が起きてきたという歴史の展開について明確に触れているのである。そして、サン゠シモンは、自国だけが繁栄することを望みながら「他国民の不幸」を嘲笑うような態度を戒めようとする。

とはいえ、後ほど『産業（第四巻）』の議論を確認することになるが、サン゠シモンにとって、諸国民の戦争とは、あくまでもユルトラのような反動派が議会の多数派を占めてしまうことと同様に、人間が人間を支配し抑圧する封建体制の「残滓」の影響である。つまり、民主主義の不徹底が原因である。だからこそ、封建体制の「残滓」を一掃して議会制民主主義の産業体制を確立するためにも、産業活動と貿易関係を通して、諸国民が国内的にも対外的にも近代に相応しい非宗教的道徳という一般的社会的規範を持つことが必要である。そして、諸国民が非宗教的道徳を確実に持つためにもますますの産業発展が必要である。経済的利益を得たいという人間の欲を満たす中で、非宗教的道徳を醸成するとともに、未だ満たされたことのない恒久平和という理念を満たすのである。

諸国民はそれぞれの主権を持ち、自由に行使するという意味での「政治的自由」、互いに法的・政治的に対等であるという意味での「政治的平等」、そして主権に基づいて自由に産業活動を行い、互いに自由に貿易関係を築くことができるという意味での「経済的自由」を持つ。それでも、諸個人の間で「経済的平等」を確保することが至難の業であるように、諸国民の間でもまた然りである。

一八四〇年代後半以降、イギリスが「保護貿易」から「自由貿易」に通商政策を転換していくものの、「自由貿易」がヨーロッパ諸国家・諸国民のトレンドになったのは第二次世界大戦後からに過ぎない。[72]そして、「自由貿易」とグローバリゼーションの時代としての二一世紀初頭、経済大国を頂点にするヒエラルキーや圧迫される中小国の存在などが指摘されるように、「自由貿易」は決して世界に幸福をもたらしているわけではない。サン＝シモンは「自由貿易」が諸国家間関係のスタンダードになる以前の時代を生きた思想家である。したがって、そこに認識の甘さが感じられてしまうのは仕方ない。それでも、もしサン＝シモンがその死後の歴史の展開を見たならば、あくまでも「精神的なるもの」の役割を重視する立場から、つぎのように考えるのではなかろうか。つまり、資本家が獲得した富と利益を独占したり、守り通したりするのではなく、積極的な投資によって産業発展を促し、貧困層の境遇を改善することが求められるように、経済的に優位に立つ諸国家・諸国民もまた産業発展を図ることによって、世界的に経済のパイを拡大せねばならない、と。

貧富の格差が完全に解決され、〝絶対的な〟「経済的平等」が確保されることはないにせよ、産業発展によって生活レベルの一定の改善が見られ、また諸国家・諸国民間の貿易を通した相互依存体制が軍事衝突を防いでいく可能性はあろう。ただし、単に産業発展が実現すればよいというだけではなく、産業発展によって、諸国家・諸国民の中で議会制民主主義が確立し、封建体制の「残滓」が一掃されることが必須の条件になる。

さて、これまでの議論によれば、サン＝シモンは人類という一般性の下で、諸国民国家という特殊性が並存するような状況を構想する。そして、サン＝シモンにとっては、諸「国民社会」と「国際社会」の間に「ヨーロッパ社会」という枠組みが確固たる歴史的産物として存在する。こうしたヨーロッパ社会を近代的に再組織し、安定化させるには、産業体制の確立によって諸国民の間に友好的関係を築くことが必要である。ヨーロッパ諸国家・諸国民がもっぱら産業発展に富と利益を投資することが産業を発展させ、自由な産業体制を確立し、戦争を終わらせる、そして戦争に歯止めをかける。しかし、ヨーロッパ諸国家・諸国民全体が政治・社会体制の変革に向かって一気に進んでいくことが現実には困難であるがゆえに、サン＝シモンは再び「英仏連合論」を掲げるのだった。

(2) 再びの英仏連合論

① 英仏両国のそれぞれの状態

『産業（第三巻）』で披瀝された「地上の道徳」をめぐって、支持者・寄付者の「反乱」が起きたものの、一八一七年一〇月にサン＝シモンは『産業（第四巻）』の「第一部・第一分冊」を刊行した。この「第一部・第一分冊」の後、一八一八年五月に、サン＝シモンは『産業（第四巻）』の「第一分冊」を刊行するのだが、二つの名称がまぎらわしいため、前者が「第一部」、後者が「第二部」と呼ばれている。そして、前者の『産業（第四巻）』「第一部」には、「フランスにおける産業の政治的状態とイギリスにおける産業の政治的状態の比較」という論文が掲載された。それは、産業の発展による自由の実現、非宗教的道徳の醸成、ヨーロッパ社会の近代的再組織化、さらに人類全体の再組織化を推し進めるには、イギリスとフランスの力が必要になるという内容である。『ヨーロッパ社会再組織論』で主張したように、サン＝シモンは再びヨーロッパ社会の近代的再組織のために「英仏社会・連合」を組織する必要性を論じるのである。

さきに少し触れたように、『産業（第四巻）』以降、イギリス政治の問題点が指摘されていく点で、サン＝シモンのイギリス政治に対する態度がはっきりと変わったことが指摘される。サン＝シモンは常に社会の動きとともにあり、その状況に応じて論文やパンフレットを発表し続けるため、しばしば文章のニュアンスが変わってしまうのは仕方ない。ただし、確かに筆の進め方に違いが見られるとはいえ、前述のように、サン＝シモンが常にイギリスを絶対的な理想として祀りあげてきたわけではないことには注意する必要がある。

このようなイギリスについて観察しながら、サン＝シモンは市民社会が産業的であるのに対し、政府が封建貴族たちによって支配されている状況を「逆立ちした世界」と表現した。そして、サン＝シモンは古典的自由主義について、そのコンセプトを理解しつつも批判的に検討し、『産業（第四巻）』「第一部」ではつぎのような評価を下す。

「イギリス憲政は産業に課税承認権、個人的自由と思想の自由、財産の保持を認めた。これらの権利は憲章が保証しているものであり、産業はこれらの権利を最も完全に確保してきたので、封建的勢力はこれらの権利に手を触れることがまったくできない。」

「イギリス政府の外政がどんなに産業の利益に反するものであったにしても、産業がイギリスにおいて他のどの国にもまして大いに繁栄したのは、自国内でのこれらの習慣のたまものである。要約すると、イギリスの産業は民衆に及ぼす封建的勢力の影響を阻止することはまったくできなかったが、個人に加えられる専制を完全に防ぎきった、と言える。」[73]

一二～一三世紀のジョン王（一一六七～一二一六年）がフランスとの戦争に敗れ続けるなどして、その権威を失墜させることで「欠地王」と呼ばれる中、封建諸侯たちは国王の権威を制限する「マグナ・カルタ（大憲章）」をジョン王に認めさせることに成功した。たとえば、「マグナ・カルタ」は封建貴族たちの同意がないままに国王が課税権を行使することを禁ずる。そして、今日では庶民院（下院）の同意なくして一切の課税は行われない。このような「マグナ・カルタ」は不文法であるイギリス憲法の一部をなす重要な法典になり、その後もさまざまな慣習や法律によってイギリス憲政は発展した。こうして、一九世紀初頭において、イギリス政治はヨーロッパ諸国家の中で最も進歩的と言ってよい状態にあった。イギリスの憲法諸法は自由や財産権を認め、課税権を庶民院の承認の下に置いたという意味で、「個人に加えられる専制を完全に防ぎきった」。ところが、サン＝シモンによれば、国王と貴族院が封建体制から完全に抜け出せてはいないという。

イギリス憲政に封建体制の「残滓」が見られる証拠として、つまり「イギリス政府の外政がどんなに産業の利益に反するものであった」かについて、サン＝シモンはアメリカ植民地との戦争やフランスとの戦争をあげる。『ヨーロッパ社会再組織論』では、産業の担い手である新興都市市民層が支持するホイッグ党が、ナポレオン戦争を遂行するトーリー党に反対している事実が指摘された。また、イギリス政府はナポレオン戦争に並行して、アメリカとの間で米英戦争を展開していた。まさに、サン＝シモンによれば、「封建的精神はまったく好戦的」であり、「産業的精神は必然的に平和的である」[74]からこそ、封建体制の「残滓」の中にあるトーリー党政府は戦争を遂行し、ホイッグ党は戦争に反対した。本質的に封建体制を特徴づける征服や支配の精神がイギリス政府を支配しているのである。そして、封建的精神と戦争が産業に重くのしかかることになる。このように、サン＝シモンはあくまでも戦争というものを封建体制下の行為であって、議会制民主主義の産業体制下の行為ではないと考える。あらゆる戦争が民主主義の不徹底から生じるという認識を示すのである。

封建体制の「残滓」から抜け出せない以上、産業によって生み出された富と利益は産業のさらなる発展ではなく、戦争に注ぎ込まれる。その一方、これまでのサン＝シモンの考えに従えば、産業活動の中で生み出される富と利益が戦争ではなく、産業のさらなる発展に投資されることで経済の規模が拡大していくなら、貧困層の境遇をよりよく改善できるはずである。また、戦争と暴力によって富と利益を奪い取るよりも、生産の拡大によって富と利益を生み出し続ける方が大量の富と利益を手にできるようになった時代、破壊をともなう戦争はまったくもってムダな行為となる。

では、イギリスのパートナーになるべきフランスはどうなのだろうか。王政復古以降、フランス政府は対英復讐に踏み出していない。そうした意味で、サン＝シモンはフランスが封建的精神を解消し始めたと見なすものの、王権がなおも封建体制の「残滓」の中に埋没している状況を解決せねばならないと考える。一八一四年の「憲章」によって、王権が諸個人の自由を制限することが可能だからである。これについて、『産業（第四巻）』「第一部」の内容を確認しよう。

「フランスの産業はまったく異なった状態にある。フランスの産業は、封建制が根絶されるとすぐ、自立し始めた。この時から、産業は公事の一切の運営において主導権を握った。…〔中略〕…フランスの産業が重要な社会施策に積極的な役割を果たし、一般的政策や対外的関係にかかわる政策に直接的な影響力を持ち、破壊的戦争を産業の意志に反して企てることができないのも、このためである。[75]」

「イギリスの産業は個人に対する専制は防いだが、大衆に加えられる専制からはわが身を守りえないでいる。フランスの産業は、これと反対に、大衆全体にかかわる専制からは守られているけれども、個人を圧迫する専制は防ぐすべを知らない。[76]」

フランスではブルボン家の王政が復古し、ユルトラが「またと見出しがたい議会」を成立せしめたとはいえ、フランス革命によって封建体制が一度完全に解体されたことによって、新興貴族や新興産業資本家層の社会的影響力は侮りがたいものになっている。自由主義勢力が国政の改革を徐々にでも実現することは可能であろう。そうした現実を前にして、サン＝シモンは自由主義勢力の短慮を批判するとともに、議会制民主主義を擁護すべきことを主張し続ける。

② 英仏連合の利点と問題、その解決策

第2章でも確認したように、イギリスにとって、最大のライバルであるフランスが「他者」という敵ではなく、提携者、あるいは「同胞」になれば、戦争を遂行する意味がなくなる。加えて、サン＝シモ

ンは『産業（第四巻）』「第一部」で、つぎのように記す。

「イギリスの産業とフランスの産業が結びつき、力を合わせることは、互いの利益になるのではあるまいか。生産者として、フランスとイギリスの産業者は憎み合う理由もまったくない。それどころか、彼らは産業の一般的利益によって結びつけられている。しかもそのうえ、それぞれの特殊な政治的状態からして、彼らは提携することに最大の利益を持っている。フランスの産業とイギリスの産業は、フランスとイギリスの政府に対して、それぞれ、まさに一方が持っている政治力を他方が欠いているといった状態にある。それゆえ、結合すれば、両国の産業はすべての力を持つようになるであろう。離れ離れでいれば、両国の産業はどちらも、その力が完全でないことから、苦しみをなめ続けるであろう(77)。」

多くの消費者が存在する二大産業国家が平和な状態を維持しながら、通商関係を広げるなら、互いの経済の発展が促されるだろう。そして、産業と自由の相関関係に基づいて考えるなら、さらなる産業の発展が、封建体制の「残滓」を完全に一掃する。また、『ヨーロッパ社会再組織論』でも主張されたように、英仏二大国の繁栄がヨーロッパ諸国家全体の近代的再組織を促し、ヨーロッパ社会を中世から近代へ再組織する。

こうした「英仏社会・連合」について、「大多数の人たちによって、当事者たち自身によってさえ、実現できぬ夢だと、サン゠ピエール師の実行不能な平和計画に似た計画だと見なされるであろうということを、われわれは同じ確信をもって述べるのを恐れない(78)」と言うように、サン゠シモンは困難であることを十分理解している。英仏が「ドイツ帝国」という共通の敵を得て一種の同盟関係と言える状態に入るのは、これより一〇〇年も後、一九〇四年の「英仏協商」の締結によってである。そもそも「フランスとイギリスの間には根深い憎悪感情があり、この点に関して両国民の習性を変えさせ、彼らに本質的に平和的な新しい気持を持たせるためには、うんと時間がかかる(79)」のは当たり前である。

「産業は一つである。産業にたずさわっている人びとはすべて、産業の一般的利益によって、また仕事の安全と交換の自由とに対して彼ら全員がもっている欲求によって、一つに結びつけられている。あらゆる部類の、あらゆる国の生産者は、それゆえ本質的に友である(80)。」

そこで、サン゠シモンは英仏接近の実現のために、イギリスとフランスの「理論的産業」と「実践的産業」における極めて優れた人びとの連合体を創設することを提案する。それは、「第一級」と呼びうる人びとの提携であり、「理論的産業」と「実践的産業」の単なる提携ではない。「第一級」の人びとの連合こそが、世論に大きな影響を与えうるのである。こうした考え方はかつての「ニュートン会議」や、英仏の思想家・哲学者によって編纂される「新百科全書」といったヴィジョンにつながる。ヨーロッパ社会の安定性を再建し、近代的に再組織するために思想家・哲学者たちの連合体を組織するというヴィジョンはサン゠シモンのすべての著作に通底する。サン゠シモンは何よりもまず「精神的なるもの」や、その担い手である「精神的権力」のあり方を強調するのである。

以上のように、サン゠シモンは「英仏社会・連合」の必要性を高らかに主張したものの、「寄付者の反乱」によって、大きな反響を得ることができなかった。しかも、「寄付者の反乱」以来の金銭的困窮のせいで、サン゠シモンは『産業（第四巻）』「第二部」を最後に『産業』シリーズの刊行を断念した。しかし、自らの主張を社会に届けたいという情熱が弱まることはなく、サン゠シモンは一部の支援者の援助を受けることで、一八一八年の『産業の政治的利益』(前述のように未刊)と『コミュヌ』(未刊)、一八一九年の『政治家』のように、つぎつぎに執筆に勤しんだ。

このうち、『政治家』の中で、サン゠シモンは常備軍の廃止問題を考察する。フランス革命と革命戦争の展開に鑑みれば、軍隊とは封建体制の象徴であって、産業体制の中では産業者が自主的に祖国を防衛できるからである。実際に、フランス国民軍は外国の正規軍を打ち破った。[81] この「国民皆兵制度」の提案からは、「産業者」とは何かという問題をめぐって、前述のようにもう一つの要件が付与されることになろう。すなわち、「産業者」は産業体制の民主主義的社会の政治の担い手である主権者として、祖国の危機に際してはその命を投げ出す覚悟を持たねばならないということである。ある国家の国民であるためには、ただ単に有益な労働にたずさわっていればよいということではなく、大きな覚悟が必要になる。もちろん、政治指導者は悲惨な戦争という最悪な事態を引き起こさないでいられるように、他国家・他国民との間で平和な関係を構築するという責任を引き受けねばならないだろう。

さて、一八一九年八月、『ラ・ミネルヴ・フランセーズ』誌[82]と『ラ・ルヴュ・アンシクロペディック』誌[83]で、『組織者』の刊行についての「趣意書」が発表された。サン゠シモンは産業と自由の相関関係、宗教的性格をまとった非宗教的道徳の役割、議会制民主主義の安定的運営や貧富の格差の解消のための積極的行動の必要性、英仏連合論といった、どちらかといえば巨視的で、なおかつ理念的でもある主張を展開してきたが、『組織者』では、社会の近代的再組織のために有効な政治的諸制度が具体的にどのようにあるべきかという問題を議論する。特殊的な諸国民社会にとってだけでなく、ヨーロッパ社会にとっても必要になる政治的諸制度について、具体的かつ微視的な分析と詳細な提案である。

一八一九年一一月、サン＝シモンは『組織者の抜粋』と題されたパンフレットを刊行した。そして、このパンフレットを含めた『組織者』は非常に大きな反響を得た。たとえば、ユバールによれば、「『組織者』は非常に大きな成功を収めた。フランスだけでなく、ドイツといった外国、とりわけベルリンでセンセーションを巻き起こした」(84)という。なぜならば、とくに『組織者の抜粋』は、当時のドイツのような「逆立ちした世界」の中で生きる読者に、自らの環境のおかしさについて自覚するよう促す内容になっているからである。

第3節　産業体制における政治的諸制度

一八一九年の『組織者の抜粋』の中で、サン＝シモンは一つの例え話、つまり比喩を使いながら、「逆立ちした世界」がどのような現実なのかを暴いた。フランスを例にして、一掃されるべき封建体制の「残滓」に悩まされる社会の現実を暴くことで、サン＝シモンは産業に最も好都合な政治的諸制度について議論しようとした。つまり、(1)「議会」、そして(2)「行政」のシステムやメンバーの構成といった政治的諸制度をめぐる具体的なヴィジョンが開陳されたのである。後年、ロドリーグはこの比喩が用いられた文章を「寓話(parabole)」と呼んだ。

「フランスがつぎのような人たちを突然失うと仮定しよう。一流の物理学者五〇人、一流の化学者五〇人…〔中略〕…要するにフランスの一流の科学者、芸術家、アルチザン〔職人〔筆者注〕〕を合わせて三〇〇〇人、フランスが突然失ったと仮定しよう。

これらの人びとは最も本質的に生産的なフランス人であり、最も重要な生産物をもたらしているフランス人であり、国民に最も役立つ仕事を指導しているフランス人であり、科学・芸術・工芸の面で国民を生産的にさせているフランス人であるから、真にフランス社会の精華である。…〔中略〕…フランス国民は今日彼らの競争相手となっている諸国民に対してたちまち劣等な状態に落ち込むであろう。…〔中略〕…

もう一つ別の仮定に移ろう。フランスが科学・芸術・工芸の分野で持っているすべての天才をそのまま持ち続けながら、王弟殿下（アルトワ伯爵）、アングレーム公爵、ベリー公爵、オルレアン公爵、ブルボン公爵、アングレーム公爵夫人、ベリー公爵夫人、オルレアン公爵夫人、ブルボン公爵夫人、そしてコンデ公女を同じ日に失うという不幸にあったとしよう。…〔中略〕…貴族のように暮している資産家のうちで最も富裕な一〇〇〇〇人の資産家たちを失ったとしよう。…〔中略〕…この喪失からは国家にとって何の政治的支障も生じないであろう。[85]」

有益な仕事を行うことで産業にたずさわる最も優れた人びとは「フランス社会の精華（fleur）[86]」であり、社会にとって必要不可欠だが、「のらくら者」、あるいは「無為徒食の輩」と表現されうる封建貴族は、消え去ったとしても何の問題もない、というわけである。サン＝シモンの「寓話」のストレートな物言いは、フランスだけでなく、ヨーロッパ諸国家の政治的・社会的状況を批判するときにも大きな効果をもたらす。「無関心な人びとを動かし、導くことができるより激しい表現[87]」なのである。

こうした「寓話」をもって現在の社会を批判するサン＝シモンは、『組織者（第一分冊）』で、イギリス政治が「逆立ちした世界」の中にあることをはっきりとした形で主張する。サン＝シモンは決してイギリス政治を完全無欠の理想として取り扱ってきたわけではなかったが、『組織者』に至って、イギリス政治の不完全さに対する批判をいっそう強めるのだった。サン＝シモンにとって、イギリス憲政はあくまで「暫定的体制として、過渡的政体(88)」に過ぎないのであって、社会の近代的再組織を完遂するために利用しうるモデルである。イギリス政治に対する指摘から、サン＝シモンはヨーロッパに組織されるべき産業体制の中で、どのような「議会」や「政府」などの政治的諸制度が必要になるのか議論する。

1 「議会」はどのようにあるべきか

(1) 産業体制下の「議会」のあり方

① 立法過程の提案

イギリス政治ついて、サン＝シモンが第一に問題視するのは議会の構成である。民主主義の国民において、立法過程の中心にある議会こそが主権者の意志を第一に代表し、課税権を持つからである。イギリス議会への批判を通して、産業体制の中で議会を中心にした立法過程がどのように整備されるべきかが提案される。

サン＝シモンによれば、産業の担い手から構成されていない議会では、新しい課税によって税収の増加を図り、結果として産業の利益を侵してしまう。したがって、産業発展を促すために、議会・庶民院（下院）が可能な限り課税を低く抑えることに個人的な関心を持った人びと、つまり産業の担い手から構成されねばならない。とくに、すべての産業分野の指導者（経営者など）であれば、公的な形で富を管理する能力を証明することができている。

『ヨーロッパ社会再組織論』の中でも、サン゠シモンは不動産資産を根拠にした被選挙資格によって、ヨーロッパ議会の議員になれる資格を制限するべきこと、つまり制限選挙制の導入を主張した。革命によって生じた困難を乗り越えることができる議会を作るためにも、公教育の整備が進んでいない一九世紀初頭においては、管理能力を証明できているすべての産業分野の指導者に議員資格を制限するべきだと一貫して考えるのである。では、サン゠シモンが『組織者（第一分冊）』の中で提案する新しい議会を中心にした立法過程のあり方について見ていこう。

サン゠シモンは、先ほどのイギリス政治への批判を踏まえ、産業分野の指導者たちから構成されていたならば、「「庶民院」がきっとたどったはずの歩み」を説明すると記したうえで、「Parlement」を三つの「議院（Chambre）」から構成することを提案する。[89] また、後述するように、サン゠シモンが用いるParlementという表現をめぐって、現代では「議会」としか翻訳しようがないものの、いくばくかの注意が必要である。

1「企画院（Chambre d'invention）」
2「審査院（Chambre d'examen）」
3「執行院（Chambre d'exécution）」

「企画院」は第一院として人びとの境遇を改善し、富を増大させるために企画・計画するべき公共事業の計画を提出することに従事する。これに続いて、第二院の「審査院」は「企画院」によって提示されたすべての計画を審査する。そして、「企画院」は土木技師・詩人・文学創作者・建築家・音楽家などから、「審査院」は物理学者や数学者などからそれぞれ選出・構成される。前者のメンバーが創造性などをもって仕事にたずさわる職業を生業にするのに対し、後者のメンバーは科学的視点から物事を判断しうる職業を生業にする。前者によって企画・計画されたものを、後者は科学的視点をもって審査するということであろう。[90]また、公共事業と呼ばれるものにもさまざまな分野があり、このうち公教育の計画については、「審査院」が担当する。なお、公教育の計画をめぐっては、つぎのことがらが重要である。

「すべての市民は自分の望む宗教を信奉する自由があるので、したがってすべての市民は自分の好む宗教によって子供を育てることができるので、この議院が提出する教育計画には宗教の問題を一切盛り込んではならない[91]。」

前期思想以来、繰り返されてきたように、近代において、旧来の宗教は人びとが到達するべき一般的社会的規範ではない。旧来の宗教を超えたところにある非宗教的道徳にこそ到達するべきであるが、旧来の宗教そのものを捨て去ることが求められるわけではない。近代的な一般的社会的規範の下で、旧来の宗教に対する諸個人の信仰の自由は守られねばならない。そして、公教育は旧来の宗教から差異化されることで、万人から受け入れられるのである。

最後に、産業分野・企業の指導者たちを代表とする「執行院」は、「企画院」によって提示（présenter）され、「審査院」によって審査（examiner）されたあらゆる計画を最終的に採択（adopter）する。そして、決定されたすべての「計画の実行を指導する」任務を持つ。また、サン＝シモンが「執行院」をめぐってつぎのように記す点が重要である。「最初の二つの議院（「企画院」と「審査院」）が完成することにより、「庶民院」は再構成され（se reconstituera）、「執行院」と呼ばれる」のだという。[92] 前述のように、これこそが産業分野の指導者たちから構成されていたならば、「「庶民院」がきっとたどったはずの歩み」である。

さて、公共事業の計画を最終的に採択する、つまり字義通りの立法機能を持つ三つ目の議院に「執行院」という名前が与えられていることに注目しよう。決定されたすべての計画の実行を指導する、つまり法と政策を執行することにかかわるため、「執行（exécution）」という表現が用いられていると考えてよい。では、執行にかかわるという意味を突きつめてみるなら、「執行院」は議会として立法権だけでなく、本来は行政に与えられる執行の権力である行政権をもカバーする存在なのだろうか。また、さきほどの「計画の実行を指導する」という表現は何を意味しているのだろうか。「執行（exécution）」という表現からは、「行政権（le pouvoir exécutif）」というニュアンスを強く感じ取ることができる。

この問題に関連して、サン＝シモンが提案する最初の二つの「議院」、つまり「企画院」と「審査院」はどのような政治組織だと考えるべきだろうか。「執行院」とともに二つの議院は議院という字義通りにすべて等しく立法府としての「議会」であるのか否か、そうであるならば産業体制の政治組織として、政策を企画・審査・執行する行政府という意味での「政府」は純粋な形で、そして独立して存在しないのか否か、を問わねばならない。

公共事業や公教育の計画は法案として策定・審議される、いいかえれば企画・審査されるという意味で、立法府である議会が担うものであり、「企画院」と「審査院」は議院という字義通りに「議会」、つまり「立法府」だと理解して差し支えないかもしれない。しかし、どちらの「議院」の役割も、議院内閣制の下では、「立法府」だけでなく「行政府」も分担することができる。「行政府」、つまり〝内閣〟や〝官僚機関〟は政策を法案として企画・審査することによって、「立法府」に提出する権利（「法案提出権」）を持ちうるのである。こうして、「立法府」と「行政府」が〝法を制定する〟という立法過程を共に担うことになる。では、「執行院」にもましてその位置づけがはっきりとしない最初の二つの議院とは、結局のところ何なのだろうか。

② それぞれの議院はどのような存在か

まず、「執行院」について、〝「庶民院（Chambre des communes）」が「再構成」される結果として「執行院」と呼ばれる〟ようになるという点に留意したい。たとえば、イギリスでは、「庶民院」は特権を持ってきた封建貴族ではなく、平民（庶民（コミュヌ＝communes））を代表する議会である「立法府」として課税権を持ち、議員が提出した、あるいは内閣を頂点にする「行政府」で企画・審査された法案の是非を問うとともに採択する。しばしば便宜的に「下院」と呼称される。かつて、サン＝シモンは、「庶民院」の担い手である平民（庶民）が中世以来の産業発展の中で富と利益、そしてそれに付随する力をもって、やがて「コミュヌの解放」を成し遂げることで自由を得たと論じ、産業と自由の相関関係を描き出した。まさに、「庶民院」とは、「コミュヌの解放」を契機として自由を得ることになった平民

（庶民）という存在の象徴である。

一九世紀から二〇世紀にかけて、イギリスをはじめとして二院制を採用する多くの国家で、下院・庶民院は貴族院などといった上院に対し徐々に優越していく。サン＝シモンのこれまでの表現を借りるなら、下院・「庶民院」こそが、社会にとって有益な労働を生業にする産業者という平民（庶民）によって構成される議院だからである。また、サン＝シモンは「執行院だけが、課税額を決め、これを徴収する任に当たる」[93]と記しており、「執行院」が課税権を持つ「立法府」としての議会そのものであることは間違いない。したがって、産業分野の指導者からなる「執行院」は、旧来の議会・「庶民院」の理想的な発展形態だと考えられる。

つぎに、「計画の実行を指導する」という表現について考えてみよう。議会制民主主義を採用する国民において、どのような「立法府」も「行政府」による法の執行に対しては調査や監査、そして指導するなどしてかかわる。サン＝シモンがしばしばニュートンとともにその名をあげるロックは、有名な『市民政府論（統治二論）』[94]の中で立法権と行政権の権力分立の必要性を説いたとき、二つの権力を平等には扱わず、立法権を行政権に対し優越させるとともに、立法権を持つ議会を国権の最高機関に位置づけた。このような権力のあり方を取り入れた国家では、実際に、立法府は行政府に対し調査・監査する、あるいは指導するという形で必然的にかかわる。サン＝シモンが提唱する「執行院」については、行政権の担い手でもある議院ではなく、〝行政府によって執行されるべき法を決定する議院〟として理解するのが適当だろう。

これに対し、「企画院」と「審査院」という最初の二つの議院について、その業務内容から性格を考えてみよう。前述のように、公共事業や公教育の計画は法案として企画・審査されるという意味で、「企画院」も「審査院」も立法府的ではあるものの、〝内閣〟を頂点にした行政府から法案が提出されることもある点で、行政府的であるとも言ってよい。「企画院」が公共事業の計画という実務を担う点で〝官僚機関的〟であるならば、最終的にこの計画を審査し、「執行院」という立法府の採択に掛けるか否かを決定する「審査院」は実に〝内閣的〟である。

サン＝シモンは「これら三つの議院が合体して新しい Parlement を形成し、この Parlement に立憲的（constitutionnel）ならびに立法的（législatif）最高権（pouvoir souverain）が与えられる[95]」と記している。これについては、三つの議院すべてが「立法府」に属すると理解するだけでなく、「立法府」と「行政府」が〝法を制定する〟という立法過程を共に担うと理解することも可能だろう。行政府的な側面を持つ最初の二つの議院までも立法府として理解することで、行政府という意味での「政府」が存在しないとまで言い切ることはできない。

さらに、つぎの二つの理由をあげたい。まず、さきに触れたように、サン＝シモンが用いる Parlement という表現をめぐっていくばくかの注意が必要である。つぎに、第2章にて触れたように、この Parlement という表現に関連して、今日において当然あるべきものとして理解されがちな「立法府」と「行政府」の権力分立について、検討するべき点が存在する。

(2) 権力分立について考える

① 議会という表現をめぐる問題

一つ目の点について考えてみよう。サン゠シモンが用いるParlementについては、現代では「議会」としか翻訳しようのない単語である。サン゠シモンもイギリス議会について検討しながらヨーロッパ議会や英仏連合議会の設立を提案する際は、Parlementをこの意味で用いる。

Parlementという単語は、もともと動詞parler（話す）を語源にし、「話し合い」や「話し合いの場」を意味した。中世フランス王国では、国王と地方に散らばる諸侯による会議のことがParlementと呼ばれた。そして、フランス北部ノルマンディー半島を支配し、フランス王権から独立的な立場を堅持してきたノルマンディー公ウィリアム（一〇二七〜一〇八七年）が、一〇六六年に英仏海峡を越えて「ノルマン・コンクエスト」と呼ばれるイングランド侵略を実行した際、Parlementのシステムがイングランドに持ち込まれることで、英語のParliamentが生まれたという。これ以降、イギリスやイギリス連邦（コモンウェルス）諸国家では、「立法府」としての議会のことがParliamentと呼ばれ続けている。

ところが、フランスでは、Parlementは革命期に至るまで長らく「司法府」としての「高等法院」のことを指すようになる。ただし、高等法院は「司法府」に分類されうる組織であるとはいえ、フランス国王の勅令を登記することで発効させる権限や、フランス国王に対し建言する役割など、立法過程や行政過程に大きく介入することができた。それゆえ、ルイ一四世即位時の一六四八年には、高等法院を基盤とする貴族層（法服貴族層）と王権の強化を望む宰相ジュール・マザラン（一六〇二〜一六六一年）ら国王側近らの対立によって、「フロンドの乱」が勃発するに至った（一六四八〜一六五三年）。権力が明確に分立しているわけではない時代、このParlementという名の「司法府」は本来の司法権を超えて立法権と行政権にも影響を及ぼし続けた。

Parlementという単語については、イギリス政治の感覚では今日にも通用する字義通りの「議会」であり、それゆえに「立法府」を意味するだろうが、革命期に至るまでのフランス政治の流れを考えるなら、「議会」という訳語が意味するものだけに明確に限定する必要はないと思われる。[96] つまり、「会議」くらいの漠然としたニュアンスで理解してよいのではないだろうか。「議会」は「立法府」だが、「会議」はどこにでも存在する。また、そもそも、〝内閣〟や〝官僚機関〟といった「行政府」であっても、その構成メンバーの「会議」における「話し合い」で運営される。フランス革命から三〇年という時代背景を考えるなら、三権分立が当然のものとして扱われている現代の感覚をもって、サン＝シモンが〝「立法府」としての「議会」と捉えるべきParlementについてだけ語っている〟と見なしたうえで、「行政府」という意味での「政府」の存在を考えなかったとは言えないだろう。

「立法権」および「立法府」とそれらの権力分立をめぐってはつぎのような事実も捉える必要がある。フランス革命の真っ只中において、国民主権を唯一代表する機関としての国民公会という立法権の担い手が、下部にあるさまざまな委員会を通して行政権も手中に収めたということがあった。選挙を通して国民の主権が示される組織こそが国権の最高機関であるべきという理屈があったからである。

他方、イギリスでは、立法権は庶民院と貴族院という立法府によって独占されるのでなく、国王が行政権とともに担ってきた。とはいえ、実際には、国王が拒否権を持ちつつも、庶民院が立法権の中心的な担い手となり、現代までその権限を拡大させていった。こうしたイギリスについて、これまでの議論によれば、サン＝シモンは「一般的権力」であり行政権も担う国王と、「特殊的権力」としての庶民院が立法権を分割していると理解する。そして、これまでのサン＝シモンの議論に従うなら、社会が近代的に再組織化され、封建体制の「残滓」が一掃されたときには、選挙によって国民の付託を受けた機関だけが立法権を担うことになるだろう。ロック流に考えれば、このような「立法府」は「行政府」のような他の機関よりも優位に立つわけである。したがって、サン＝シモンは、「立法府」としてだけではなく、「行政府」としても理解できうる「企画院」と「審査院」が立法過程の一部を担っていることを明確にしながら、その二つの議院にも選挙の洗礼を受けさせることで、封建体制の諸要素を完全に排除しようと企てたのではないだろうか。

② 権力の「融合」

「立法府」と「行政府」の権力分立について、もう少し検討してみよう。イギリスの銀行家・思想家であるウォルター・バジョット（一八二六〜一八七七年）が著した『イギリス憲政論』[97]（一八六七年）は政治学の古典として、今なお読み継がれており、イギリスにおける立法権と行政権の「融合（fusion）」[98]について論じる。行政権の担い手である「第一大蔵卿」以下の内閣は立法権の担い手である議会の議決によって選出され、これに責任を負う点で、「立法府」と「行政府」を結びつける存在である。立法権と行政権の厳格な分離や対等な関係とは基本的にアメリカ合衆国的な憲政を表現しうるものであって、イギリス憲政では実際には立法権と行政権がしばしば「融合」するのである。しかも、前述のように、議院内閣制の下では、行政府も立法府とともに立法過程の一部を担う。「イギリス贔屓（趣味）」のサン＝シモンがモンテスキューやロックの議論に鑑みながら、やがてバジョットが理論化するようなイギリス憲政の特徴に漠然と気づいていたとしても、不思議なことではない。

サン＝シモンは『ヨーロッパ社会再組織論』では「ヨーロッパ議会の王」を設置することを提案し、『産業』シリーズではルイ一八世と自由主義勢力の提携関係を主張し、『百科全書の計画――第二趣意書』などいくつかの著作では国王と内閣が王権をそれぞれ「受動的王権（世襲的王権）」と「能動的王権（行政的王権）」に分割して保持することを評価するなど、機能主義的な思考から、君主制の下での「議院内閣制」を一九世紀初頭においてひとまず必要な政治制度だと見なしてきた。前述のようなサン＝シモンが提案する三つの「議院」からなるParlementについては、相変わらずイギリス政治を参考にしながら、その「議院内閣制」における立法過程を進化させたものとして理解すれば、すっきりするように思われる。現代において、司法権を含めた三権の分立は民主主義の諸国民の当然あるべきシステムとして扱われがちであるが、イギリスのような「議院内閣制」を採用する国々では字義通りには運用されていない(99)。

一九世紀初頭とは、立法・行政・司法という国家権力とその諸制度をめぐって、さまざまな模索が続く時代であった。こうして、サン＝シモンは、『組織者（第一分冊）』の中で三つの「議院」からなるParlementについて議論するとはいえ、そもそもこのParlementだけが近代の産業体制に設置されるべき唯一の政治組織であるといった表現は一切用いていない。つまり、サン＝シモンは選挙結果に基づいて主権者の意志が示されるという点で、国権の最高機関に位置づけられる「立法府」が、「行政府」と立法過程を分担しながらどのようにあるべきかを議論したに過ぎないはずであって、「行政府」それ自体の役割についての思考を終了させてもなければ、放棄してもないはずである。

そうでなければ、『人間科学に関する覚書』や『ヨーロッパ社会再組織論』などのいくつかの著作での議論がまったく存在しなかったことになってしまう。たとえば、〝「一般性」と「特殊性」の対比〟という科学的視点から、一人の王（国王）などが一般的利益の担い手として位置づけられるとともに、それぞれ特殊的利益を持つ人びとの社会を統合しうると主張されたことや、「王」の権力（王権）が「受動的王権（世襲的王権）」と「能動的王権（行政的王権）」に分割されると考察されたことなどである。[100]しかも、法案を「企画」し（「企画院」）、「審査」し（「審査院」）、さらに「執行」できるよう採択する（「執行院」）として、完成した法を真の意味で執行するには、確固とした「行政府」が別途必要であろう。「執行院」の議員が「計画の実行を指導する」とはいっても、確固とした「行政府」が存在しなければ、日常的な行政過程は滞ってしまう。「企画院」と「審査院」という行政府的な側面を持つ機関の構成メンバーについて振り返りながら、サン＝シモンが「行政」について、そして日常的な行政過程についてどのようにあるべきと思考していたかを読み取っていこう。『組織者（第一分冊）』に続く『組織者（第二分冊）』では、こうした点がより明確化されているように思われる。

2 「行政」はどのようにあるべきか

(1) 行政過程から恣意性を排除する

①「統治者」ではなく「管理人」へ

サン＝シモンは、封建体制の政治の最大の問題点として、あらゆる決定が統治者・支配者によって恣意的な形で行われてしまうことをあげる。自らが傷つくことのない主権者君主が自己の都合によって戦争を遂行するだけでなく、平時においては、さまざまな恣意性の中でも、恣意的な課税が産業に最も悪影響を及ぼしうる。平民から搾取された重い税収の多くが封建諸侯の贅沢に用いられ、労働しない「無為徒食の輩」を生み出すだけなら、目も当てられない。とはいえ、サン＝シモンによれば、産業体制の中で、重い税収が産業のために確実に用いられるなら、それでよいということではない。なぜならば、「たとえどんなにそれが善意であっても」、政府はその役割を肥大化させればさせるほど、市民社会を脅かしてしまう可能性があるからである。この点は『産業（第二巻）』などで論じられた通りである。

一九世紀初頭の近代から二一世紀の現代に至るまでの産業の時代のあり方を考えれば、開発独裁国家のように、政府が主導して大規模な産業発展を実現させたものの、市民社会の自由が抑圧されているという例が多々ある。上からの大規模な産業発展の中で、政府指導者と資本家に富が集中した挙句、多くの市民は貧困にあえいでいる。サン＝シモンの考えでは、産業発展こそが自由の実現を促し、自由の実現こそがさらなる産業発展をもたらすというように、産業と自由には相関関係がある。したがって、たとえ産業発展が大規模に実現しようとも、政府の役割が肥大化した挙句、市民社会が抑圧されるのなら、そのような体制は産業体制ではなく封建体制に過ぎないということになろう。『組織者（第二分冊）』の中で、サン＝シモンはさらにつぎのように記す。

「旧体制における世俗的権力は軍事的であるので、その本性上、国民に対して最高度の盲従を要求した。これと反対に、社会の世俗的業務を指導すべきものと見なされる産業的能力には、恣意はまったく入り込まないし、また入り込むことができない。なぜなら、一方では、産業的能力が公共の福祉を促進するために作成する計画はすべて合理的に判断できるからであり、また他方で、この計画の執行には人間が人間に対して命令を下す必要はほとんどありえないからである。[101]」

「産業的能力（capacité industrielle）」とは、近代実証科学に関する知識を持ち、財産を管理することができ、産業にとって最も好都合な政策とは何かという合理的な判断を下すことができる能力である。サン゠シモンは、立法府での課税の決定だけでなく、税収をもって実施される公共事業の企画・審査と執行もこうした「産業的能力」によって行われるなら、政策決定と執行から封建体制下で見られる恣意性も命令のような強制性もまったく排除されることになると考える。「産業的能力」を備えた人びとによって、立法過程だけでなく行政過程からも恣意性も強制性も排除されうる。

一九世紀初頭、こうした能力を持っている人びとが一部に限定されている現実を前に、サン゠シモンは制限選挙制を志向した。そして、制限選挙制ではなく普通選挙制が導入されようとも、「産業者」は必ず政治を指導する「指導者」とそれ以外の「被指導者」に区分される。ただし、産業体制の指導者は決して封建体制の主権者君主のような支配者や統治者ではなく、本質的には「社会の管理人（les administrateurs）[102]」に過ぎない。このような政治指導者たちは被指導者の利益や意志に沿って社会を指導せねばならない。臣民たちの利益や幸福を実現するという考え方であれば、啓蒙思想家の影響を受けた啓蒙専制君主（啓蒙絶対君主）たち、たとえばプロイセン国王フリードリヒ二世（一七一二〜一七八六年）やロシア女帝エカテリーナ二世、あるいはオーストリア女大公（神聖ローマ皇后）マリア・テレジア[103]（一七一七〜一七八〇年）も目指したものである。しかし、啓蒙専制君主は自分自身をどのように見なそうとも、事実問題において統治者であり支配者であった。

サン＝シモンは、社会を管理するに相応しい「産業的能力」を備えた職業として、科学者・芸術家・アルチザンをあげる。[104] そして、彼らが政策を企画（former les plans d'action）・審査（examiner ces plans）・執行（les mettre à exécution）するという至上の社会的権力（suprême pouvoir social）を分担するのである。なお、ここで、サン＝シモンは産業分野の指導者の存在も、そうした代表者からなる「執行院」の「採択」という役割も省いている。芸術家・アルチザンは「企画院」、科学者は「審査院」の構成メンバーにそれぞれ重なり、彼らが企画・審査するだけでなく、字義通りに執行もするというのなら、三つの議院のうち、産業分野の指導者からなる「執行院」こそが純粋に「立法府」であって、「企画院」と「審査院」はやはり「行政府（内閣＋官僚機関）」として、そして行政府の発展形態として捉えるべき存在であろう。いずれにせよ、政策はその計画を立て実行するに十分な教育レベルをもった人びとによって取り扱われるなら、科学的証明の結果にほかならならないものになり、人間の意志からは絶対的に独立する。人間の恣意性は入り込まず、「支配の行為を意味するものとしての統治行為はここでは零、あるいはほとんど零」になる。

もちろん、サン＝シモンの言うことはあくまで〝理想〟であって、事実問題においては人間の行為である以上、政策決定には何らかの恣意性が紛れ込んでしまうだろう。サン＝シモンは決して人間の理性を完全なものだとは考えてこなかった。とはいえ、封建体制の世襲の統治者・支配者に比べて、職業的能力を磨いた産業体制の政治指導者がより確かな「産業的能力」を保持するのは言うまでもない。

「支配の行為を意味するものとしての統治行為はここでは零、あるいはほとんど零である。このような政治体制において討議されなければならぬ問題は、つぎのような点だけである。科学、美術、工芸の分野で社会が目下所有している知識を用いて社会の現在の繁栄を増大させうる企ては何か。これらの知識をできるだけ広め、完全にするためにはどのような手段を講じるべきか。最後に、どのような手段によってこれらのさまざまな企ては最小の出費と最小の時間でもって実行できるか。[105]」

中世の封建体制の統治者や支配者による恣意的支配から、近代の産業体制における「社会の管理人」による恣意性が排除された政策決定へ、政治・社会体制とその政治的諸制度が改革される中で、サン＝シモンが議会制民主主義の実現を第一に目指していることを忘れてはならない。政治的方向性が「産業的能力」を持った人びとによる公共事業の企画と審査を通して形作られても、最終的に執行するか否かをめぐる決定は、産業分野の指導者によって組織された「執行院」での議論と採択に委ねられる。しかも、管見によれば、「立法府」だけではなく「行政府」という側面を持つ議院（「企画院」と「審査院」）でさえ、選挙の洗礼を受けうるという徹底ぶりである。

また、サン＝シモンによれば、かつての中世社会で支配者・統治者たちは被統治者を搾取したものの、近代社会では人びとがより良く生きていくための自然に対する働きかけ、つまり土地・海洋・鉱山などの開発が必要である。富を搾取するのではなく、開発と産業活動によって富と利益を生み出し、さらに拡大させていく。だからこそ、公共事業を企画・審査するための、さらには採択された法を実際に執行するための、優れた能力をもった「行政」の存在が欠かせない。

ミュッソなどは、サン＝シモンのヴィジョンによって「国家の権力は全く縮小される[106]」と断言する。「産業主義」の創始者であるサン＝シモンが目指しているものは、封建国家の暴力的な権力の解体や民主主義的政府の機能と役割についての明確なる規定の策定である。そうして、国家権力を行使する政府と市民社会の融和を企図する。政府の役割が国防と警察に限定された「夜警国家」を目指すような「小さな政府」論、あるいは「最小国家」論の類ではない。ましてや「国家の消滅（死滅）」でもない[107]。反対に再分配を進めるために「大きな政府」を構築するということもない。

②公職へのアクセスと教育

産業体制の民主主義的社会においてでさえ、指導者と被指導者という二つの部分が存在し、二つの部分の間には確実に大きな収入の差が生じる。これは経済的不平等として見なすべきだろうか。サン＝シモンに言わせれば、二つの部分の存在は基本的には能力の差異によって生み出される社会的地位の差異の結果である。能力を保持した人びとは第一級の社会的地位を占めねばならないのであり、二つの部分の収入の差異は経済的不平等ではない。あらゆる差異を無視した平等のあり方について、サン＝シモンは一八二一年の『産業体制論』の中では「トルコ的平等[108]」と批判する。

これまでの議論も振り返るなら、重要なことは、社会的地位が世襲化されることなく、常に変化することである。最も貧しい階層から出自した人びとであっても指導者の地位にアクセスできねばならない。そのためにも、公教育の整備が求められる。また、公教育は産業のさらなる発展を促し、産業のさらなる発展は貧困層の生活を改善することにつながる。資本家もまた自らの富を奢侈贅沢に用いたり、守り通したりするのではなく、産業への投資によって経済のパイを増大させようとするのなら、教育の整備と産業の発展がしっかりと結びつくだろう。さらに、『組織者（第一分冊）』の中での提案のように、公教育は旧来の宗教から差異化されねばならない。旧来の宗教から離れて、自然科学の議論と観察方法という万人にとって普遍的な知識を得ることによって、人びとは論理的にものごとを考えながら一般的社会的規範に主体的に到達するとともに、自らの所与の特殊性を超えることができるようになる。こうして、人びとは諸階層間の、さらに諸国民間の憎悪を弱めていく。

サン＝シモンは制限選挙制を志向しつつも、将来的な選挙権の拡大について構想していた。そして、富裕層と貧困層という二つの階層の存在を意識しつつも、あくまで有益な労働にたずさわる「産業者」という枠組みで一つに扱おうとした。また、資本主義社会のさらなる深化によって経済のパイを拡大させることで、貧困層の境遇を改善していこうとした。このような人間の文明の将来的な進化は一つの理想であるものの、長らく空想として扱われてきた。サン＝シモン自身、自分のさまざまな構想が空想と批判されることは予想していたようで、『組織者（第二分冊）』では、空想について「可能性の不確かさ、または不可能性[109]」であると定義している。サン＝シモンが科学的思考に基づきつつも「精神的なるもの」をより重視しようとしているとはいえ、人間の文明が漸進的に進化を実現してきたという歴史の事実を振り返るなら、サン＝シモン思想を空想と切って捨てず、その意味するものを再考することは必要だろう。

3　『組織者』の副産物とつぎの展開

『組織者』シリーズの執筆と刊行を続ける中、一八二〇年二月、サン＝シモンはベリー公爵シャルル＝フェルディナント・ダルトワ（一七七八〜一八二〇年）の暗殺に直面した。ベリー公爵位はフランス王族によって継承される称号であり、当時はルイ一八世の実弟であるアルトワ伯爵の次男が保持していた。フランス革命で処刑されたルイ一六世の男子直系はすでに絶え、国王ルイ一八世に子息がおらず、その後を継ぐべきアルトワ伯爵の長男にも子息がいない状況で、フランス王位とブルボン家長位はやがて次男ベリー公爵に継承されることが予想された[110]。

こうしたブルボン一族の希望であるベリー公爵を狂信的なボナパルティスト、つまりナポレオン一世支持者が暗殺した。犯人は一八一五年に締結されたフランスと対仏大同盟諸国の間のパリ条約の責任がブルボン家にあると判断し、その血筋を断絶させようと考えたのだった。なお、ベリー公爵が暗殺された際、ベリー公爵夫人は妊娠していた。死産、あるいは女子誕生になればフランス・ブルボン家の男子直系は絶えてしまうところだったが、ベリー公爵夫人は男子アンリ・ダルトワ（一八二〇～一八八三年）を出産した[111]。当初はボルドー公爵を、その後シャンボール伯爵を儀礼称号として用いたアンリ・ダルトワは長じて子息を残せず、その死とともにフランス・ブルボン家は断絶することになる。

さきに、『組織者の抜粋』にサン＝シモンが書いた「寓話」について紹介した。これは大まかに表現すれば〝王侯貴族が死んだところで誰も困らない〟という内容である。まさに「不敬」であって、ベリー公爵暗殺をきっかけにして、サン＝シモンは司法によって裁かれることになった。また、ベリー公爵暗殺による国政の混乱を口実に、ユルトラは一八一九年以来首相の地位にいたドカーズ公爵（一八一九年に伯爵から陞爵）を自由主義勢力に融和的であると攻撃し、ドカーズ公爵内閣を崩壊させた。こうして、ルイ一八世が緩やかながら図ってきた国政改革の動きが頓挫した。その後、リシュリュー公爵に二度目の組閣の命令が下されたものの、リシュリュー公爵内閣はユルトラと自由主義勢力の両方の攻撃を受け、極めて不安定だった。

リシュリュー公爵内閣に対しユルトラがさまざまな形で圧力をかけることで、出版物の検閲を強化する法律と個人のさまざまな自由を制限する法律が時限立法の形で成立した。加えて、一八一五年八月の総選挙によって「またと見出しがたい議会」が出現した後、ルイ一八世たちが国政改革に努力する中で、一八一七年二月には選挙法が自由主義勢力にとって有利な形で改正され、議会の構成が変化していたものの、ユルトラは自らに有利な形で選挙法を再び改正しようとした。そして、一八二〇年二月のユルトラにとって有利な選挙法改正によって、やがて一八二四年六月に再び「またと見出しがたい議会」が、つまり「また見出された議会（la chambre retrouvée）」が出現するのである。

ラファイエット侯爵ら自由主義勢力の指導者・労働者・学生たちは、ユルトラの要求を飲み続けるリシュリュー公爵内閣の動きに反発して、ブルボン宮殿（代議院（下院）議事堂）を包囲し、これに警察隊が発砲することで学生の中に死者が出た。さらに、改正選挙法が成立し、ベリー公爵夫人がボルドー公爵を出産したことにユルトラが熱狂する一方で、ラファイエット侯爵ら自由主義勢力の指導者は過激共和主義団体とともに政府転覆という議会外闘争に踏み切ろうとした。議会制民主主義を擁護しようというサン＝シモンの訴えなど響く余地がなかった。

とはいえ、過激共和主義団体である「真理の友（Loge des Amis de la Vérité）」の中心にいたフィリップ・ビュシェ（一七九六～一八六五年）は、サン＝シモン主義者第一世代として、サン＝シモン死後にその思想を引き継ぐ人物だった。ビュシェは一八〇六年頃にイタリア・ミラノで結成された「カルボナリ」に影響を受け、フランス・カルボナリを結成した。もともと、カルボナリはさまざまな国家・地域に分裂したイタリアの再統一を掲げる共和主義的な団体だった。また、ジュゼッペ・マッツィーニ（一八〇五～一八七二年）のように、サン＝シモン思想を下敷きにして、自由なイタリア国民の形成とヨーロッパ統合の必要性を主張する人びとが現れていく。

こうした政治的・社会的混乱のおかげで、サン＝シモンは産業的指導者を形成し、市民社会に対して政治的・科学的教育を整備する必要性をあらためて理解した。さらに、自由主義勢力が掲げる「自由」の曖昧さを改善し、国政の混乱を乗り越えられる解決方法を準備することを望んだ。ベリー公爵暗殺をめぐる混乱の中で、サン＝シモンは『組織者』の刊行を続けることを断念したが、一八二一年に入り『産業体制論』を刊行することで、あらためて自らの主張を展開していくのである。

第4章

最後の提題（一八二三〜一八二五年）

――ヨーロッパ社会をめぐる思想家として、改革者として――

第1節 社会主義をめぐる諸問題

序章で紹介したように、先行研究では、一八一九〜一八二〇年の『組織者』が「自由主義」から「社会主義」への一つの転換点として扱われることがある。アンサールなどは、『組織者』を境にして自由主義とサン＝シモンの企図の間に「決定的断絶」が生じたとまで言い切る。『組織者』の刊行以前と刊行以後の間に、サン＝シモン思想の「断絶」はあるのだろうか。いいかえれば、『組織者』の刊行から一八二五年のサン＝シモンの死去に至るまで、〝社会主義期〟なる区分を見出しうるだろうか。

「社会主義者」として見なされている「産業主義者」サン＝シモンは、自由主義経済と産業の発展を重んじる「資本主義者」だった。抑圧と支配によって特徴づけられる中世の封建体制から自由な近代の産業体制への移行を論理づけるため、サン＝シモンは産業と自由の相関関係を明瞭に描き出した。しかし、産業と自由は必ず富裕層と貧困層の間の貧富の格差を生み出すがゆえに、サン＝シモンは産業の発展によって経済のパイを拡大させ、貧困層にも富が回っていくというプランを組み立てた。これに、英仏の二大産業国家の提携は資するものになろうし、さらにヨーロッパレベルでの大規模な経済統合が必要になろう。また、宗教的性格をまとった非宗教的道徳という一般的社会的規範によって組織された産業体制の中で、資本家は自らの富や利益を産業の発展のために投資するなどせねばならない。

『組織者』以後の思想展開に変化があるとすれば、確かにサン゠シモンは〝「政治」と「経済」〟のことがらや、社会がどのようにあるべきかという具体的な問題から、人びとを結びつける「紐帯」がどのようにあるべきかという「精神」をめぐる抽象的な問題へ、探究すべき中心的テーマを再び移し始めた。とはいえ、一八一四年以前の前期思想のように、自然科学の議論と観察方法という、人間の「精神」に影響を与えるものをもっぱら問うわけではない。「世俗」のことがらに軸足を置きながら、そこから演繹する形で「精神」を問う。そういう意味で、サン゠シモンはその死までの間に最後の「提題」を表そうとしていくとも言える。

では、「後期思想」と「最後の提題」という区分の狭間にある諸議論、とくに「社会主義」をめぐる問題を整理しておこう。

1　これまでの内容を整理し直す思想活動

「精神」について再び問うというサン゠シモンの姿勢そのものは、『組織者』に続いて刊行された一八二一年の『産業体制論』の中で示され始めていた。本書が後期思想を構成する著作の一つに分類しているように、『産業体制論』は「世俗」をめぐる探究という色彩が強い。しかし、フランスの政治的・社会的混乱を前に、サン゠シモンは産業者の団結を説くとともに、その団結の基礎となるべき「地上の道徳」がどのようにあるべきかについても論じる。『産業体制論』は産業体制の中での諸問題を体系的に論じることで、それまでの主張、とくに『組織者』の内容を整理し直すものになった。そして、『産業体制論』の冒頭で、サン＝シモンはエピグラフとして突然つぎのように記した。

「神は言った。汝ら互いに愛し合い、助け合え、と。(1)」

これは『新約聖書』に記されたさまざまな教えを一言で表現したものである。とくに前期思想の中で、サン＝シモンが批判するように、旧来の宗教には科学的に誤った部分が多々ある。とはいえ、サン＝シモンにとっては、前述の言葉のように真理を突いた部分もある。したがって、産業体制を担う産業者はこうした教えを理解し、貧困層の境遇にも目を向け、社会の一体性を守らねばならないのである。

では、『産業体制論』の内容を大まかに確認しておきたい。まず第一に、科学的かつ実証的に近代に相応しい産業体制と曖昧な自由主義体制を区別することが必要である。産業体制の確立のために、ルイ一八世はユルトラのような反動勢力ではなく、産業者との提携を選ぶべきであり、そのことが玉座の安泰を保証する。また、産業者は一致団結し、産業体制の確立のために主体的かつ積極的に行動せねばならない。

第二に、自然の開発によって、経済を拡大させ、国富を増大させる必要がある。産業者は開墾や干拓、道路の敷設、運河や港湾の整備に資本を投下するべきであり、政府が税率を最低限に抑えれば、企業家の側に必要な資本が用意できる。おびただしい数の失業者や農閑期に暇を持て余している農業従事者には仕事が用意され、道路や港湾の整備によって産業活動は活性化して、商品の生産は増大し、仕事を得た失業者が商品を購入できるようになることで、経済はさらに活性化していく。貧困層の生活状況の改善、あるいは不況からの脱出のためには、経済のパイを拡大せねばならない。

サン＝シモンはセイの『政治経済学概論』から経済について多くを学びながら、二〇世紀に至りジョン＝メイナード・ケインズ（一八八三～一九四六年）が大成した「ケインズ経済」につながるような考え方を提示した。ケインズ的な発想は政府の権力の肥大化を招きうるため、サン＝シモンのこれまでの考え方と矛盾してしまうように見える。しかし、サン＝シモンがあくまで産業者による企業の活動を重視している点に注意したい。政府は企業活動のための基盤を整備するだけであり、税率を低く抑えねばならないのである。

また、一八二二年には『ブルボン家とステュアート家』と『続ブルボン家とステュアート家』が連続的に刊行された。このうち、『ブルボン家とステュアート家』の中で、サン＝シモンは相変わらずルイ一八世に産業者と提携せよと決断を促す。かつてイギリス王家ステュアート家が革命によって追い落とされたことを考えれば、フランス王家ブルボン家は最大限の注意を払わねばならない状況に直面している、とサン＝シモンは訴える。ところが、ブルボン家に対して不穏当な内容であるとの理由によって、『ブルボン家とステュアート家』は官憲に没収された。

続く『続ブルボン家とステュアート家』中で、サン＝シモンは前作の没収を解くよう要求するとともに、一八一四年の「憲章」について論じる。旧体制下の法律も、革命後の憲法もそうであったように、復古王政の欽定憲法である「憲章」も、人びとが結合する目的について述べていないというのである。憲法のような国家や統合体の基本法に人びとが結合する目的、いいかえれば人びとの「紐帯」に関する条項が盛り込まれるべきであるという主張は、『ヨーロッパ社会再組織論』や『公法の再組織について』の内容につながる。こうした人びとを結びつける「紐帯」をめぐって、サン＝シモンはオーギュスト・コントとの共著として『社会契約論』の刊行を公表した。しかし、『社会契約論』は刊行されなかった。なお、この理由はよくわかっていない。

ところで、ルイ一八世が決断をなすべきだということにしろ、搾取ではなく自然開発が必要だということにしろ、経済のパイを拡大することによって貧困層の生活を改善していくことにしろ、これらは社会の多種多様な人びとが一つの「紐帯」を持っていなければ上手くいかない。「紐帯」があるからこそ、人びとは他者を含めた社会を主体的に考えられるようになるからである。しかし、すでに問うたように、心もとない理性を持った人びとが社会に対する自らの思考の結果を〝正しい〟と思えるのは、「精神的権力」の担い手の語ることが宗教的性格をまとっているからというだけでなく、何らかのもっと絶対的で超越的なものへの感覚があるからではなかろうか。こうして、サン＝シモンは旧来の宗教の教えを取り込み始める。

とはいえ、旧来の宗教を復活させようというわけではない。科学的視点に立って旧来の宗教の教えから間違い（天動説など）をそぎ落としていった結果、それでもなお科学的視点から見て妥当性があるがゆえに残るべき教えについては、時間や空間を超えた普遍性・不変性があるどころか、人間の根本的に心もとない理性からでは価値判断を下しえない絶対性や超越性があるかもしれない。サン＝シモンにとって、『産業体制論』のエピグラフとして引用した『新約聖書』の教えとは、そうした時間や空間を超えた普遍性・不変性に加えて、絶対性や超越性を帯びたものだった。

一八二三年、サン＝シモンは『産業者の教理問答』の執筆に取り掛かった。「教理問答」とはキリスト教徒の信仰教育のために用いられる教科書の類である。つまり、『産業者の教理問答』はサン＝シモンが提唱する産業主義の一種のバイブルであり、産業主義的〝信仰〟を形作ることを目的にしたものだった。サン゠シモンの「最後の提題」の中で、宗教的性格をまとった非宗教的道徳は、〝宗教という形態〟に昇華するとともに、旧来の〝宗教を超える宗教〟に位置づけられるのである。

2 サン゠シモンの「社会主義」とよばれるもの

(1) 社会主義という言葉の誕生

「最後の提題」について検討する前に、というよりも「最後の提題」についてよりよく理解するためにこそ、一般的にサン゠シモン思想を象徴するものとして扱われている「空想的社会主義」について考えねばならない。社会科の教科書の類をめくれば、サン゠シモンは同じフランスの思想家であるシャルル・フーリエ（一七七二～一八三七年）や、イギリスの実業家であるロバート・オウエン（一七七一～一八五八年）とともに「空想的社会主義」の思想家として紹介されるだけである。こうして、サン゠シモンは「空想的社会主義」を創始した思想家の一人であるとの理解が定着する。

サン゠シモンが「空想的社会主義」の思想家に分類されるようになったのは、エンゲルスがそのように表現したからである。これまで見てきたように、産業資本主義が発展し、資本家と労働者の〝階層〟の二極化が進む中で、サン゠シモンは両者の対立が先鋭化することによる社会の分断を予見し、「精神的なるもの」の力をもって平等な社会と社会の一体性の実現を目指した。ところが、マルクスとエンゲルスによれば、サン＝シモンはその道程を科学的に、つまり学術的に論理立てることができなかったという点で「空想的」だという。マルクスとエンゲルスは社会が資本主義の成立と成熟を経験し、労働者が資本家に対する〝階級闘争〟に勝利する中で、ようやく共産主義に至るという過程を科学的に導き出したとする。このようなマルクス主義は、科学的社会主義とも共産主義とも呼ばれている。

サン＝シモン自身が自らの思想を「社会主義」と表現したことは一度もない。サン＝シモンの周りにはその思想に共鳴する実業家や思想家といった人びとが集い、そうした人びとはサン＝シモン死去後に「サン＝シモン派（サン＝シモン主義者）」と呼ばれる一大グループを結成した。産業資本主義が発展し、民主主義を求める国民の声が強まる時代、サン＝シモンの思想は「サン＝シモン派」によって「サン＝シモン主義」という形でヨーロッパ諸国家に伝播した。では、「社会主義」の概念を生み出した、あるいはサン＝シモンの思想を「社会主義」と表現することで、エンゲルスの「空想的社会主義」という表現に影響を与えたのは誰なのだろうか。

諸説あるものの、サン＝シモン主義者の一人であるピエール・ルルー（一七九七～一八七一年）が、今日的な意味での「社会主義」の概念を基礎づけたとされる。貧しい家庭で育ち、石工や植字工といった職人を生業にしてきたルルーは、理工系の名門校であるエコール・ポリテクニックの入学許可を得ることができたなど、学問に精通した人物だった。母親を支えるためにエコール・ポリテクニックへの入学を断念し、学問を続けることを諦めたものの、植字工としての経験を活かして、一八二四年には雑誌『ル・グローブ』を創刊した。そして、サン＝シモン死後の一八三一年頃、『ル・グローブ』はサン＝シモン派の機関誌的な立場を得ていた。このような実際の職業労働にたずさわる経営者や銀行家、あるいいは職人といった人びとによって支えられたというところに、サン＝シモン主義の特徴がある。サン＝シモン自身もさまざまな著作で、実際の職業労働にたずさわる経営者や銀行家、あるいは職人といった人びとについて「産業的能力」を持っていると考え、彼らが産業体制の実現に向かって主体的に行動することを望んだ。

旧体制（アンシャン・レジーム）と呼ばれるフランス革命前の世界では、「社会」という言葉は基本的に封建貴族や上層市民といった支配階層の〝社交〟以上の意味を持たなかった。支配階層がパリやヴェルサイユの宮廷を中心に交際・交流することが「社会」であった。しかし、産業発展の中で都市に労働者が数多く集住するようになると、現代の人間が想像するような「社会」が出現する。人間同士が大規模に交流し、ときにはその利害関係によって対立する。そうした対立が「社会」を揺るがし、あらゆる人びとの関心事になるような大問題に発展することもある。

サン＝シモンが思想活動を展開した時代から死去後にかけて、またルルーが『ル・グローブ』を創刊した時代、富裕層と貧困層の「貧富の格差」が「社会」を揺るがす問題になっていた。このような状況を前に、ルルーは「エゴイズム（利己主義）（égoïsme）」に対置する概念として「社会主義」という言葉を生み出した。富裕層と貧困層、有産者と無産者、資本家と労働者、さらにさまざまな出自といった具合に、社会は多種多様な人びとの人的共同体である。多種多様な人びとの間に生まれた差異を原因として、社会は常に分断される可能性がある。そこで、ルルーはフランス革命の中で掲げられた理念である「自由、平等、博愛」に「連帯（solidarité）」をつけ足そうとした。(2) ルルーにとって、社会の一体性を思考し、社会の中での人びとの連帯を重んじることが「社会主義」の定義だった。

(2) サン＝シモン思想を社会主義と定義した人びと

サン＝シモン思想を初めてはっきりした形で社会主義思想と定義した人物といえば、おそらくルイ・レイボー（一七九九～一八七九年）だろう。フランスのジャーナリストであり、一八一四年にブルボン家の王政が復古すると、その反動性に対し強い批判を加えた。また、レイボーは上からの、あるいは国家からの指導と保護によって維持され、ときには脅かされる経済ではなく、自由主義経済を支持するジャーナリストだった。そのようなレイボーが著書『現代の改革者、あるいは近代的社会主義者の研究』（一八四一年）で、サン＝シモン思想をオウエンやフーリエらの思想とともに社会主義思想とした[3]。

レイボーによれば、フランス革命によって社会秩序が一度破壊された後、近代初頭においてサン＝シモンら三人は新たな形で社会を建設・再建するための理念を発見しようとし、それを旧来の宗教の改革と「新しい宗教」の創設に求めたという。「新しい宗教」によってこそ社会は漸進的に改革されうるというわけである。サン＝シモンが主張する近代の「精神的なるもの」、つまり宗教的性格をまとった非宗教的道徳が、どのようにして旧来の〝宗教を超える宗教〟という「新しい宗教」になるかについては、本章で探究する問題である。

また、一九世紀、今日的な意味での「社会」が形成される時代、そうした社会に発生したさまざまな現象を分析し、社会学を成立させたデュルケムもサン＝シモン主義者の一人であり、サン＝シモン思想を社会主義と定義した。サン＝シモン思想をめぐるデュルケムの問題意識は直接的にはレイボーよりも、ルルーに近い。デュルケムは人びとのエゴイズムを排除し、社会の連帯を確保するための方策を発見することを目的にして、社会主義を「組織化の傾向（tendance à organiser）[4]」と表現し、サン＝シモンの社会組織の一体性を重んじる思想を社会主義思想と捉えた。

〝「政治」と「経済」〟という「世俗」の〝対立軸〟を考えた場合、産業（経済）の発展や富と利益の増大という歴史の流れがフランス革命の原因になり、「経済的自由」を確立するためにこそ「政治的自由」と「政治的平等」を実現することが必要だと言える。しかし、エゴイズムを持つ諸個人が「経済的自由」を先鋭化させるなら、富裕層と貧困層の間に生じた経済的不平等が社会を分断する。デュルケムにとって、社会組織の一体性を重んじるサン＝シモンの思想とは、ときに自由放任を良しとする自由主義と暗に対立するものだった。

一九世紀初頭以降の政治社会的・経済社会的状況、そして前述のようなルルーやレイボーらによるサン＝シモンをめぐる思潮を背景にして、エンゲルスによる「空想的社会主義」という評価が出現する。自由主義を重んじる産業資本主義の発展の中で、資本家と労働者の対立や貧富の格差などの大きな問題がもたらされたという現実があることによって、サン＝シモンに関するエンゲルスの評価が共産主義、あるいはマルクス主義とともにヨーロッパを超えて世界各地に広がっていくのだった。

第2節　宗教を超える宗教、あるいは新キリスト教

一八二三年三月、サン＝シモンは自殺を図った。『産業（第三巻）』の刊行で「寄付者の反乱」を招いた後、『組織者』の成功で息を吹き返したようではあったが、サン＝シモンは出版資金を枯渇

させてしまい、日々の生活苦に直面していた。しかも、長らく支援者の一人であった銀行家のラフィットから原稿の内容を支持しないという手紙が送りつけられた。また、オーギュスト・コントとの師弟関係が崩れ始めていた。オーギュスト・コントにとっては独り立ちし、社会学の創始者になっていくという人生の転換点だった。まさに、袋小路のような状態に陥ったサン＝シモンはピストルで頭を撃ち抜いた。しかし、片目を失っただけで、結局は一命を取り留めた。

サン＝シモンの自殺未遂に衝撃を受けたラフィットたちは、再び寄付を約束した。さらに、ユダヤ系若手金融家であるロドリーグが新たにサン＝シモンの寄付者になった。ロドリーグは幼年期から極めて優秀であり、教職に就くことを希望したものの、ユダヤ系であるという理由をもってエコール・ノルマルへの入学を拒否された。そこで、エコール・ポリテクニックで復習教員（学生の勉学を見る教員）の職に就くことで、研究を続け、やがてパリ大学理学部から博士号を授与された。しかし、王政復古によってローマ＝カトリック勢力が息を吹き返す中、ユダヤ系の人びとには金融業に進む以外に道はなかった(5)。

もともと学問を志していたロドリーグは、自らが興味を抱いたサン＝シモンの思想活動への支援を惜しまなかった。また、ロドリーグはバルテルミー＝プロスペール・アンファンタン（一七九六～一八六四年）という人物をサン＝シモンに紹介した。リセ・ナポレオンという学校で、ロドリーグはアンファンタンの学習指導に当たったという関係にあった。このようなアンファンタンは、さまざまな形で学問を続ける中、パリ・リヨン間などに鉄道を建設するという事業をめぐって、資金面での献策を政府に示した。そして、ラフィットがアンファンタンの献策を見出すとともに、「パリ・リヨンおよびパリ・地中海鉄道会社」の創設に取り掛かった。道路や運河、あるいは鉄道といった交通網の整備によって産業の振興を図り、人びとをつなげていくというヴィジョンは、サン＝シモンもまたその思想活動以前から構想し続けてきた。

こうして、アンファンタンはロドリーグから紹介されたサン＝シモンに深く傾倒していき、やがて「サン＝シモン派」の始祖のような立場になる。今日なお、アンファンタンが編纂した『サン＝シモン著作集』（一八六五～一八六七年）は、サン＝シモン思想の研究者に広く利用され続けている。では、『産業者の教理問答』の刊行から死去までに、サン＝シモンが最後に提起しようとしていく主張、すなわち「提題」について探究していこう。

1　宗教を超える宗教

(1)　非宗教的道徳がともなう絶対性や超越性

一八二三年一二月、『産業者の教理問答（第一分冊）』が刊行された。「教理問答」がキリスト者のあるべき姿を説くように、サン＝シモンは『産業者の教理問答』を通して、産業者のあるべき姿を論じる。

さて、これまでの議論を踏まえて考察するべき問題が二つある。一つ目は、心もとない理性を持つ人間の思考に対し、何が〝正しさ〟を保証してくれるのかである。つまり、人間の理性と思考には限界があるのである。二つ目は、人間が従うべき一般的社会的規範と、「人権宣言」で高らかに謳いあげられた特殊的な人間の生まれながらにしての自由の間で、どのような折り合いがつけられうるかである。人びとが勝手気ままという意味で自由に生きれば社会は成り立たなくなる。だからといって、社会の一般性が押しつけられることによって、人びとの特殊性が抑圧されるようなことがあってはならない。『ヨーロッパ社会再組織論』の議論に従うなら、人間は自らの個人的・特殊的利益だけでなく、社会の一般的利益を考慮する傾向を身につけるものである。そして、産業者はそうあらねばならない。サン＝シモンの前期思想から後期思想にかけて、このような産業者のあるべき姿についての主張は発展してきたが、一部の選ばれた科学者が「精神的権力」の担い手として、学識の豊かさによって尊敬されるとともに、一般的社会的規範を論理づけるという視点は重視され続けている。『産業者の教理問答』の中で、「精神的権力」が果たすべき役割として、サン＝シモンは非宗教的道徳という「地上の道徳」を教えるべき講座を設置することを提案するのである。サン＝シモンは産業者が主体的に一般的社会的規範に到達することができると考えているものの、人間の自由な内省に任せっきりにはしない。

「道徳の講座。この講座は、各人に、それぞれが占める社会的地位において、どうしたら自分の特殊的利益を一般的利益と結びつけることができるかを教えるであろう。この講座の教授たちは、人間が自分の個人的境遇の改善を社会に有害だとわかっている方向に求めるときには、およそ苦しめられうる最大の道徳的苦しみに進んでわが身をゆだねるものであり、これに反して、大多数者に有益だとはっきり気づいている方向において自分の個人的境遇の改善に努めるときには、到達しうる最大の喜びに達する、ということを聴講生たちに理解させるであろう(6)。」

「道徳的苦しみ」も「最大の喜び」も、人びとが何よりもまず自分自身で感じるものではなく、「精神的権力」の担い手たちが人びとに感じるよう「理解させる」ものだという。この「道徳的苦しみ」と「最大の喜び」という文字だけを追うと、サン゠シモンがイギリス流功利主義を強く意識しているように見える。功利主義的自由主義によれば、人間は超越的な「神」とその形而上学的な「啓示」が存在しなくても、快楽と苦痛という感覚を通して道徳的になることができる。まさに道徳が世俗化されている。人間は誰しもが否応なしにエゴイストという側面を持つのであって、エゴイズムを捨てて聖人のように振る舞うことは難しいものの、日々の生活の中でエゴイストであり続ければ快楽だけでなく苦痛という感覚に苛まれる。エゴイストという側面を持つ人びとから資本主義社会が形成されているという事実を前に、社会統合を企図するとき、功利主義は有効な視座を与えてくれる。

サン゠シモンにとっても、人間はエゴイストである。しかし、それでもなお人間は基本的に自らの特殊的利益を超えていこうとし、さらには産業と労働を通して他者との関係のあり方を理解する。このような視点には功利主義的な思考が見られる。しかし、サン゠シモンは、学識の豊かさによって尊敬された「精神的権力」の担い手たちの役割をより重視する。功利主義ほどにははっきりとした形で道徳を世俗化するわけではない。サン゠シモンにとっては、「世俗」で生きる人びとに〝正しさ〟を保証してくれる存在が必要なのである。

しかし、学識の豊かさによって尊敬されながら「精神的権力」を担う選ばれた科学者とて、人間にほかならない。そのような人間の理性が完全なものではない以上、その論理的思考にも何らかの限界がある。人間が〝正しさ〟を保証し続けることはできまい。

(2) 道徳と人間の自由を両立させる

そこで、振り返るべきは、サン＝シモンが『産業体制論』のエピグラフとして記した「神は言った。汝ら互いに愛し合い、助け合え、と」という『新約聖書』の教えである。ここから、さきほど示した二つの問題への解答が導き出せよう。

一つ目の問題として、人間の理性と思考に限界があることについて考えよう。自然科学の議論や観察方法は人間による探究と発見によって発展していくものの、人間が存在しようがしまいが、自然そのものは時間や空間を超えて普遍・不変である。万有引力の法則は人類が滅亡したとしても、地球が存在し続ける以上、変化することはありえない。これに対し、人間精神の進歩と科学の発展の結果、一般的社会的規範のあり方が変容するように、人間の心は移ろいやすく、理性によって判断できることには限界があるとともに不確かさが残ってしまう。もちろん、人間の精神は未完だからこそ、完成に向かって進歩することができる。そのような進歩が歴史を作りあげる。ただ、中世から近代へ、フランス革命による社会的大混乱の後に一応の終着点として、安定した産業体制の社会を組織するには、何よりもまず人間自身が主体的かつ自由に思考することが必要であっても、不完全な人間の精神だけで一般的社会的規範を論理づけるわけにはいかなかった。

こうして、サン＝シモンは、「神」そのものに向かうわけではないが、人間の思考に〝正しさ〟を保証する超越性や絶対性を帯びたものとして、『新約聖書』の教えを持ち出す。「神」そのものではなく、『新約聖書』に記された超俗的な言葉、つまりは「神」が言ったとされるイエス・キリストへの教えを持ち出すことで、一般的社会的規範を神聖化しようとするのである。

『新約聖書』を人間の思考の正当性に応用しようとする以上、サン゠シモンにはかつて自分自身がルターに対してぶつけたような批判が返ってくる可能性がある。とはいえ、サン゠シモンが持ち出すのは『新約聖書』のさまざまな教えのうち、〝互いに愛し合え〟という教え一つだけである。サン゠シモンにとっては、かつての中世であっても、近代実証科学の時代であっても、時間と空間を超えて普遍性・不変性を持ちうる教えである。ルターのように、人間の知的な進歩の流れに反してでも、旧態依然のキリスト教への信仰を完全に恢復しようとするわけではない。この点について、サン゠シモン自身の論理は最後の著作である『新キリスト教』（一八二五年）の中でさらに明示される。

二つ目の問題として、一般的社会的規範に対し特殊性を帯びる人間それぞれの自由をどのように確保するかを考えるにあたっては、『新約聖書』のさまざまな教えのうちのたった一つの教えだけが持ち出されているということに注目したい。

つまり、『新約聖書』に記されたさまざまな「道徳」のうち、〝互いに愛し合え〟というたった一つの教えだけが示されることで、人間の思考に最大限の自由が保証されることになるのである。〝互いに愛し合え〟という教えに従って、他者や他者を含めた一般的社会にどのような危害も与えず、一般的社会の中で他者と愛し合っている限り、人間はどこまでも自由であり、私的領域を守ることができるのであり、できねばならない。

なお、サン゠シモンは前期思想以来、しばしばニュートンの思想や功績について言及してきた。このようなサン゠シモンがニュートンのようにユニテリアンであったかどうかについては判然としない。父なるイエス・子なるイエス・精霊という三つを一体と捉える正統の三位一体論と異なり、ユニテリアンは絶対性・超越性を持つ唯一の神と宗教指導者としてのイエス・キリストを区別する。こうしたユニテリアンの教義について、サン＝シモンが何かをはっきりと語っているわけではない。少なくとも、「神」が言ったとされるイエス・キリストへの教えを利用する点で、サン＝シモンは意図的にイエス・キリスト自身にも超俗性を与え、世俗的な道徳を超俗的に変えていこうとする。

さて、『産業者の教理問答』は合計六つの論文から構成される予定だったが、第四分冊をもって終了になった。オーギュスト・コントの離反はあったものの、前述のような支援者や支持者たちの協力を得て、サン＝シモンは一九二五年の年始には『文学的、哲学的、産業的意見』を刊行した。これはロドリーグらとの共同論集であり、サン＝シモンが単独で執筆したものではない。

『産業（第三巻）』の中で、サン＝シモンは産業体制に必要不可欠な近代の一般的社会的規範について、「産業的道徳(7)」と呼んだ。これに対し、中世の支配システムであったような旧来の宗教やそれを再興しようとすることは、『一九世紀の科学研究序説』での表現を用いるなら、「二次的構想（conception secondaire(8)）」であった。そして、『文学的、哲学的、産業的意見』の中で、「産業的道徳」は旧来の宗教を超えて、世俗的かつ超俗的な性格を帯びながら、はっきりとした形で旧来の〝宗教を超える宗教〟に位置づけられていく。ただ、この頃のサン＝シモンは病気がちになり、新たな支援者や支持者を得たにもかかわらず、精力的な活動が困難になりつつあった。それでも、一八二五年四月には最後の著作である『新キリスト教』が刊行された。サン＝シモンは自らが構想する旧来の〝宗教を超える宗教〟に対して、「新しいキリスト教（le nouveau christianisme）」という名称を用いた。

サン＝シモンが最後の著作である『新キリスト教』をもって、どのような境地に達したのかを確認していこう。

(3) 新キリスト教

『新キリスト教』というタイトルのように、サン＝シモンははっきりと近代に相応しい「新しい宗教」が構築されるべきだと説くに至る。そして、『産業体制論』で、エピグラフとして「神は言った。汝ら互いに愛し合い、助け合え、と」という形で『新約聖書』からたった一つの教えを持ち出すように、『新キリスト教』でもまた、「自らを愛するように汝の隣人を自らのように愛せよ」という形で、『新約聖書』のうち『ローマ信徒への手紙』に記された使徒パウロ(9)（紀元後五？〜六七年？）による全く類似した言葉を用いる。さらに、このたった一つの「崇高な原理に、キリスト教における神に由来する一切のものが含まれている(10)」と論じる。

サン＝シモンによれば、〝互いに愛し合え〟こそがまさに「神」を由来とするイエス・キリストの純粋で根本的で原初的な教えを表しているという。近代実証科学の時代において、旧来の宗教の誤った部分を取り除いていったとき、残ったものこそパウロが伝えるところの「神」を由来とするイエス・キリストの純粋で根本的で原初的な教えである。それは、近代産業社会においても色褪せることのないまま通底し続けうる「道徳」の基礎をなすものである。

人びとは、学識の豊かさによって尊敬された「精神的権力」の担い手である選ばれた科学者から学ぶとともに、自由に産業と労働とそこでの他者とのコミュニケーションを通して、論理的かつ世俗的に構築された非宗教的道徳に主体的に到達する。他方で、パウロの言葉が伝えるところの「神」を由来とするイエス・キリストの純粋で根本的で原初的な教えは、非宗教的道徳をめぐる人びとの思考に〝正しさ〟を与えるとともに、非宗教的道徳そのものを〝宗教という形態〟に、あるいは絶対性と超越性を帯びた「新しい宗教」というところの「新キリスト教」に昇華させる。サン゠シモンの考え方に従えば、人間精神の進歩と科学の発展の中で論理的思考を身につけ、これに連動する産業活動の拡大という現実を前にしてこそ、人びとは旧来の宗教を超えて、イエス・キリストの純粋で根本的で原初的な教えによ うやく回帰することが可能になったと言える。

また、「神」を由来とするイエス・キリストの純粋で根本的で原初的な教えを基礎としようとも、これまで繰り返してきたように、「新キリスト教」とその「道徳（「産業的道徳」）」は、生まれながらにして自由な人間が自然科学の議論や観察方法を理解し、産業と労働とそこでの他者とのコミュニケーションの中で論理的に考えることによって主体的に到達できるものなのである。したがって、出自といった所与の特殊性を超えた人間すべてに開かれている。さらに、旧来のキリスト教会という支配システムとその聖職者たちによって教えられる（押しつけられる）神学的道徳とははっきりと区分される。

さて、『産業（第三巻）』での「政治は道徳の一帰結」という考えに基づくなら、すべての人間は有益な労働を基礎とする産業社会において〝互いに愛し合え〟という教えから、社会という「世俗」のあり方を演繹する。たとえば、人びとは互いに愛し合うのだから、社会の中で生きる最も貧しい階層の幸福の実現を図ることを目指さねばならない。だからこそ、サン゠シモンは、「新キリスト教」について、「最も貧しい階級の境遇をできるだけ速やかに改善する[11]」ことを目的にすると明記する。社会に断絶を生じさせることなく、その一体性を守るには「経済的平等」の実現が必要なのである。したがって、人びとの特殊的利益と社会の一般的利益に折り合いをつけねばならない。それは、人びとの「エゴイズム〈利己主義〉」と社会を組織するために人びとが到達すべき「一般的社会的規範」に折り合いをつけるということでもある。そのためにも、他者を含めた社会の一般的利益と個人の特殊的利益の関係について、人びとが産業と労働とそこでの他者とのコミュニケーションを通して理解することがやはり重要である。

もちろん、どのような人びとも初めは自らの給与のような利益を得ることだけを志向するものだが、さまざまなコミュニケーションの中で、やがて他者に対する「博愛」の情も持つことになろう。「キリスト教の真の基礎である博愛の感情[12]」という道徳的な同胞意識が社会を維持するのである。

中世から近代にかけて、ヨーロッパ文明は大きく進歩したにもかかわらず、一九世紀初頭において最も産業化され、政治的に進歩した諸国家、たとえばイギリスやフランスの中ででさえ、貧困層が住民の大多数を占めていた。これまでのサン゠シモンの考えに従えば、金銭的な境遇の改善と公教育を通した管理能力、あるいは「産業的能力」の獲得によって、貧困層は隷属的な状況から解放される手段とともに自由になる機会を掴むことができうる。また、公教育の整備によって貧困層の知的能力の上昇が続くことで、産業のさらなる発展が実現されるとともに社会の富と利益が増加する。産業のさらなる発展は自由の実現だけでなく、非宗教的道徳を理解するための労働という機会を増大させる。さらに、〝相対的〟というレベルではあろうが、「経済的平等」が可能な限り実現しうる。

サン゠シモンが考える道徳は、自然科学の議論や観察方法の実証性の他、金銭的利益や物質的豊かさといった資本主義社会を支える諸要素によって形作られる。旧来の宗教は人間に過剰な欲を持つことを禁じ、清貧の中で生きることを強制してきたものの、人間の過剰な欲こそが産業を発展させるとともに自由の実現を促した。しかも、旧来の宗教は腐敗する中で、信徒の欲を禁じるとともに、封建諸侯や聖職者の欲を正当化する支配システムに成り果てた。近代産業社会において、人間の欲を禁ずることは社会の存立、そして歴史のさらなる進化を不可能にしてしまう。だからこそ、自分の利益を確保していきたいというエゴイズムは常に悪いというわけではないのである。前期思想以来、サン＝シモンは一般的利益と特殊的諸利益の間の最も均衡した関係を探究し続けている。

このように、『産業者の教理問題』から『新キリスト教』へ、社会の近代的再組織のために必要な一般的社会的規範がどのようにあるべきかをめぐって、最後の「提題」に向かっていく中で、サン＝シモンはやはり「ヨーロッパ」に目を向ける。サン＝シモンの思想活動の中に、「ヨーロッパ」という問題意識は遍在し続けている。

2　再組織されるべき歴史的産物としてのヨーロッパ

(1)　ヨーロッパの近代的再組織の必然性

サン＝シモンは一体化されるべき歴史的産物としてのヨーロッパが存在すると思考してきた。そして、「最後の提題」に入っていく直前、『組織者（第二分冊）』のうち、一八二〇年の「第十書簡」の中で、諸国民社会を超えた一つのヨーロッパ社会が中世の封建体制から近代の産業体制への再組織の準備ができている段階にあることを、つぎのような形で断言した。「前期思想」と「後期思想」を検討する中で、サン゠シモンの歴史を把握する方法を確認したように、これが明確な形で描き出されている。

「一方において、議会制の樹立という事実そのものによって、旧体制の変容と没落が、新体制の完全な組織化以前に可能な限り、とことんまで押し進められたことを、われわれは見た。他方で、新体制がその最終的樹立に近づき、移行を行いうる手段が世俗的にも精神的にも整えられたことを、われわれは認めた。世俗的には、課税の独占的決定権を与えられた庶民院の制度によって、精神的には、信仰の無制限な自由の宣言によって。このような事態からわれわれは、旧体制を直接衰退させることに関してはもはやなすべきことは何も残っておらず、新しい体制づくりを完了させることにもっぱら努めるべきであると結論した。[13]」

サン゠シモンは科学的視点を根拠に〝「精神的権力」と「世俗的権力」の分離〟を理論化するとともに、歴史を二つの流れから対照的に描写する。一つは世俗的権力の組織化、確立、破綻、そして再組織化という変容であり、もう一つは古い体制に新しい体制へ変革するよう促すものとしての精神的権力の変動である。前期思想では、「科学史を基礎とした人類史」という歴史観が提示され、主に精神的権力の変動による体制の変容が問われた。後期思想では、「産業史を基礎とした社会史」という歴史観が提示され、主に世俗的権力の組織化、確立、破綻、そして再組織化という変容が問われた。

サン゠シモン思想を引き継いだデュルケムなどは、サン゠シモンが取り組んだ「われわれの歴史的発展の大まかな描写が含んでいるあらゆる実り豊かな思想[14]」を評価した。多くの粗さを残しつつも、サン

＝シモンはダイナミックに「人類」における「ヨーロッパ」の悠久の歴史を精神的にも世俗的にも掴みとろうとする。歴史は人びとの知らぬ間に勝手に進むわけでもなく、単なる経済的要因によって展開するわけでもない。人びとが目の前の現実に対し主体的に考え、何らかの解決策としてのヴィジョンも主体的に示すことによって歴史は動き始める。そして、そうした歴史を動かしたヴィジョンが後の世代に思想として継承されるとともに、新たなヴィジョンの基礎になり、歴史をさらに動かすのである。

『産業者の教理問答』から『新キリスト教』にかけて、サン＝シモンは前述のような二つの過程を合流させつつも、「精神」と人間の意志・思考に力点を置きながら、「ヨーロッパ社会の近代的再組織」と来るべき「近代ヨーロッパ社会」についても議論することになった。

たとえば、「精神」と人間の意志・思考をめぐって、『産業者の教理問答』の中で、サン＝シモンは近代化を促した政治家や思想家・哲学者の思想・ヴィジョンだけでなく、反動的と判断されうる思想家・哲学者の思想・ヴィジョンまでもが、ヨーロッパ社会が近代的再組織に向かう歴史の流れを生み出すことに貢献したと書く。つまり、サン＝シモンは、ヨーロッパを一つの歴史的産物のように捉えるだけでなく、人間精神が必ず知的に進歩するがゆえに、ヨーロッパ社会の近代的再組織そのものが必然であると見なす。

まず、サン＝シモンはさまざまな「世俗的権力」の側の思想・ヴィジョンの中でも、ヨーロッパに産業体制が確立されることで、恒久平和が構築されうることを理解していた人物としてシュリー公爵をあげる。『ヨーロッパ社会再組織論』でも言及されたように、フランス国王アンリ四世の側近として、そのヨーロッパ統合ヴィジョンである「大計画」について自らの著作に書き残した人物である。サン＝シモンによれば、シュリー公爵は産業体制の確立と恒久平和の実現の相関関係とともに、ヨーロッパの安定性に対する産業の影響力を理解していたので、産業発展を促すためにこそ、ヨーロッパ社会の近代的再組織をアンリ四世に進言したという。

「大法官ベーコンの同時代人である大シュリー、フランスの諸国王のうちで最良の国王、公共財産をどのように管理すべきかについてルーアンの商人たちに率直に助言を求めた、あの誠実にして善良なアンリ四世の立派な友である大シュリーは、産業体制の樹立に向かって国民を決然として導いた総理大臣である。…〔中略〕…永遠平和の樹立――以前から世人がサン゠ピエール師に栄誉を与えてきたところの計画、本質的に平和的な階級である産業者階層が優越的な階層とならぬ限り決して実行できない、しかし産業者を社会の最高の地位に据えることをはっきりと、また直接的に目指した計画――を思いついたのは、彼シュリーであった。[15]」

また、ルイ一四世の治世下で「重商主義」を掲げてフランス産業の発展に尽力した財務総監ジャン゠バティスト・コルベール（一六一九〜一六八三年）や、ルイ一六世の下で財政再建を試みたネッケル財務長官、あるいはルイ一八世に仕えるドカーズ公爵のような「シュリー公爵の後継者たち」は、産業者が権力に到達できるために行動した、とサン゠シモンは考える。[16] とくに、コルベールとその「重商主義」は産業者の経済的・社会的重要性を高め、逆に貴族の重要性を弱めることを通して産業体制の樹立を助けたという。

さらに、サン゠シモンは、コンドルセ、セイ、デュノワイエ、シャルル・コントといった自由主義的思想家・哲学者たちだけでなく、反革命派に属するルイ゠ガブリエル・ド・ボナール（一七五四〜一八

四〇年）といった反動的思想家・哲学者たちにも言及する。(17)

セイやコンドルセといった自由主義的思想家・哲学者たちは、ヨーロッパ社会の近代的再組織に向けて体系的なコンセプトを用意する必要性を知らしめた。このような自由主義的思想家・哲学者たちの積極的な意見表明があったからこそ、人びとは目の前に広がる時代がどのような時代であるのか、そして何をなすべきかを理解することができるという。サン＝シモンは、こうした「精神的権力」の担い手とも言える先駆者たちの一種の〝前衛的な役割〟を相変わらず重視する。

これに対し、反動的思想家・哲学者たちは、ウィーン体制を批判するとともに、ヨーロッパ社会に安定性を再建する手段としてキリスト教会の権力を再建し、ヨーロッパ社会を構成するすべての国家で封建体制を回復することを企図する。こうした反動的思想家・哲学者がいるからこそ、人びとがウィーン体制ではなく、中世のようにより一体化されたヨーロッパ社会が必要であることに気づけた、とサン＝シモンは評価する。

サン＝シモンにとって、どのような人びとも知的に進歩していく存在であるがゆえに、さまざまな政治家や思想家・哲学者たちの思想・ヴィジョンを学びながら、中世ヨーロッパ社会を一つのものとして、近代的に再組織していくことを選び取っていくことができる。知的に進歩する人びとはその思考の結果として、近代ヨーロッパ社会の扉を開かざるをえなくなり、歴史は進化していく。

では、近代ヨーロッパ社会の扉が開かれる中で、知的に進歩した人びとは中世ヨーロッパ社会を特徴づける諸要素、つまり旧来のキリスト教（プロテスタントを含むローマ＝カトリック）への信仰、キリスト教と他宗教・他宗派の対立、封建体制などを乗り越えながら、どのような「ヨーロッパ社会」を近代的に再組織していくことになるのだろうか。ここで、「新しい宗教」を一般的社会的規範としたヨーロッパ社会に関するサン＝シモンのヴィジョンを考察・整理しておきたい。

(2) 近代的に再組織されたヨーロッパ社会と「他者」の問題

『一九世紀の科学研究序説』以来、サン＝シモンはヨーロッパ社会の近代的再組織化に向けて、まずはすべてのキリスト教徒の一時的な和解が必要であるとする姿勢を貫いてきた。そのような一時的な和解の後、近代産業社会の中で、すべてのキリスト教徒は旧来のキリスト教とそれぞれ帰依する諸宗派に一線を画しながら、イエス・キリストの純粋で根本的で原初的な教えに回帰し、互いに真に和解を成し遂げることができる。まさに、中世以来の歴史的産物としてのヨーロッパ社会を一時的に安定させることで、近代的に再組織しようというわけであった。それでは、「神」を由来とするイエス・キリストの純粋で根本的で原初的な教えを前に、ローマ＝カトリックとプロテスタントだけでなく、正教会も含めて、すべてのキリスト教諸宗派が和解するのだろうか。

もちろん、このようなヨーロッパ社会の安定化のためのキリスト教諸宗派の和解は、あくまでも中世から近代への体制変革のための過渡的な手段であって、最終目的ではない。『一九世紀の科学研究序説』で、キリスト教諸宗派が「理神論」に変容する必要性が主張されたように、サン＝シモンのヨーロッパ統合ヴィジョンは神学的秩序や封建体制の再建といった反動的な思想・ヴィジョンと対立する。

これまでの議論によれば、サン＝シモンのヨーロッパ統合ヴィジョンの核は、旧来の宗教を基礎とした中世の政治社会的・経済社会的秩序を、「博愛」という非宗教的でありつつも「新しい宗教」に昇華した道徳を基礎とする社会に「再組織」することにある。産業と労働とそこでの他者とのコミュニケーションを通して、一般的利益と特殊的利益を交互に検討することで、それぞれの個人は自らの特殊的利益と他者を含めた社会の一般的利益の関係を考察するように、自らが生活を営む国家の政治的・経済的利益が他国家・他国民の政治的・経済的利益と必然的に関係することもまた理解する。ヨーロッパ諸国家全体での産業の発展と議会制民主主義の実現は、封建体制によって行われる戦争のリスクを和らげるだけでなく、ヨーロッパ諸国民に互いの関係を理解することを可能にし、「博愛」を芽生えさせる。

さらに、英仏間の経済協力がそれぞれの産業上の弱点を補い合うものになるように、ヨーロッパ諸国民に自由貿易と通商関係の拡大によって産業的な相互依存関係を構築するなら、ヨーロッパレベルでの大規模な産業の発展が見られよう。そうした産業の発展によってこそ、ヨーロッパ人は近代的な一般的社会的規範に主体的に到達するための機会をより多く持つことができる。そして、経済的な富と利益の増大によって、貧困層の境遇が改善される可能性も高まる。

制度的なレベルにおいては、ヨーロッパ社会の一般的議会は非封建的な民主主義諸国家・諸国民の連合体を基礎として設立されようとも、そうした諸国家・諸国民からは独立しており、一般的利益の観点からヨーロッパ社会の諸問題を取り扱う。民主主義の諸国家・諸国民は同じ問題をそれぞれの特殊的諸利益の観点から取り扱う。こうした諸制度の下で、人びとは二重のアイデンティティを保持する。つまり、一般的なヨーロッパ人であると同時にそれぞれの特殊的な国民なのである。

〝「一般性」と「特殊性」の対比〟は、「国民社会」、「ヨーロッパ社会」、そして「世界（国際社会）」といった「社会」をめぐるサン＝シモンのあらゆる思考をリードする。フランスやイギリスといった特殊的国民社会はその利益を考慮しながら、一つのヨーロッパ社会の利益のために行動する。すべての諸国家・諸国民を融合した一つのヨーロッパ国家ではなく、諸国家・諸国民の存在を保証したうえでヨーロッパ社会が構築される。

このように、サン゠シモンは、旧来のキリスト教勢力圏の拡大を目指すヴィジョンや、「祖国」を否定的に捉えるコスモポリタニズムを基礎としたヴィジョン、あるいは外交戦略としてのヴィジョンなどに代わるものを提示しようと試み続けてきた。そして、中世のヨーロッパ意識や先駆者の有益なヴィジョンを追うだけでなく、それらを乗り越えようともした。また先駆者たちはヨーロッパ統合のための政治的諸制度に関するヴィジョンを提示したが、サン゠シモンは何よりもまずヨーロッパ社会の再組織を促すことのできる歴史的諸要素の重要性こそを主張した。つまり、人間精神の進歩とそれにともなって出現する実証科学、産業、自由、国民、民主主義、そして博愛である。

このうち、博愛をめぐっては、『産業者の教理問答』の中に「信仰の無制限な自由」との記述があることに注目しよう。宗教的性格をまとった非宗教的道徳という一般的社会的規範は、あらゆる宗教・宗派を超越するがゆえに、抑圧することはない。人間精神の進歩の結果として生み出される「新しい宗教」は、ローマ゠カトリックとてプロテスタントとて正教会とてイスラム教とて仏教とて、ありとあらゆる「二次的概念」としての宗教・宗派を超越するはずである。こうした点において、近代に相応しい一般的社会的規範としての「新キリスト教」は、「国際社会」全体を包摂するものとなりうる。旧来の〝宗教を超える宗教〟は、「新キリスト教」という名前が与えられていようとも、「ヨーロッパ社会」を超えて「世界人類」へも普及し、そうして「近代ヨーロッパ社会」の領域は旧来の地理学的境界を超えて、ロシアどころではなく、世界規模に広がりうる。また、「新キリスト教」を一般的社会的理念として、ヨーロッパ人は多様化するだろう。

したがって、「他者」を包摂することによる「他者」の消失の影響も考慮せねばならない。あくまで『産業者の教理問答』の中で示されたサン＝シモンの考え方であるが、ローマ教皇を頂点とした「中世ヨーロッパ社会」の政治的目的とは、アジア人やイスラム教徒（サラセン人）によるヨーロッパの領域への侵略や支配に対抗するためにヨーロッパ諸国家を結集することにあったという。[18] しかし、歴史が中世から近代に向かう中で、人間精神の進歩とそれにともなう科学や産業の発展によって、ヨーロッパの他地域に対する軍事的優位性が疑うべくもなくなってしまった。外部における敵としての「他者」という存在が消えて失せたとき、ヨーロッパ諸国家・諸国民は戦うために団結しようとは考えなくなるのではないか。

中世ヨーロッパ社会は外部に「他者」という敵を持つことによって、その領域を否応なしに限定することになったが、強大な敵を失った「近代ヨーロッパ社会」はどのようにしてその領域を決定すればよいだろうか。経済的利益を得るという富や豊かさへの欲求がすべての人間の本性そのものであるからこそ、産業の発展が封建体制の脱組織化と自由と議会制民主主義の実現を促したのだとすれば、「近代ヨーロッパ社会」はやはり旧来の地理学的なヨーロッパを超えて「人類」を射程に入れる統合体となってしまう。「政治は道徳の一帰結」という表現から見ても、「新キリスト教」を一般的社会的規範とする「近代ヨーロッパ社会」は、すべての「人類」に対し開かれなければならないだろう。

このような「ヨーロッパ社会」の領域性をめぐる問題、つまり「世界（国際社会）」の中で「ヨーロッパ（ヨーロッパ社会）」を分節する方法論については、一八一五年の『公法の組織化について』の中で、サン＝シモンが一般的社会的規範を規定する「公法」の策定にあたって、旧来の宗教の役割を重視していることに注目した。

最晩年の思想展開の中でも、サン＝シモンは新たな歴史観を提示しながら「ヨーロッパ人」とは何か、そして統合されるべき「ヨーロッパ社会」とは何かという問題を探究する。終章では、新たに提示される歴史観を確認しながら、サン＝シモンの独自の歴史研究、つまりそのヨーロッパ統合ヴィジョンのオリジナリティを検討していこう。そして、「人類」による「世界」の中で「ヨーロッパ人」による「ヨーロッパ（ヨーロッパ社会）」を分節するための方法論を確認するとともに、サン＝シモンが「ヨーロッパ社会」に生きる「ヨーロッパ人」をどのような存在として見なしているのか考察していこう。

終章

サン＝シモンのヨーロッパとその射程

第1節　ヨーロッパ社会という文明の歩みをめぐる歴史観

前期思想の中で、サン＝シモンは人間精神の進歩を決定的な軸にして歴史を区分しようとし、「科学史を基礎とした人類史」と呼びうる歴史観を提示した。さまざまな人びとの人的共同体である社会が発展していく過程を見出そうとするとき、その中心にある人間精神の進歩と科学の発展に注目することが必要である。人間が知的に進化し、科学が発展するからこそ、社会は変動するのである。サン＝シモンは、それまでの科学者によって認められた区分について、「こうした区分を決定するために選ばれた時代区分には人間知性の発展の一般的な連続性が用いられていなかった」[1]と批判する。サン＝シモンが言うところの二次的で局部的な出来事によって、歴史が区分されていたからである。

このように考えるサン＝シモンは、『一九世紀の科学研究序説』の中で、歴史、あるいは科学史を「ソクラテス以前（＝古代史）」と「ソクラテス以後（＝近代史）」に区分した。

さらに、サン＝シモンは「ソクラテス以後」の「科学の近代史」については、「マホメット以前」と「マホメット以後」に区分した。古代ギリシャ・ローマ世界で、科学は大いに発展したものの、古代ローマ帝国が崩壊した後、アラブ世界でこそ、「サラセン人（イスラム教徒）」、あるいは「アラブ人」が人間の科学知を高めることで、実証科学が花開いた。サン＝シモンはこの歴史的事実を踏まえたうえで、実証科学の発展に対しサラセン人、あるいはアラブ人たちが多大な貢献をした後、イングランドにロジャー・ベーコンが登場することで、ヨーロッパ人が人間精神の進歩にようやく役割を果たすようになったと語る。

一九世紀初頭のフランスでは、革命が一段落し、ローマ＝カトリックへの信仰が徐々に復活する中で、異敵・異端として排除されるべきイスラム教に対し好意的な文言を用いることは憚られたであろうが、知的に誠実であろうとするとき、科学に対するアラブ世界の貢献を認めないわけにはいかない。『一九世紀の科学研究序説』の中で、サン＝シモンはつぎのように記す。

「適切に書かれた近代史は、読者の主な注意を、ソクラテスからマホメットまでの理神論者の諸研究と、マホメットから今日までの物理学者の諸研究に向けさせるであろう。」[2]

まずは、最晩年に提示された歴史観に基づいて、サン＝シモンがどのように「ヨーロッパ（社会）」と「ヨーロッパ人」を描き出すのかについて見ていこう。

1　ヨーロッパ社会という文明の歩み

(1)「科学史を基礎とした社会史」の新しい区分

① ハールーン＝アッラシードおよびマアムーン以前・以後

前期思想の歴史観が「科学史を基礎とした人類史」であるなら、一八一四年からの後期思想の歴史観とは、産業発展の歴史を軸にした「ヨーロッパ社会の歴史」という社会史、言うなれば「産業史を基礎とした社会史」であった。さらに、最晩年の『産業者の教理問答』に至って、サン＝シモンは人間精神の進歩と科学の発展の歴史を軸に「ヨーロッパ社会の文明の歴史」を探究することで、「科学史を基礎とした社会史」と呼びうるような歴史観を披瀝する。それは、前期思想と後期思想それぞれの歴史観が総合された歴史観である。

このような『産業者の教理問答』の中で、サン＝シモンは、「ソクラテス以前のヨーロッパ社会に起こった出来事の歴史から始めないわけは、ソクラテスの時代から初めて、文明の進歩が中断なく続くようになったからである」[3]るとしたうえで、古代のソクラテスから一九世紀初頭への人間精神の進歩と科学の発展の歴史から観察する場合、「ヨーロッパ社会の文明の歴史」をつぎのように二つに区別されうると記す。

- 第一の部分（最初の一二世紀間）：ソクラテスからハールーン＝アッラシードおよびマアムーン
- 第二の部分（つぎの一二世紀間）：ハールーン＝アッラシードおよびマアムーンから一九世紀初頭[4]

「ヨーロッパ社会の文明の歴史」は、古代ギリシャで、一般性という考え方を送り出したソクラテスに始まる。そして、アッバース朝イスラム帝国の第五代カリフであるハールーン＝アッラシードと第七代カリフであるマアムーン（七八六〜八三三年）治世下のアラブ世界で、実証科学の観察方法の誕生という一つの転換を経験し、一九世紀初頭に続いていく。

『一九世紀の科学研究序説』で強調されていたような、ヨーロッパ世界の歴史に対するアラブ世界の重要性・果たした役割についての言及は、サン＝シモンの著作すべてに遍在する。そして、その「最後の提題」の中で、サン゠シモンは他方の知的進歩に対するもう一方の役割、そして二つの世界の互いの影響関係のインパクトについて絶えず強調する。サン゠シモンにとって、人間精神の進歩と科学の発展の歴史を基礎とした「ヨーロッパ文明」は、相変わらずヨーロッパ世界だけでなく、アラブ世界も包摂する。ヨーロッパ世界とアラブ世界の人間精神の進歩をめぐる交互の関係の中でこそ、中世ヨーロッパ社会の一般的社会的規範になった旧来のキリスト教が成立するからである。

② 最初の一二世紀間：科学的視点を基礎とした宗教の誕生

サン゠シモンによれば、ソクラテスの後、二人の哲学者の思想・哲学が「ヨーロッパ社会の文明の歴史」を形作った。つまりプラトンの思想・哲学が「ソクラテスからハールーン゠アッラシードおよびマアムーン」という「第一の部分」を、アリストテレスの思想・哲学が「ハールーン゠アッラシードおよびマアムーンから一九世紀初頭」という「第二の部分」をそれぞれ形作ったという。確かに、プラトンが「イデア論」によって、絶対的で超越的なものを提示した一方で、アリストテレスはプラトンを批判的に検討し、実証科学につながる観察方法を導き出した。

このうち、「ソクラテスからハールーン゠アッラシードおよびマアムーン」に至る最初の一二世紀間とは、サン゠シモンの言葉を借りるなら、プラトン主義者がアリストテレス主義者に対し優位性を誇りながら、古代アラブ世界で生まれたイエス・キリストとの協力の下で、キリスト教の基礎である原始キリスト教を成立させた時代である。そして、キリスト教は誕生した後、徐々にヨーロッパ社会の一般的社会的規範になっていき、そうしてヨーロッパ社会とその文明が徐々に形成される。

「プラトン学派とユダヤ人とが協力して作り出したキリスト教には、ユダヤ人の祭式とプラトン学派の学説とが一つに混ぜ合わされた。そして、この混合物に、世人はキリスト教という名をつけた。」(5)

人間精神が自然の秩序を把握することを欲する中で、一般的社会的規範が哲学として生まれ、科学としての性質を帯びた後、ようやく絶対性や超越性をまといながら宗教になっていく、というサン＝シモンの考え方に従うなら、「ソクラテスからハールーン＝アッラシードおよびマアムーン」に至る最初の一二世紀間に生まれた原始キリスト教とは、宗教である以前に哲学であり科学であった。そして、非宗教的道徳として、絶対的で超越的な「神」の名の下に宗教的性格をまとい、やがて〝宗教という形態〟に昇華したものとして見なされうる。まさに、「イデア論」というプラトン思想・哲学こそが、原始キリスト教に対し人間を超越する「神」の絶対性や超越性を与えたというわけである。

人間精神は常に自然の秩序とともに、社会のあり方をも探究しようとするため、絶対性と超越性を得た原始キリスト教は、社会における人びとの関係を整序するものになった。古代から中世へ、「精神的権力」の担い手になったキリスト教の聖職者たちは、キリスト教をローマ＝カトリックに成長させることで一般的社会的規範を論理づけ、「世俗的権力」を備えた社会の一体性を維持する役割を果たした。そして、聖職者たちがその学識の豊かさという知的優位性によって尊敬されることで、信徒を教導することが可能になった。

サン＝シモンによれば、古代から中世へ、古代ローマ帝国が崩壊し、古代ギリシャ・ローマ文明の火が消える中、原始キリスト教はローマ＝カトリック教会という組織と知識を独占した聖職者たちのおかげでこそ、中世ヨーロッパの人びとの間に広がっていくことができた。『一九世紀の科学研究序説』以来、何度も指摘されてきたように、人間精神が常に自然の秩序や社会のあり方を探究しようと欲するがゆえに、聖職者たちは天動説などの科学的には正しくない考え方をもって信徒たちの欲求に応えた。聖職者たちの世界観は、決してイエス・キリストとその弟子たちから発せられたものではなかった。このように、ローマ＝カトリックは、イエスの純粋で根本的で原初的な教えをねじ曲げたものの、中世の人びとの「知の状態」に適切であった。

とはいえ、キリスト教という一般的社会的規範を得ることによって、人びとが自らの道徳的心情を改善することに成功した。

「キリスト教を採用した諸民族だけが、自分たちの境遇を絶えず改善していき、奴隷制を次第に緩和し、ついには根絶したからである(6)。」

道徳的心情が改善された例として、サン＝シモンは奴隷制の廃止をあげる。古代ローマで奴隷制が廃止されたとき、原始キリスト教が国土全体に広がろうとしていた。中世ヨーロッパでは、イギリスやフランスといった多くの地域で農奴制のような奴隷制は長きにわたって継続されなかった。サン＝シモンは、機能主義的な思考から、中世ヨーロッパ社会の封建的身分制そのものに一定の価値を認めるが、前期思想とは少し異なり、「耕す人」のさらに下に位置づけられる奴隷の存在については否定的に捉える。奴隷制が他者への搾取の最たるものだからだろう。異教徒や異民族と戦わざるをえない中世ヨーロッパ社会では、「戦う人」と「耕す人」の身分・立場の違いが発生してしまうものの、それでもすべての自由が奪われ、搾取されるしかない奴隷の存在は許されなかったのではなかろうか。

③ つぎの一二世紀間：人間の知的進化の先において

「ハールーン＝アッラシードおよびマアムーンから一九世紀初頭」という「つぎの一二世紀間」について考えていこう。

中世を暗黒と定義するのは啓蒙思想家の常套句でもある。これに対し、一九世紀初頭のロマン主義的思潮の中では中世の再評価が始まる。徐々に成立していく諸国民の歴史を探究する中で、思想家・哲学者たちがその始まりである中世を再評価するのは至極当然であり、サン＝シモン自身も中世ヨーロッパにキリスト教（ローマ＝カトリック）を「紐帯」にする一つの安定した社会があったという評価を下した。しかし、「ヨーロッパ社会の文明の歴史」という視点から見れば、サン＝シモンにとって、中世は知的に未開という側面を持っていた。

ところが、サン＝シモンによれば、「ハールーン＝アッラシードおよびマアムーンから一九世紀初頭」というつぎの一二世紀間、つまりヨーロッパ文明の「第二の部分」において、一つの転換が起きた。古代ギリシャ・ローマ文明を継承したアラブ世界が実証科学を発展させたのである。

物事の観察・記録・蓄積・性質や特徴の整理によって、知識を体系化するという実証科学的な観察方法の基礎は、プラトンの弟子であるアリストテレスに発する。人びとは、アリストテレスを再興したアラブ世界から実証的な思考を手に入れることで、「神」に由来するイエス・キリストの純粋で根本的で原初的な教えにようやく〝回帰する〟ことが可能になった。そして、イエス・キリストの純粋で根本的で原初的な教えに必ずしも忠実でなくなったローマ＝カトリックの権威は失墜した。実証科学の時代と産業の時代、科学的視点を持った人びとは産業と労働とそこでの他者とのコミュニケーションを通して、新しい一般的社会的規範に主体的に到達するとともに、イエス・キリストの純粋で根本的で原初的な教えがそうした人びとの思考に〝正しさ〟を与えるのである。

なお、サン゠シモンは最晩年の思想活動に至って、「アラブ人」と「サラセン人」を意識的にか無意識的にか使い分けるようになる。前期思想の『一九世紀の科学研究序説』では、この二つの表現が使い分けられることはなく、常に混合されていた。しかし、最晩年の『産業者の教理問答』や、その後に刊行された『文学的、産業的、哲学的意見』では、ハールーン゠アッラシードらの下で実証科学を花開かせた人びとが「アラブ人」と表現されるのに対し、宗教信徒として信仰のためにキリスト教徒と戦った人びとが「サラセン人」と表現される。

たとえば、「サラセン人」という表記は『産業者の教理問答』以降の著作では、「サラセン人の時代に行われた侵略[7]」(『産業者の教理問答(第二分冊)』)と「最初サラセン人とサクソン人によって激しく攻撃された[8]」(『文学的、産業的、哲学的意見』)という形で二度登場する。どちらも宗教信徒としての行動をめぐる表現である。これに対し、「アラブ人」という表記も二度登場し、「アラブ人が観察諸科学と数学を研究し始めた[9]」と「アラブ人がアリストテレスの諸著作を翻訳して再び流行させた[10]」(どちらも『産業者の教理問答(第四分冊)』)というように、どちらも実証科学の発展をめぐる表現である。

第1章で触れた通り、この二つの語はしばしば同義として扱われがちであるが、厳密には同義ではない。「サラセン人(イスラム教徒)」が中世のイスラム教を信仰する宗教信徒の一般名称であるのに対し、「アラブ人」はアラブ世界に居住する住民の名称である。実証科学は宗教的な世界観を越えていくため、そうした実証科学を前にしてアラブ世界に居住する人びとという意味での「アラブ人」は宗教信徒としての「イスラム教徒」の立場を超えることになるだろう。

筆者自身は、サン゠シモンが「アラブ人」と「サラセン人」を〝意識的に〟使い分けるようになったのではないかと考える。ソクラテス以降の歴史を区分するにあたって、前期思想では「マホメット」の名を、最晩年の思想では「ハールーン゠アッラシードおよびマアムーン」の名をそれぞれ用いるからである。最晩年の思想活動の中で、一つの宗教の創始者の名ではなく、「世俗的権力」の担い手であるカリフの名を用いるようになったのは、サン゠シモンがアラブ人とて実証科学を前に旧来の宗教を超えることができるという考え方をより強めていった結果であるように思われる。

(2) 民主主義的キリスト教とヨーロッパの領域をめぐる問題

イエス・キリストの純粋で根本的で原初的な教えに忠実な原始キリスト教に向き合う場合、サン゠シモンは「アナーキー」に留意する必要性を指摘する。つまり、ヨーロッパ社会に無秩序がもたらされうるという意味での「アナーキー」である。[11] しかし、管見によれば、この「アナーキー」に付随する形で、ヨーロッパ社会の領域性が崩れることで、社会そのものが成り立たなくなるという「アナーキー」が起きうることを考慮せねばならない。

一つ目の「アナーキー」について考えてみよう。『文学的、哲学的、産業的意見』の中で、サン゠シモンはイエスの純粋で根本的で原初的な教えに忠実な原始キリスト教をつぎのように表現する。

「キリスト教は本質的に民主主義的であったから、もしこれをそのまったき純粋性において政治体制に適応させようとしたならば、社会は不可避的に無政府状態に導かれたであろう。中世の哲学者たちはキリスト教を本質的に君主制的な――したがって新しい社会組織を樹立するための必要条件を満たした――ローマ゠カトリックに置き換えた(12)。」

サン゠シモンは原始キリスト教を本質的に「民主主義的（démocratique）」であると表現する。絶対的で超越的な「神」の存在を前に、すべての人間がその出自などの特殊性の所与に関係なく共通で平等となりうるからである。したがって、『産業（第三巻）』にあるように、「政治は道徳の一帰結」であるとはいうものの、中世に人間同士の共通性と平等性を基礎とした政治・社会体制を打ち立てることは可能ではなかった。サン゠シモンが言うところの「アナーキー」、つまり社会的な無秩序が生み出されてしまうからである。中世ヨーロッパ人の「知の状態」では、民主主義とその諸問題を理解することができるわけではないので、そうした状態に見合った政治・社会体制としての封建体制が必要であった。そこで、ローマ゠カトリックの聖職者たちは、イエス・キリストの純粋で根本的で原初的な教えを捻じ曲げながら、封建体制の存在を正当化する役割を果たした。

しかし、己の「知の状態」を高めることで、中世ヨーロッパ人はようやくローマ゠カトリックという旧来の宗教から離れるとともに、政治・社会体制を封建体制から議会制民主主義を基礎とする産業体制に再組織するというパラダイムに入ることが可能になった。そして、一般的社会的規範は、ようやくイエス・キリストの純粋で根本的で原初的な教えに忠実な原始キリスト教を基礎とするものになりえた。

とはいえ、産業体制の社会において、たとえ「民主主義的」な原始キリスト教を基礎とした教えが一般的社会的規範であっても、人びとは必ず「指導者」と「被指導者」に区分される。また、公教育が整備されていない状況では、サン゠シモンはフランス革命期のような「アナーキー」が発生することを防ぐために、管理能力を持った有能な人びとだけが「指導者」の立場になりうるよう、制限選挙制の導入を志向した。もちろん、いつまでも制限選挙制でよいというわけではなく、公教育が整備され、人びとの「知の状態」がさらに改善されたときには、制限選挙制から普通選挙制へ制度の変更が行われ、すべての「産業者」に対し「指導者」になりうるという道が開かれる。

さて、「新キリスト教」によって、一つ目の「アナーキー」に付随する形で二つ目の「アナーキー」が生み出されうることにも注意しよう。これまでのサン＝シモンの議論によれば、原始キリスト教を継承した「新キリスト教」は、旧来のキリスト教諸宗派に超越する。そうして、前期思想以来、提案されているように、近代的再組織に向けてヨーロッパ社会の安定性を再建するために、「新キリスト教」によってキリスト教諸宗派は一時的な和解を成し遂げることができる。さらに、「新キリスト教」は自然科学の議論と観察方法の実証性を基礎とし、すべての旧来の宗教を超越する。また、イエス・キリストの純粋で根本的で原初的な教えは、イスラム教も仏教もその他の宗教も、ありとあらゆる宗教を優越する。「新キリスト教」を前にすべての旧来の宗教は等しく二次的なものになる。「新キリスト教」は、キリスト教徒のためだけでなく、すべての「人類」のために諸宗教の目的を一体化させることができる。

しかも、原始キリスト教を基礎とした「新キリスト教」を一般的社会的規範とするなら、そうした「近代ヨーロッパ社会」ではすべての宗教も、人種・民族・性別・階層といったすべての特殊的な所与も無意味になる。普遍的なものを前に、人間が特殊的な所与を〝超越する〟という考えは『同時代人に宛てたジュネーヴの一住人の手紙』以来、一貫している。こうして、「近代ヨーロッパ社会」は、イエス・キリストの純粋で根本的で原初的な教えという普遍的なものに忠実なすべての人間に開かれる。第

4章の最後で確認したように、「近代ヨーロッパ社会」は、旧来の地理学的なヨーロッパの外部に生きる多種多様な人間を取り込みうるわけで、領域的にも際限なく広がっていく。このように、ヨーロッパ社会の領域が決定されないまま、社会組織が無秩序になるという、第二の「アナーキー」が発生する。

とはいえ、本質的に「民主主義的」なイエス・キリストの純粋で根本的で原初的な教えが異なる「他者（étrangers）」を統合していきうること自体について、サン＝シモンは歴史的な視点から好意的な評価を下すのである。

2　新キリスト教と「他者」をめぐる問い

歴史的に見れば、古代ギリシャ・ローマの文明が衰退したのは、「他者」を決して統合することができなかったからである、とサン＝シモンは言う。どのような社会も敵としての「他者」と戦うことを選択する限り、敗北して敵に支配される、そして解体されるという脅威に直面する。疑うべくもない事実として、古代ギリシャも古代ローマも一つの政治社会として敵から支配され、滅ぼされることで、ついには終わった。したがって、『文学的、哲学的、産業的意見』の中で、サン＝シモンはこの二つの文明を辛辣な形で「人類の敵（ennemis du genre humain）」と呼ぶ。[13] これに対し、中世ヨーロッパ社会は異教徒・異民族と戦いつつも、最終的にこれを包摂していく道を選んだという。『組織者』から最晩年の思想活動に至るまで、サン＝シモンはこうした認識を強めていった。具体的に確認していこう。

「侵略方式に終止符を打つことが、世俗的権力の樹立のためにどうしても必要だったからである。

サクソン人とサラセン人に対するカール大帝の戦いの、ついでは十字軍の目的はこれであった。[14]」（『組織者（第二分冊）』（一八二〇年））

「実際、良識は文明を後退させようとする思想にあからさまに嫌悪を覚えるし、また少しでも良識が働けば、一般的で支配的な権力としての教皇的権力の真の政治的目的は、サラセン人の時代に行われた侵略やアジア諸民族によるヨーロッパ諸国民の領土の全国的侵略に反抗するためにヨーロッパ諸国民を大同団結させることにあったのだし、封建制の確立は内乱を防ぐことを目的としたのだということを、良識は認める。良識は、教皇制と封建制が、今日ではヨーロッパ社会の欲求を少しも満たしえない――なぜなら、アジア諸民族に対するヨーロッパ社会の軍事的優越は完全に確立されており、闘争の情熱はヨーロッパ社会ではまったく鎮静されてしまい、ヨーロッパ社会の支配的な情熱は今日では生産の仕事によって繁栄することにあり、したがってヨーロッパ社会の政治的欲求は産業体制の確立によってしか満たされえないからである――ということを認める。[15]」（『産業者の教理問答（第二分冊）』（一八二四年））

「彼らは最初サラセン人とサクソン人によって激しく攻撃されたが、サクソン人を改心させて自分たちに合体させた。サラセン人については、これをフランスから駆逐し、スペインの南に追い払った。ついでヨーロッパ人はサラセン人自身の国において戦争を行い、これによって、彼らにヨーロッパへ再び侵入する一切の試みをことごとく断念させた。

このヨーロッパ社会は、すぐ近くまで侵入してきて長い間ヨーロッパ社会を悩ませた北方民族を、最初は同じように追い払ったが、ついで改心させ、この社会に合体させた。最後に、この社会は数世紀にわたって、人類の残りのすべての部分に対し、もはや外国人を少しも恐れることがないまでに優越するようになった。」[16]（『文学的、哲学的、産業的意見』（一八二五年））

サン＝シモンによれば、「民主主義的」なキリスト教の精神によって、中世のヨーロッパ人はヨーロッパ社会の中に「他者」を、とくにザクセン人（サクソン人）を打倒しつつも統合した。これはヨーロッパ人の人的多様性が増すことになる出来事の一つであった。サラセン人（イスラム教徒）については、ヨーロッパ人はイベリア半島南部にまで遠ざけた。さらに、十字軍によってサラセン人のヨーロッパを支配しようという新たな野望を断念させた。しかしながら、サン＝シモンにとって、十字軍とは中世ヨーロッパ人を団結させ、教皇によって指導される「世俗的権力」を強固なものにするための手段に過ぎなかった。つまり、「他者」であるイスラム教徒に対する戦いは〝必要悪〟だった。

もちろん、これはサン＝シモンの一方的過ぎる評価であり、十字軍とイスラム教徒の間に悲惨な歴史が展開されたことはまったくもって否定できない。[17]とはいえ、ここでは、サン＝シモンが主張しようとする結論として、「他者」を統合することの必要性を捉えよう。

では、イスラム教徒という「他者」は、「近代ヨーロッパ社会」にとってどのような存在であろうか。「近代ヨーロッパ社会」の一般的社会的規範としての「新キリスト教」はイエス・キリストの純粋で根本的で原初的な教えを基礎とするが、そもそもキリスト教徒たちがイエス・キリストの純粋で根本的で原初的な教えに回帰できたのは、「ハールーン＝アッラシードおよびマアムーンから一九世紀初頭」という一二世紀間に、アラブ世界が実証科学に対して大きく貢献したからだった。それは、ヨーロッパ世界のキリスト教徒の「人間精神の進歩」の結果というだけでなく、アラブ世界のイスラム教徒の「人間精神の進歩」の結果でもあった。こうした歴史観を基礎として考えるなら、「ヨーロッパ社会の文明」はやはり不可避的に地中海の向こうに広がる。「ヨーロッパ社会の歴史」を語ろうとすれば、何よりもまずそこに〝アラブ社会の歴史〟をも含まざるをえなくなる。

また、キリスト教とイスラム教徒の間の差異は、「新キリスト教」を前に意味を失う。「新キリスト教」は人間精神の進歩を基礎とした「ヨーロッパ社会の文明」の名の下に、ヨーロッパ世界とアラブ世界の間に境界線を引くことはない。近代実証科学の時代において、ローマ＝カトリックとイスラム教が二次的なものになるのなら、ヨーロッパ人とアラブ人は共通して「新キリスト教」に忠実になりうる。イスラム教徒が中世以来のローマ＝カトリックからはっきりと区別されたイエス・キリストの純粋で根本的で原初的な教えに忠実になるのなら、それはイスラム教徒が「非宗教的なアラブ人」になるということを意味する。論理的に言えばヨーロッパ人――決してキリスト教ではない――はその「民主主義的」な政治社会の中で、「非宗教的なアラブ人」と〝愛し合い〟、彼らを受け入れねばならないだろう。カール大帝の時代において、中世ヨーロッパ社会に異民族・異教徒であるザクセン人が統合されたという前例がある。

イエス・キリストの純粋で根本的で原初的な教えに著しく忠実であることによって、ヨーロッパ人は〝近代的人間〟の普遍的で〝開かれた社会〟を打ち立てることになるのではなかろうか。この〝開かれた社会〟の中で、ヨーロッパ人もアラブ人も旧来の宗教への信仰を禁止されることはない。

サン＝シモンにとって、ヨーロッパ人たちはこのような「ヨーロッパ社会の文明」の上に生きることで、必然的に多様な出自を持ちうる。『一九世紀の科学研究序説』でも言及されたように、そもそもヨーロッパ人（「植民地人」）とアラブ人（「本国人」）の間には、お互いに「タタールの台地」から西方のパレスチナに向かった種族として、人種的（種族的）共通性が存在する。

もちろん、一つの社会は内部と外部に境界線を引くことなく、いつまでも広がっていくことはできない。前述のような「アナーキー」を避けるためにも、ヨーロッパ社会の「領域的限界」をやはり明確にする必要がある。

第2節　ヨーロッパ社会とはどこか、ヨーロッパ人とは誰か

1　「ヨーロッパ社会」の限界をめぐって

一八一四年、サン＝シモンが『ヨーロッパ社会再組織論』を発表したとき、オーストリアの首都ウィーンではナポレオン戦争後の国際秩序を話し合うために「ウィーン会議」が開催されようとしていた。「ウィーン会議」によって、ローマ教皇・イギリス国王・オスマン皇帝を除くヨーロッパ諸国家の主権者君主たちが精神的盟約である「神聖同盟」を結成した。そして、『ヨーロッパ社会再組織論』から約一〇年が経過した後、最晩年の著書『新キリスト教』の中で、サン＝シモンは「神聖同盟」をヨーロッパの領域的組織と見なし、「ヨーロッパ体制（système européen）」[18]と表現する。

正教会のロシアは、長らくローマ＝カトリック勢力圏としてのヨーロッパ世界から排除されていたが、〝ヨーロッパ入り〟を実現するための富国強兵策を実施することで、ヨーロッパ諸国家の関係に少

しずつかかわるようになっていった。そして、ついには「神聖同盟」の中で中心的な役割を担う国家として、サン＝シモンが言うところのヨーロッパ体制に参入した。こうした歴史的かつ政治的な事件を前に、サン＝シモンは『ヨーロッパ社会再組織論』をロシア皇帝アレクサンドル一世に献上したという。サン＝シモンがアレクサンドル一世に著作を献上した件は、フールネルやマニュエルといったいくらかの研究者たちが指摘している[19]。

サン＝シモンは「中世ヨーロッパ社会」の安定性と能力を評価するものの、この社会組織はローマ教皇を長にして、ローマ＝カトリック教会という「世俗的権力」によって指導されているため、必然的にローマ教皇の権威が及ぶ範囲に限定された。また、「中世ヨーロッパ社会」はイスラム教勢力だけでなく、正教会（ギリシャ教会）を信仰する東ローマ帝国に対抗することも目的にしていたため、ロシア帝国は東ローマ帝国滅亡後に正教会の守護者の地位を引き継いだことで、必然的に中世ヨーロッパ社会から排除された。しかし、『新キリスト教』の議論によれば、一九世紀に入り、ロシアの位置づけが変化した。

「分離したギリシア教会は、現代まで、ヨーロッパ体制の外部にあった[20]。」

サン＝シモンによれば、「神聖同盟」の名の下、その加盟諸国家はヨーロッパ諸国民をキリスト教の信仰に「立ち返らせ[21]」ている。また、サン＝シモンは「神聖同盟」を結成した主権者君主たちを「自分たちの連合に神聖同盟という聖なる名を与えて提携した国王たち」と呼ぶ[22]。つまり、サン＝シモンの考え方に従えば、ロシアは富国強兵策を推し進めて、ヨーロッパ諸国家の関係に積極的に介入し続けたことで、〝ヨーロッパ入り〟を〝既成事実として〟実現することができたわけではない。「神聖同盟」がローマ＝カトリック・プロテスタント・正教会の接近と和解を可能にしたがゆえに、ロシアはヨーロッパ社会に参入できたのである。前期思想以来、主張されてきたように、ヨーロッパ社会の近代的再組織化のために、まずはキリスト教諸宗派の一時的な和解による安定が必要になる。

歴史的事実として、正教会のロシアや東ヨーロッパ諸国家がローマ教皇を頂点にする「中世ヨーロッパ社会」にも、その一般的社会的規範としてのローマ＝カトリックの教えの下にも入ったことはなかった。しかし、近代初頭において、ローマ＝カトリック・プロテスタント・正教会を接近・和解させる「神聖同盟」を手段にして、ロシアが他のヨーロッパ諸国民と同様にキリスト教への信仰とヨーロッパ社会に〝立ち返っている〟、とサン＝シモンは思考するのである。サン＝シモンにとって、キリスト教の一宗派である正教会のロシアとは、広義の意味でのキリスト教勢力圏（≠ローマ＝カトリック勢力圏）の一部であるべき国家であり、歴史的産物としてのヨーロッパ社会の一員になりうる存在であろう。ヨーロッパ社会の近代的再組織の前段階として、キリスト教諸宗派の接近・和解を進めるためにも、正教会のロシアはぜひとも必要になる。

サン＝シモンにとって、「神聖同盟」は自らのヴィジョンを実行に移してくれた存在として捉えられた。とはいえ、主権者君主たちによる統合体は、ヨーロッパ社会の近代的再組織の方向性とは必然的に衝突する。したがって、『新キリスト教』の中で、サン＝シモンは「神聖同盟」に対し一定の評価を与えつつも、つぎのような批判もまたぶつける。

「諸侯よ。あなた方が行使している権力の性質、性格は、神ならびにキリスト教徒の目から見たならばどのようなものであろうか。[23]」

「神聖同盟」が「現代のカエサル[24]」であるナポレオン一世の世俗的権力を打倒したことは事実でも、それに取り代わるわけにはいかない。「神聖同盟」のヨーロッパ社会は、結局のところ一掃されるべき中世の封建体制を基礎とするのである。さらに「会議は踊る、されど進まず」と形容された「ウィーン会議」の動向を見れば、そのメンバーである主権者君主たちは一般的利益の観点でなく、それぞれの特殊的利益の観点を優先することで、ヨーロッパ社会を再び混乱に陥らせかねない。サン＝シモンにとって、「近代ヨーロッパ社会」は、議会制民主主義の自由な産業体制を基礎とするものであり、「近代ヨーロッパ社会」を構成する諸国家・諸国民の政治体制もまた抑圧的な封建体制から議会制民主主義の自由な産業体制に再組織されねばならない。

ロシアもまた、ピョートル大帝やエカテリーナ二世以来、産業化を推し進め、ヨーロッパ文明の諸要素を大々的に取り入れた。サン＝シモンの考え方に従えば、こうした政策は人びとが科学的視点を持つことを可能にし、産業と労働を通して近代的な一般的社会的規範に主体的に到達できるような土壌を用意した。だからこそ、サン＝シモンはロシアの〝ヨーロッパ入り〟と好意的に捉えるのだろう。『産業者の教理問答』の中で、サン＝シモンはシュリー公爵のような封建体制下の為政者であっても、産業発展を企図した人物として高く評価した。

さて、「精神的権力」を軸に考えるなら、普遍的な「新キリスト教」が一般的社会的規範と位置づけられることで、「ヨーロッパ社会」もそこで生きる「ヨーロッパ人」も異質なものを取り込んで、広がっていく可能性がある。しかし、「世俗的権力」を軸に考えるなら、『公法の組織化について』の中で主張されたように、「公法」の策定をめぐって旧来の宗教とその影響の下で作りあげられた「習俗と知識」

が大きな役割を果たすがゆえに、「ヨーロッパ社会」の領域はそうした「公法」が発効しうる旧来の宗教勢力圏に限定される。正教会を含めた広義の意味でのキリスト教勢力圏（≠ローマ＝カトリック勢力圏）こそが一体化したまま近代的に再組織されるべきヨーロッパ社会であることを明示するために、サン＝シモンは『ヨーロッパ社会再組織論』をアレクサンドル一世に献上した後、最後の著作である『新キリスト教』に至って、ロシアを含めた「神聖同盟」を「ヨーロッパ体制」と表現したと考えられる。こうして、サン＝シモンのヴィジョンの中で、ロシアは明確にヨーロッパ諸国家の一つとして位置づけられた。

サン＝シモンは人間精神の進歩の過程から、「ヨーロッパ世界」と「アラブ世界」という二つの世界の歴史的共通性と相互の影響関係を強調し続ける。しかし、実際にどのように「公法」を策定し、どのように政治的諸制度を安定的に運営するかという実践的な問題を思考するにあたっては、「ヨーロッパ世界」の領域を「アラブ世界」にまで拡大させようとは考えない。そして、サン＝シモンがオスマン帝国皇帝にその著作を献上することは最後までなかった。オスマン帝国は、地理学的にヨーロッパの一部であるバルカン半島に大規模に領土を広げるとともに、一四五二年に東ローマ帝国を滅亡させた後、一九世紀初頭のサン＝シモンが生きた時代に至るまで、ロシアのようにヨーロッパ諸国家の関係に積極的に介入してきた。しかし、オスマン皇帝はイスラム教の守護者であり、イスラム帝国はイスラム教国家であった。

2 「ヨーロッパ世界」と「ヨーロッパ人」の分節化

「公法」の策定をめぐるサン＝シモンの主張から「ヨーロッパ社会」の領域について、そして「ヨーロッパ人」であることの要件についてさらに考えるために、『公法の組織化について』に記されたつぎの文章を再度考察しよう。

「諸国民間の関係にかかわることについては、道徳的教義の統一がすべてであり、信仰の統一は全然問題ではありません。そしてこの教義の統一は既存の諸宗教を通じて、しかもそれらの宗教に何らの改変も加えることなく、達成できます。なぜならば、もろもろの宗教は、最も重要な点からすれば、それぞれ異なったやり方で、社会にとって有益な哲学的・道徳的諸原理を具体的に表現し、それら諸原理を普及し、習俗と知識に応じてそれら諸原理を権威づけるものにほかならないからであります。だとすれば、教えられる諸原理が同一であるようになしうるならば、それらの諸原理の広め方はどうでもよいのであって、諸宗教の相違は問題にならないでしょう[25]。」

「ヨーロッパの開化された諸国民の文明と習俗には非常に大きな類似性がありますので、同一の道徳的教義がひとたび定められ法典化されるならば、その教義はすべての学校で教えられるようになり、あらゆる宗教に取り入れられないはずはありません[26]。」

ヨーロッパ社会の近代的再組織のためには「道徳的教義と公法の一体化」が必要であり、このうち「道徳的教義」の一体化については、旧来の宗教・宗派を超える「新キリスト教」によって実現されうる。そして、「新キリスト教」という一般的社会的規範が規定される「公法」の策定をめぐっては、旧来の宗教がその影響下で作りあげた歴史的かつ地域的な「習俗と知識」に応じて、一般的社会的規範を「権威づける」必要がある。第2章の初めで紹介した『万有引力の法則に関する研究』での議論にもあったように、カール大帝の努力と「中世ヨーロッパ社会」という存在のおかげで、ヨーロッパの諸国民社会はそれぞれの特殊的な文明と習俗を育みつつも、互いの「文明と習俗」に類似性を持つようになった。こうして、ヨーロッパ社会で生活を営む諸国民の間で「公法の一体化」を実現するのは比較的難しくないという。

サン゠シモンにとって、ヨーロッパ社会とは中世以来、存在するべきものとして組織されてきた歴史的産物である。そして、中世に広義の意味でのキリスト教（プロテスタントを含むローマ゠カトリックおよび正教会）に影響を受けることで醸成された「習俗と知識」・「文明と習俗」・「知の状態」の類似性に基づいて、ヨーロッパ世界の「領域的限界」は、広義の意味でのキリスト教諸国民とその他の諸国民の間に見出される。つまり、「サン゠シモンのヨーロッパ」は、領域的にも政治的にも、「習俗と知識」・「文明と習俗」・「知の状態」の類似性が見られる地理学的なヨーロッパの大部分に限定される。それは、広義の意味でのキリスト教（プロテスタントを含むローマ゠カトリックおよび正教会）の権威が広がってきた空間とも表現できる。

中世、「ヨーロッパ世界」で、広義の意味でのキリスト教の下でさまざまな国家の間に「文明と習俗」の類似性が生まれたのと同様に、「アラブ世界」でも、さまざまな国家が繁栄と衰退・滅亡を繰り返した一方で、七世紀初めに創始されたイスラム教という一つの宗教のおかげで、独自の「文明と習俗」が形成されたと言ってよい。人間精神の進歩という点において、「ヨーロッパ世界」と「アラブ世界」の間に相互の影響関係があるにせよ、歴史の流れの中でそれぞれの宗教がそれぞれの世界の中に独自の「文明と習俗」を形成した以上、二つの世界を一つに統合することは簡単ではないだろう。しかも、『一九世紀の科学研究序説』の中で、サン＝シモンは、人間精神の進歩と人びとの「知の状態」をめぐって、「ヨーロッパ世界」がロジャー・ベーコンの出現以降、「アラブ世界」よりも優位に立っているという認識を示した。「ヨーロッパ人」は「知の状態」を改善する中で、中世の一般的社会的規範である旧来の宗教から離れ、近代の一般的社会的規範たる「新キリスト教」に主体的に到達することができるようになった。「習俗と知識」・「文明と習俗」・「知の状態」の差異は、「ヨーロッパ世界」と「アラブ世界」を分け隔てるのである。

すでに、第3章で触れたように、そもそも憲法のような「公法」のあり方や条文は、それが発効する社会の歴史や歴史的産物の影響を受けるものである。そして、歴史に応じた形で、あるいはその時代の「知の状態」に応じた形で起草された「公法」の条文であるからこそ、人びとは理解し、受け入れるものだろう。したがって、旧来の宗教文明圏ごとに、「公法」のあり方や条文、そこに規定される政治的諸制度はさまざまに変化するにちがいない。「新キリスト教」を前に旧来の諸宗教は二次的になるものの、「習俗と知識」・「文明と習俗」・「知の状態」とともに、世界の諸地域を分け隔つものとして、依然として一定の存在価値を持つことにもなる。

ある種の決定論と言えるかもしれないが、「公法の一体化」を前に、歴史的に旧来の諸宗教の影響を受けてきた「文明と習俗」の差異を排除することで、「ヨーロッパ世界」と「アラブ世界」という二つの世界を、あるいは「ヨーロッパ世界」と他の地域を合体することは極めて困難である。サン＝シモンは〝今〟という時代の基礎として、「歴史」の経緯を決して軽んじない。

では、視点を変えて、「アメリカ世界」はどうなのだろうか。ヨーロッパ社会とその政治的諸制度は「習俗と知識」・「文明と習俗」・「知の状態」の類似性によって成り立つものである以上、ヨーロッパ大陸を超えてアメリカ大陸まで広がっていきうるのではないだろうか。ヨーロッパ人がアメリカ大陸を地理学的に発見した後、アメリカ人たちがヨーロッパ文明の影響の下でその社会を築いたのである。

しかし、第2章で「ヨーロッパ合衆国」という表現を紹介した際に、サン＝シモンがヨーロッパ大陸をアメリカ大陸からはっきりと分離していることを確認した。サン＝シモンは、産業体制の確立に向けた歴史的進化について、アメリカ社会とヨーロッパ社会を対比して考える。どちらもそれぞれ固有の政治社会的・経済社会的現実を保持するからである。たとえば、ヨーロッパ諸国家の大部分が封建体制の中にとどまっているのに対し、アメリカ社会はすでにイギリスの封建体制から脱出することに成功している。これこそ社会の近代的再組織化をめぐるプロセスの違いに関係する。ヨーロッパ社会とアメリカ社会は政治社会的・経済社会的諸条件の差異という力を前に、統合される可能性を持たない。

しかし、「サン＝シモンのヨーロッパ」は、ある領域的空間に限定されつつも、「新キリスト教」を一般的社会的規範とした平和な産業体制の名の下に、外部に対してでさえ〝開かれた社会〟でなければならないはずである。サン＝シモンが構想する「新キリスト教」そのものは、旧来の宗教や宗派の差異を超えて、諸国民の間で、同様に諸文明の間で「道徳的教義」の、あるいは一般的社会的規範の一体化を促すからである。

近代実証科学の時代、「サラセン人（イスラム教徒）」もまた旧来の宗教を超えた「アラブ人」として

「新キリスト教」に忠実になる可能性を持っている。「新キリスト教」の基礎にある原始キリスト教は古代ギリシャ文明とアラブ世界の協力によって誕生し、人びとが原始キリスト教の教えに回帰するのを可能にした実証科学はアラブ世界で発展した。したがって、アラブ人たちとて、一三世紀のヨーロッパ人たちのようにその「知の状態」を改善して、自然科学の議論と観察方法を身につけることで、イスラム教の目的さえも統合した「新キリスト教」を一般的社会的規範として受け入れることがありうる。キリスト教徒以外のすべての諸国民が、とくに「サラセン人」が、イエス・キリストの純粋で根本的で原初的な教えを基礎とする「新キリスト教」を受け入れることができるようになったとき、「アラブ世界」が「ヨーロッパ世界」に統合されることはないとしても、「アラブ人」が「ヨーロッパ世界」に移り住むことで、「ヨーロッパ人」に変わっていくということはいくらでもありうるのではなかろうか。そうであるなら、もともとヨーロッパの文明を継承している「アメリカ人」が「ヨーロッパ世界」に移り住むことについては、はるかに容易なことだろう。

こうして、「ヨーロッパ人」――決してキリスト教徒ではない――の出自の多様性はますます深まる。『一九世紀の科学研究序説』で主張されたように、「ヨーロッパ人」は「タタールの台地」から西方のパレスチナへ向かった種族と北方のシベリアへ向かった種族が混合することで、もともと多様性を帯びている。「近代ヨーロッパ社会」の一般的社会的規範という人びとの「紐帯」が、原始キリスト教という「民主主義的」な教えを基礎とするとき、「近代ヨーロッパ人」はそれぞれの出自といった所与の特殊性を超えて、互いに共通で平等な立場に置かれる。もし、サラセン人が「新キリスト教」――ローマ＝カトリックでもなくプロテスタントでもなく正教会でもなくイスラム教でもない――を受け入れるのなら、「近代ヨーロッパ人」――キリスト教徒ではない――は「近代ヨーロッパ社会」に彼らを平等で共通した存在として統合せねばならないだろう。「他者」と出会っても、中世の「ザクセン人」のように〝敵〟として戦うだけではなく、いずれは彼らを〝愛し〟受け入れることもあろう。このようにして、「ヨーロッパ（社会）」と「ヨーロッパ人」は分節される。

これまでの議論からもわかるように、どのような制限もなく、決して誰しもが「ヨーロッパ人」になりうるということではない。また、「ヨーロッパ社会」は決して誰しもを制限もないままに受け入れ続けるわけではない。「ヨーロッパ人」になるためには、科学的視点を身につけるとともに、産業と労働とそこでの他者とのコミュニケーションの中で、自由な思考に基づいて「新キリスト教」の「道徳」に主体的に到達せねばならない。さらに、議会制民主主義の自由な「産業体制」の中で「産業者」として、その出自といった所与の特殊性や旧来の宗教への信仰を超えることで、社会のために積極的な役割を果たさねばならない。すでに「ヨーロッパ人」である人びとにも、そのような行動が常日頃から要求されるのは言うまでもない。しかも、「国民皆兵制度」の提案からわかるように、「産業者」は産業体制の国民社会の主権の担い手であるという自覚を持ち、場合によっては血を流す覚悟さえ決めねばならない。

サン＝シモンは実証主義者の視点から近代社会の理想を探究する。「国民社会」・「ヨーロッパ社会」・「国際社会」と社会のあり方はさまざまだが、サン＝シモンは「国民社会」の近代的理想を探究しながら、常に「国際社会」とは分節された歴史的産物としての「ヨーロッパ社会」がどのようにあるべきかという問いに向かう。サン＝シモンの思想活動の中に、「ヨーロッパ」という問題意識は遍在しているのである。

二一世紀の現代、サン゠シモンが主張するさまざまなヴィジョンは実現されたものもあれば、実現の必要性が叫ばれながらも実現しないままになっているものもある。近代社会の理想が進歩の力と反動の力の間の対立を前に自動的な形で実現するわけではないのなら、人間こそが社会の近代化のイニシアティブを握らねばならない。サン゠シモンの思想・ヴィジョンは、現代人たちに漸進的なやり方で、〝今〟という時代を取り巻く理想と現実を考察することを促すのである。

おわりに

「統合」が進む今日のヨーロッパ世界に興味を持ち、ヨーロッパ統合について学んでみようと志して以来、筆者は常にヨーロッパ統合の限界をめぐる問題、つまり「ヨーロッパとはどこか」という問題を研究テーマにしたいと考えてきた。ヨーロッパ統合を考察するための視点、あるいは研究するためのテーマは実に多岐にわたる。筆者としては、不明確で曖昧な地理学的現実を前にして、当事者である「ヨーロッパ人」たちが歴史の流れの中でヨーロッパなるものを定義する諸要素を思考しながら、どのように統合されるべきヨーロッパ世界の領域について構想していったのかという問題にこそ関心があった。どのような領域を設定するのかというヴィジョンは、自ずからその領域の中で建設される統合体の性質を決定するものとなる。「ヨーロッパとはどこか」とは必ず問わねばならないテーマである。

とはいえ、学位論文を書きあげるためには、ヨーロッパ統合思想・ヴィジョンの系譜という西洋政治史、あるいは西洋政治思想史のうち、なんらかの思想家・哲学者や政治家に中心的なテーマを絞り込む必要がある。こうして、中心的なテーマを何にするかをめぐって、さまざまな本や論文を読む中で出会ったのが、本書の主人公であるクロード＝アンリ・ド・サン＝シモン伯爵であった。

二〇〇八年秋からパリにあるフランス国立社会科学高等研究院（EHESS）博士課程に留学し、二〇一一年末に博士論文『「新ヨーロッパ主義」――サン＝シモンの理論体系におけるヨーロッパ』を提出した。この「新ヨーロッパ主義（Nouvel européanisme）」というタイトルは、サン＝シモン最後の著作である『新キリスト教（Nouveau christianisme）』（一八二五年）への一種のオマージュとしてつけた。サン＝シモン思想に「ヨーロッパ」という問題意識が通底していると考える筆者にとっては、Nouveau christianisme とは Nouvel européanisme なのである。

本書『サン＝シモンとは何者か――科学、産業、そしてヨーロッパ』は、この博士論文を新たにまとめ直したものである。もともとのフランス語の文章を日本語に訳しただけということではない。博士論文執筆時には、日本の文部科学省から奨学金が支給される三年間のうちになんとか書きあげねばならないという〝時間の制約〟や、母語ではないフランス語で長大な文章を書かねばならないという〝言葉の問題〟によって、説明不足になってしまった箇所や盛り込みきれなかった内容などがさまざま発生してしまった。このような部分を盛り込みながら、元の博士論文にかなりの手を加えた。

また、博士論文を完成させるために、指導教授と相談の上、大幅に削った部分がある。サン＝シモンのヨーロッパ統合ヴィジョンを語るためにこそ、古代末期、あるいは中世初期から現代に至るヨーロッパ統合思想・ヴィジョンの系譜とその中で起きた歴史的な事件・出来事についてまとめたのだが、これらを博士論文本体に加えるのを取りやめた。つまり、古代末期から中世にかけてのキリスト教勢力圏としての西方世界の誕生、西方世界とヨーロッパという概念の結びつき、「他者」を前にした「ヨーロッパ人」意識の醸成、国民国家形成とともに活性化したヨーロッパ統合の運動、国際関係の複雑化とヨーロッパ諸国家間関係の破綻といった「統合」を中心としたヨーロッパ史の展開といったものである。

確かに、それらを博士論文本体に加えると、博士論文の中心的なテーマである「サン＝シモンのヨーロッパ統合」がぼやけてしまう。博士論文というものの性質上、何よりもまず注目するべきは「サン＝シモンが（ヨーロッパ統合をめぐって）何を言ったのか」であり、「サン＝シモンが（ヨーロッパ統合をめぐって）現代世界に対し何を残したのか」である。とはいえ、電子媒体の形で残ってしまった勉強の成果をなんとかして形にしたいと思い、二〇一五年三月に吉田書店より『ヨーロッパとはどこか――統合思想から読む二〇〇〇年の歴史』を刊行した。本書と『ヨーロッパとはどこか』は一対になった著作だと捉えていただければ幸いである。

『ヨーロッパとはどこか』の中で、筆者はサン＝シモンという思想家とその歴史的重要性について意識的に強調した。サン＝シモン思想には現代世界にとって示唆的な内容が溢れている。貧富の拡差、公共性と自由の両立、グローバリゼーションと国民国家、政府の市場に対する役割、ヨーロッパ統合の行方……。今日の諸問題について、サン＝シモン思想は考えるきっかけを与えてくれる。本書でも『ヨーロッパとはどこか』でも記したように、サン＝シモンはもっと注目されていいはずである。

さて、サン＝シモン思想の中に見出しうる「ヨーロッパ（社会）」と「ヨーロッパ人」の分節について、筆者はこれをそのまま現代のヨーロッパ統合に応用せよなどと言うつもりはない。政治は人によって行われるがゆえに、その基礎には人の行動の規範としての「思想」が横たわっている。しかし、「思想」をそのまま政治に適用することなどはできない。現実世界のさまざまな問題を前に、政治はときに自らの基礎にある「思想」に背いて展開していく。それでも、何らかの問題に突き当たってしまったとき、人は先人たちが似たような状況においてどのように思考し、どのようなヴィジョンを紡ぎ出していったか、つまり「思想」を振り返ることで、解決策を見出していくことができるのである。

今日のヨーロッパでは、「統合」が進む中で、将来的な統合体のあり方もさることながら、どこまで統合体の領域を拡大し続けるのか、いいかえればヨーロッパ世界の「領域的限界」が問われ続けてきた。経済危機の中で、統合体の領域を縮小することもありうるだろう（ドイツやフランスなど経済大国のみで先行して統合を進める「先行統合論」など）。現在の統合体の領域を守り続けるにしても、縮小していくにしても、統合体の外部に存在することになる世界、あるいは人びとを排除するべき「他者」ではなく、友誼を結ぶべき「同胞」として見なすことで、一つの〝開かれた社会〟を構築する必要はあるものの、内部と外部の間に明確なる境界線を設けることなくして、統合体はこの世界に実存することはできない。

サン＝シモンのヨーロッパ統合ヴィジョンは、「世界（国際社会）」と「ヨーロッパ（社会）」、「人類」と「ヨーロッパ人」、そして「ヨーロッパ（社会）」と「ヨーロッパ人」を分節することで、〝開かれた社会〟としての統合体を存立することを可能にする。「ヨーロッパ人」が「ヨーロッパ社会」において公教育を整備するとともに、さらなる産業の発展を企図しながら、政治的で経済的な自由と平等を実現していくのに対し、「ヨーロッパ人」になることを望む人びとはその特殊性としての所与や旧来の宗教への信仰を超えて、「産業者」として行動するという自覚を持たねばならない。また、もし「ヨーロッパ人」が経済的な事情によって「ヨーロッパ社会」の外部の人びとを受け入れるのならば、労働力として利用することに終始するのではなく、彼らに対し公教育の整備を通して、真に「産業者」になっていくことができる機会を用意する必要がある。そして、「ヨーロッパ人」も「ヨーロッパ人」になることを望む人びとも、互いの立場を考慮することができるという意味で道徳的にならねばならない。それこそが、「産業者」としての、つまりは議会制民主主義国家の主権者としての自覚であろう。

さて、本書の刊行にあたっては、多くの方々からのご協力いただけた。この場を借りて、感謝申しあげたい。

約一〇年前の筆者に対し、「サン゠シモンについて探究するのなら、フランス人には思いつかないことをやりなさい」と、指導教授であるEHESSのクリストフ・プロシャソン教授が励ましてくださったことに感謝したい。さまざまなやり取りによって、筆者の「ヨーロッパとはどこか」というもともとの問題意識がサン゠シモンにさらに深く結びついていき、拙著が完成することになった。

また、同じくサン゠シモンを研究する白瀬小百合さんとフランスの政治社会思想を研究する野末和夢さんからはさまざまなアドバイスをいただけた。拙著において、筆者は前期思想から最晩年に至るまで、サン゠シモンの思想のほとんどをカバーする形で議論を展開することになったため、完全に忘れていたり、記憶違いをしていたり、書き忘れていたりすることも多かった。サン゠シモンを読み込んでいらっしゃる白瀬さんからの指摘によって、さまざまに修正を図ることができた。

そして、学生の速水紗弥さんには誤字脱字チェックを行っていただけた。しかも、誤字脱字の指摘どころか、内容についての鋭い指摘などもあったことで、最後の最後で内容を調整していくことができた。

さらに、折に触れてアドバイスをくださった中野裕二先生や、仕事の進め方などについて意見をくださった森千香子先生、さまざまな相談事に付き合ってくれた中里修作さん、南波慧さんにも感謝申しあげる。

最後に、吉田書店代表である吉田真也さんには、原稿をめぐって大変なご迷惑をおかけすることになった。当初の予定よりも、おそらく一年以上遅れての校了となるなど、吉田さんにはこちらの作業を待っていただくことになった。また、膨大な量の修正のチェックをお願いすることにもなった。感謝の念に堪えない次第である。

前期思想を中心にして、サン＝シモンの文章は本当に読みにくく、支離滅裂な部分も含んでおり、そうしたことも一つの原因になって、今日、サン＝シモンはあまり顧みられなくなっている。サン＝シモンに関する単著が刊行されるのは、二〇年以上ぶりとなる。拙著がきっかけとなって、そして批判的に検討される中で、サン＝シモンに目を向ける人が増え、研究の裾野が広がっていけば、筆者としては大変幸いである。

二〇一八年　一〇月八日

siècle", *op cit.*, p. 191. 〔① 158〕

(2) *Ibid.*, p. 196. 〔① 162〕

(3) Saint-Simon, Claude Henri de, "Catéchisme des industriels (Quatrième Cahier)", p. 39. 〔⑤ 157〕

(4) *Ibid.*, pp. 40-47. 〔⑤ 158-162〕

(5) *Ibid.*, p. 46. 〔⑤ 162〕

(6) *Ibid.*, p. 47. 〔⑤ 162〕

(7) Saint-Simon, Claude Henri de, "Catéchisme des industriels (Deuxième Cahier, Premier Appendice)", *op cit.*, p. 174. 〔⑤ 109〕

(8) Saint-Simon, Claude Henri de, "Opinions littéraires, philosophiques, industrielles", *Œuvres choisies de C.-H. de Saint-Simon, précédés d'un essai sur sa doctrine par Charles Lemmonier*, tome III, Bruxelles: F. van Meenen, 1859, p. 229. 〔⑤ 176〕

(9) Saint-Simon, Claude Henri de, "Catéchisme des industriels (Quatrième Cahier)", *op cit.*, p. 27. 〔⑤ 150〕

(10) *Ibid.*, p. 40. 〔⑤ 158〕

(11) Saint-Simon, Claude Henri de, "Opinions littéraires, philosophiques, industrielles", *op cit.*, p. 234. 〔⑤ 180〕

(12) *Ibid.*, p. 234. 〔⑤ 180〕

(13) *Ibid.*, p. 228. 〔⑤ 175〕

(14) Saint-Simon, Claude Henri de, "L'Organisateur (IIe livraison. Deuxième édition, considérablement augmentée)", *op cit.*, p. 79. 〔③ 305〕

(15) Saint-Simon, Claude Henri de, "Catéchisme des industriels (Deuxième Cahier, Premier Appendice) ", *op cit.*, pp. 173-174. 〔⑤ 109-110〕

(16) Claude Henri De Saint-Simon, "Opinions littéraires, philosophiques, industrielles", *op cit.*, p. 229. 〔⑤ 176〕

(17) たとえば、第一回十字軍の東方遠征においては、エルサレム攻城戦の際に十字軍によるイスラム教徒、ユダヤ教徒、そしてアルメニア人に対する大量虐殺が行われた。ヨーロッパ人を団結させるためというレベルをはるかに超えた大事件であった。

(18) Saint-Simon, Claude Henri de, "Nouveau Christianisme", *op cit.*, p. 374. 〔⑤ 289〕

(19) Fournel, *op cit.*, p. 14 や Manuel, *Saint-Simon*…, p. 172 を参照。アレクサンドル１世への書簡のコピーが長らくロドリーグの元にあったものの、人手に渡った後、発見されていないという。

(20) Saint-Simon, Claude Henri de, "Nouveau Christianisme", *op cit.*, p. 374. 〔⑤ 289〕

(21) *Ibid.*, p. 380. 〔⑤ 294〕

(22) *Ibid.*, p. 379. 〔⑤ 293〕

(23) *Ibid.*, p. 380. 〔⑤ 293〕

(24) *Ibid.*, p. 381. 〔⑤ 294〕

(25) Saint-Simon, Claude Henri de, "Lettre inédite de Henri de Saint-Simon: Sur l'organisation du droit public", *op cit.*, p. 132. 〔② 297〕

(26) *Ibid.*, p. 132. 〔② 297〕

第4章

（1） Saint-Simon, Claude Henri de, "Du système industriel", *Œuvres de Saint-Simon et d'Enfantin, publiées par les membres du Conseil institué par Enfantin pour l'exécution de ses dernières volontés,* XXI, Paris: Dentu, 1964, p. 1.〔④ 22〕
（2） Leroux, Pierre, *Œuvres de Pierre Leroux (1825-1850)*, tome II, Paris: Société typographique, 1851, p. 318.
（3） Reybaud, Louis, *Etudes sur les réformateurs contemporains ou les socialistes,* Paris: Guillaumin, 1841.
（4） Durkheim, Emile, *Le socialisme: sa définition, ses débuts, la doctrine saint-simonienne*, Paris: Alcan, 1928, p. 30.
（5） ウィリアム・シェークスピア（1564～1616年）の『ヴェニスの商人』（1594～1597年）の中で描き出されたように、ヨーロッパ諸国家において、ユダヤ人と金融業は一心同体の関係にあった。
（6） Saint-Simon, Claude Henri de, "Catéchisme des industriels（Quatrième Cahier）", *Œuvres de Saint-Simon et d'Enfantin, publiées par les membres du Conseil institué par Enfantin pour l'exécution de ses dernières volontés,* XXXIX, Paris: Dentu, 1964, p. 14.〔⑤ 142〕
（7） Saint-Simon, Claude Henri de, "L'industrie. Ou Discussions politiques, morales et philosophiques, dans l'intérêt de tous les hommes livrés à des travaux utiles et indépendants（tome 3）", *op cit.*, p .39.〔③ 47〕
（8） Saint-Simon, Claude Henri de, "Introduction aux travaux scientifiques du XIXe siècle", *op cit.*, p. 247.〔① 195〕
（9） 原始キリスト教の理論家であり、『新約聖書』の著者の一人としてキリスト教発展の基礎を作った人物である。
（10） Saint-Simon, Claude Henri de, "Nouveau Christianisme", *op cit.*, p. 322.〔⑤ 246〕
（11） *Ibid,* p. 328.〔⑤ 251〕
（12） *Ibid*, p. 349.〔⑤ 269〕
（13） Saint-Simon, Claude Henri de, "L'Organisateur（IIe livraison. Troisième édition, augmentée d'une esquisse du nouveau système politique）", *op cit.*, pp. 167-168.〔③ 361〕
（14） Durkheim, *op cit.*, p. 182.
（15） Saint-Simon, Claude Henri de, "Catéchisme des industriels（Deuxième Cahier, Premier Appendice）", *Œuvres de Saint-Simon et d'Enfantin, publiées par les membres du Conseil institué par Enfantin pour l'exécution de ses dernières volontés*, XXXVII, Paris: Dentu, 1964, pp. 175-176.〔⑤ 110-111〕
（16） *Ibid*, pp. 175-177.〔⑤ 110-111〕
（17） *Ibid*, pp. 171-173.〔⑤ 108-110〕
（18） *Ibid.*, p. 174.〔⑤ 109-110〕

終章

（1） Saint-Simon, Claude Henri de, "Introduction aux travaux scientifiques du XIXe

は「立法府」に対し「法案提出権」を持つ。三権分立と聞くと、“あるべき”ものとして捉えてしまいがちであるが、その具体的な中身は国家・国民の歴史などの影響において、さまざまである。

(100) 以前の議論をなかったことのように放棄するのが、サン＝シモンらしい“いい加減さ”と見なす論者も存在するだろう。サン＝シモンはその思想活動においてしばしば揺れ動きを見せるものの、“「一般性」と「特殊性」の対比”といった科学的視点の重要性までも無言のままに放棄してしまうほどいい加減ではないだろう。

(101) Saint-Simon, Claude Henri de, "L'Organisateur (IIe livraison. Deuxième édition, considérablement augmentée)", *op cit.*, p. 86.〔③ 309〕

(102) *Ibid.*, p. 187.〔③ 375〕

(103) しばしばマリア・テレジアは“オーストリア女帝”と記述されるものの、“皇帝”になったことはない。神聖ローマ皇帝は男子に限られており、マリア・テレジアが世襲したものはオーストリア大公である。そして、マリア・テレジア在世中は、オーストリア皇帝なる地位もオーストリア帝国なる枠組みも未だ生まれていない。

(104) Saint-Simon, Claude Henri de, "L'Organisateur (IIe livraison. Deuxième édition, considérablement augmentée)", *op cit.*, 1964, pp. 181-184.〔③ 370-372〕

(105) *Ibid.*, pp. 198-199.〔③ 382〕

(106) Pierre Musso, *op cit.*, p. 154.

(107) Prélot, Marcel & Lescuyer, Georges, "Le socialisme sans l'Etat: Saint-Simon", *Histoire des idées politiques*, Paris: Dalloz, 1977, pp. 604-606 のように、サン＝シモンが権力を独占する国家（政府）を否定したかのような議論はしばしば展開されてきた。しかし、サン＝シモンはむしろ国家（政府）と市民社会の融和を志向したのではないかと考える。

(108) Saint-Simon, Claude Henri de, "Du système industriel", *Œuvres de Saint-Simon et d'Enfantin, publiées par les membres du Conseil institué par Enfantin pour l'exécution de ses dernières volontés*, XXII, Paris: Dentu, 1964, pp. 17.〔④ 166〕サン＝シモンによれば、トルコ人は誰でも権力の行使ができてしまう平等にとりつかれているという。

(109) Saint-Simon, Claude Henri de, "L'Organisateur (IIe livraison. Deuxième édition, considérablement augmentée)", *op cit.*, pp. 63-64.〔③ 295〕

(110) ベリー公爵夫人はブルボン家の連枝である両シチリア王国・ブルボン家の国王フランチェスコ1世（1777～1830年）の娘であり、ベリー公爵はまさにブルボン家一族の最重要人物であった。

ルイ14世によって引き起こされたスペイン継承戦争の後、スペイン王位はルイ14世の孫であるフェリペ5世が継承し、フランス・ブルボン家から派生する形でスペイン・ブルボン家が成立した。このフェリペ5世の息子であるパルマ公カロル・ディ・ボルボーネ（後のスペイン国王カルロス3世）（1718～1788年）がナポリ王国とシチリア王国の王位に就いたことで、さらにナポリ＝シチリア・ブルボン家が成立するに至った。なお、ナポリ王国とシチリア王国は1816年に「両シチリア王国」の名の下に統一された。

(111) ベリー公爵には愛人との間にすでに二人の娘がいた。

21.〔③ 263-266〕

(86) *Ibid.*, p. 19.〔③ 265〕

(87) Girard, Joseph, "Saint-Simon en cour d'assises", *La Revue hebdomadaire: romans, histoire, voyages*, 38 années, VIII, no 32, août 1929, p. 149.

(88) Saint-Simon, Claude Henri de, "L'Organisateur（Ière livraison. Troisième édition, augmentée d'une esquisse du nouveau système politique）", *op cit.*, p.46.〔③ 281〕

(89) *Ibid.*, pp. 50-61.〔③ 284-291〕

(90) 「企画院」および「審査院」の構成メンバーについて詳しく見ておきたい。
まず、「企画院」は 300 人で構成されるとともに、中核部および三つの部門（sections）に区分される。企画院の中核部（noyau）は、諸県の土木局の技師長 86 人、アカデミー・フランセーズの会員 40 人、フランス学士院の会員である画家、彫刻家、音楽家をもって構成される。三つの部門については、第一部門は 200 人の土木技師、第二部門は 50 人の詩人または他の文学分野の創作者、第三部門は 25 人の画家、15 人の彫刻家または建築家、10 人の音楽家で構成される。なお、国民のうちから 100 名、外国人 50 名を参与（associés）（投票権はないが発言権を持つ）にすることができる。

つぎに、「審査院」は有機体の物理学を専攻する物理学者 100 名、無機体の物理学を専攻する物理学者 100 名、数学者 100 名、合計 300 名の議員で構成される。

(91) Saint-Simon, Claude Henri de, "L'Organisateur（Ière livraison. Troisième édition, augmentée d'une esquisse du nouveau système politique）", *op cit.*, p. 56.〔③ 288〕

(92) *Ibid.*, p. 57.〔③ 288〕

(93) *Ibid.*, p. 58.〔③ 289〕

(94) Locke, John, *Traité du gouvernement civil*, Paris: Desveaux, 1795.（ジョン・ロック『完訳 統治二論』加藤節訳、岩波文庫、2010 年。）

(95) Saint-Simon, Claude Henri de, "L'Organisateur（Ière livraison. Troisième édition, augmentée d'une esquisse du nouveau système politique）", *op cit.*, p. 58.〔③ 289〕

(96) かつてフィリップ 4 世によって設置された身分制議会である「三部会（Etats généraux）」にも、フランス革命中に第三身分によって設立された「国民議会（Assemblée nationale）」にも、Parlement の名称は用いられなかった。なお「議会の（parlementaire）」という形容詞が初めてフランス憲法に登場したのは、1848 年の第二共和制憲法でのことである。「議会」という名詞そのものが用いられたのは 1946 年の第四共和制憲法でのことである。

(97) Bagehot, Walter, *La constitution anglaise*, Paris: Germer Baillière, 1869.

(98) *Ibid.*, p. 14/pp. 20-21. なお、バジョットは権力を君主が担う「尊厳的部分」と内閣その他が担う「実効的部分」に区分する（p. 5.）。このようなバジョットから約 50 年前、サン＝シモンもまた王権を 2 つの部分に区分して考察したのである。

(99) アメリカ合衆国では、「行政府」が「立法府」に対し法案を提出するということはない。つまり、大統領を頂点とした「行政府」は議会という「立法府」に対する「法案提出権」を持たない。しかし、イギリスや日本などの「議院内閣制」を採用する国家では、「立法府」は「行政府」よりも優位に立つ一方で、「行政府」

正の問題を扱う点を見ると、『産業（第4巻）』のうち、「第2部」につけられた副題、「フランスの富を増大させる立憲的方法」の意味がよく理解できる。*Ibid.*, pp. 83-119.〔③ 78-101〕

(69) *Ibid.*, p. 99.〔③ 88〕

(70) Crucé, Emeric, *Le Nouveau Cynée ou Discours d'Etat: Représentant les occasions et moyens d'établir une paix générale et liberté du commerce par tout le monde*, Rennes: Presses universitaires de Rennes, 2004. なお、キネアスとは、古代ギリシャのエピロスの王、ピュロス（紀元前319？～272年）の家臣だった人物のことである。ピュロス王は戦術の天才として名高く、多くの戦いに勝利を収めていた。キネアスはピュロスに対し平和を維持することの必要を説いたという。

(71) Saint-Simon, Claude Henri de, "L'industrie. Ou Discussions politiques, morales et philosophiques, dans l'intérêt de tous les hommes livrés à des travaux utiles et indépendants (tome 3)", *op cit.*, pp. 36-37.〔③ 45〕

(72) たとえば、1815年、地主出身議員が多数を占める議会において、穀物価格を維持することを目的に「穀物法」が制定された。しかし、1846年にロバート・ピール（1788～1850年）政権下において穀物法が廃止されることで、イギリスは「保護貿易」から「自由貿易」へ政策転換を果たしたのである。そこで、1860年代、当時のフランス皇帝ナポレオン3世は、世界最大の産業国家イギリスを手本に自由貿易主義を導入し、フランスを中心にヨーロッパ世界に自由貿易圏を設立することを企図した。ナポレオン3世はイギリスなどと関税同盟を締結するなどして、自由貿易圏の設立を着実に推し進めていったものの、1870～1871年のプロイセンとの普仏戦争での敗北によって失脚してしまい、フランスは再び保護貿易へ政策を転換してしまう。

(73) Claude Henri De Saint-Simon, "L'industrie. Ou Discussions politiques, morales et philosophiques, dans l'intérêt de tous les hommes livrés à des travaux utiles et indépendants (tome 4)", *op cit.*, pp. 51-53.〔③ 53〕

(74) *Ibid.*, p. 50.〔③ 52〕

(75) *Ibid.*, pp. 53-55.〔③ 54-55〕

(76) *Ibid.*, p. 58.〔③ 57〕

(77) *Ibid.*, pp. 58-59.〔③ 57〕

(78) *Ibid.*, pp. 61-62.〔③ 59〕

(79) *Ibid.*, p. 62.〔③ 59-60〕

(80) *Ibid.*, p. 47.〔③ 50〕また、この直後にある英仏の「第一級」の理論的・実践的産業者の提携については、つぎの箇所で主張されている。*Ibid.*, pp. 63-64.〔③ 61〕

(81) Saint-Simon, Claude Henri de & Thierry, Augustin, *Le Politique: mélanges / par une société de gens de lettres*, Paris: chez Corréard, 1819, pp. 14-15.〔③ 182〕

(82) *La Minerve française*, t. VII, août 1819, pp. 95-96.

(83) *Revue Encyclopédique*, t. III, août 1819, pp. 389-391.

(84) Hubbard, *op cit.*, p. 84.

(85) Saint-Simon, Claude Henri de, "Extraits de l'Organisateur", *Œuvres de Saint-Simon et d'Enfantin, publiées par les membres du Conseil institué par Enfantin pour l'exécution de ses dernières volontés*, XX, Paris : Dentu, 1964, pp. 17-

Paris: Alexandre Johanneau, 1833, p. 17.

(53)　Hubbard, *op cit.*, p. 81

(54)　Gouhier, Henri, *La vie d'Auguste Comte*, Paris: Vrin, 1997, p. 38.

(55)　Manuel, *Saint-Simon*…, p. 342.

(56)　*Journal des débats politiques et littéraires*, le 7 juin 1817, pp. 2-3.

(57)　*Le constitutionnel*, le 24 juin 1817, pp. 3-4.

(58)　サン＝シモンは『ル・コンスティテュシオネル』紙からの批判には激しく反論した。その結果、両者の間で激しい批判の応酬が起きた。1817年6月24日付けの批判的な論評に対して、サン＝シモンが反論文を寄せると、『ル・コンスティテュシオネル』紙は6月29日に再び批判的な論評を掲載したため、サン＝シモンはさまざまな思想家・哲学者やジャーナリストに反論文を送付したのであった。

(59)　*Journal des débats politiques et littéraires*, le 25 octobre 1817, p. 3.

(60)　Manuel, *Saint-Simon*…, p. 199.

(61)　Friedrich Hegel, *op cit.*, p 214.

(62)　Saint-Simon, Claude Henri de, *Quelques idées soumises par M. de Saint-Simon* …, pp. 12-13.〔② 306-307〕

(63)　Saint-Simon, Claude Henri de, "L'industrie. Ou Discussions politiques, morales et philosophiques, dans l'intérêt de tous les hommes livrés à des travaux utiles et indépendants (tome 4)", *op cit.*, p 154.〔③ 123〕

(64)　*Des intérêts politiques de l'industrie.* (Bibl. Nat., Mss., N.a.f. 24607. f°s. 30-39.)〔③ 147〕

(65)　Saint-Simon, Claude Henri de, "L'industrie. Ou Discussions politiques, morales et philosophiques, dans l'intérêt de tous les hommes livrés à des travaux utiles et indépendants (tome 4)", *op cit.*, pp. 152-153.〔③ 122〕

(66)　Saint-Simon, Claude Henri de, "Nouveau Christianisme", *Œuvres choisies de C.-H. de Saint-Simon, précédés d'un essai sur sa doctrine par Charles Lemmonier*, tome III, Bruxelles: F. van Meenen, 1859, p. 328.〔⑤ 251〕

(67)　Saint-Simon, Claude Henri de, "L'industrie. Ou Discussions politiques, morales et philosophiques, dans l'intérêt de tous les hommes livrés à des travaux utiles et indépendants (tome 4)", *op cit.*, p. 83.〔③ 78〕

(68)　サン＝シモンが提案する政策について、本文中で触れるのは本書のテーマの本筋からはズレるため、ここで紹介するに留める。サン＝シモンがとくに問題視しているのは、土地所有の問題である。フランスには広大な農地と土地所有者が存在する一方で、そこでは決して意欲的ではない形で借地農民が働いているからである。『ヨーロッパ社会再組織論』では、産業が発展したイギリスと広大な農地が広がるフランスの経済的提携が提案されたが、『産業（第4巻）』ではフランスの広大な農地を産業に役立てうるかが構想される。フランスの広大な農地を産業に役立てるためには、借地農民が意欲的に働くようになればよいわけであり、そうした借地農民の意欲を引き出すために、サン＝シモンは農業生産への課税を土地所有者ではなく実際に働いている借地農民に行えるよう法律を改正すべきと主張する。借地農民は課税される代わりに、選挙権が与えられる。制限選挙制の下で、借地農民は政治的権利を求めて意欲的に働くようになり、結果的に農業生産が活性化することで社会の富全体が増加するだろうというわけである。こうした法改

(34)　*Ibid.*, p. 132.〔② 319〕
(35)　*Ibid.*, p. 186.〔② 346〕
(36)　*Ibid.*, p. 165-166.〔② 341-342〕
(37)　*Ibid.*, p. 188.〔② 348〕
(38)　*Ibid.*, p. 201.〔② 352〕
(39)　Pereire, *Autour*…, p. 111.
(40)　Prochasson, *op cit.*, p. 107.
(41)　Saint-Simon, Claude Henri de, "L'industrie. Ou Discussions politiques, morales et philosophiques, dans l'intérêt de tous les hommes livrés à des travaux utiles et indépendants (tome 3)", *Œuvres de Saint-Simon et d'Enfantin, publiées par les membres du Conseil institué par Enfantin pour l'exécution de ses dernières volontés*, XIX, Paris: Dentu, 1964, p. 27.〔③ 39〕
(42)　Saint-Simon, Claude Henri de, "L'Organisateur (Ière livraison. Troisième édition, augmentée d'une esquisse du nouveau système politique)", *Œuvres de Saint-Simon et d'Enfantin, publiées par les membres du Conseil institué par Enfantin pour l'exécution de ses dernières volontés*, XX, Paris : Dentu, 1964, p.46.〔③ 281〕
(43)　Saint-Simon, Claude Henri de, "L'industrie. Ou Discussions politiques, morales et philosophiques, dans l'intérêt de tous les hommes livrés à des travaux utiles et indépendants (tome 3)", *op cit.*, p. 40.〔③ 47〕
(44)　サン＝シモンはコントを秘書として雇った。二人の出会いがいつなのかははっきりとしていない。しかしながら、コントから第三者に送られた手紙を参照したペレールによれば、サン＝シモンは 1817 年にコントを知ったのだという（Pereire, Alfred, *op cit.*, p. 67.）。また、グイエによれば、コントは 1817 年 8 月にサン＝シモンの秘書になったのだという（Gouhier, Henri, *La jeunesse d'Auguste Comte et la formation du positivisme*, tome I, Paris: Vrin, 1933, p. 15.）。なお、2013 年の著作集だと、1817 年夏とされている（*Œuvres complètes*, vol. 4, p. 3326.）
(45)　Saint-Simon, Claude Henri de, "Saint-Simon à Chateaubriand", *Œuvres de Saint-Simon et d'Enfantin, publiées par les membres du Conseil institué par Enfantin pour l'exécution de ses dernières volontés*, XVIII, Paris: Dentu, 1964, p. 218.〔③ 4〕
(46)　シャトーブリアンへの手紙は 1817 年 6 月 4 日付けである。Saint-Simon, Claude Henri de "Saint-Simon à Chateaubriand", *op cit.*, p. 215.〔③ 2〕
(47)　Saint-Simon, Claude Henri de, *Œuvres de Saint-Simon et d'Enfantin, publiées par les membres du Conseil institué par Enfantin pour l'exécution de ses dernières volontés*, XVIII, Paris: Dentu, 1964, p. 214.〔③ 2〕
(48)　*Ibid.*, p. 219.〔③ 5〕
(49)　Saint-Simon, Claude Henri de, "L'industrie. Ou Discussions politiques, morales et philosophiques, dans l'intérêt de tous les hommes livrés à des travaux utiles et indépendants (tome 3)", *op cit.*, p. 30.〔③ 41〕
(50)　*Ibid.*, p. 39.〔③ 47〕
(51)　*Ibid.*, pp. 36-37.〔③ 45〕
(52)　Fournel, Henri, *Bibliographie saint-simonienne. De 1802 au décembre 1832*,

dernières volontés, VIII, Paris: Dentu., p. 13. 〔② 312〕

(20) Saint-Simon, Claude Henri de, *Du système industriel*, Paris: A.-A. Renouard, 1821, p. 135. 〔④ 128〕

(21) Saint-Simon, Claude Henri de, "L'industrie. Ou Discussions politiques, morales et philosophiques, dans l'intérêt de tous les hommes livrés à des travaux utiles et indépendants (tome 2)", *op cit.*, p. 129. 〔② 317〕

(22) Saint-Simon, Claude Henri de, "Extraits de l'Organisateur", *Œuvres de Saint-Simon et d'Enfantin, publiées par les membres du Conseil institué par Enfantin pour l'exécution de ses dernières volontés*, XX, Paris : Dentu, 1964, p. 24. 〔③ 267〕

(23) Saint-Simon, Claude Henri de, "Catéchismes des industriels", *Œuvres choisies de C.-H. de Saint-Simon, précédés d'un essai sur sa doctrine par Charles Lemmonier*, tome III, Bruxelles: F. van Meenen, 1859, p. 104. 〔⑤ 33〕

(24) Talmon, J.L., "Totalitarian Technocracy; Saint-Simon", *Political Messianism: The Romantic Phase*, London: Seeker & Warburg, 1960, pp. 35-70、Denis, Henri, "Le socialisme technocratique: Saint-Simon et ses disciples", *Histoire de la pensée économique*, Paris: Puf, 1966, pp. 345-355、あるいは Bell, Daniel, "Saint-Simon and Technocracy", *The Coming of Post-Industrial Society*, New York: Basic Book, 1973、Carlisle, Robert B, "The Birth of Technocracy: Science, Society and Saint-Simonians", *Journal of the History of Ideas*, XXXV, No. 3, 1974, pp. 445-464 など、「サン＝シモンとテクノクラシー」は活発に議論されてきた。

(25) Saint-Simon, Claude Henri de, "L'industrie. Ou Discussions politiques, morales et philosophiques, dans l'intérêt de tous les hommes livrés à des travaux utiles et indépendants (tome 4)", *op cit.*, p. 60. 〔③ 58〕

(26) Saint-Simon, Claude Henri de, "L'Organisateur (IIe livraison. Deuxième édition, considérablement augmentée)", *Œuvres de Saint-Simon et d'Enfantin, publiées par les membres du Conseil institué par Enfantin pour l'exécution de ses dernières volontés*, XX, Paris: Dentu, 1964, pp. 231-232. 〔③ 399-400〕

(27) Saint-Simon, Claude Henri de, "L'industrie. Ou Discussions politiques, morales et philosophiques, dans l'intérêt de tous les hommes livrés à des travaux utiles et indépendants (tome 2)", *op cit.*, p. 185. 〔② 346〕

(28) *Ibid.*, p. 185. 〔② 345〕

(29) ニッコロ・マキャヴェッリ『君主論』河島英昭訳、岩波文庫、1998年。

(30) 自由主義経済学を語る際、しばしば利己主義的な個人の存在が言及されがちであるが、スミスは『道徳感情論』の冒頭部分で他人の幸福を必要とする人間本性について語る。Smith, Adam, *The theory of moral sentiments*, London: Cadell & Davies, 1812, pp. 1-10.

(31) Smith, Adam, *An inquiry into the nature and causes of the wealth of nations*, London: T.Nelson and Sons, 1868, pp. 289-404.

(32) Saint-Simon, Claude Henri de, "L'industrie. Ou Discussions politiques, morales et philosophiques, dans l'intérêt de tous les hommes livrés à des travaux utiles et indépendants (tome 2)", *op cit.*, p. 128. 〔② 316〕

(33) *Ibid.*, p. 200. 〔② 352〕

(9) Saint-Simon, Claude Henri de, *Opinion sur les mesures à prendre contre la coalition de 1815,* Paris: Delaunay, 1815, p. 47. これについては、森の翻訳集の中で翻訳されていない。

(10) Saint-Simon, Claude Henri de, *Quelques idées soumises par M. de Saint-Simon à l'Assemblée générale de la Société d'instruction primaire*, Paris: impr. de Cellot, 1816, p. 10.〔② 305〕

(11) *Ibid.*, p. 10.〔② 305〕なお、「階層」の原語はもちろん classe であり、森は「階級」の方を訳語として用いている。この後の議論にもかかわってくるように、サン＝シモンはいわゆる「階級闘争」を否定的に捉えている。「層」としようが「級」としようが、「第一階層（第一階級）」から「最低階層（最低階級）」まで上下関係が存在することは理解できるが、サン＝シモンの影響を受けながら、マルクスやエンゲルスが「階級闘争」を定式化する前段階であるので、「級」ではなく「層」の方を用いたい。

(12) *Ibid.*, p. 12.〔② 306〕

(13) Saint-Simon, Claude Henri de, "Lettre inédite de Henri de Saint-Simon: Sur l'organisation du droit public", *op cit.*, p. 131.〔② 296〕

(14) Pereire, Alfred, *Autour de Saint-Simon*, Paris: Champion, 1912, pp. 2-3.〔② 310〕

(15) 権利者が公権力の力を借りずに自らの実力で権利を実現することである。基本的に民事法の概念であり、何らかの権利を侵害されたものが、司法の力を借りずに権利の回復を果たすことであるが、今日ではこうした行為は禁止されている。しかし、中世においては、何事においても、誰しもが自分自身の力でなんとかせねばならなかったわけである。

(16) 『新約聖書』のうち、使徒パウロの言葉を綴る『ガラテヤの信徒への手紙』にはつぎのようにある。「私はキリストと共に十字架につけられました。もはや私が生きているのではなく、キリストが私の中に生きておられます。そして私は今、肉体の中で生きているそのいのちを、私を愛し、私のためにご自身を与えて下さった神の御子の信仰によって、生きているのです。しかし、わたしがいま肉にあって生きているのは、わたしを愛し、わたしのためにご自身をささげられた神の御子を信じる信仰によって、生きているのである」。つまり、パウロは自分自身の力による救いを説くのではなく、日々祈り、清貧を貫くという信仰の中を生きることによってキリストの力によって救われることを説いたのであった。

(17) 第1章の「注」ですでに紹介したが、著作の中で明確に「産業者」が初出するのは『産業（第4巻）』である。Saint-Simon, Claude Henri de, "L'industrie. Ou Discussions politiques, morales et philosophiques, dans l'intérêt de tous les hommes livrés à des travaux utiles et indépendants (tome 4)", *op cit.*, 1964, p. 47.〔③ 50〕

(18) Saint-Simon, Claude Henri de, "L'industrie. Ou Discussions politiques, morales et philosophiques, dans l'intérêt de tous les hommes livrés à des travaux utiles et indépendants (tome 2)", *op cit.*, p. 131.〔② 318〕

(19) Saint-Simon, Claude Henri de, "Prospectus. L'industrie. Ou Discussions politiques, morales et philosophiques, dans l'intérêt de tous les hommes livrés à des travaux utiles et indépendants (tome 2)", *Œuvres de Saint-Simon et d'Enfantin, publiées par les membres du Conseil institué par Enfantin pour l'exécution de ses*

(42)　Saint-Simon, Claude Henri de, “De la réorganisation de la société européenne…”, *op cit.*, p. 272.〔② 213〕
(43)　*Ibid.*, pp. 273-274.〔② 214-215〕
(44)　*Ibid.*, p. 280.〔② 220〕
(45)　*Ibid.*, p. 281.〔② 221〕
(46)　*Ibid.*, p. 281.〔② 221〕
(47)　*Ibid.*, p. 282.〔② 211-222〕
(48)　前述のように、森は原文通りに「大蔵大臣」と翻訳しているが、サン゠シモンが言わんとしていたのは「第一大蔵卿」であろう。*Ibid.*, p. 284.〔② 213〕
(49)　*Ibid.*, p. 285.〔② 224〕
(50)　*Ibid.*, pp. 287-292.〔② 225-229〕
(51)　『ヨーロッパ社会再組織論』においては、「受動的王権」が「世襲的王権」に、「能動的王権」が「行政的王権」にそれぞれ置き換えられている。*Ibid.*, p. 316.〔② 250〕
(52)　*Ibid.*, p. 293.〔② 230〕
(53)　*Ibid.*, p. 294.〔② 230〕
(54)　*Ibid.*, p. 320.〔② 253〕
(55)　イギリスの公債発行残高は対 GDP 比で、1801 年に 197%、1811 年に 202%、1821 年に 288% に達した（Mitchell, Brian R., *British Historical Statistics*, Cambridge: Cambridge University Press, 1988. pp. 601-602/822.）。イギリスはさらなる産業発展と経済拡大を通して国富を増大させることによって、債務償還を達成していく。ところが、産業発展によって労働者の社会的な役割が大きくなる中で、労働運動と政情不安が発生するのである。また、サン゠シモンのイギリスの状況についての指摘はつぎの通りである。Saint-Simon, Claude Henri de, “De la réorganisation de la société européenne…”, *op cit.*, pp. 298-304.〔② 234-240〕
(56)　*Ibid.*, pp. 304-318.〔② 240-252〕
(57)　*Ibid.*, p. 321.〔② 254〕
(58)　*Ibid.*, p. 324.〔② 257〕

第３章

(1)　サン゠シモン死後、1830 年の「七月革命」によって、オルレアン公爵の息子、ルイ゠フィリップ（1773 ～ 1850 年）が「フランス人の王」を名乗って玉座に就く。
(2)　白色とはユルトラが支持するブルボン家の家紋である“白百合”を由来とする
(3)　Saint-Simon, Claude Henri de, “Lettre sur l’établissement du parti de l’opposition”, *Le Censeur*, t. III, janvier 1815, pp. 334-356.〔② 262-274〕
(4)　*Ibid.*, p. 345.〔② 268〕
(5)　Saint-Simon, Claude Henri de, “Lettre inédite de Henri de Saint-Simon: Sur l’organisation du droit public”, *op cit.*, p. 129.〔② 292〕
(6)　*Ibid.*, p. 132.〔② 297〕
(7)　*Ibid.*, p. 132.〔② 297〕
(8)　Saint-Simon, Claude Henri de, “Travail sur la gravitation universelle. Moyens de forcer les Anglais à reconnaître l’indépendance des pavillons”, *op cit.*, p. 194.〔② 151〕

(17)　Maigron, Louis, *Le roman historique à l'époque romantique: Essai sur l'influence de Walter Scott*, Paris: Champion, 1912, p. 216.
(18)　Thierry, Augustin Jules Gilbert, *Augustin Thierry (1795-1856) d'après sa correspondance et ses papiers de famille*, Paris: Plon, 1922, p. 25.
(19)　Saint-Simon, Claude Henri de, "De la réorganisation de la société européenne …", *op cit.*, pp. 268-269.〔② 210〕
(20)　*Ibid.*, p. 259.〔② 202〕
(21)　*Ibid.*, p. 269.〔② 210〕
(22)　*Ibid.*, p. 260.〔② 202〕
(23)　*Ibid.*, p. 255.〔② 199〕
(24)　*Ibid.*, p. 255.〔② 199〕
(25)　*Ibid.*, pp. 261-262.〔② 203-204〕
(26)　*Ibid.*, p. 266.〔② 207〕
(27)　*Ibid.*, p. 289.〔② 226〕
(28)　*Ibid.*, p. 289.〔② 227〕
(29)　*Ibid.*, p. 288.〔② 226〕
(30)　*Ibid.*, p. 275.〔② 216〕
(31)　*Ibid.*, p. 276.〔② 217〕
(32)　*Ibid.*, p. 276.〔② 217〕
(33)　*Ibid.*, pp. 276-277.〔② 217〕
(34)　*Ibid.*, p. 277.〔② 218〕
(35)　Bentham, Jeremy, Bowring, John "Principles of judicial procedure, with the outlines of a procedure code", *The Works of Jeremy Bentham*, Vol. 2, Edinburgh: William Tait, 1843, p. 13.
(36)　Burke, Edmund, *Réflexions sur la Révolution française*, Paris: Hachette/Pluriel, 1989, p. 252.（エドマンド・バーク『フランス革命の省察（新装版）』半澤孝麿訳、1997 年、みすず書房。）
(37)　本文中で後述しているように、「大計画」について記されているシュリー公の本にはさまざまな版がある。ここではつぎのものだけをあげておく。Maximilien de Béthune (le duc de Sully), *Economies royales*, Paris: Guillaumin, 1820.
(38)　サン＝ピエールは現状のヨーロッパをめぐって、「非社会（non-société)」という表現を用いる。Saint-Pierre, Charles Irénée Castel de, *Projet de*….
(39)　Saint-Simon, Claude Henri de, "De la réorganisation de la société européenne …", *op cit.*, p. 271.〔② 213〕
(40)　Desiderius Erasmus & Élise Constantinescu-Bagdat, *La "Querelà pacis" d'Erasme*, Paris: Les presses universitaires de France, 1924.（デジデリウス・エラスムス『平和の訴え』箕輪三郎訳、岩波文庫、1961 年。）
(41)　Jean-Jacques Rousseau, "Jugement sur la paix perpétuelle", *Œuvres complètes de J. J. Rousseau, mises dans un nouvel ordre, avec des notes historiques et des éclaircissements, par Victor-Donatien de Musset-Pathay*, Paris: Chez P. Dupont, 1823, pp. 445-460.（ジャン＝ジャック・ルソー「永久平和論批判」『ルソー全集（第 4 巻）』宮治弘之訳、白水社、1978 年。）したがって、ルソーは独自のヴィジョンとして、「連合（confédération)」の創設について思考する。

Lemmonier, tome II, Bruxelles: F. van Meenen, 1859, pp. 173-174.〔② 135〕

（3） 「第二次独立戦争」とも呼ばれる米英戦争を通して、アメリカはイギリスから政治的だけでなく経済的にも独立を果たしたとされる。

（4） Saint-Simon, Claude Henri de, "Travail sur la gravitation universelle. Moyens de forcer les Anglais à reconnaître l'indépendance des pavillons", *op cit.*, pp. 193-194.〔② 151〕

（5） *Ibid.*, p. 194.〔② 151〕

（6） *Ibid.*, pp. 171-172.〔② 133〕

（7） ハプスブルク家が実際に統治・運営することができてきた自家領は「ドイツ国家」の領域を越えて広がっており、この家領全体の名称は歴史学的には「ハプスブルク君主国」と呼ばれることがある。アウステルリッツの戦いの前年の 1804 年、神聖ローマ皇帝フランツ 2 世が「オーストリア皇帝」を自らの称号に加えることで、ハプスブルク家が統治する領土全体、つまり「ハプスブルク君主国」をもって「オーストリア帝国」が成立した。

（8） Saint-Simon, Claude Henri de, "De la réorganisation de la société européenne …", *op cit.*, p. 266.〔② 208〕

（9） 筆者は 2015 年に『ヨーロッパとはどこか――統合思想から読む 2000 年の歴史』（吉田書店）を刊行し、中世以来のヨーロッパ統合をめぐる思想・ヴィジョンを検討した。サン＝シモン以前のヨーロッパ統合思想・ヴィジョンについてはそちらをお読みいただければ幸いである。

（10） Comte de Las Cases, *Mémorial de Sainte-Hélène, ou journal ou se trouve consigné, jour par jour, ce qu'a dit et fait Napoléon durant dix-huit mois*, tome VII, Bruxelles: L'Imprimerie de H. Remy, 1823, pp. 182-183（14 novembre 1816）.（エマニュエル・ド・ラス・カーズ『セント＝ヘレナ覚書』小宮正弘編訳、潮出版社、2006 年。）

（11） Sédouy, Jacques-Alain de, *Le concert européen: aux origines de l'Europe, 1814-1914*, Paris: Fayard, 2009, p. 10.

（12） D'Alembert, Jean Le Rond, *Discours préliminaire de l'Encyclopédie*, introduit et annoté par Malherbe, Michel, Paris: Vrin, 2000, p. 137.

（13） 英語が外交上の共通言語になるのは、第一次世界大戦の講和会議であるパリ講和会議（1919 年）以降のことである。

（14） Staël, Anne Louise Germaine de, *De la littérature considérée dans ses rapports avec les institutions sociales, suivi de l'influence des passions sur le bonheur des individus et des nations*, Paris: Charpentier, 1844, p. 310.

（15） Novalis, "Christendom or Europe", *Hymns to the Night, and Other Selected Writings*, translated by Passage, Charles E., Indianapolis and New York: The Bobbs-Merrill Company, 1960, pp. 45-63.（ノヴァーリス「キリスト教世界、またはヨーロッパ」『ノヴァーリス作品集 3』今泉文子訳、筑摩書房、2007 年。）また Nurdin, Jean, *Le rêve européen des penseurs allemands 1700-1950*, Villeneuve d'Ascq: Presses Universitaires de Septentrion, 2003, pp. 38-44. なども参照。

（16） De Staël, Anne Louise Germaine, *De l'Allemagne*, Paris: Librairie Garnier frères, 1879, p. 32（スタール夫人『ドイツ論（第 1 巻～第 3 巻）』エレーヌ・ド・グロート・梶谷温子・中村加津・大竹仁子訳、鳥影社、1996 ～ 2002 年。）

(92)　Saint-Simon, Claude Henri de, "Le projet d'Encyclopédie, Seconde Prospectus", *op cit.*, pp. 453-454.〔① 240-241〕
(93)　*Ibid.*, p. 457.〔① 246〕
(94)　*Ibid.*, p. 458.〔① 247-248〕
(95)　*Ibid.*, pp. 461-462.〔① 253-254〕
(96)　Saint-Simon, Claude Henri de, "Introduction aux travaux scientifiques du XIXe siècle", *op cit.*, p. 149.〔① 131〕
(97)　Saint-Simon, Claude Henri de, "De la réorganisation de la société européenne …", *op cit.*, p. 256.〔② 200〕
(98)　Saint-Simon, Claude Henri de, "Introduction aux travaux scientifiques du XIXe siècle", *op cit.*, pp. 148-149.〔① 131〕
(99)　Saint-Simon, Claude Henri de, "Le projet d'Encyclopédie, Second Prospectus", *op cit.*, p. 470.〔① 265〕
(100)　*Ibid.*, p. 461.〔① 252〕
(101)　Saint-Simon, Claude Henri de, "Mémoire sur la science de l'homme", *op cit.*, pp. 108-109.〔② 85-86〕
(102)　*Ibid.*, pp. 118-121.〔② 93-96〕
(103)　Saint-Simon, Claude Henri de, "Le projet d'Encyclopédie, Second Prospectus", *op cit.*, pp. 454-455.〔① 242〕
(104)　*Ibid.*, p. 455.〔① 242-243〕
(105)　Saint-Simon, Claude Henri de, "Introduction aux travaux scientifiques du XIXe siècle", *op cit.*, p. 232.〔① 188〕このgouvernantsとgouvernésについては、それぞれ「統治者」と「被統治者（被治者）」という訳語を当てることも可能であるが、サン＝シモンが論じているのはフランス革命後の社会のあり方であるので、「指導者」と「被指導者」の方をそれぞれの訳語として用いることにする。

第2章

（1）　このCousinをめぐって、森は「いとこ」と訳したうえで、サン＝シモンの「売り込み」を指摘する（森博「サン‐シモンの生涯と著作（二）」『サン‐シモン著作集（第二巻）』恒星社厚生閣、1987年、p. 400）。まだまだ無名と言ってよいサン＝シモンが、ナポレオン1世をして自らの論考に目を通すように、著名な第2代サン＝シモン公爵ルイの名を出すだけでなく、その「いとこ」であると偽ったというわけである。しかし、これは森の誤解であろう。サン＝シモンが約100年前のルイ14、15世時代に生きた第2代サン＝シモン公爵ルイの「いとこ」であるはずがない。しばしばエキセントリックなパーソナリティの持ち主として扱われるサン＝シモンではあるが、自らとサン＝シモン公爵の世代差を慮るくらいの常識を持ち合わせているとは考えたい。また、そもそもCousinという単語は「いとこ」の意味しか持たないわけではなく、「親戚」や「縁戚」と訳することが可能である。Cousin éloignéと記載すれば「遠縁」という意味がよりはっきりする。したがって、「いとこ」ではなく「親戚」くらいで理解するのが適当であろう。
（2）　Saint-Simon, Claude Henri de, "Travail sur la gravitation universelle. Moyens de forcer les Anglais à reconnaître l'indépendance des pavillons", *Œuvres choisies de C.-H. de Saint-Simon, précédés d'un essai sur sa doctrine par Charles*

場する。また、Schöll, Maximilian Samson Friedrich, *Cours d'histoire des États européens depuis le bouleversement de l'Empire romain d'Occident jusqu'en 1789*, tome III, Paris: Librarie de Gide Fils, 1830, p. 292 によれば、両者の同盟によって、キリスト教徒の聖地巡礼について、その安全が保証されることになったという。

(81) Saint-Simon, Claude Henri de, "Mémoire sur la science de l'homme", *op cit.*, p. 7.〔② 6〕

(82) Saint-Simon, Claude Henri de, "Introduction aux travaux scientifiques du XIXe siècle", *op cit.*, pp. 253-254.〔② 200〕本書のテーマにとって重要であるので触れることにするが、森は『サン - シモン著作集』第1巻において、「彼（= シャルルマーニュ〔筆者注〕）は東方の皇帝から独立の教皇としての地位を奪った。彼はこの東方の皇帝に領土を与え、ヨーロッパ連邦の長に任命した」と訳しているものの、これは誤訳である。原文は、Il a rendu le Pape indépandant de l'empereur d'Orient; il lui a donné des états, et l'a constitué chef de la fédération européenne となっており、森は lui と l' を l'empereur d'Orient のことだと理解している。しかし、文章の流れから考えれば、どちらも le Pape である。歴史的事実に鑑みても、カール大帝がローマ教皇の保護者となることによって、ローマ教皇は東方の東ローマ帝国皇帝およびコンスタンティノープル大司教から独立することができた。さらに、カール大帝はローマ教皇に対し領土を与えることで、ローマ教皇領（états (pontificaux)）が成立したのである。

(83) カール大帝の父であるピピン3世（714 ～ 768年）がイタリア半島のランゴバルト王国との戦いに勝利した後、奪った領土の一部をローマ教皇に寄進（「ピピンの寄進」）することで、752年にローマ教皇領が成立した。

(84) Voltaire, *Essai sur les mœurs et l'esprit des nations: Nouvelle édition augmentée*, Paris: Arvensa editions, 2014, p. 520.（ヴォルテール『歴史哲学――『諸国民の風俗と精神について』序論』安斎和雄訳、法政大学出版局、1990年。）

(85) Imbert, Jean, *Histoire du droit et des institutions de l'Eglise en Occident, tome 5, Les temps carolingiens, volume 1, L'église: Les institutions*, Paris: Editions Cujas, 1994, p. 182. また以下も参照。Chabert, George, *L'idée européenne: entre guerres et culture: de la confrontation à l'union*, Bruxelles: P.I.E. Peterlang, 2007.

(86) Tournier, Maurice, *Propos d'étymologie sociale: Tome 3: Des sources du sens*, Paris: ENS-LSH Editions, 2004, p. 87. アンジルベールの発言については、*Monumenta Germaniae Historica* のうち、Poetae Latini medii aevi に出てくるとのこと。

(87) Leca, Antoine, *La république européenne: introduction à l'histoire des institutions publiques et des droits communs de l'Europe. L'unité perdue (476-1806)*, Aix-en-Provence: Presses Universitaires d'Aix-Marseille, 2000, p. 34.

(88) 1810年の『新百科全書』の議論は、甥であるヴィクトールに対する訓言という形をとって展開しており、その中でサン = シモンはサン = シモン家が"偉大なカール大帝"の血統につながっていることを誇らしげに語る。

(89) Saint-Simon, Claude Henri de, "Introduction aux travaux scientifiques du XIXe siècle", *op cit.*, p. 247.〔① 195〕

(90) *Ibid.*, p. 254.〔① 201〕

(91) *Ibid.*, p. 247.〔① 195〕

(60)　Saint-Simon, Claude Henri de, "Introduction aux travaux scientifiques du XIXe siècle", *op cit.*, p. 200.〔① 165〕
(61)　*Ibid.*, p. 213.〔① 175-176〕
(62)　*Ibid.*, p. 206.〔① 169〕
(63)　*Ibid.*, p. 209.〔① 171〕
(64)　*Ibid.*, pp. 220-221.〔① 181〕
(65)　*Ibid.*, p. 220.〔① 180〕
(66)　*Ibid.*, p. 219.〔① 180〕
(67)　*Ibid.*, pp. 225-226.〔① 183-184〕
(68)　*Ibid.*, p. 212.〔① 175〕
(69)　*Ibid.*, p. 191.〔① 158-159〕
(70)　*Ibid.*, pp. 192-197.〔① 159-163〕
(71)　『旧約聖書』の二番目の書であり、モーゼがユダヤ人を率いてエジプトを脱出する物語が描かれている。
(72)　Saint-Simon, Claude Henri de, "Introduction aux travaux scientifiques du XIXe siècle", *op cit.*, p. 179.〔① 150〕
(73)　引用にもあるように、サン゠シモンは『19 世紀の科学研究序説』の中で les Sarrazins、つまり「サラセン人」と記す。「サラセン人」とはもともと中東の遊牧民族たちのことを指していたが、イスラム教の誕生と興隆以降はイスラム教徒のことを意味する表現に変化した。中世にはそもそもイスラム教徒という表現は存在せず、サラセン人としか表現しえなかった。しかし、21 世紀の今日、サラセン人をイスラム教徒を意味する表現として使用することはほとんどなくなっている。
(74)　Saint-Simon, Claude Henri de, "Introduction aux travaux scientifiques du XIXe siècle", *op cit.*, p. 186.〔① 154-155〕
(75)　アフリカ（リビア）がリュビエー、ヨーロッパがエウロペ、アジアがアシアーであり、三姉妹だとされることがある。
(76)　Saint-Simon, Claude Henri de, "Introduction aux travaux scientifiques du XIXe siècle", op cit., p. 189.〔① 156〕
(77)　西方の種族について語るにあたって、サン゠シモンは本文中で l'Arabie、つまり「アラビア」と表記しているのであるが、今日、「アラビア」はアラビア半島のことだけを意味する表現になっている。アラビア半島を含むイスラム教が広がった地域のことは、le monde arabe、つまりアラブ世界と表記するのが普通であるので、本書においても「アラビア」ではなく「アラブ世界」を用いることにする。なお、「アラブ人」については、すでに本文中でも示しているように、les Arabes、つまりアラブ人という表記が用いられている。
(78)　Saint-Simon, Claude Henri de, "Introduction aux travaux scientifiques du XIXe siècle", *op cit.*, p. 189.〔① 156〕
(79)　Pirenne, Henri, *Mahomet et Charlemagne*, Paris: Puf, 2005, p. 166.（アンリ・ピレンヌ『ヨーロッパ世界の誕生――マホメットとシャルルマーニュ』増田四郎監修、佐々木克巳・中村宏訳、創文社、1960 年。）
(80)　Roy, Just-Jean-Etienne, *Histoire de Charlemagne et de son siècle*, Tours: A. D. Mame et Cie, 1838, p. 139 をはじめとして、両者の同盟はさまざまな歴史書に登

ホメット」の方を使用したい。

(49) Saint-Simon, Claude Henri de, "Mémoire sur la science de l'homme", *op cit.*, p. 148.〔② 116〕

(50) Faguet, Emile, *Politiques et moralistes du XIXe siècle. Saint-Simon; Fourier; Lamennais; Ballanche; Edgard Quinet; Victor Cousin; Auguste Comte*, Deuxième série, Paris: Lecène et Oudin, 1898, p. 3.

(51) 第一回十字軍の後、レヴァント地域にはエルサレム王国、アンティオキア公国、エデッサ伯国、トリポリ伯国といった「十字軍国家」と呼ばれる封建国家が建設された。つまり、キリスト教勢力圏は地理学的な意味でのヨーロッパ世界から地中海をはるかに超えてアラブ世界にまで拡大したのであった。

(52) たとえば、『人間科学に関する覚書』において、二つの革命の交互性について議論する箇所はつぎの通りである。Saint-Simon, Claude Henri de, "Mémoire sur la science de l'homme", *op cit.*, pp. 148-152.〔② 116-119〕

(53) Saint-Simon, Claude Henri de, "Le projet d'Encyclopédie, Seconde Prospectus", *op cit.*, p. 455.〔① 242〕

(54) 王権の分割について主張するにあたって、『百科全書の計画――第二趣意書』の中で、サン＝シモンは「首相（le premier ministre）」と表記する。そして、『ヨーロッパ社会再組織論』においては、サン＝シモンは首相が兼任している「第一大蔵卿」を「le chancelier de l'échiquier」と記載してしまう。「le chancelier de l'échiquier（英語表記では「Chancellor of the Exchequer」）」は財務大臣（大蔵大臣）のことであって、首相のことではない（森は原文通り「大蔵大臣」と訳している）。「第一大蔵卿」は「First lord of the Treasury（英語表記）」・「le premier lord du trésor（フランス語表記）」である。さらに、『人間科学に関する覚書』でも、サン＝シモンは同じように表記してしまっている。『百科全書の計画――第二趣意書』に「首相」と表記する以上、サン＝シモンのミスだと思われる。また、そもそも分割された王権の第一の担い手は蔵相ではなく首相であろう。

なお、第一大蔵卿が内閣の首席である首相と見なされるようになったのは、1721年にロバート・ウォルポール（1676～1745年）が内閣を組織してからである。ウォルポール内閣こそイギリスにおける議院内閣制の始まりとされる。とはいえ、その後長らく「第一大蔵卿」という名称こそが正式であって、「首相」という名称は俗称の扱いを受けてきた。「首相」が正式な名称となったのは20世紀に入ってからである。したがって、本書はイギリス政治について扱う際には「首相」ではなく「第一大蔵卿」と表記することにする。

(55) 管見によれば、ルイ14世が繰り返した対外侵略は、神聖ローマ皇帝家・ハプスブルク家に代わって覇権を握る（ヨーロッパ世界を支配する）というよりも、フランス優位の状態で諸国家の勢力均衡を作り直すという側面が強いものであった。

(56) Saint-Simon, Claude Henri de, "Mémoire sur la science de l'homme", *op cit.*, p. 151.〔② 118〕

(57) *Ibid.*, p. 152.〔② 119〕

(58) *Ibid.*, p. 152.〔② 119〕

(59) Kissinger, Henry, *Dimplomacy*, New York: Simon & Schuster, 1994, p. 56.（ヘンリー・キッシンジャー『外交（上・下）』岡崎久彦訳、日本経済新聞社、1996年。）

森は「モラリスト」とそのまま訳しているが、いわゆる近世フランスに登場した「モラリスト」のことではないと思われる。たとえば、「モラリスト」の代表格、ミシェル・ド・モンテーニュ（1533〜1592年）であれば、愛国心を批判するからである。人間のmœurs、つまり慣習や習俗を省察することで、人間の普遍的な生き方を探究する「モラリスト」は、愛国心を賞賛するというような振る舞いとは一線を画する。サン゠シモンはもっと通俗的な意味でのmoraliste、つまり自分の先入観だけでmorale（道徳）について語り、後世にはmoralisateurとも表現されるようになった「道徳家」について批判しているのではなかろうか。

(32)　大々的に刊行したわけではなく、配布するために印刷しただけである。

(33)　Rodrigues, Olinde, “De Henri de Saint-Simon”, *Le producteur*, vol. III, 1826, p. 93.

(34)　Grange, Juliette, *Saint-Simon*, Paris: ellipses, 2005, p. 5.

(35)　Hayek, Friedrich August von, *op cit.*, p. 123.

(36)　*Ibid.*, p. 123.

(37)　Saint-Simon, Claude Henri de, “Introduction aux travaux scientifiques du XIXe siècle”, *Œuvres choisies de C.-H. de Saint-Simon, précédés d'un essai sur sa doctrine par Charles Lemmonier*, tome I, Bruxelles: F. van Meenen, 1859, p. 157.〔① 134〕

(38)　Saint-Simon, Claude Henri de, “Mémoire sur la science de l'homme”, *Œuvres choisies de C.-H. de Saint-Simon, précédés d'un essai sur sa doctrine par Charles Lemmonier*, tome II, Bruxelles: F. van Meenen, 1859, p. 152.〔② 119〕

(39)　Saint-Simon, Claude Henri de, “Introduction aux travaux scientifiques du XIXe siècle”, *op cit.*, p. 166.〔① 141-142〕

(40)　*Ibid.*, p. 200.〔① 165〕

(41)　*Ibid.*, p. 170.〔① 145〕.

(42)　*Ibid.*, p. 66.〔① 100〕

(43)　*Ibid.*, p. 67.〔① 101〕

(44)　イギリスにはこのフランシス・ベーコンだけでなく、中世に生きたロジャー・ベーコン（1214？〜1292年以降）という哲学者もいる。ロジャー・ベーコンは近世に続く自然科学の先駆になる業績を残したことで知られる。この後、サン゠シモンはこのロジャー・ベーコンにも注目して議論を展開する。そこで、二人のベーコンを区別するため、それぞれロジャー・ベーコン、フランシス・ベーコンと必ずファースト・ネームを書き入れることにする。

(45)　Saint-Simon, Claude Henri de, “Introduction aux travaux scientifiques du XIXe siècle”, *op cit.*, pp. 66-67.〔① 100〕

(46)　このベーコンについては、本文の流れから考えればフランシス・ベーコンと理解するのが自然なのであろうが、アリストテレスのつぎにあげられているので、ロジャー・ベーコンと推測することもできてしまう。

(47)　Saint-Simon, Claude Henri de, “Introduction aux travaux scientifiques du XIXe siècle”, *op cit.*, p. 57.〔① 93〕

(48)　Saint-Simon, Claude Henri de, “Le projet d'Encyclopédie, Seconde Prospectus”, *Revue socialiste*, XXIX, No. 172, 1899, p. 452.〔① 239〕近年、「ムハンマド」と表記するのが一般的になっているが、本書では、サン゠シモンの表記に従って「マ

約聖書』であるのに対して、『新約聖書』はイエス・キリストによって神との契約が更新された後の新しい契約の書ということになる。

(18) プラトン『国家』藤沢令夫訳、岩波文庫、2009年。

(19) クセノフォーン『ソクラテスの思い出』佐々木理訳、岩波文庫、1974年。

(20) アリストテレス『政治学』山本光雄訳、岩波文庫、1961年。

(21) Montesquieu, Charles de, *De l'esprit des lois*, tome II, Paris: Didot, 1816, pp. 242-243.（シャルル・ド・モンテスキュー『法の精神（上・中・下）』野田良之・稲本洋之助・上原行雄・田中治男・三辺博之・横田地弘訳、岩波文庫、1989年。

(22) Montesquieu, Charles de, *Lettres persanes de Montesquieu: Précédées de son Eloge par D'Alembert*, Paris: P. Pourrat Frères, 1831, pp. 325-329.（シャルル・ド・モンテスキュー『ペルシア人の手紙（上・下）』大岩誠訳、岩波文庫、1997年。）

(23) Voltaire, *Le siècle de Louis XIV*, Londres: Chez R. Dodsley, 1752.（ヴォルテール『ルイ十四世の世紀（全4巻）』丸山熊雄訳、岩波文庫、1958～1983年。）

(24) Rousseau, Jean-Jacques, *Extrait du projet de paix perpétuelle de Monsieur l'Abbé de Saint-Pierre*, Amsterdam: Chez Marc Michel Rey, 1761, pp. 19-20.（ジャン＝ジャック・ルソー「サン＝ピエール師の永久平和論抜粋」『ルソー全集（第4巻）』宮治弘之訳、白水社、1978年。）

(25) こうした「帰依させる」という表現をヨーロッパ人によるアジア人やアフリカ人に対する文明化の論理、そして文明化を掲げた植民地の拡大を正当化する論理になりうるものとして理解することは十分可能だろう。とはいえ、サン＝シモン自身を植民地主義者だったと批判するのは筋が違う。そうした論理に"なりうる"がゆえになっていったというのは、もう少し後の時代においてである。科学研究を前にして、すべての人間が「所与」の特殊性を超越して共通で平等になりうるという考え方、あるいは"理想"そのものは、今日の社会において受け入れられて然るべきだろう。"理想"自体には罪はない。"現実"において、"理想"を利用する人間の側においてその責任が問われるべきである。

(26) Saint-Simon, Claude Henri de, "Lettres d'un habitant de Genève à ses contemporains", *op cit.*, p. 12.〔① 48〕

(27) Saint-Pierre, Charles Irénée Castel de, *Projet pour rendre la paix perpétuelle en Europe*, Utrecht: Chez Antoine Schouten, 1713.

(28) Saint-Pierre, Charles Irénée Castel de, *Projet de traité pour rendre la paix perpétuelle entre souverains chrétiens*, Utrecht: Chez Antoine Schouten, 1717.

(29) 長らくスペイン王位を継承してきたスペイン＝ハプスブルク家の血筋が絶えたことをきっかけにして、血縁関係を理由にルイ14世が自らの孫であるアンジュー公フィリップ（1683～1746年）をスペイン王位に就けさせようとしたことに対し、周辺諸国家が反発したことから始まった戦争である（スペイン継承戦争後、アンジュー公フィリップはフェリペ5世として即位）。ルイ14世は生母も王妃もスペイン＝ハプスブルク家出身であった。

(30) Voltaire, "Dictionnaire philosophique IV", *Œuvres complètes de Voltaire*, Vol. 20, Paris: Garnier Frères, 1879, pp. 185-186.（ヴォルテール『哲学辞典』高橋安光訳、法政大学出版局、1988年。）

(31) Saint-Simon, Claude Henri de, "Lettres d'un habitant de Genève à ses contemporains", *op cit.*, p. 29.〔① 63〕なお、moralistes、つまり「道徳家」について、

the abuse of reason, London: Collier-Macmillan, 1955, p. 105 に詳しい。（フリードリヒ＝アウグスト・フォン・ハイエク『科学による反革命——理性の濫用』木鐸社、2004 年。）ハイエクはサン＝シモンを非常によく理解していたと思われる。そして、このハイエクの『科学による反革命』はサン＝シモン研究には必須の著作であるが、残念なことにフランスでは部分的な形でしか翻訳されていない。

（5） たとえば、Durkheim, Emile, *Montesquieu et Rousseau: précurseurs de la sociologie*, Paris: Marcel Rivière, 1953 などがある。

（6） Comte, Auguste, *Système de politique positive: ou, Traité de sociologie, instituant la religion de l'humanité*, tome III, Paris: Carilian-goery et Vor Dalmont, 1853, p. 13.

（7） Saint-Simon, Claude Henri de, "Lettres d'un habitant de Genève à ses contemporains", *Œuvres choisies de C.-H. de Saint-Simon, précédés d'un essai sur sa doctrine par Charles Lemmonier*, tome I, Bruxelles: F. van Meenen, 1859, pp. 3-4/pp. 33-39.〔① 40-41/67-72〕

（8） もともとはフランス語を理解可能な言語に統一化するために、辞書と文法書を編纂することを目的にしていた。現在は「フランス学士院」を構成する５つのアカデミーのうちの１つになっている。

（9） Saint-Simon, Claude Henri de, "Lettres d'un habitant de Genève à ses contemporains", *op cit.*, p. 32.〔① 66〕

（10） *Ibid.*, p. 22.〔① 57〕

（11） gouvernants について、森は「統治者」と訳しているが、サン＝シモンは「制限君主制」を志向するので、封建君主といった支配者が担うというニュアンスがある「統治」よりは、「指導」の方を訳語として選びたい。

（12） Pereire, Alfred éd., *Saint-Simon. Lettres d'un habitant de Genève à ses contemporains (1803)*, Paris: F. Alcan, 1925, p 48. 黒人差別につながるためか、初版本と初版本の忠実な復刻版であるペレール版以外からは削除された。ただし、2013 年の最新の著作集では復活した。*Œuvres complètes*, vol 1, p. 121.〔① 66〕

（13） Saint-Simon, Claude Henri de, "Lettres d'un habitant de Genève à ses contemporains", *op cit.*, p. 38.〔① 71〕

（14） *Ibid.*, p. 38.〔① 71〕

（15） サン＝シモンの著作において、「産業者」という表現が初めて明確に登場するのは『産業（第４巻）』（1817 年）である。Saint-Simon, Claude Henri de, "L'industrie. Ou Discussions politiques, morales et philosophiques, dans l'intérêt de tous les hommes livrés à des travaux utiles et indépendants (tome 4)", *Œuvres de Saint-Simon et d'Enfantin, publiées par les membres du Conseil institué par Enfantin pour l'exécution de ses dernières volontés*, XIX, Paris: Dentu, 1964, p. 47.〔③ 50〕 ただし、『産業（第４巻）』を刊行する少し前、サン＝シモンは支援者などへの「回状（筆者の第３の回状）（Troisième Circulaire de l'auteur de l'Industrie）」の中で、「産業者」という表現を用いている。〔③ 26〕

（16） Saint-Simon, Claude Henri de, "Lettres d'un habitant de Genève à ses contemporains", *op cit.*, pp. 38-39.〔① 71-72〕

（17） 『旧約聖書』と『新約聖書』の違いについて軽くではあるが触れておこう。どちらもキリスト教の聖典であるが、ユダヤ教以来の神と人間の旧い契約の書が『旧

について、プロシャソンの一文がつぎの日本語文献で読める。石崎晴己、立花英裕編『21 世紀の知識人――フランス、東アジア、そして世界』藤原書店、2009 年。

(13)　Musso, Pierre, *La religion du monde industriel: Analyse de la pensée de Saint-Simon*, Paris: Edition de l'Aube, 2006, p. 247.

(14)　*Ibid.*, p. XX.

(15)　「財務総監」という表記もしばしば見られるが、正確にはネッケルの地位は「財務総監」を表す Contrôleur général des finances ではなく、Directeur général des finances、つまり「財務長官」であった。ネッケルがジュネーヴ生まれのスイス人という外国人だったからである。

(16)　カペーの名はもともとユーグ・カペーのあだ名であった。カペーとは肩や背を覆うケープのこと。なお、日本語の合羽（かっぱ）の語源の一つとされる。

(17)　Saint-Simon, Claude Henri de, "L'industrie. Ou Discussions politiques, morales et philosophiques, dans l'intérêt de tous les hommes livrés à des travaux utiles et indépendants (tome 2)", *Œuvres de Saint-Simon et d'Enfantin, publiées par les membres du Conseil institué par Enfantin pour l'exécution de ses dernières volontés*, XVIII, Paris: Dentu, 1964, p.140.〔② 325〕

(18)　*Ibid.*, p. 133.〔② 320〕

(19)　父バルタザール＝アンリへの手紙は以下で参照できる。Saint-Simon, Claude Henri de, "I Saint-Simon. I (1760-1786)", *Œuvres de Saint-Simon et d'Enfantin, publiées par les membres du Conseil institué par Enfantin pour l'exécution de ses dernières volontés*, I, Paris: Dentu, 1964, pp. 1-13.

(20)　Saint-Simon, Claude Henri de, "L'industrie. Ou Discussions politiques, morales et philosophiques, dans l'intérêt de tous les hommes livrés à des travaux utiles et indépendants (tome 2)", *op cit.*, pp. 148-149.〔② 330〕

(21)　Gouhier, Henri, "Saint-Simon jusqu'à la Restauration", *La jeunesse d'Auguste Comte et la formation du positivisme*, tome II, Paris: Vrin, 1933, p. 139.

(22)　Saint-Simon, Claude Henri de, "A la société du Lycée", inséré dans Jean Dautry, "Sur un imprimé retrouvé du Comte de Saint-Simon", *Annales historiques de la Révolution française*, XX, 1948, pp. 290-293.〔① 34-38〕

(23)　Manuel, Frank Edward, *The New World of Henri Saint-Simon*, Notre Dame, Indiana: University of Notre Dame Press, 1963, p. 63.（フランク・マニュエル『サン - シモンの新世界（上下巻）』森博訳、恒星社厚生閣、2003 年。）

(24)　Manuel, Frank Edward, *A Portrait of Isaac Newton*, Cambridge, Mass: The Belknap Press of Harvard University Press, 1968.（フランク＝エドワード・マニュエル『ニュートンの宗教（叢書・ウニベルシタス 873）』竹本建訳、法政大学出版局、2007 年。）

第 1 章

(1)　イギリス・オーストリア・ロシア・オスマン帝国の四カ国などによる同盟。

(2)　Pereire, Alfred, *Saint-Simon. Lettres d'un habitant de Genève à ses contemporains en 1803*, Paris: Alcan, 1925, p. XXV.

(3)　Ansart, Pierre, *Sociologie de Saint-Simon*, Paris: Puf, 1970, p. 25.

(4)　Hayek, Friedrich August von, *The Counter-revolution of Science, Studies on*

注

＊サン＝シモンの著作からの引用については、原書のページ数とともに森博訳『サン-シモン著作集　全五巻』（恒星社厚生閣、1987～1988年）におけるページ数も掲げた。たとえば〔① 215〕は第1巻、215頁を指す。

序章

（1） Rousseau, Jean-Jacques, *Du contrat social*, Paris: chez Mourer et Pinparé, 1797, pp. 315-345.

（2） Hegel, Friedrich, *Principes de la philosophie du droit ou droit naturel et science de l'état en abrégé*, traduit par Robert Derathé & Jean-Paul Frick, Paris: Vrin, 1982, p. 107.

（3） Saint-Simon, Claude Henri de, "Lettre inédite de Henri de Saint-Simon: Sur l'organisation du droit public", *Revue d'histoire économique et sociale*, XIII, 1925, p. 132.〔② 297〕

（4） 森博「『サン-シモン』著作集の刊行にあたって――編訳者緒言」『サン-シモン著作集　第一巻』恒星社厚生閣、1987年、p. II.

（5） Bouglé, Célestin & Halévy, Elie, *Doctrine de Saint-Simon, Exposition, Première année*, Paris: M. Rivière, 1924, p. 20.

（6） Macherey, Pierre, "Le conseil de Newton. Une utopie scientifique", *Alliage. n. 3*, printemps 1990, p. 24.

（7） ナポレオン3世（1808～1873年）を皇帝に戴く第二帝政（1852～1870年）は、1850年代の「権威帝政期」と1860年代の「自由帝政期」に区分され、とくに「自由帝政期」には政治改革と自由化が進んだ。しかし、国民の支持を理由として皇帝に大きな権力と権威が認められていた点では"権威主義的"であった。

（8） Hubbard, Nicolas Gustave, *Saint-Simon, sa vie et ses travaux*, Paris: Guillaumin, 1857, pp. 39-40.「精神」から「世俗」へ、そして「精神」へという流れについて、このユバールの研究はさきに紹介した2つの研究よりも古いが、サン＝シモンの思想活動が始まる前の段階にも触れた点で特異である。したがって、ユバールについては最後に紹介することにした。

（9） Ansart, Pierre, *Socialisme et anarchisme: Saint-Simon, Proudhon, Marx*, Paris: Puf, 1969, p. 22.

（10） Prochasson, Christophe, *Saint-Simon ou l'anti Marx*, Paris: Perrin, 2004.

（11） フランスでは、第二次世界大戦中のナチス・ドイツ占領下における抵抗運動（レジスタンス）で、共産党が中心的な役割を果たしたため、戦後になるとソ連の台頭と相俟って、その勢力を大きく拡大することに成功した。しかし、社会党などの非共産党勢力の大部分が共産党との連携を嫌い、場合によっては右翼（保守）の一部と結びついた結果、保守政権が長らく続くことになった。

（12） 「サン＝シモン財団」に研究メンバーとして参加していたプロシャソンは、筆者の指導教授であり、「サン＝シモン財団とは何か」についてしばしば話題にしていた。「サン＝シモン財団」については、Prochasson, *op cit.* でも触れられている。なお、プロシャソンによれば、フュレ自身はサン＝シモンとサン＝シモン思想に対しさほど強い関心を持っていたわけではないらしい。また、サン＝シモン財団

	utiles et indépendants)
1817年9～10月	産業（第3巻）——産業、または有益で自立的な仕事にたずさわっているすべての人びとのための政治的・道徳的・哲学的議論（*L'industrie, Ou Discussions politiques, morales et philosophiques, dans l'intérêt de tous les hommes livrés à des travaux utiles et indépendants)*
1817年10月	産業（第4巻・第1部）——産業、または有益で自立的な仕事にたずさわっているすべての人びとのための政治的・道徳的・哲学的議論（*L'industrie, Ou Discussions politiques, morales et philosophiques, dans l'intérêt de tous les hommes livrés à des travaux utiles et indépendants)*
1818年5月	産業（第4巻・第2部）——産業、または有益で自立的な仕事にたずさわっているすべての人びとのための政治的・道徳的・哲学的議論（*L'industrie, Ou Discussions politiques, morales et philosophiques, dans l'intérêt de tous les hommes livrés à des travaux utiles et indépendants)*
1818年？	産業の政治的利益（*Des intérêts politiques de l'industrie*）（未刊） コミュヌ（*Les Communes ou Essais sur la politique pacifique par une société de gens de lettres*）（未刊）
1819年1～5月	政治家（第1分冊～第12分冊）（*Le Politique, par une société de gens de lettres)*
1819年11月 1819年11月～1820年2月	組織者の抜粋（*Extraits de l'Organisateur)* 組織者（第1分冊～第2分冊）（*L'Organisateur)*
1821年2～7月 1822年1月	産業体制論（第1部～第2部）（*Du Système Industriel)* ブルボン家とステュアート家（*Des Bourbons et des Stuarts)* 続ブルボン家とステュアート家（*Suite à la brochure: Des Bourbons et des Stuarts)*
1822年4月	社会契約論（*Suite des travaux ayant pour objet de fonder le système industriel. Du contrat social*）（未刊）
1823年12月～1824年6月	産業者の教理問答（第1分冊～第4分冊）（*Catéchisme des Industriels)*
1825年1月	文学的、哲学的、産業的意見（*Opinions littéraires, Philosophiques et industrielles)*
1825年4月	新キリスト教（*Nouveau Christianisme)*

サン＝シモンの著作一覧（本書に登場したもの）

刊行・執筆年月	タイトル
1802年	リセの協会に（*Á la société du Lycée*） 人類に宛てたジュネーヴの一住人の手紙（*Lettre d'un habitant de Genève à l'Humanité*）
1803年	同時代人に宛てたジュネーヴの一住人の手紙（*Lettres d'un habitant de Genève à ses contemporains*）
1807～1808年	19世紀の科学研究序説（第1巻～第2巻）（*Introduction aux travaux scientifiques du XIXe siècle*）
1810年	新百科全書（*Nouvelle Encyclopédie*） 百科全書の計画――第二趣意書（*Projet d'Encyclopédie. Second prospectus*）（未刊）
1813年	人間科学に関する覚書（*Mémoire sur la science de l'homme*） 万有引力の法則に関する研究――イギリス人に航海の自由を認めざるをえなくさせる方法（*Travail sur la gravitation universelle. Moyen de forcer les Anglais à reconnaître l'indépendance des pavillons*）
1814年	ヨーロッパ社会の再組織について、あるいはヨーロッパの諸国民をして、それぞれの国民的独立を保持させつつ、単一の政治体に結集させる必要と方法について（ヨーロッパ社会再組織論）（*De la réorganisation de la société européenne, ou de la nécessité et des moyens de rassembler les peuples de l'Europe en un seul corps politique, en conservant à chacun son indépendance nationale*）
1815年	反対党の結成について（*Lettre sur l'établissement du parti de l'opposition*） 1815年同盟に対してとるべき方策についての意見（*Opinions sur les mesures à prendre contre la coalition de 1815*） 公法の組織化について（*Sur l'organisation du droit public*）
1816年8月	初等教育協会の総会に提出されたド・サン＝シモン氏の若干の意見（*Quelques idées soumises par M. de Saint-Simon à l'assemblée générale de la société d'instruction primaire*）
1816年12月～ 1817年2月	産業（第1巻）――商業的・製造業的産業と同盟した文学的・科学的産業、または有益で自立的な仕事にたずさわっているすべての人びとのための財政・政治・道徳・哲学についての意見（*L'industrie littéraire et scientifique liguée avec l'Industrie commerciale et manufacturière, ou Opinions sur les Finances, la Politique, la Morale et la Philosophie, dans l'intérêt de tous les hommes livrés à des travaux utiles et indépendants*）
1817年5月	産業（第2巻）――産業、または有益で自立的な仕事にたずさわっているすべての人びとのための政治的・道徳的・哲学的議論（*L'industrie, Ou Discussions politiques, morales et philosophiques, dans l'intérêt de tous les hommes livrés à des travaux*

Community, June 1972, pp. 22-23.

———, "Saint-Simon's Life and Work: The Doctrine of Saint-Simon; The Influence of the Doctrine. Henri Saint-Simon (1760-1825) : Selected Writings on Science", *Industry and Social Organisation*, London: Croon Helm, 1975, pp. 13-61.

———, "From Prophecy to Prediction: Saint-Simon and the Conquest of the Future", *Future*, 1 Feb. 1977, pp. 58-64.

———, "Henri Saint-Simon", *The Political Ideas of the Utopian Socialists*, London: Frank Cass, 1982, pp. 39-68.

Thierry, Augustin Jules Gilbert, *Augustin Thierry (1795-1856) d'après sa correspondance et ses papiers de famille*, Paris: Plon, 1922.

Tillett, A.S., "Some Saint-Simonian Criticism of the United States before 1835", *Romanic Review*, LI, No 1, 1961, pp. 3-16.

Tournier, Maurice, *Propos d'étymologie sociale: Tome 3: Des sources du sens*, Paris: ENS-LSH Editions, 2004.

Useche, Sandoval Tonatiuh, "L'idée d'Europe dans la politique positive d'Auguste Comte", *Philonsorbonne: Revue de l'École Doctorale de Philosophie de Paris I*, Numéro 3, Année 2008-2009, pp. 51-122.

Vidal, Daniel, "Saint-Simon, œuvre ouverte", *Sociologie du travail*, IX, No 4, 1967, pp. 448-461.

Voltaire, "Dictionnaire philosophique IV", *Œuvres complètes de Voltaire*, Vol. 20, Paris: Garnier Frères, 1879.

———, *Essai sur les mœurs et l'esprit des nations: Nouvelle édition augmentée*, Paris: Arvensa editions, 2014.

Vovelle, Michel, *Les Jacobins: De Robespierre à Chevènement*, Paris: La Décourverte/Poche, 2001.

Watch, Jean, *Bibliographie du saint-simonisme, avec trois textes inédits*, Paris: Vrin, 1967.

———, "Qu'est-ce que le saint-simonisme? ", *Economies et sociétés*, IV, No 4, 1970, pp. 613-630.

———, "Saint-Simonisme et philosophie de la civilisation", *Economies et sociétés*, VII, No 1, 1973, pp. 5-55.

Weill, George, *Un précurseur du socialisme. Saint-Simon et son œuvre*, Paris, Perrin, 1894.

Weydert, Jean, & Béroud, Sophie, *Le devenir de l'Europe*, Paris: Editions de l'Atelier, 1997.

Witt, Emmanuel de, *Saint-Simon et le système industriel*, Paris: Larouse, 1902. Reimpression: New York: Lenox Hill, 1973.

Winock, Michel, *Parlez-moi de la France*, Paris: Éditions du seuil, 1997.

Roy, Just-Jean-Etienne, *Histoire de Charlemagne et de son siècle*, Tours: A. D. Mame et Cie, 1838.
Russ, Jacqueline, "La doctrine social de Saint-Simon", *La pensée des précurseurs de Marx*, Paris: Bordas, 1973, pp. 62-87.
Ruyssen, Théodore, "Saint-Simon: La paix européenne. L'Industrlalisme", *Les sources doctrinales de l'Internationalisme*, t. III, Paris: Puf, 1961, pp. 463-469.
Sainte-Lorette, Lucien de, "Saint-Simon et le romantisme européen", *L'idée d'Union fédérale européenne*, Paris: A. Colin, 1955, pp. 22-33.
Salsano, Alfredo, *Physiologie sociale de Saint-Simon*, Paris: Puf, 1965.
Samuel, Arbert, "Saint-Simon", *Le socialisme*, Lyon: Chroniqup sociale, 1981, pp. 49-51.
Abbé de Saint-Pierre, Charles-Irénée Castel de, *Projet pour rendre la paix perpétuelle en Europe*, 2 vol, Utrecht: A.Shouten, 1713.
———, *Projet de traité pour rendre la paix perpétuelle entre les souverains chrétiens*, Utrecht: A. Schouten, 1717.
Schlacther, Didier (dir), *Questions d'Europe, Le débat économique et politique*, Paris, ellipse, 1998.
Schnapper, Dominique, *La communauté des citoyens, Sur l'idée moderne des nations*, Paris: Gallimard, 1994.
Schöll, Maximilian Samson Friedrich, *Cours d'histoire des Etats européens depuis le bouleversement de l'Empire romain d'Occident jusqu'en 1789*, tome III, Paris: Librarie de Gide Fils, 1830.
Schumpeter, J.A., "Saint-Simonist Socialism", *History of Economic Analysis*, New York: Oxford Univ. Press, 1954, pp. 460-462.
Sédouy, Jacques-Alain de, *Le concert européen: aux origines de l'Europe, 1814-1914*, Paris: Fayard, 2009.
Smith, Adam, *The theory of moral sentiments*, London: Cadell & Davies, 1812.
———, *An inquiry into the nature and causes of the wealth of nations*, London: T. Nelson and Sons, 1868.
Staël, Anne-Louise Germaine de, *De la littérature considérée dans ses rapports avec les institutions sociales, suivi de l'influence des passions sur le bonheur des individus et des nations*, Paris: Charpentier, 1844.
———, *De l'Allemagne*, Paris: Librairie Garnier frères, 1879.
Suffel, Jacques, "Saint-Simon", *Grande figure de France à travers l'histoire*, t. IV, Paris: Edition Diderot, 1969, pp. 104-109.
Sully Duc de (Maximilien de Béthune), *Economies royales*, éd. par Josephe Chailley, Paris: Guillaumin, 1820.
Suter, Jean-Françoise, "Du libéralisme au Saint-Simonisme", *Economies et sociéiés*, IV, No 6, 1970, pp. 1095-1108.
Swingwood, Alan, "The Concept of Industrial Society: Saint-Simon, etc.", *A Short History of Sociological Thought*, London: MacMilan, 1984, pp. 36-48.
Talmon, J.L., "Totalitarian Technocracy; Saint-Simon", *Political Messianism: The Romantic Phase*, London: Seeker & Warburg, 1960, pp. 35-70.
Taylor, Keith, "Henri de Saint-Simon: Pioneer of European Integration", *European*

çaises, 1925.
Petitfils, Jean-Christian, "Saint-Simon", *Les socialistes utopiques*, Paris: Puf, 1977, pp. 58-79.
Pétré-Grenouilleau, Olivier, *Saint-Simon, L'utopie ou la raison en actes*, Paris: Biographie Payot, 2001.
Pirenne, Henri, *Mahomet et Charlemagne*, Paris: Puf, 2005.
Polinger, Elliot, "Saint-Simon. The Utopian Precursor of the League of Nations", *Journal of the History of Ideas*, IV, 1943, pp. 475-483.
Prélot, Marcel & Lescuyer, Georges, "Le socialisme sans l'Etat: Saint-Simon", *Histoire des idées politiques*, Paris: Dalloz, 1977, pp. 604-606.
Prochasson, Christophe, *Saint-Simon, ou l'anti-Marx*, Paris: Perrin, 2005.
Puech, Jules L., "La société des nations et ses précurseurs socialistes. Le comte C.-H. de Saint-Simon", *Revue bleue*, LIX, N° 3, le 5 fév. 1921, pp. 82-85; N° 5, 5 mars 1921, pp. 147-151.
———, "Le comte C.-H. de Saint-Simon", *La tradition socialiste en France et la Société des Nations*, Paris: Garnier frères, 1921, pp. 7-27.
Régnier, Philippe, *Études saint-simoniennes*, Lyon: Presses universitaires de Lyon, 2002.
Renouvier, Charles, "De la philosopie du XIXe siècle en France", *L'Année philosophique*, première année, 1868, pp. 1-108.
Reybaud, Louis, "Socialistes modernes. I. Les Saint-Simoniens", *Revue des deux mondes*, VII, 1836, pp. 288-341.
———, *Etudes sur les réformateurs contemporains ou les socialistes*, Paris: Guillaumin, 1841.
———, "Saint-Simon et les saint-simoniens", *Etudes sur les réformateurs ou socialistes modernes - Saint-Simon, Charles Fourier, Robert Owen*, t. 1, 1840; 5e éd., 1848, Paris: Guillaumin; Nouvelle édition: 1856, pp. 72-161.
———, "Saint-Simon", *La Biographie universelle*, LXXX, Paris: Bureau de la Biographie Universelle, 1847, pp. 405-426. Nouvelle éd.: 1855, XXXVIII, pp. 434-441.
Rihs, Charles, "Fondements de la doctine de Saint-Simon", *L'école des jeunes hégeliens et les penseurs socialistes français*, Paris: Editions Anthropos, 1987, pp. 277-292.
Rodrigues, Olinde, "De Henri Saint-Simon", *Producteur*, III, avril 1826 (1re cahier, pp. 86-109) ; mai (2e cahier, pp. 281-304) ; juin (3e cahier, pp. 426-443) ; IV, juillet 1826, pp. 86-112.
Rolland, Patrice, *L'Unité politique de l'Europe: histoire d'une idée: les grands textes*, Bruxelles: Emile Bruylant, 2006.
Rosanvallon, Pierre, "Le Modèle politique français", *La société civile contre le jacobinisme de 1789 à nos jours*, Paris: Le Seuil, 2004.
Rousseau, Jean-Jacques, *Extrait du projet de paix perpétuelle de Monsieur l'abbé de Saint-Pierre*, s.n., 1761.
———, *Du contrat social*, Paris: chez Mourer et Pinparé, 1797.
———, "Jugement sur la paix perpétuelle", *Œuvres complètes de J. J. Rousseau: mises dans un nouvel ordre, avec des notes historiques et des éclaircissements*, Paris: P. Dupont, 1823.

———, *A Portrait of Isaac Newton*, Cambridge, Mass: The Belknap Press of Harvard University Press, 1968.
——, "Saint-Simon: The Pear is Ripe", *Utopian Thought in the Western World*, Harvard: Harvard Univ. Press, 1979, pp. 590-614.
Marchall, André, "Saint-Simon et l'organisation européenne", *Mélanges Gonnard*, Paris: Librairie générale de droit et de jurisprudence, 1946.
———, "Saint-Simon et le problème de l'Europe", *L'Europe solidaire*, Paris: Edition Cujas, 1964, t. I, pp. 2-12.
Marsilius of Padua, *Defensor pacis*, New York: Columbia University Press, 2001.
Michelet, Jules, "Saint-Simon en 93 et 94, etc.", *Histoire du dix-neuvième siècle*, I, Paris: Germer Baillière, 1872, pp. 17-25, 180-181.
Montesquieu, Charles de, *De l'esprit des lois*, tome I, Paris: Didot, 1816.
Mourre, Michel, "Saint-Simonisme, La doctrine de Saint-Simon et l'école saint-simonienne", *Dictionnaire encyclopédique d'histoire*, VII, Paris: Birdasm, 1978, pp. 4031-4033.
Musso, Pierre, *Télécommunication et Philosophie des réseaux. La postérité paradoxale de Saint-Simon*, Puf, 2e éd. 1998.
———, *Saint-Simon et le Saint-Simonisme*, Puf, coll. Que-Sais-je?, 1999.
———, *La religion du monde industriel, Analyse de la pensée de Saint-Simon*, Paris: Edition de l'Aube, 2006.
Nakashima, Yohei, "Le nouvel européanisme". L'Europe dans le système de Saint-Simon, Thèse en études politiques à l'EHESS, 2011.
Nauroy, Charles, "Un manuscrit inédit de Saint-Simon: Projet d'encyclopédie, second prospectus, première partie", *Revue socialiste*, XXIX, 1899, pp. 452-470.
Nisbet, Robert, "Saint-Simon", *History of the Idea of Progress*, New York: Basic Books, 1980, pp. 246-251.
Novalis, "Christendom or Europe", *Hymns to the Night, and Other Selected Writings*, translated by Passage, Charles E., Indianapolis and New York: The Bobbs-Merrill Company, 1960.
Nurdin, Jean, *Le rêve européen des penseurs allemands 1700-1950*, Villeneuve d'Ascq: Presses Universitaires de Septentrion, 2003.
Oliver, W. Dain, "Scientism and Sociology", *Berkeley Journal of Sociology*, XIV, 1969, pp. 99-110.
Olson, Theodore, "Saint-Simon and the Age of industry". *Millennialism, Utopianism, and Progress*, Toronto: Univ. of Toronto Press, 1982, pp. 239-247.
Ory, Pascal, *L'Europe, Textes présentés par P. Ory*, Paris: Omnibus, 1998.
Patri, Aimé, "Saint-Simon et Marx", *Le Contrat social*, V, no. 1, 1961, pp. 18-24.
Pereire, Alfred, "Des premiers rapports entre Saint-Simon et Auguste Comte, d'après des documents originaux (1816-1819)", *Revue historique*, XCI, 1906, pp. 57-98.
———, *Autour de Saint-Simon*, Documents originaux, Paris: Champion, 1912.
———, *Saint-Simon. Lettres d'un habitant de Genève…*, Paris: Alcan, 1925.
———, *Saint-Simon. De la réorganisation de la société européenne*, Une introduction et des notes par A. Pereire. Préface de H. de Jouvenel, Paris: Les Presses fran-

Locke, John, *Traité du gouvernement civil*, Paris: Desveaux, 1795.
Leroy, Maxime, "Saint-Simon physicien social", *Revue des Etudes Coopératives*, III, 1923/24, pp. 113-121.
———, "La société professionnelle des nations. Un projet d'Henri de Saint-Simon", *Europe*, V, 1924, pp. 207-213.
———, *Le socialisme des producteurs. Henri de Saint-Simon*, Paris: Rivière, 1924.
———, "Les spéculations foncières de Saint-Simon et ses querelles d'affaires avec son associé le comte de Redern", *Revue d'histoire économique et sociale*, XIII, No. 2, 1925, pp. 133-163.
———, *La vie véritable du comte Henri de Saint-Simon (1760-1825)*, Paris: Grasset, 1925.
———, "Les idées politiques d'Henri de Saint-Simon", *Sciences politiques*, 54e année, n.s. N° 15, août 1939, pp. 375-394.
———, "La coopérative internationale", *La République française*, 1947, pp. 3-8.
———, "Henri de Saint-Simon", *Les précurseur français du socialisme de Condorcet à Proudhon*, Paris: Temps présent, 1948, pp. 75-98.
———, "La doctrine d'Henri de Saint-Simon; L'idée de progrès, de Condorcet à Saint-Simon et à Auguste Comte", *Histoire des idées sociales en France*, 1947-1954, en 3 vol., t.2, "De Babeuf à Tocqueville", Paris: Gallimard; 5e éd., 1950, pp. 197-234, 235-245.
———, "Que pouvons-nous apprendre de Saint-Simon?", *Cahier Alliance israélite universelle*, Nos 101-102, 1956, pp. 37-39.
Lopez, Robert Sabatino, *Naissance de l'Europe*, Paris: A. Colin, 1962.
Lubac, R.P., "Henri de Saint-Simon et Saint-Simonisme. La postérité spirituelle de Joachim de Flore", *De Saint-Simon à nos jours*, t. II Paris: Le Sycomore, 1981, pp. 16-30.
Macherey, Pierre, "Le conseil de Newton. Une utopie scientifique", *revue Alliage*, n.3, printemps 1990.
Maigron, Louis, *Le roman historique à l'époque romantique: Essai sur l'influence de Walter Scott*, Paris: Champion, 1912.
Manuel, Frank, *The New World of Henri Saint-Simon*, Cambridge, Massachusetts: Harvard Univ. Press, 1956; Notre Dame, Indiana: Univ. of Notre Dame Press, 1963.
———, "From Equality to Organicism", *Journal of the History of Ideas*, XVII, No. 1, 1956, pp. 54-69.
———, "The Role of the Scientist in Saint-Simon", *Revue internationale de philosophie*, XIV, Fasc. 3-4, 1960, pp. 344-356.
———, "Prolegomenon; Comte de Saint-Simon; Epilogue - Reflection on the New Prophecy", *The Prophets of Paris*, Cambridge, Massachusetts: Harvard Univ. Press, 1962, pp. 1-10, 101-193, 297-315.
———, "Taming the Future: The French Idea of Perfectibility", Shapes of philosophical History, Stanford: Stanford Univ. Press, 1965, pp. 92-114.
———, "Claude-Henri de Saint-Simon. Golden Age for Prosperity", *French Utopias: An Anthology of Ideal Societies*, New York: The Free Press, 1966, pp. 261-282.

Imbert, Jean, *Histoire du droit et des institutions de l'Eglise en Occident, tome 5, Les temps carolingiens, volume 1, L'église: Les institutions*, Paris: Editions Cujas, 1994.

Jouvenel, Henry de, "Le comte de Saint-Simon et la réorganisation de la société européenne", *Revue de Paris*, 32e année, II, 1925, pp. 37-45.

Kissinger, Henry, *Diplomacy*, NewYork: Simon & Schuster, 1994.

Lacassagne, Jean-Pierre, "Pierre Leroux, Saint-Simon et les Saint-Simoniens", *Economies et sociétés*, VII, No 1, 1973, pp. 57-91.

Lacroix, Jean, "Les idées religieuses et esthétiques de Saint-Simon", *Economies et sociétés*, IV, N° 4, 1970, pp. 693-714.

———, "Production et organisation selon Saint-Simon", *Economies et sociétés*, VII, N° 1, 1973. pp. 207-215.

Laffitte, Pierre, "Matériaux pour servir à la biographie d'Auguste Comte. De la circulation des ouvrages d'Auguste Comte de l'opuscule fondamental 1822-1824", *La Revue occidentale*, seconde série, t. VIII, N° 5, 1893, pp. 315-334.

———, "Opuscule fondamental d'Auguste Comte publié en mai 1822. Introduction", *La Revue occidentale*, seconde série, t.X, 18e année, N° 1, le 1er janvier 1895, pp. 1-10.

Comte de Las Cases, *Mémorial de Sainte-Hélène, ou journal ou se trouve consigné, jour par jour, ce qu'a dit et fait Napoléon durant dix-huit mois*, tome VII, Bruxelles: L'Imprimerie de H. Remy, 1823.

Laval, Christian, *L'Ambition sociologique, Saint-Simon, Comte, Tocqueville, Marx, Durkheim, Weber*, La Décourverte, coll. Recherches MAUSS, 2002.

Leca, Antoine, *La république européenne: introduction à l'histoire des institutions publiques et des droits communs de l'Europe. L'unité perdue (476-1806)*, Aix-en-Provence: Presses Universitaires d'Aix-Marseille, 2000.

Ledermann, László, "Le comte de Saint-Simon et son projet de fédération europénne", *Fédération internationale. Idées d'hier - Possibilités de demain*, Neuchâtel: Editions de la Baconnière, 1950, pp. 43-70.

Lemonnier, Charles, "Essai sur les œuvres et la doctrine de Saint-Simon", *Œuvres choisies de C.-H. de Saint-Simon*, 3 vol., Bruxelles: Fr. van Meenen, 1859, t. I, pp. V-CV.

Leroux, Pierre, *Discours sur la situation actuelle de la société et de l'esprit humain*, Paris: G. Sandra, 1841; Nouvelle édition: 2 vol., Boussac: Impr. de Pierre Leroux, 1847, t. II, pp. 49-152.

———, "Lettres sur le fouriérisme, IIIe lettre: Saint-Simon et Fourier. IVe lettre: Le plagiat de Fourier", *Revue sociale*, août et septembre 1846, N° 11 et N° 12, pp. 161-175, 177-192.

———, *Œuvres de Pierre Leroux (1825-1850)*, tome II, Paris: Société tupographique, 1851.

———, "Saint-Simon et M. Dupuytren", *La grève de samarez*, Paris: Dentu, 1863, t. I, pp. 260-265. Paris: Ed. Klincksieck, 1979, t. 1, pp. 237-240.

———, *Œuvres de Pierre Leroux (1825-1850)*, 2 Tomes, Paris: Société tupographique, 1851.

———, "Les fondateurs français de la sociologie contemporaine: Saint-Simon et P. J. Proudhon. I. Saint-Simon sociologue", *Les Cours de Sorbonne*, Paris: Centre de Documentation Universitaire, 1955; 2e éd., 1961, 1966.
———, "Saint-Simon et Karl Marx", *Revue internationale de philosophie*, XIV, 1960, pp. 399-416.
———, "Pour le deuxième centenaire de la naissance de Saint-Simon", *Cahiers internationaux de sociologie*, n.s. 7e année, XXIX, 1960, pp. 3-13.
———, *La physiologie sociale, Œuvres choisies de Saint-Simon, avec introduction et notes de G. Gurvitch*, Paris: Puf, 1965, pp. 5-42.
Halévy, Elie, "La doctrine économique de Saint-Simon", *Revue du mois*, VI, No. 24, 1907, pp. 641-676.
———, "La doctrine économique de Saint-Simon", *L'ère des tyrannies. Etudes sur le socialisme et la guerre*, Paris: Gallimard, 1938, pp. 30-59.
———, "La doctrine de Saint-Simon", *Histoire du socialisme européen*, Paris: Gallimard, 1948, pp. 54-58; Nouvelle édition: 1974, pp. 72-80.
Halévy, Léon, *Saint-Simon, Ode*, Paris: Levaseur, 1831.
———, "Souvenirs de Saint-Simon", *France littéraire*, I, mars 1832, pp. 521-546. Reproduits partiellement par G. Brunet dans *Revue d'histoire économique et sociale*, XIII, 1925, pp. 166-176.
———, "Compte rendu du 'Nouveau christianisme'", *Revue Encyclopédique*, XXV, mai 1825, pp. 510-514.
Haller, Max, *European Integration as an Elite Process: The Failure of a Dream?*, New York: Routledge, 2008.
Hayek, Friedrich August von, *The road to selfdom*, London: George Routledge & Sons Ltd, 1944.
———, "The 'Accoucheur d'Idees', Henri de Saint-Simon; Social Physics. Saint-Simon and Comte", *The Counter-Revolution of Science: Studies on the Abuse of Reason*, Glencoe: The Free Press, 1952, pp. 117-142.
Heater, Dreke, *The Idea of European Unity*, London: Leicester UP, 1992.
Hegel, Friedrich, *Leçons sur la philosophie de l'histoire*, Paris: J. Vrin, 1979.
———, *Principes de la philosophie du droit ou droit naturel et science de l'état en abrégé*, traduit par Robert Derathé, Paris, Vrin, 1991.
Heilbroner, Robert L, "The Beautiful World of the Utopian Socialists", *The worldly Philosophers - The Lives, Times, and Ideas of the Great Economic Thinkers*, New York: Simon and Schuster, 1961, pp. 85-111.
Hinsley, Francis Harry, *Power and the pursuit of peace*, Cambridge: Cambridge UP, 1967.
Hubbard, Nicolas Gustave, *Saint-Simon, sa vie et ses travaux, suivi de fragments des plus célèbres écrits de Saint-Simon*, Paris: Guillaumin, 1857.
Huet, Armel, "L'actualité de l'Utopie européenne de Saint-Simon", *L'actualité du Saint-Simonisme*, éd. par Pierre Musso, Paris: Puf, 2004.
Iggers, Georg, "Le saint-simonisme et la pensée autoritaire", *Economies et sociétés*, IV, no. 4, 1970, pp. 673-692.

Boivin, 1898, pp. 1-42.
Fakkar, Rouchdi, *Sociologie, Socialisme, et internationalisme prémarxistes. Contribution à l'étude de l'influence internationale de Saint-Simon et de ses disciples*, Neuchâtel: Delachaux & Niestle, 1968.
Ferry, Jean-Marc, *La question de l'État européen*, Paris: Gallimard, 2000.
Filloux, Jean-Claude, *Durkheim et le socialisme*, Genève-Paris: Droz, 1977.
Fourier, Charles, *Pièges et charlatanisme des deux sectes: Saint-Simon et Owen, qui promettent l'association et le progrès*, Paris: Bossange, 1831.
Fournel, Henri, *Bibliographie saint-simonienne, De 1802 au décembre 1832*, Paris: Alexandre Johanneau, 1833.
———, "Notice historique de Saint-Simon", *Œuvres de Saint-Simon et d'Enfantin*, t. 1, Paris: Dentu, 1865, pp. 1-133.
Germine, Dante, "Scientism: Saint-Simon and Comte. Machiavelli to Marx", *Modern Western Political Thought*, Chicago: The Univ. of Chicago Press, 1972; Phoenix Edition, 1979, pp. 273-299, esp. 273-287.
Girard, Joseph, "Saint-Simon en cour d'assises", *La Revue hebdomadaire ou Journal des débats Politiques*, 38e année, VIII, no 32, août 1929, pp. 144-172.
Gollin, Giliiam Lindt, "Theories of the Great Society: Four Views on Religion and Social Change, Saint-Simon, Comte, Proudhon & Marx", *Journal for the Scientific Study of Religion*, IX, No 1, 1970, pp. 1-16.
Goodwin, Barbara, *Social Science and Utopia*, Sussex: The Harvester Press, 1978.
Gouhier, Henri, "Les années d'apprentissage de C.-H. de Saint-Simon", *Le Roseau d'Or*, VI, 1929, pp. 139-206.
———, "Les premiers rapports de Saint-Simon et d'Auguste Comte", *Revue de métaphysique et de morale*, XL, no.4, 1933, pp. 493-509.
———, "La mission de Saint-Simon", *Revue d'histoire de la philosophie et d'histoire générale de la civilisation*, n.s. I, 1934, pp. 129-165.
———, "Saint-Simon et Auguste Comte devant la Révolution française", *Revue philosophique*, CXXVIII, 1939, pp. 193-225.
———, "Lettres inédites de Saint-Simon à Blainville", *Revue philosophique*, CXXXI, 1941, pp. 70-80.
———, "Henri de Saint-Simon et l'Alliance franco-anglaise", *Le Nef*, III, 2e partie, N° 20, juillet 1946, pp. 59-73.
———, "Un 'Projet d'Encyclopédie' de Saint-Simon", *Revue internationale de philosophie*, XIV, 1960, pp. 384-398.
———, "Le précurseur-Saint-Simon", *La vie d'Auguste Comte*, Paris: Gallimard, 1931; 2e éd., Paris: Vrin, 1965, pp. 13-29.
Grange, Juliette, *Saint-Simon*, Paris: ellipses, 2005.
Gurvitch, Georges, "L'opposition de la < Société > et de l'< Etat > chez les socialistes antérieurs à Proudhon (Saint-Simon, Fourier, Louis Blanc)", *L'idée de droit social. Histoire doctrinale depuis le XVIIIe siècle jusqu'à la fin du XIXe siècle*, Paris: Librairie du Recueil Sirey, 1932, pp. 297-327. Réimpression; Darmstadt: Scientis Verlag Aalen, 1972.

1970, pp. 21-34.
———, "La société Baconienne, une utopie inédite de Saint-Simon", *Ibid.*, pp. 35-51.
———, "Athéisme et utopie dans l'œuvre de Saint-Simon", *Les Dieux rêvés. Théisme et athéisme en utopie*, Paris: Desclée de Brouwer, 1972, pp. 21-84.
———, "Notes sur quelques fragments d'utopies. Crises de la société: Société sans crise? ", *Communications*, XXV, 1976, pp. 128-137.
Dondo, Mathurin, *The French Faust. Henri de Saint-Simon*, New York: Philosophical Library, 1955.
Droz, Jacques, "Saint-Simon", *De la Restauration à la Révolution 1815-1848*, Paris: Armand Colin, 1970, pp. 76-79.
Dubois, Pierre, *De recuperatoire Terre Sancte: traité de politique générale*, publié par Charles-Victor Langlois, Paris: A. Picard, 1891.
Duroselle, Jean-Baptiste, *L'idée d'Europe dans l'Histoire*, Paris: Denoël, 1968.
———, *L'Europe, Histoire de ses peuples*, Paris: Hachette Littératures, 2004.
Dumas, Georges, *Psychologie de deux messies positivistes: Saint-Simon et Auguste Comte*, Paris: Alcan, 1905.
Dunoyer, Charles, "Esquisse historique des doctrines auxquelles on a donné le nom d'Industrialisme, C'est-à-dire, des doctrines qui fondent la société sur l'Industrie", *Revue encyclopédique*, XXXIII, février 1827, pp. 368-394.
Durkheim, Emile, "La sociologie en France an XIXe siècle - Saint-Simon et Auguste Comte", *Revue bleue*, 4e série, XIII, 1900, pp. 609-613, 647-652.
———, "Saint-Simon, fondateur du positivisme et de la sociologie, Extrait d'un Cours d'Histoire du socialisme", éd. par Marcel Mauss, *Revue philosophique de la France et de l'étranger*, XCIX, 1925, pp. 321-341.
———, "Critique de Saint-Simon et du saint-simonisme - Derniers fragments d'un cours d'Histoire du socialisme", éd. par M. Mauss, *Revue de métaphysique et de morale*, XXXIII, 1926, pp. 433-454.
———, *Le socialisme, sa définition, ses débuts, la doctrine saint-simonienne*, Paris: Alcan, 1928.
———, *Montesquieu et Rousseau: précurseurs de la sociologie*, Paris: Marcel Rivière, 1953.
Duveau, Georges, "L'Europe de Saint-Simon", *Sociologie de l'utopie et autres essais*, Paris: Puf, 1961, pp. 139-163.
Elissable, Bernard (dir.), *Géopolitique de l'Europe*, Paris: Nathan, 2005.
Emerit, Marcel, "Saint-Simon père de la sociologie", *Annales. Economie, Société, Civilisation*, XXX, 1975, pp. 309-316.
Engels, Friedrich, *Anti-Dühring: Monsieur E. Dühring bouleverse la science*, traduit par Émile Bottigelli, Paris: Editions sociales, 1952.
Erasmus, Desiderius & Constantinescu-Bagdat, Élise, *La "Querelà pacis" d'Erasme*, Paris: Les presses universitaires de France, 1924.
Faguet, Emile, "Le comte de Saint-Simon", *Revue de deux mondes*, CXXIII, 1894, pp. 856-881.
———, "Saint-Simon", *Politiques et moralistes du dix-neuvième siècle*, 2e série, Paris:

classiques du Peuple), Paris: Editions Sociales, 1951, pp. 7-44.
———, "La notion de travail chez Saint-Simon et Fourier", *Journal de psychologie normale et pathologique*, LIIe année, 1955, pp. 59-76.
———, "Le comte de Saint-Simon et Dieu", *Revue internationale de philosophie*, XIV, 1960, fasc. 3-4, pp. 323-343.
———, "Saint-Simon et les anciens babouvistes de 1804 à 1809", *Annales historiques de la Révolution française*, XXXII, 1960, pp. 514-529.
———, "Saint-Simon et Jean-Jacques Rousseau", *Annales hisioriques de la Révolution française*, XXXIV, 1962, pp. 465-481.
———, "Nouveau christianisme ou nouvelle théophilanthropie? Contribution à une sociologie religieuse de Saint-Simon", *Archives de sociologie dos religions*, X, No. 20, 1965, pp. 7-29.
———, "La révolution nécessaire d'après Claude-Henri de Saint-Simon", *Annales historiques de la Révolution française*, XXXVIII, 1966, pp. 19-51.
———, "Une réapparition de Claude-Henri de Saint-Simon", *La Pensée*, N° 127, 1966, pp. 82-92.
———, "Saint-Simon", *Dictionnaire biographique du mouvement ouvrier français 1789-1864*, Tome 3, publié sous la direction de Jean Maitron, Paris: Les Editions Ouvrières, 1966, pp. 370-375.
Debout, Simone, "Saint-Simon, Fourier, Proudhon", *Histoire de la philosophie*, t, III, *Encyclopédique de la Pléiade 38*, 1974, Paris: Gallimard, pp. 121-150.
D'Eichthal, Eugène, "Socialisme (Saint-Simon et son école) ", *Socialisme, Communisme et Collectivisme. Aperçu de l'histoire et des doctrines jusqu'à nos jours*, Deuxième édition revue et augmentée, Paris: Guillaumin, 1901, pp. 66-79.
D'Eichthal, Gustave, "A un catholique. Sur la vie et le caractère de Saint-Simon". N° 39, *L'Organisateur*, le 19 mai 1830, pp. 1-6. Reproduit dans *Doctrine de Saint-Simon. Exposition. Première année*, nouv. éd., par C. Bouglé et E. Halévy, Paris: Rivière, 1924, pp. 107-119.
Delbos,Victor, "Saint-Simon et Auguste Comte", *La philosophie française*, Paris: Plon, 1919; 2e édition, 1921, pp. 324-364.
Denis, Henri, "Le socialisme technocratique: Saint-Simon et ses disciples", *Histoire de la pensée économique*, Paris: Puf, 1966, pp. 345-355.
Desanti, Dominique, "Henri de Saint-Simon: La vie du siècle", *Les socialistes de l'utopie*, Paris: Payot, 1971, pp. 53-77.
Desroche, Henri, "Messianismes et Utopies. Note sur ies origines du socialisme occidental", *Archives de sociologie des religions*, 4e année, N° 8, juillet-décembre 1959, pp. 31-46.
———, "Genèse et structure du Nouveau Christianisme Saint-Simonien", *Archives de sociologie des religions*, t. XIII, 1968, pp. 27-54. Reproduit dans "Introduction à H. de Saint-Simon", *Le Nouveau christianisme et les écrits sur la Religion*, Paris: Seuil, 1969, pp. 5-44.
———, "Saint-Simon ou l'utopie d'une science sociale en action", *Communautés. Archives internationales de sociologie de la coopération et du développement*, XXVII,

1972, pp. 336-349.
Burke, Edmund, *Réflexions sur la Révolution française*, Paris: Hachette/Pluriel, 1989.
Carlisle, Robert B, "The Birth of Technocracy: Science, Society and Saint-Simonians", *Journal of the History of Ideas*, XXXV, No. 3, 1974, pp. 445-464.
Centre d'Etudes et de Recherches d'Histoire des Idées et des Institutions Politiques, *L'Europe entre deux tempéraments politiques: idéal d'unité et particularismes régionaux*, Marseille: Presses universitaires d'Aix-Marseille, 1994.
Chabert, George, *L'idée européenne: entre guerres et culture: de la confrontation à l'union*, Bruxelles: P. I. E. Peterlang, 2007.
Chambre, Henri, "Le caractère spirituel du pouvoir chez Saint-Simon", *Economies et sociétés*, IV, N° 4, 1970, pp. 715-730.
Charbonell, Charles-Olivier, *L'Europe de Saint-Simon*, Toulouse, Editions Privat, 2001.
Chevalier, Jean-Jacques, "Saint-Simon", *Histoire de la pensée politique*, t. III, *La grande tradition: 1789-1848*, Paris: Payot, 1984, pp. 102-120.
Chevalier, Michel, "Saint-Simon et son école", *Journal des débats*, 31 décembre - 6 janvier, 1837-1838.
Cogniot, Georges, "Le socialisme utopique de Saint-Simon et Fourier, Le socialisme petit-bourgeois de Proudhon", *Les Cahiers du Centre d'Etudes et de Recherches Marxiste*, Première série, III, 1946.
Collinet, Michel, "Bicentenaire de la naissance de Saint-Simon. Saint-Simon et l'évolution historique", *Le Contrat social*, IV, N° 5, septembre 1960, pp. 287-294.
————, "Bicentenaire de la naissance de Saint-Simon. Saint-Simon et la 'Société industrielle' ", *Le Contrat social*, IV, N° 6, novembre 1960, pp. 340-347.
Comte, Auguste, *Système de politique positive: ou, Traité de sociologie, instituant la religion de l'humanité*, tome III, Paris: L. Mathias, 1853.
Condorcet, Nicolas, *Esquisse d'un tableau historique des progrès de l'esprit humain*, Paris, au Bureau de la Bibliothèque choisie, 1829.
Corleau, Raymond, "A l'aube de la pensée sociale, avec Saint-Simon, Fourier et leurs disciples", *Information d'histoire de l'art*, XXVI, N° 1, 1962, pp. 15-20.
Crucé, Emeric, *Le Nouveau Cynée ou Discours d'Etat: Représentant les occasions et moyens d'établir une paix générale et liberté du commerce par tout le monde*, Rennes: Presses universitaires de Rennes, 2004.
Cuvillier, Armand, "Les antagonismes de classes: Dans la littérature sociale française de Saint-Simon à 1848 ", *International Review of Social History*, I, 1956, pp. 433-463.
D'Alembert, Jean Le Rond, *Discours préliminaire de l'Encyclopédie*, Introduit par Malherbe, Michel, Paris: Vrin, 2000.
Dautry, Jean, "Sur un imprimé retrouvé de Saint-Simon", *Annales historiques de la Révolution française*, XX, 1948, pp. 289-321.
————, "Saint-Simon le précurseur", *Cahiers internationaux, Revue internationale du monde du travail*, I, N° 9-10, 1949, pp. 67-76.
————, "Pour le cent-vingt-cinquième anniversaire de la mort de Saint-Simon", *La Pensée*, N° 33, 1950, pp. 27-44.
————, "Claude-Henri Saint-Simon (1760-1825)", *Saint-Simon. Textes choisis* (Les

1975, pp. 3-9.
Bagehot, Walter, *La constitution anglaise*, Paris: Germer Baillière, 1869.
Bazin, Rigomer, "Sur le système européen proposé par M. le Cte. de Saint-Simon", *Le Lynx, Coup-d'œil et refléctions libres sur les écrits, les opinions et les affaires du temps*, t. I, Paris: 1815, pp. 228-253; Reproduit dans t. III, *Lynx*, 1817, pp. 385-398, sous le titre "Coup-d'œil sur le système européen".
Beaud, Olivier, *La puissance de l'Etat*, Paris: Puf, 1994.
———, "The question of nationality within a federation: a neglected issue in nationality law", *Dual nationality, social rights and federal citizenship in the US and Europe: the reinvention of citizenship*, NewYork: Berghahn Books, 2002.
Bell, Daniel, "Saint-Simon and Technocracy", *The Coming of Post-Industrial Society*, New York: Basic Book, 1973.
Bénichou, Paul, *Le Temps des prophètes. Doctrine de l'âge romantique*, Paris: Gallimard, 1977.
Benoit, Francis-Paul, "Saint-Simon", *Les idéologies politiques depuis la Révolutions*, t. I, Paris: Les Cours de Droit, 1975, pp. 174-185.
Bentham, Jeremy, & Bowring, John "Principles of judicial procedure, with the outlines of a procedure code", *The Works of Jeremy Bentham*, Vol. 2, Edinburgh: William Tait, 1839.
Berneri, Marie Louise, "Utopias of the 19th Century", *Journey through Utopia*, London: Routledge and Kegan Paul, 1950, pp. 207-219.
Bernstein, Samuel, "Saint-Simon's Philosopy of History", *Science and Society*, XII, 1948, pp. 82-96.
Blanc, Louis J.-J., "Saint-Simon et les saint-simoniens", *Histoire de dix ans. 1830-1840*, 5 vol., Paris: Pagnerre, 1841-44. Nouv. éd., Paris: Alcan, 1977, t.III, Chap. 3, pp. 87-126.
Bouglé, Célestin, "Comment nait un dogme", *Revue de France*, 2e année, IV, N° 16, 1922, pp. 742-766.
———, "Tradition française et Société des Nations", *De la sociologie à l'action sociale*, Paris: Puf, 1923, pp. 7-32.
———, "Les prophéties d'un "habitant de Genève"", *Henri de Saint-Simon. Bibliothèque universelle et Revue de Genève*, I, mars 1925, pp. 299-304.
———, "Œuvre d'Henri de Saint-Simon", *Textes choisies. Introduction par C. Bouglé, Notice bibliographique par A. Pereire*, Paris: Alcan, 1925.
———, "L'année de Saint-Simon", *La paix par le droit*, 35e année, N° 1, Janvier 1925, pp. 5-7.
———, "Le bilan du Saint-Simonisme", *Annales de l'Université de Paris*, V, 1931, pp. 446-463, 540-556.
———, "Socialisme français", *Du Socialisme utopique à la démocratie industrielle*, Paris: Armand Colin, 1932.
Bouglé, Célestin & Halévy, Elie, *Doctrine de Saint-Simon. Exposition, Première année, 1829*, Nouvelle édition, Paris: Rivière, 1924.
Bruhat, Jean, "Saint-Simon et le saint-simonisme", *Histoire générale du socialisme*, publiée sous la direction de Jacques Droz, tome 1: Des origines à 1875, Paris: Puf,

中村秀一『産業と倫理――サン・シモンの社会組織思想』平凡社、1989 年。

藤原孝「サン - シモンにおける思想的研究」『法学研究年報』(日本大学)、第 3 号, 1973 年、pp. 217-280。

――――「ヨーロッパ統合の思想史的源流――サン - シモンに関する一考察」『国際関係研究』(日本大学)、第 4 号、1982 年、pp. 79-111。

プラトン『国家』藤沢令夫訳、岩波文庫、2009 年。

マキャベリ、ニッコロ『君主論』河島英昭訳、岩波文庫、1998 年。

ミシュレ、ジュール『世界史入門』大野一道訳、藤原書店、1993 年。

宮島喬「サン - シモン考」『UP』(東京大学出版会) 第 60 号、1977 年、pp. 1-6。

――――「サン - シモン産業社会論における社会学的視点」『社会学史研究』復刊第 4 号、1982 年、pp. 18-37。

森博「サン - シモン――産業主義の福音」『現代社会論の系譜』誠信書房、1970 年、pp. 1-62。

――――「サン - シモンの誤伝を正す」『社会科学の方法』第 9 巻第 1 号、御茶の水書房、1976 年、pp. 11-16。

――――「サン - シモンのライフ・ヒストリー断面」『近代社会学の諸相』御茶の水書房、1978 年、pp.189-218。

――――「実証主義と産業主義の創始者――サン - シモン」『富士』第 8 巻第 9 号、富士社会教育センター、1978 年、pp.35-43：第 10 号、pp. 30-39。

――――「サン - シモンあれこれ」『書斎の窓』第 309 号、有斐閣、1981 年、pp. 31-35。

――――「サン - シモンの常備軍廃止論」『権力と社会』鈴木幸寿編、誠信書房、1983 年、pp. 80-98。

――――「罪なロドリーグ――サン - シモンの『アメリカ合衆国に関するノート』をめぐって」『社会学研究』第 45 号、東北社会学研究会、1983 年、pp. 75-100。

――――「〈産業者の最初の歌〉――サン - シモンの体制変革の一戦術」『東北大学教養部紀要』第 43 号、1985 年 12 月、pp. 172-194。

――――「サン - シモンの〈寓話〉裁判」『法と法過程 (広中俊雄還暦記念論文集)』創文社、1986 年、pp. 229-278。

吉田静一『サン・シモン復興――思想史の淵から』未来社、1975 年。

吉野良子「リアリティとしての「ヨーロッパ」とヨーロッパ統合思想――サン = ピエール、ルソー、サン = シモンを中心に」『創価大学大学院紀要 25』2004 年、pp. 221-237。

Alexandrian, *Saint-Simon devant l'age d'or. Le socialisme romantique*, Paris: Edition du Seuil, 1979, pp. 33-76.

Anderson, Benedict, *Imagined Communities: reflections on the origin and spread of nationalism*, London, New York: Verso, 1991.

Ansart, Pierre, *Saint-Simon*, Paris : Puf, 1969.

――――, *Saint-Simon. Marx et l'a narchisme*, Paris: Puf, 1969, pp. 21-137.

――――, *Sociologie de Saint-Simon*, Paris: Puf, 1970.

――――, "Sur l'objet et la méthode des sciences sociales", *Economies et sociétés*, IV, N° 4, 1970, pp. 631-648.

――――, "Les cadres sociaux de la doctrine morale de Saint-Simon", *Cahiers internationaux de sociologie*, XXXIV, janvier-juin 1963, pp. 27-46.

――――, "Saint-Simon: La théorie des systèmes sociaux", *Recherche sociale*, N° 53,

Fournel, Henri, "Notes bibliographiques des œuvres de Saint-Simon", *Œuvres de Saint-Simon et d'Enfantin*, Paris: Dentu, 1865-1876. Vol. XV, pp. 7-10, 61-63, 88-89, 96, 103-104, 121-122, 134-135, 137-138, 147, 150-152. Vol. XVIII, pp. 5-12. Vol. XIX, pp. 5-9, 42-46, 174, 187-193. Vol. XX, pp. 5-11, 240-242. Vol. XXI, pp. V-XIX. Vol. XXIII, pp. 5-13.

Charlety, Sébastien, *Bibliographie. Histoire du saint-simonisme*, Paris: Hartmann, 1931, pp. 365-379.

Gouhier, Henri, *Bibliographie des œuvres de Saint-Simon. La jeunesse d'Auguste Comte et la fromationa du positivisme*, tome II, Saint-Simon jusqu'à la Restauration, Paris: Vrin, 1936, pp. 366-372. tome III, Auguste Comte et Saint-Simon, 1941, pp. 418-420.

Dondo, Mathurin, *Bibliography. The French Faust. Henri de Saint-Simon*, New York: Philosophical Library, 1955, pp. 231-242.

Manuel, Frank Edward, *The New World of Henri Saint-Simon*, Cambridge, Massachusetts: Harvard Univ. Press, 1956, pp. 371-423.

Watch, Jean, *Bibliographie du saint-simonisme*, Paris: Vrin, 1967.

Fakker, Rouchdi, *Sources et bibliographie. Sociologie, socialisme et internationalisme prémarxistes: L'influence de Saint-Simon*, Neuchâtel: Delachaux & Niestle, 1968, pp. 293-319.

Iggers, Georg, *Bibliography. The Cult of Authority. The Political Philosophy of the Saint-Simonians*, The Hagu: Martinus Nijhoff, 1968; 2nd ed., 1970, pp. 195-208.

森博「サン - シモンの生涯と著作（一）～（五）」『サン - シモン著作集　全五巻』恒星社厚生閣、1987-1988 年。

3　古典・研究書・研究論文など、本書が参考にしたもの

明石和康『ヨーロッパがわかる――起源から統合への道のり』岩波ジュニア新書、2013 年。

安孫子信「実証主義の誕生――コント社会学の哲学的意味について」『自然観の展開と形而上学』井上庄一・小林道夫編、紀伊國屋書店、1988 年、pp. 251-291。

――――「コント」『哲学の歴史』第八巻第三章、中央公論社、pp. 112-166。

アリストテレス『政治学』山本光雄訳、岩波文庫、1961 年。

今村仁司、川崎修、三島憲一編『岩波 社会思想事典』岩波書店、2008 年。

宇野重規『政治哲学へ――現代フランスとの対話』東京大学出版会、2004 年。

クセノフォーン『ソクラテスの思い出』佐々木理訳、岩波文庫、1974 年。

清水幾太郎『オーギュスト・コント』岩波書店、1978 年。

田中拓道「ジャコバン主義と市民社会―― 19 世紀フランス政治思想史研究の現状と課題」『社会思想史研究』三一号、2007 年、pp. 108-117。

辻村みよ子『人権の普遍性と歴史性』創文社、1992 年。

富永健一『思想としての社会学――産業主義から社会システム理論まで』新曜社、2008 年。

中嶋洋平「サン・シモン思想におけるヨーロッパ社会の「領域的限界」」『KEIO SFC Journal Vol. 11. No. 1』慶應義塾大学湘南藤沢学会、pp. 143-154。

――――『ヨーロッパとはどこか――統合思想から読む 2000 年の歴史』吉田書店、2015 年。

(Manuscrit, 1819)", *International Review for Social History*. II, 1937, pp. 171-176.
Gouhier, Henri, *Lettres inédites de Saint-Simon à Blainville, Revue philosophique de la France et de l'étranger*, CXXXI, 1941, pp. 70-80.
Gouhier, Henri, "Henri de Saint-Simon et l'alliance franco-anglaise", *La Nef*, III, 2e partie, no 20, Juillet 1946, pp. 59-73.
Dautry, Jean, "Sur un imprimé retrouvé de Comte de Saint-Simon (A la société du Lycée)", *Annales historiques de la Révolution française*, XX, 1948, pp. 289-321.
Markham, Felix, *Henri de Saint-Simon. Social Organization, the Science of Man, and Other Writings*, Oxford: Basil Blackwell, 1952. New York: Harper Torchbooks, 1964.
Pereire, Alfred éd., *Saint-Simon et A. Thierry. De la réorganisation de la société européenne. nouv. éd. avec introduction et notes de Alf. Pereire, préface par Henri de Jouvenel*, Paris: Les presses françaises, 1925. 2e édition: Lausanne: Centre de recherche européenne, 1967.
Saint-Simon, Claude-Henri, *Le nouveau christianisme et les écrits sur la religion, choisies et présentés par Henri Desroche*, collection 'politique', N° 30, Paris: Edition du Seuil, 1969.
Desroche, Henri, "La société Baconienne, une utopie inédite de Saint-Simon. 'Aux Anglais et aux Français qui sont zélés pour le bien public' (1815) ", *Communautés. Archives internationales de sociologie de la coopération et du développement*, XXVII, N° 27, janvier-juin 1970, pp. 35-51.
Thuillier, André, "Saint-Simon en 1812-1813", *Revue d'histoire économique et sociale*, XLIV, 1971, pp. 55-93.
Rainone, Antonio, "Claude Henri de Saint-Simon: 'Analyse du passé politique' et 'Esquisse des progrès de la civilisation depuis le cinquième siècle jusqu'à la fin du dix-neuvième'", *De homine*, 42-43, 1972, pp. 143-182.
Taylor, Keith, *Henri Saint-Simon (1760-1825): Selected Writings on Science, Industry and Social Organisation*, London: Croon Helm, 1975.
Manfredini, Irene, "Saint-Simon: 'Aux Européens' ", *II Pensiero politico*, XI, No 3, 1978, pp. 367-391.
Ionescu, Chita, *The Political Thought of Saint-Simon*, London: Oxford University Press, 1976. French edition: *Saint-Simon. La pensée politique*, Paris: Edition Aubier Montaign, 1979.
Saint-Simon, Comte de, *De la réorganisation de la société européenne*, préface de Dimitris Fouface, Paris: Payot & Rivages, 2014.

2　サン＝シモンの評伝および文献目録

Fournel, Henri, *Bibliographie saint-simonienne. De 1802 au 31 décembre 1832*, Paris: Alexandre Johanneau, 1833. Réimpression: New York: Franklin, 1973.
Quérard, J.M., *Saint-Simon. La Littérature française contemporaine*, XIXe siècle, t. VI, Paris: Maisonneuve & Larouse, 1857, pp. 376-379.
Lemonnier, Charles, *Notice bibliographique. Œuvres choisies de C.-H. de Saint-Simon*, Bruxelles: F. van Meenen, 1859, t. I, pp. CVII-CXII; t. III, pp. 383-385.

参考文献

1　サン＝シモンの著作および著作集、あるいは復刻版

(1)サン＝シモンの著作集（初版発行年の順）

Saint-Simon. Son premier écrit…, publiés par Olinde Rodrigues, son disciple, chef de la Religion Saint-Simonienne, deux livraisons, Paris: Naguet, 1832. 2e édition: *Œuvres de Saint-Simon*, Paris: Capelle, 1841.

Œuvres choisies de C.-H. de Saint-Simon, précédées d'un essai sur sa doctrine, par Charles Lemonnier, 3 tomes, Bruxelles: F. van Meenen, 1859. Reproduction avec une Introduction par Heinz Maus, Hildeschein: Olms, 1973.

Œuvres de Saint-Simon et d'Enfantin, publiées par les membres du Conseil institué par Enfantin pour l'exécution de ses dernières volontés, 47 vol., Paris: Dentu, 1865-1876; E. Leroux, 1877-1878. Les œuvres de Saint-Simon se trouvent dans les volumes XV, XVIII à XXIII, XXXVII à XL. Reproduction: Aalen: Otto-Zeller, 1963-1964. Reproduction et édition: *Œuvres de Claude-Henri de Saint-Simon*, 6 vol., Paris: Editions Anthropos, 1966,

Œuvre d'Henri de Saint-Simon, Textes choisis, introduction par C. Bouglé, Notice bibliographique par A. Pereire, Paris: Alcan, 1925. 2e édition: New York: Aron Press, 1979.

Saint-Simon, Testes choisies, Introduction et notes par Jean Dautry, Paris: Editions sociales, 1951.

La physiologie sociale. Œuvres choisies de Saint-Simon. Introduction et notes de G. Gurvitch, Paris: Puf, 1965.

Saint-Simon. Extraits. Avec Introduction de Pierre Ansart, Paris: Puf, 1969.

Écrits politiques et économiques. Anthologie critique, édité par Juliette Grange, Paris: Pocket, 2005.

Œuvres complètes, 4 vol., Paris: Puf, 2013.

サン＝シモン、クロード・アンリ・ド、森博訳『サン‐シモン著作集　全五巻』恒星社厚生閣、1987-1988年。

(2)サン＝シモンの著作の一部を掲載（発行年の順）

Hubbard, Nicolas Gustave, *Saint-Simon, sa vie et ses travaux, suivi de fragments des plus célèbres écrits de Saint-Simon*, Paris: Guillaumin, 1858, pp. 117-311.

Enfantin, Prosper et Saint-Simon, Claude-Henri de, *Science de l'homme; Physiologie religieuse*, Paris: Librairie Victor Masson, 1858, pp. 239-484.

Nauroy, Charles, "Un manuscrit inédit de Saint-Simon : Projet d'encyclopédie, second prospectus, première partie", *Revue socialiste*, XX XIX, 1899, pp. 452-470.

Pereire, Alfred éd., *Saint-Simon. Lettres d'un habitant de Genève à ses contemporains (1803)*, Paris: Alcan, 1925.

Saint-Simon, Claude-Henri, "Lettre inédite sur l'organisation du droit public", *Revue d'histoire économique et sociale*, XIII, 1925, pp. 129-132.

Bourgin, Georgesm "Une pétition adressée aux membres de la Chambre des Députés.

【な行】

【は行】

【ま行】

索引
（人名）

【アルファベット】

【ま行】

【や行】

【ら行・わ行】

【た行】

【な行】

【さ行】

【か行】

索引
(事項)

【あ行】

索引
(サン＝シモンの著作・論文等［刊行年順］)

著者紹介
中嶋 洋平（なかしま・ようへい）
1980年生まれ。慶應義塾大学総合政策学部卒業。慶應義塾大学大学院政策・メディア研究科後期博士課程単位取得退学。フランス国立社会科学高等研究院（EHESS）政治研究系博士課程修了。政治学博士。現在、東洋大学ほか非常勤講師。
専門は、政治思想史・ヨーロッパ統合思想史。
著書・訳書に『ヨーロッパとはどこか――統合思想から読む2000年の歴史』（吉田書店、2015年）、ドミニク・シュナペール『市民の共同体――国民という近代的概念について』（法政大学出版局、2015年）。

サン＝シモンとは何者か
科学、産業、そしてヨーロッパ

2018年12月20日　初版第1刷発行

著　者　中 嶋 洋 平
発行者　吉 田 真 也
発行所　合同会社 吉 田 書 店

102-0072　東京都千代田区飯田橋2-9-6 東西館ビル本館32
TEL：03-6272-9172　FAX：03-6272-9173
http://www.yoshidapublishing.com/

装幀　野田和浩
DTP　閏月社
印刷・製本　シナノ書籍印刷株式会社

定価はカバーに表示してあります。

ISBN978-4-905497-71-4

吉田書店
図書目録
2018 II
2011.4–2018.10

明治史論集

書くことと読むこと

御厨貴著

名論文「大久保没後体制」をはじめとする単行本未収録作品で、御厨政治史学の原型を探る――。
巻末には、前田亮介氏による解題「明治史の未発の可能性」を掲載。

ISBN978-4-905497-50-9・四六判・596頁・**4200**円（2017.05刊）

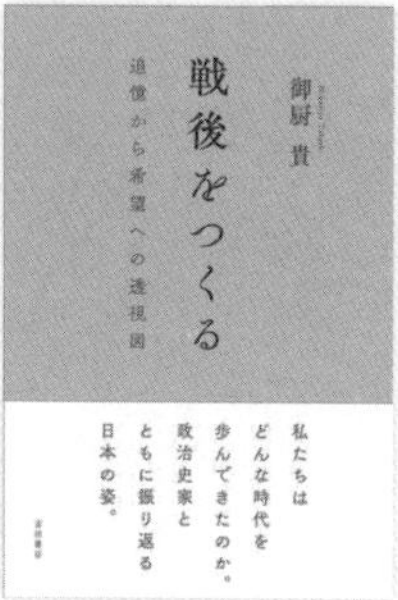

戦後をつくる

追憶から希望への透視図

御厨貴著

“疾走する政治史家”による戦後史論集。
私たちはどんな時代をつくってきたのか。戦後70年を振り返ることで見えてくる日本の姿。

ISBN978-4-905497-42-4・四六判・414頁・**3200**円（2016.02刊）

日本政治史の新地平

坂本一登、五百旗頭薫編著

執筆＝坂本一登、五百旗頭薫、塩出浩之、西川誠、浅沼かおり、千葉功、清水唯一朗、村井良太、武田知己、村井哲也、黒澤良、河野康子、松本洋幸、中静未知、土田宏成、佐道明広

政治史の復権をめざして。気鋭の政治史家による16論文所収。明治から現代までを多様なテーマと視角で分析。

ISBN978-4-905497-10-3・A5判・638頁・**6000**円（2013.01刊）

御厨政治史学とは何か

東京大学先端科学技術研究センター御厨貴研究室企画・編集

2017年7月1日開催のシンポジウム「御厨政治史学とは何か」（明治史編＝坂本一登・前田亮介・佐々木雄一／戦後史編＝河野康子・金井利之・手塚洋輔、司会＝佐藤信）の記録などを掲載し、「御厨政治史学」の源流を探る大胆な試み。

ISBN978-4-905479-60-8・四六判・146頁・**1800**円（2017.12刊）

増補版 幣原喜重郎

外交と民主主義

服部龍二著

2006年に有斐閣より刊行された学術的評伝『幣原喜重郎と20世紀の日本』の待望の復刊。巻末に貴重な史料を加えた増補版！

ISBN978-4-905497-52-3・四六判・496頁・**4000**円（2017.04刊）

自民党政治の源流

事前審査制の史的検証

奥健太郎、河野康子編著

執筆＝奥健太郎、河野康子、黒澤良、矢野信幸、岡﨑加奈子、小宮京、武田知己

歴史にこそ自民党を理解するヒントがある。意思決定システムの核心は何か？　政治史家が多角的に分析。

ISBN978-4-905497-39-4・A5判・364頁・**3200**円（2015.09刊）

「平等」理念と政治

大正・昭和戦前期の税制改正と地域主義

佐藤健太郎著

「平等」の理念は現実の政治過程にいかに関わったのか。
戦前における政党政治の時代を中心に、個人、制度、地域のそれぞれのレベルに現れる「平等」の問題を、その理念と政治過程に着目しながら論じる。

ISBN978-4-905497-23-3・A5判・366頁・**3900**円（2014.08刊）

沖縄現代政治史

「自立」をめぐる攻防

佐道明広著

「沖縄問題」とは何か？ 沖縄と本土の関係の本質はどこにあるのか？「負担の不公平」と「問題の先送り」の構造を、歴史的視点から検証する意欲作。10年以上にわたって沖縄に通い続ける安全保障問題の第一人者が多角的に分析！

ISBN978-4-905497-22-6・A5判・230頁・**2400**円（2014.03刊）

宇垣一成と戦間期の日本政治

デモクラシーと戦争の時代

高杉洋平著

宰相への道を封じられた軍人政治家・宇垣一成の政治・外交指導を多角的に分析。
宇垣の実像に新進気鋭の研究者が迫る！

ISBN978-4-905497-28-8・A5判・328頁・**3900**円（2015.02刊）

対話 沖縄の戦後

政治・歴史・思考

河野康子、平良好利 編

戦後沖縄とは何だったのか、沖縄と本土の関係はどうだったのか。「オール沖縄」の源流を探る試み。
儀間文彰・仲本安一・比嘉幹郎・照屋義実・鳥山淳・黒柳保則・我部政男の七氏が語る沖縄「保守」と戦後沖縄研究。

ISBN978-4-905497-54-7・四六判・000頁・**2400**円（2017.06刊）

議会学

向大野新治著

国会のあるべき姿とは——。その仕組み・由来から諸外国との比較まで、現役の衆議院事務総長が詳述する。

ISBN978-4-905497-63-9・四六判・290頁・**2600**円（2018.04刊）

21世紀デモクラシーの課題

意思決定構造の比較分析

佐々木毅編

執筆＝成田憲彦、藤嶋亮、飯尾潤、池本大輔、安井宏樹、後房雄、野中尚人、廣瀬淳子

政治はどこへ向かうのか。日米欧の統治システムを学界の第一人者が多角的に分析。

ISBN978-4-905497-25-7・四六判・428頁・**3700**円（2015.01刊）

選挙と民主主義

岩崎正洋編著

執筆＝石上泰州、三竹直哉、柳瀬昇、飯田健、岩崎正洋、河村和徳、前嶋和弘、松田憲忠、西川賢、渡辺博明、荒井祐介、松本充豊、浜中新吾

選挙に関する根本的な疑問を解き明かしつつ、専門的な論点に至るまで、第一線で活躍する気鋭の研究者が多角的にアプローチ。

ISBN978-4-905497-15-8・A5判・296頁・**2800**円（2013.10刊）

都市再開発から世界都市建設へ

ロンドン・ドックランズ再開発史研究

川島佑介著　　**第44回藤田賞受賞**

都市における政府の役割とは何か——。
ロンドン・ドックランズの再開発史を多角的に分析。
中央政府と地方自治体の「政策選択」を歴史的視点で解明する意欲作。

ISBN978-4-905497-57-8・A5判・260頁・**3900**円（2017.12刊）

戦後地方自治と組織編成

「不確実」な制度と地方の「自己制約」

稲垣浩著　　**2016年日本公共政策学会学会賞（奨励賞）受賞**

政府間関係の歴史的な変遷と府県内部における編成過程の構造に着目して分析。
戦後の国・地方関係への新たな視座が得られる一冊。
「制度化されたルール」はいかに生まれ、定着したのか。

ISBN978-4-905497-29-5・A5判・294頁・**3500**円（2015.04刊）

暮らして見た普天間

沖縄米軍基地問題を考える

植村秀樹著

私たちは、問題を見誤っていないか?　沖縄とは、基地とは、政治とは、安全保障とは…。
安保専門家による普天間「見聞録」。「米軍基地のそばで暮らすとはどういうことなのか、身をもってそれを知り、そこから考えてみようと思った」

ISBN978-4-905497-34-9・四六判・256頁・**2000**円（2015.06刊）

消費が社会を滅ぼす?!

幼稚化する人びとと市民の運命

ベンジャミン・R・バーバー著　竹井隆人訳

幼稚化する消費者に未来はあるのか。「グローバル経済」の問題点を冷静に分析。9.11を予言した『ジハード対マックワールド』の著者が警鐘を鳴らす。

ISBN978-4-905497-24-0・四六判・602頁・**3900**円（2015.03刊）

井出一太郎回顧録

保守リベラル政治家の歩み

井出一太郎著
井出亜夫、竹内桂、吉田龍太郎編

農林大臣、郵政大臣、内閣官房長官などを歴任した“自民党良識派”が語る戦後政治。巻末には、歌人としても名高かった著者の120首余りの歌も付す。

ISBN978-4-905497-64-6・四六判・400頁・**3600**円（2018.06刊）

三木武夫秘書回顧録

三角大福中時代を語る

岩野美代治著　竹内桂編

“バルカン政治家”三木武夫を秘書として支えた30年余。新たな証言記録による戦後政治の一断面。

ISBN978-4-905497-56-1・四六判・500頁・**4000**円（2017.11刊）

元国連事務次長
法眼健作回顧録

法眼健作著
加藤博章、服部龍二、竹内桂、村上友章編

カナダ大使、国連事務次長、中近東アフリカ局長など要職を歴任した外交官のオーラルヒストリー。「国連外交」「広報外交」「日本外交」を縦横無尽に語りつくした1冊。

ISBN978-4-905497-37-0・四六判・312頁・**2700**円（2015.10刊）

回想
「経済大国」時代の日本外交

アメリカ・中国・インドネシア

國廣道彦著　服部龍二、白鳥潤一郎解題

中国大使、インドネシア大使、外務審議官、初代内閣外政審議室長、外務省経済局長を歴任した外交官の回顧録。「経済大国」日本は国際社会をいかに歩んだか。

ISBN978-4-905497-45-5・四六判・490頁・**4000**円（2016.11刊）

政治的一体性と政党間競合

20世紀初頭チェコ政党政治の展開と変容

中根一貴著

チェコ政治に議会制民主主義がいかに定着したかを丹念に考察する。民主化研究、比較政治研究への新たな貢献。

ISBN978-4-905497-62-2・A5判・260頁・**3900**円（2018.03刊）

米国と日米安保条約改定

沖縄・基地・同盟

山本章子著　**第3回日本防衛学会猪木正道賞奨励賞受賞**

アメリカは安保改定にどう向き合ったのか。
アイゼンハワー政権内で繰り広げられた議論を丹念に追いながら、日米交渉の論点を再検討する。

ISBN978-4-905497-53-0・四六判・268頁・**2400**円（2017.04刊）

冷戦変容期イギリスの核政策

大西洋核戦力構想におけるウィルソン政権の相克

小川健一著

イギリスの核戦力を「国際化」することを主眼としたANF構想の起源や立案・決定過程をつぶさに観察しながら、ウィルソン政権が直面していた外交・防衛政策の課題をも浮かび上がらせる一冊。

ISBN978-4-905497-51-6・A5判・240頁・**3600**円（2017.04刊）

石油の呪い
国家の発展経路はいかに決定されるか

マイケル・L・ロス著　松尾昌樹、浜中新吾訳

中東地域ではなぜ民主化が進展しないのか——。
石油は政治、経済、社会にいかなる影響を及ぼすのか、その深刻さを計測し処方箋を提示する画期的な一冊。

ISBN978-4-905497-49-3・A5判・346頁・**3600**円（2017.02刊）

ミッテラン
カトリック少年から社会主義者の大統領へ

ミシェル・ヴィノック著　大嶋厚訳

2016年に生誕100年を迎えたミッテラン。
2期14年にわたってフランス大統領を務めた「国父」の生涯を、一級の歴史家が描いた1冊。

ISBN978-4-905497-43-1・四六判・522頁・**3900**円（2016.08刊）

黒いヨーロッパ
ドイツにおけるキリスト教保守派の「西洋(アーベントラント)」主義、1925～1965年

板橋拓己著　**2016年度日本ドイツ学会奨励賞受賞**

「西洋」と訳されてきたドイツ語Abendland。この「アーベントラント」がもつ政治的な意味は何か、そして、「アーベントラント運動」がいかなるヨーロッパ像を描き、現実の西ドイツのヨーロッパ政策と切り結んでいたかを、丹念に描く。

ISBN978-4-905497-44-8・四六判・262頁・**2300**円（2016.09刊）

現代ドイツ政党政治の変容

社会民主党、緑の党、左翼党の挑戦

小野一著

現代政治において、アイデンティティを問われる事態に直面している“左翼”。左翼の再構築、グローバル経済へのオルタナティヴは可能かを展望。
ドイツ緑の党の変遷、3.11以後の動きも紹介!

ISBN978-4-905497-03-5・四六判・216頁・**1900**円（2012.01刊）

フランス緑の党とニュー・ポリティクス

近代社会を超えて緑の社会へ

畑山敏夫著

政治的エコロジーとは何か。ニュー・ポリティクスとは何か。
「フランス緑の党」の起源から発展過程を、つぶさに観察。
ヨーロッパ各国のエコロジー政党にも随所で言及。

ISBN978-4-905497-04-2・A5判・250頁・**2400**円（2012.04刊）

連邦国家　ベルギー

繰り返される分裂危機

松尾秀哉著

「ヨーロッパの縮図」ベルギー政治を多角的に分析。
政治危機の要因は何か――。2007年と2010～11年の二度の政治危機の要因を検討しつつ、多民族・多言語国家であるベルギーにおける連邦制導入の意義を考察。

ISBN978-4-905497-33-2・四六判・218頁・**2000**円（2015.05刊）

カザルスと国際政治

カタルーニャの大地から世界へ

細田晴子著

“国際文化主義者” ともいえる、世界的チェリスト・カザルスを、彼が生きた国際社会とともに描く意欲作。音楽と政治をめぐる研究の新境地。

ISBN978-4-905497-13-4・四六判・262頁・**2400**円 (2013.08刊)

サッチャーと日産英国工場

誘致交渉の歴史　1973-1986年

鈴木均著

「強い指導者」サッチャーが、日本に見せた顔は……。サッチャーへの手放しの礼賛から離れ、彼女のリーダーシップの是非や、財政切り詰めなどの国内改革と日系企業誘致政策の矛盾についても考察。欧州研究の新地平!

ISBN978-4-905497-40-0・四六判・244頁・**2200**円 (2015.11刊)

平和構築へのアプローチ

ユーラシア紛争研究の最前線

伊東孝之監修　広瀬佳一、湯浅剛編

執筆＝小笠原高雪、古澤嘉朗、久保慶一、窪田悠一、江﨑智絵、山本哲史、林忠行、広瀬佳一、吉留公太、立山良司、岸田圭司、稲垣文昭、小山雅徳、安藤友香、山田裕史、東島雅昌、クロス京子、袴田茂樹、上杉勇司、湯浅剛

ISBN978-4-905497-18-9・A5判・436頁・**3800**円 (2013.12刊)

貴族院議長・徳川家達と明治立憲制

原口大輔著

徳川宗家第16代当主・徳川家達のあゆみ——。明治憲法体制下において貴族院議長はいかなる役割を果たしたのか。各種史料を駆使してその実態を描き出す。

ISBN978-4-905497-68-4・A5判・302頁・**4000**円（2018.09刊）

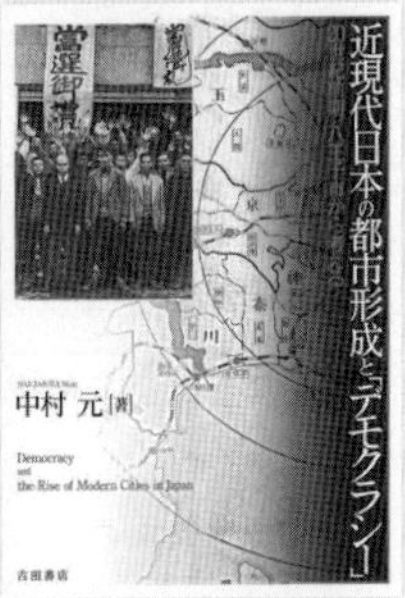

近現代日本の都市形成と「デモクラシー」

20世紀前期／八王子市から考える

中村元著

都市における「デモクラシーと地域」のあり方を再考する試み。1930・40年代の都市の政治的・社会的変化を広く照射する。都市史研究、デモクラシー研究の新地平。

ISBN978-4-905497-58-5・A5判・370頁・**4200**円（2018.03刊）

近代天皇制から象徴天皇制へ

「象徴」への道程

河西秀哉著

「象徴」とは何だろうか。その歴史的意味は何か。象徴天皇制・天皇像の内実がいかに確立し変容し展開していくのかを、戦前にまで遡りながら、具体的な事象や構想の検討を積み重ねることを通して解明する。

ISBN978-4-905497-61-5・四六判・250頁・**2200**円（2018.02刊）

丸山眞男への道案内

都築勉著

「戦後日本を代表する知識人」丸山眞男を今こそ読み直したい——。激動の20世紀を生き抜いた知識人・思想家の人、思想、学問を考察。丸山の「生涯」を辿り、「著作」をよみ、「現代的意義」を考える三部構成。

ISBN978-4-905497-14-1・四六判・284頁・**2500**円（2013.08刊）

自由民権運動史への招待

安在邦夫著

自由民権運動史研究の第一人者による入門書決定版!
民主主義の原点である自由民権運動から私たちは、いま何を学びとるか。民権運動史と研究史を鳥瞰する格好の一冊。

ISBN978-4-905497-06-6・四六判・242頁・**2000**円（2012.05刊）

戦後史のなかの象徴天皇制

河西秀哉編著

執筆＝河西秀哉、後藤致人、瀬畑源、冨永望、舟橋正真、楠谷遼、森暢平

戦後半世紀以上、私たちは象徴天皇制とどうかかわってきたのか。新進気鋭の研究者が多角的に論じる。
巻末には、宮内庁機構図、宮内庁歴代幹部リスト、関連年表、天皇家系図も掲載。

ISBN978-4-905497-16-5・A5判・282頁・**2700**円（2013.11刊）

憲政自治と中間団体

一木喜徳郎の道義的共同体論

稲永祐介著

名望家から公民へと社会的行為主体の拡大を試みた内務官僚・一木喜徳郎。一木の思想をつぶさに分析し、日本の近代国家を社会的紐帯による「協働国家」として性格づける画期的論考。

ISBN978-4-905497-41-7・四六判・382頁・**4200**円（2016.01刊）

司祭平服《スータン》と癩《らい》菌

岩下壮一の生涯と救癩思想

輪倉一広著

キリスト教思想史家でありハンセン病患者の福祉に尽力した、カトリック司祭・岩下壮一（1889-1940）の生涯と思想に多面的に迫る意欲作。

ISBN978-4-905497-30-1・四六判・440頁・**3100**円（2015.03刊）

読書三酔

水谷三公著

本を読むには三度の楽しみがある。読んでみたいと思ったそのとき、読んでいるとき、そして読後――。
政治学者が送る、本を肴にした一味違った書評集。計46本の書評を、4つの部に分け、巻末には人名索引も。

ISBN978-4-905497-09-7・四六判・284頁・**2200**円（2012.12刊）

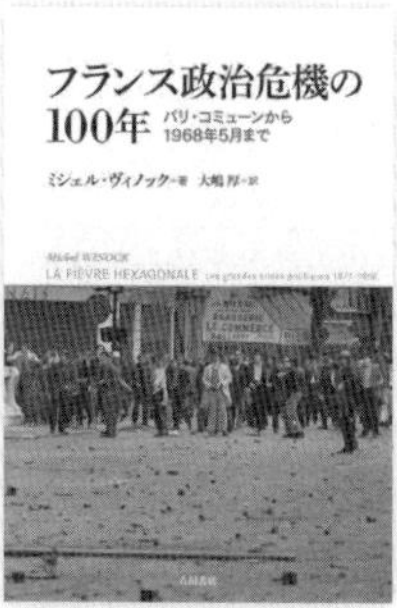

フランス政治危機の100年

パリ・コミューンから1968年5月まで

ミシェル・ヴィノック著　大嶋厚著

1871年のパリ・コミューンから、1968年の「五月革命」にいたる100年間に起こったフランスの八つの「政治危機」を取り上げ、フランス史を考察する。

ISBN978-4-905497-66-0・四六判・580頁・**4500**円（2018.10刊）

商業と異文化の接触

中世後期から近代におけるヨーロッパ国際商業の生成と発展

玉木俊明、川分圭子編著　執筆＝柏倉知秀、菊池雄太、井上光子、坂野健自、玉木俊明、谷澤毅、小山内孝夫、水井万里子、西川杉子、雪村加世子、一柳峻夫、伏見岳志、薩摩真介、川分圭子、坂野正則、君塚弘恭、大峰真理、野村啓介、齊藤寛海、亀長洋子、鴨野洋一郎、諸沢由佳、宮﨑和夫、澤井一彰、堀井優、髙松洋一、塩谷昌史、島田竜登、野澤丈二、西山喬貴、松井真子

ISBN978-4-905497-55-4・A5判・913頁・**13500**円（2017.07刊）

イギリス近世・近代史と議会制統治

青木康編著

執筆＝青木康、仲丸英起、松園伸、辻本諭、薩摩真介、一柳峻夫、金澤周作、川分圭子、水井万里子、君塚直隆、ジョナサン・バリー

15世紀末から19世紀前半の英国議会の動きを専門家が多角的に分析。

ISBN978-4-905497-38-7・A5判・330頁・**4000**円（2015.11刊）

ジャン・ジョレス 1859-1914

正義と平和を求めたフランスの社会主義者

ヴァンサン・デュクレール著　大嶋厚訳

ドレフュスを擁護し、第一次世界大戦開戦阻止のために奔走するなかで暗殺された「フランス社会主義の父」の生涯と死後の運命を丹念に追う労作。
貴重な写真を口絵32頁にわたって掲載。

ISBN978-4-905497-36-3・四六判・376頁・**3900**円（2015.10刊）

太陽王時代のメモワール作者たち

政治・文学・歴史記述

嶋中博章著

ルイ14世時代の政治と文化の交錯を、回想録（メモワール）を読み解きながら考察。歴史と文学の新たな関係の構築を目指す意欲作!

ISBN978-4-905497-20-2・四六判・338頁・**3700**円（2014.02刊）

フランスの肖像

歴史・政治・思想

ミシェル・ヴィノック著　大嶋厚訳

フランス政治史、政治思想史の泰斗による格好のフランス入門書!　ユニークな国〈フランス〉を歴史から読み解く!
平易な叙述の全30章から構成。
ナポレオン、ド・ゴール、ジャンヌ・ダルク、ヴォルテール、ヴィクトル・ユゴー、ミッテラン……

ISBN978-4-905497-21-9・四六判・432頁・**3200**円（2014.03刊）

グラッドストン

政治における使命感

神川信彦著　君塚直隆解題

1967年毎日出版文化賞受賞作が今ここに蘇る！ 四度にわたって首相を務めた英国の政治家グラッドストン（1809-1898）の生涯を、格調高い筆致で描き出した名著。

気鋭の英国史家の解題を付して復刊。


ISBN978-4-905497-02-8・四六判・508頁・**4000**円（2011.10刊）

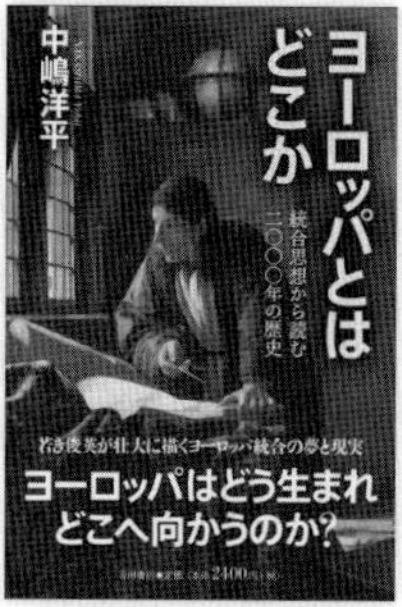

ヨーロッパとはどこか

統合思想から読む2000年の歴史

中嶋洋平著

若き俊英が壮大に描くヨーロッパ統合の夢と現実——。

ヨーロッパはどう生まれどこへ向かうのか?

「統合」のあり方を人間、出来事、ヴィジョン、そして思想の関係という観点から検討する。


ISBN978-4-905497-27-1・四六判・334頁・**2400**円（2015.03刊）

拷問をめぐる正義論

民主国家とテロリズム

ミシェル・テレスチェンコ著　林昌宏訳

民主的な社会において拷問は許されるのか。
9.11後のアメリカで議論が重ねられてきた「強制尋問」をめぐるさまざまな言説を詳細に検討し、「人間らしく暮らせる」世界のありかたを探る。

ISBN978-4-905497-65-3・四六判・290頁・**2800**円（2018.07刊）

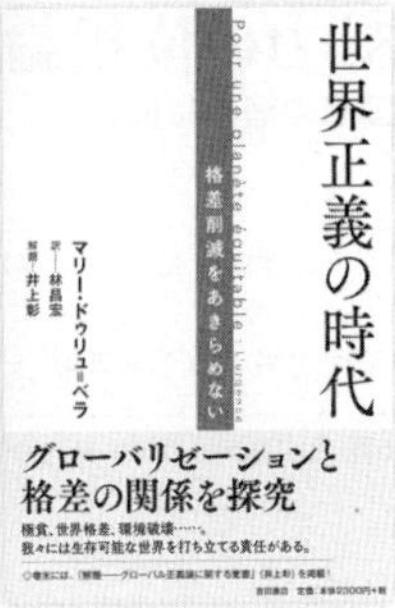

世界正義の時代

格差削減をあきらめない

マリー・ドゥリュ＝ベラ著　林昌宏訳

解題執筆者＝井上彰

今こそ、世界正義について語ろう！　格差の何が問題なのか、極貧、世界格差、環境破壊にどう立ち向かうべきか、「正義」を軸に考察する。巻末には、気鋭の政治哲学者・井上彰氏による解題を付す。

ISBN978-4-905497-46-2・四六判・200頁・**2300**円（2017.03刊）

国家の歴史社会学〈再訂訳版〉

B・バディ／P・ビルンボーム著
小山勉、中野裕二訳

1990年刊行の訳書刊行から25年を経て、訳文全体を再検討。原著者2人による補論2本を加えて刊行。
Étatとは何か。歴史学と社会学の絶えざる対話の成果——。

ISBN978-4-905497-32-5・四六判・326頁・**2700**円（2015.04刊）

国民国家　構築と正統化

政治的なものの歴史社会学のために

イヴ・デロワ著　中野裕二監訳
稲永祐介、小山晶子訳

歴史学と社会学の断絶から交差へと至る過程を理論的に跡づけ、近代国家形成、国民構築、投票の意味変化について分析。フランスにおける政治社会学の理論的展開を理解するのに最適の1冊。

ISBN978-4-905497-11-0・四六判・224頁・**2200**円（2013.03刊）

ニコス・プーランザス　力の位相論

グローバル資本主義における国家の理論に向けて

柏崎正憲著

忘れ去られたマルクス主義者・プーランザス（1936-79）の議論を、大胆に読み解く！
国家とは何か——衰退それとも強化?　分解それとも再編?

ISBN978-4-905497-35-6・A5判・516頁・**5800**円（2015.06刊）

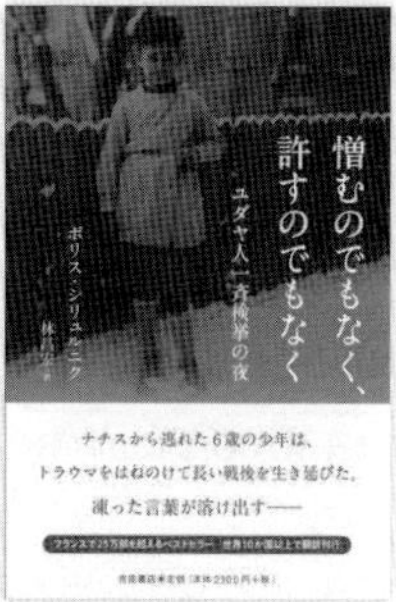

憎むのでもなく、許すのでもなく

ユダヤ人一斉検挙の夜

ボリス・シリュルニク著　林昌宏訳

ナチスから逃れた6歳の少年は、トラウマをはねのけて長い戦後を生き延びた。40年間語ることができなかった自らの壮絶な過去を綴った1冊。精神科医の立場から、トラウマをともなう記憶から逃れる方法を分析。
『夜と霧』『アンネの日記』をしのぐ、21世紀のベストセラー!

ISBN978-4-905497-19-6・四六判・350頁・**2300**円（2014.03刊）

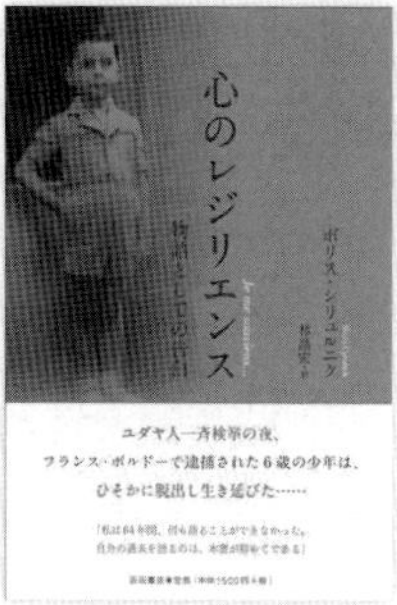

心のレジリエンス

物語としての告白

ボリス・シリュルニク著　林昌宏訳

1944年、ユダヤ人一斉検挙の夜、ボルドーで逮捕された6歳の少年は、ひそかに脱出し生き延びた……。精神科医となった著者が、逃亡後を過した村を訪ねながら、封印された感情をよみがえらせる。
『憎むのでもなく、許すのでもなく』の第2弾!

ISBN978-4-905497-26-4・四六判・134頁・**1500**円（2014.12刊）

「外国人の人権」の社会学

外国人へのまなざしと偽装査証、少年非行、LGBT、そしてヘイト

丹野清人著

外国人に「人権」はあるのか——。
在留特別許可の発付をめぐる事件を分析し、国家としての日本が、外国人にいかなるまなざしを向けているのかを考察。

ISBN978-4-905497-59-2・四六判・260頁・**3500**円（2018.02刊）

指導者《リーダー》はこうして育つ

フランスの高等教育：グラン・ゼコール

柏倉康夫著

フランスではどんな教育が行われているのか。社会はリーダーをどう育てるか。フランスにおける教育制度やその背景を歴史的視点で理解するための格好の書。バカロレアについても詳説。

ISBN978-4-905497-01-1・四六判・246頁・**1900**円（2011.09刊）

離島エコツーリズムの社会学

隠岐・西表・小笠原・南大東の日常生活から

古村学著

「自然」「素朴」「ゆっくり」「楽園」…、「不便」「僻地」…
島の人々のすがたから、わたしたちは何を見出すのか。

ISBN978-4-905497-31-8・四六判・294頁・**2500**円（2015.04刊）

国籍の境界を考える 【品切れ】

日本人、日系人、在日外国人を隔てる法と社会の壁

丹野清人 著

国籍や外国人労働の問題を丹念に追ってきた著者が、社会学の立場から、国籍法違憲判決を分析し、労働や雇用問題についても詳説。

ISBN978-4-905497-12-7・四六判・300頁・**2600**円（2013.03刊）

夕張は何を語るか 【品切れ】

炭鉱《ヤマ》の歴史と人々の暮らし

田巻松雄 編

石炭の街の歴史から、私たちは何を学ぶのか。
助け合いながら共に生きた人々の営みを掘り起こす!

ISBN978-4-905497-17-2・A5判・224頁・**2400**円（2013.11刊）

GRIHL《グリール》
文学の使い方をめぐる日仏の対話

文芸事象の歴史研究会編

野呂康、中畑寛之、嶋中博章、杉浦順子、辻川慶子、森本淳生

歴史が書かれるものである以上、歴史記述と文学を隔てるものはない。歴史家は文学を参照・借用しつつ歴史を記述する。虚構とみなされる文学も、それ自体時代の証言となる……

ISBN978-4-905497-48-6・A5判・396頁・**6000**円（2017.02刊）

ノーベル文学賞【増補新装版】

「文芸共和国」をめざして

柏倉康夫著

2012年刊行の前著刊行以降の受賞者、莫言、マンロー、モディアノ、アレクシエーヴィッチ、そしてボブ・ディランについて加筆した増補決定版！文学の歴史に名を刻す巨人とその時代を辿る！　格好の“世界文学ガイド”

ISBN978-4-905497-47-9・四六判・399頁・**2300**円（2016.12刊）

庭園の五人の子どもたち

アントワーヌ・ド・サン=テグジュペリとその家族のふるさと

シモーヌ・ド・サン=テグジュペリ著
谷合裕香子訳

『星の王子さま』の作者アントワーヌ・ド・サン=テグジュペリのルーツを知ることができる貴重な一冊!
実姉シモーヌによる回想録。

ISBN978-4-905497-05-9・四六判・284頁・**2400**円（2012.04刊）

石坂洋次郎「若い人」をよむ

妖しの娘・江波恵子

柏倉康夫著

長篇小説『若い人』のヒロイン江波恵子の‘魅力’をストーリーに沿って明かす。北国の女学校を舞台に繰り広げられる教師と女学生の物語は、われわれをどこへ誘うか。

ISBN978-4-905497-07-3・四六判・266頁・**1800**円（2012.07刊）

【書店様へ】
当社契約取次店はJRC（人文・社会科学流通センター）、八木書店、大学図書です。
トーハン・日販・大阪屋などの帳合書店様にも、上記取次店を通じ納品できます。

【ご注文について】
小社の書籍がお近くの書店にない場合は、店頭でもご注文いただけます。
お急ぎの方は、小社に直接ご注文ください。送料無料にて、迅速にお届けします。
下記のいずれかの方法でご注文を承っております。

- ご注文フォームによるご注文……ホームページのご注文フォームに必要事項を正確にご記入の上、送信してください。
- メールによるご注文……order@yoshidapublishing.com宛に送信してください。
- FAXによるご注文……書名（商品名）、部数、お名前、ご住所、電話番号、FAX番号をご記入の上、03-6272-9173宛に送信してください。
- お電話によるご注文……03-6272-9172までお電話ください。

ご注文をお受けした後、郵便振替用紙を同封の上商品を発送いたします。商品のご確認後、2週間以内に郵便局よりお支払いください。

吉田書店
〒102-0072
東京都千代田区飯田橋2-9-6
東西館ビル本館32
電話：03-6272-9172　FAX：03-6272-9173
info@yoshidapublishing.com
www.yoshidapublishing.com